Ein großer kulturhistorischer Essay, ein weitgefächertes Panorama spanischer und lateinamerikanischer Geschichte, herangeführt bis an die Gegenwart. Carlos Fuentes stellt die Frage nach den Divergenzen, aber auch nach den Gemeinsamkeiten, die sich, seit Kolumbus am 12. Oktober 1492 die Neue Welt entdeckte, zwischen dem Mutterland Spanien und den ehemaligen Kolonien in Lateinamerika herausgebildet haben. Den Bogen seiner Erkundungen setzt er tief in der Geschichte an und zeigt, wie die Eroberung der iberischen Halbinsel durch die Römer und die Araber ein erhellendes Licht auf die Jahrhunderte später erfolgende Unterwerfung der Neuen Welt durch die Spanier wirft, so daß die Conquista ohne die Geschichte des Mutterlandes unverständlich bliebe.
In einzelnen Kapiteln – anhand einer Fülle von Detailwissen aus Rechts- und Staatsgeschichte, aus Kultur und Lebenswelt – wird der Aufstieg Spaniens zur Weltmacht und sein allmählicher Abstieg dargelegt: Von der Vertreibung der Araber und Juden, der sogenannten Reconquista, über eine Epoche der Konsolidierung, der größten Machtentfaltung und Bereicherung nach den Entdeckungen in Amerika, hin zum allmählichen Verfall der politischen Institutionen, dem noch einmal eine beispiellose kulturelle Blüte antwortet – das sogenannte Goldene Zeitalter – mit herausragenden Persönlichkeiten in Kunst und Literatur, bis dann unter Napoleon die Neugestaltung Europas erfolgt und die Ideen der Aufklärung in den Unabhängigkeitsbestrebungen auf der anderen Seite des Atlantiks Frucht tragen. Die Wege, die vom Streben nach Freiheit in die Diktaturen Südamerikas führen, der spanische Faschismus und die junge Demokratie nach Franco – Fuentes schließt den Kreis seiner Betrachtungen mit einem Blick auf die politische Gegenwart der hispanischen Welt und entwickelt die optimistische Vision eines selbstbewußten, eigenständigen Spanisch-Amerika aus der gemeinsamen Tradition seiner multikulturellen und multirassischen Erfahrungen.

Carlos Fuentes, am 11. November 1928 in Panama geboren, studierte Jura und schlug zunächst die diplomatische Laufbahn ein, um sich dann vor allem dem Schreiben und der Literatur zuzuwenden. In den 70er Jahren war er mexikanischer Botschafter in Paris, lehrte in Harvard und lebte in den USA. 1987 erhielt Carlos Fuentes die höchste Auszeichnung der spanischsprachigen Welt: den Cervantes-Preis. Er lebt heute in London und in Mexico-City. Hinweise auf sein Werk im S. Fischer Verlag und im Fischer Taschenbuch am Ende dieses Bandes.

Unsere Adresse im Internet: www.fischerverlage.de

Carlos Fuentes

Der vergrabene Spiegel

Die Geschichte der hispanischen Welt

Aus dem Amerikanischen
von Ludwig Schubert

Fischer Taschenbuch Verlag

Für Silvia, immer

4. Auflage: September 2007

Überarbeitete Neuausgabe
Veröffentlicht im Fischer Taschenbuch Verlag,
einem Unternehmen der S. Fischer Verlag GmbH,
Frankfurt am Main, Oktober 1998

Lizenzausgabe mit freundlicher Genehmigung
des Hoffmann und Campe Verlag, Hamburg
Die Originalausgabe erschien 1992 unter dem Titel
›The Buried Mirror. Reflections on Spain and the New World‹
by Houghton Mifflin, New York

Redaktion: Ingrid-Maria Gelhausen
Gesamtherstellung: Clausen & Bosse, Leck
Printed in Germany
ISBN 978-3-596-13860-9

INHALT

IV. TEIL

DER PREIS DER FREIHEIT

V. TEIL

UNERLEDIGTE GESCHÄFTE

EINLEITUNG

Am 12. Oktober 1492 landete Christoph Kolumbus auf einer kleinen Insel der westlichen Hemisphäre. Gegen alle überkommenen Erkenntnisse hatte er auf eine wissenschaftliche Hypothese gesetzt und gewonnen: Da die Erde rund sei, könne man den Osten erreichen, indem man nach Westen segle. Nur irrte er sich in der Geographie. Er glaubte, er sei in Asien angekommen. Sein Wunsch war es gewesen, die märchenhaften Länder Zipangu (Japan) und Cathay (China) zu erreichen und damit den Seeweg dorthin abzukürzen, der erst südwärts entlang der afrikanischen Küste bis zum Kap der Guten Hoffnung verlief und dann ostwärts über den Indischen Ozean zu den Gewürzinseln.

Das war nicht die erste oder letzte abendländische Desorientierung. Auf diesen Inseln, die er »las Indias« nannte, errichtete Kolumbus die erste europäische Niederlassung in der Neuen Welt. Er baute die ersten Kirchen, in denen die ersten christlichen Messen gefeiert wurden. Da das Gebiet bar jener asiatischen Schätze war, auf die er gehofft hatte, erfand und berichtete er nach Spanien die Entdeckung eines großen Reichtums an Wäldern, Perlen und Gold. Sonst hätte seine Patronin, Königin Isabella, denken können, ihre Investition (und ihr Glaube) in den findigen Genueser Seemann sei ein Fehler gewesen.

Doch mehr noch als Gold pries Kolumbus eine Vision des Goldenen Zeitalters an: Diese Länder waren Utopia, die glückliche Heimat des Menschen in seiner ursprünglichen Natur. Kolumbus hatte das Paradies auf Erden gefunden und den edlen Wilden. Warum aber sah er sich dann gezwungen, seine eigene Entdekkung zu verleugnen, die Menschen anzugreifen, die er eben noch als »nackt, unbewaffnet und freundlich« beschrieben hatte, sie zu jagen, zu versklaven, ja sogar in Ketten nach Spanien zu schicken? Tatsächlich starb eine Gruppe junger Frauen, die auf Kuba gefangen worden waren, noch bevor sie Spanien auch nur erreichten.

Zuerst tat Kolumbus einen Schritt ins Goldene Zeitalter, doch schon bald wurde das irdische Paradies durch seine eigenen Handlungen zerstört, und der eben noch gute Wilde galt plötzlich als »geeignet, herumbefohlen und zur Arbeit gebraucht zu werden, zu säen und alles sonstige zu tun, was erforderlich sein könnte«.

Seit jener Zeit damals lebt der amerikanische Kontinent zwischen Traum und Realität, im Widerspruch zwischen der guten Gesellschaft, die wir ersehnen, und der unvollkommenen, in der wir wirklich leben. Wir haben uns an die Idee Utopias geklammert, weil wir als Utopia gegründet wurden, weil die Erinnerung an eine bessere Gesellschaft zu unseren Ursprüngen gehört und wir sie ebenso am Ende unseres Weges sehen – als Erfüllung unserer Hoffnungen.

Fünfhundert Jahre nach Kolumbus werden wir eingeladen zur Jubiläumsfeier seiner Reise – ohne Zweifel eines der großen Ereignisse in der Menschengeschichte, eine Wende, die den Beginn der Neuzeit ankündigte. Aber viele von uns in den spanischsprachigen Teilen Amerikas fragen sich, ob es da überhaupt etwas zu feiern gibt.

Ein Blick auf Lateinamerika heute führt uns zu einer negativen Antwort. Ob in Caracas oder Mexico City, in Lima oder Buenos Aires: die Fünfhundert-Jahr-Feier der »Entdeckung Amerikas« findet uns in einer tiefen, tiefen Krise. Inflation, Arbeitslosigkeit, übermächtig lastende Auslandsschulden. Zunehmende Armut und Analphabetentum, ein abrupter Niedergang von Kaufkraft und Lebensstandard. Frustrationen, zersplitterte Hoffnungen und verlorene Illusionen. Fragile Demokratien, bedroht von sozialen Explosionen.

Dennoch glaube ich, daß wir trotz aller wirtschaftlichen und politischen Schwierigkeiten tatsächlich etwas zu feiern haben. Die Krise, in der sich ganz Lateinamerika befindet, demonstriert die Verletzlichkeit unserer politischen und wirtschaftlichen Systeme, die überall um uns herum über unseren Köpfen zusammenbrechen. Aber sie führt uns auch etwas vor Augen, das Bestand hat, etwas, das wir in den Jahrzehnten des Wirtschaftsbooms und der politischen Leidenschaften nach dem Zweiten Weltkrieg aus dem Blick verloren haben. Etwas, das inmitten allen Unglücks fest auf beiden Füßen steht: unser kulturelles Erbe – das wir mit größter Freude, mit Ausdauer und unter höchstem Risiko geschaffen haben. Die Kultur, die wir in den vergangenen fünfhundert Jahren als Abkömmlinge von Indianern, Schwarzen und Europäern, die in die Neue Welt übersiedelten, entwickeln konnten.

Die Krise, die uns verarmen ließ, hat uns gleichzeitig den Reichtum unserer Kultur zurückgegeben und zu der Erkenntnis geführt, daß es keinen einzigen Lateinamerikaner vom Rio Grande bis zum Kap Horn gibt, der nicht wie wir alle an jedem einzelnen Aspekt unseres kulturellen Erbes teilhat. Das ist es, womit ich mich in diesem Buch beschäftigen möchte. Unser kulturelles Erbe, das von den Steinen von Chichén Itzá und Machu Picchu bis zu modernen indianischen Einflüssen auf Malerei und Architektur reicht. Vom Barock der Kolonialzeit bis zur zeitgenössischen Literatur eines Jorge Luis Borges und eines Gabriel García Márquez. Von den mannigfachen europäischen Zeugnissen – iberischen und dadurch mediterranen, römischen, griechischen, aber auch arabischen und jüdischen – bis zur einzigartigen und leidensvollen schwarzafrikanischen Präsenz in Lateinamerika. Von den Höhlen in Altamira bis zu den Graffiti im heutigen Ost-Los-Angeles. Von den ersten Einwanderern, die über die Beringstraße kamen, bis zu den Arbeitern, die heute ohne Papiere die US-Grenze von Tijuana nach San Diego überqueren.

Wenige Kulturen auf der Welt sind der unseren an Reichtum und Kontinuität vergleichbar. In ihr liegt die gemeinsame Identität von uns Spanisch-Amerikanern und unseren Brüdern und Schwestern auf diesem Kontinent. Wir empfinden es deshalb auch als so erstaunlich, daß wir bislang nicht in der Lage gewesen sind, eine vergleichbare wirtschaftliche und politische Identität zu begründen. Ich habe den Verdacht, daß dies so gekommen ist, weil wir uns allzuoft Entwicklungsmodelle gesucht und dann selbst aufgezwungen haben, die kaum einen Berührungspunkt mit unserer kulturellen Realität hatten. Das bedeutet, daß uns mit Glück und unser aller Bemühen eine Wiederbelebung unserer kulturellen Werte die Vision einer kulturellen, wirtschaftlichen und politischen Einheit vermitteln könnte, die wir so notwendig brauchen. Vielleicht liegt genau da unsere Mission für das kommende Jahrhundert. Dieses Buch ist der Suche nach einer kulturellen Kontinuität gewidmet, die die wirtschaftliche und politische Uneinigkeit und Zerrissenheit der hispanischen Welt überwinden könnte. Der Gegenstand ist so komplex wie polemisch, und ich will versuchen, ihn ausgewogen zu behandeln. Aber ich werde auch nicht ohne Leidenschaft sein, weil ich im Innersten davon betroffen bin – als Mensch, als Schriftsteller und als Bürger, der aus Mexiko stammt, aus Lateinamerika, und der in spanischer Sprache schreibt.

In der Nähe der Totonac-Ruinen bei El Tajín in Veracruz, Mexiko, fand ich den Leitfaden durch die Nacht, durch die zerrissene Seele der hispanischen Welt, nach dem ich gesucht hatte. Veracruz ist die Heimat meiner Familie, seine Hauptstadt der Eingangshafen für alle Veränderungen und zugleich beständiger Schmelztiegel mexikanischer Identität. Veracruz ist eine Stadt, die viele Geheimnisse birgt. Die spanischen, französischen und nordamerikanischen Eroberer sind durch sie nach Mexiko gekommen. Aber auch die ältesten Kulturen haben hier ihre Wurzeln – südlich der Hafenstadt die der Olmeken, die 3500 Jahre zurückliegt, und im Norden die der Totonaken, die 1500 Jahre alt ist.

In Grabmälern rund um die Tempelstätten dieser eingeborenen Völker sind Spiegel gefunden worden, offenbar vergraben, um die Toten durch die Unterwelt zu leiten. Konkav, undurchsichtig, poliert, bergen sie einen Funken Licht inmitten der Dunkelheit. Aber der vergrabene Spiegel ist nicht allein eine indianische Spezialität. Der katalanische Dichter Ramón Xirau hat einem seiner Bücher den Titel *L'espil soterrat* gegeben, der vergrabene Spiegel, wobei er an eine antike mediterrane Tradition anknüpft, die jener alten indianischen sehr nahe kommt. Ein Spiegel, der von Amerika zum Mittelmeer deutet – und zurück. Hier liegt der eigentliche Sinn und Rhythmus dieses Buches.

Auf unserer Seite des Atlantiks sind es die schieferschwarzen Spiegel aus Pyrit, die man nahe der Pyramide von El Tajín fand, einer erstaunlichen Stätte, deren Name »Blitz« bedeutet. In dieser

Pyramide der Nischen, die sich fünfundzwanzig Meter hoch auf einer 1225 Quadratmeter großen Basis erhebt, öffnen sich 365 viereckige Fenster nach außen, die fraglos die Tage des Sonnenjahres symbolisieren. In Stein gehauen, ist El Tajín ein Spiegel der Zeit.

Auf dem jenseitigen Ufer kämpft Cervantes' Spiegelritter mit Don Quijote und versucht, ihn von seinem Wahnsinn zu heilen. Der alte Edelmann hat einen Spiegel in seinem Geist, der alles reflektiert, was er jemals gelesen hat und was er, der arme Narr, für die Wahrheit hält.

Nicht weit davon entfernt, im Prado von Madrid, hängt ein Gemälde von Velázquez, auf dem er sich selbst darstellt, wie er malt, was er tatsächlich gerade malt; als ob er einen Spiegel erfunden hätte. Aber ganz hinten in der Tiefe seiner Leinwand zeigt ein anderer Spiegel, wer die wahren Zeugen seines Kunstwerks sind: Sie und ich.

Vielleicht spiegelt der Spiegel von Velázquez auf der spanischen Seite aber auch den rauchenden Spiegel des toltekischen Gottes der Nacht wider, Tezcatlipoca, wie er den Gott des Friedens und der Fruchtbarkeit besucht, Quetzalcoatl, die gefiederte Schlange, um ihm als Geschenk den Spiegel darzubieten. Als er sich darin erblickt, sieht Quetzalcoatl sich mit menschlichen Zügen und bricht vor Schreck zusammen.

Findet er seine wahre Natur, als Mensch und als Gott, im Haus der Spiegel, dem kreisrunden Tempel der toltekischen Pyramide von Teotihuacán, oder im grausamen sozialen Spiegel von Goyas *Caprichos*, die die Eitelkeit entlarven, so daß die menschliche Gesellschaft sich nicht länger etwas vormachen kann, da sie in den Spiegel der Wahrheit blickt? Du dachtest, du wärest ein Dandy? Sieh hin, in Wirklichkeit bist du ein Affe.

Spiegel symbolisieren die Wirklichkeit, die Sonne, die Erde und ihre vier Himmelsrichtungen, ihre Oberfläche, ihre Tiefen und die Menschen, die sie bevölkern. Einst überall in Amerika in Verstecken vergraben, baumeln sie heute an den Körpern auch der bescheidensten Festgäste im peruanischen Hochland oder auf den mexikanisch-indianischen Volksfesten. Wenn die Leute tanzen, mit Scheren, die ihnen an Beinen und Armen hängen, und mit

Spiegelstücken und -splittern in ihren Haartrachten, spiegeln sie die Welt wider und bewahren zugleich diese Widerspiegelung ihrer Identität, die wertvoller ist als alles Gold, das sie Europa im Austausch gaben.

Haben sie nicht recht? Ist nicht der Spiegel beides: eine Reflexion der Wirklichkeit und eine Projektion der Phantasie?

I. Teil

DIE JUNGFRAU UND DER STIER

1. Kapitel

SONNE UND SCHATTEN

Es war Spanien, das den amerikanischen Völkern erstmals die volle Breite mediterraner Traditionen brachte, denn Spanien ist nicht nur christlich, sondern auch arabisch und jüdisch, ist griechisch, karthagisch und römisch, von Goten und Zigeunern beeinflußt. Womöglich haben wir in Mexiko, Guatemala, Ecuador, Peru und Bolivien eine kraftvolle indianische Tradition, in Argentinien und Chile eine stärkere europäische Prägung, in der Karibik, in Venezuela und Kolumbien eine stärkere schwarze Überlieferung als in Mexiko oder Paraguay, doch Spanien ist überall: Es ist sozusagen unser gemeinsamer Nenner, unsere gemeinsame Heimat. *La Madre Patria,* das Mutter-Vaterland Spanien spielt eine zweigeschlechtliche Rolle, es ist Mutter und Vater zugleich, uns warm und vertraut ans Herz drückend, die Wiege, durch die wir zu Erben der mediterranen Welt werden, der spanischen Sprache, der katholischen Religion und einer autoritären politischen Tradition – aber auch der Wurzeln einer demokratischen Tradition, die *unsere* werden könnte und nicht einfach eine Ableitung aus anglo-amerikanischen oder französischen Modellen wäre.

Dem Spanien, das auf den Schiffen der Entdecker und Konquistadoren in der Neuen Welt ankam, verdanken wir zumindest die Hälfte unserer Existenz. Darum überrascht es nicht, daß unsere Auseinandersetzung mit diesem Land manchmal so heftig war und immer noch ist. Denn es ist eine Auseinandersetzung mit uns selbst. Und wenn wir aus unserem Disput mit anderen Politik machen, wie W. B. Yeats sagt, so machen wir aus unserem Disput mit uns selbst Poesie. Es ist nicht immer eine wohlgereimte und erbauliche Poesie, sondern gelegentlich eine stark dramatische, selbstkritische, sogar negative Lyrik, so dunkel wie ein Stich von

Goya und so voll grausamer Leidenschaften wie ein Film von Buñuel. Stellungnahmen für oder gegen Spanien, seine Kultur und seine Tradition haben unseren politischen wie intellektuellen Debatten immer die Farbe gegeben. Die einen sehen es als reine Jungfrau, die anderen als schmutzige Hure. Es hat lange gedauert, bis wir erkannten, daß unser Verhältnis zu Spanien so konfliktreich ist wie Spaniens Verhältnis zu sich selbst: unentschlossen, zuweilen maskiert, manchmal entschieden intolerant, manichäisch, mit einer scharfen Trennung zwischen dem absoluten Guten und dem absoluten Bösen. Sonne und Schatten wie in der Stierkampfarena. Spanien ist mit sich selbst oft genauso umgegangen, wie wir es mit ihm tun: Das Maß unseres Hasses ist identisch mit dem Maß unserer Liebe. Ist das nur eine Umschreibung für Leidenschaft?

Es gibt mehrere Alpträume, die das Verhältnis zwischen Spanien und dem spanischen Amerika belasten. Zuerst natürlich die Eroberung der Neuen Welt. Wir haben das schreckliche Wissen, daß wir zugegen waren im Augenblick unserer Erschaffung, Beobachter unserer eigenen Vergewaltigung, aber auch so gegensätzlicher Erscheinungen wie Grausamkeit und Zärtlichkeit, die mit unserer Erschaffung einhergingen. Wir spanischen Amerikaner sind nicht zu verstehen, läßt man außer acht, daß wir ein intensives Bewußtsein von dem Augenblick haben, in dem wir gezeugt wurden, Kinder einer namenlosen Mutter, wir selbst namenlos, aber in voller Kenntnis der Namen unserer Väter. Eine Art großartiger Schmerz schmiedet Iberien und die Neue Welt zusammen, eine Geburt mit dem Wissen um all das, was sterben mußte, damit wir geboren werden konnten: der Glanz der alten indianischen Zivilisationen.

Es gibt viele Spanienbilder in unseren Köpfen. Da ist das Spanien der »schwarzen Legende« – mit Inquisition, Intoleranz und Gegenreformation –, ein Bild, heraufbeschworen durch das Bündnis von Protestantismus und Modernismus in einer jahrhundertealten Gegnerschaft zu Spanien und allem Spanischen. Dann ist da das Spanien der englischen Reisenden und der französischen Romantiker: mit Stierkämpfen, Flamenco und *Carmen*. Und schließlich gibt es die *Mutter* Spanien, wie sie von ihren kolonialen Kindern in Amerika gesehen wird: das doppeldeutige Spanien des grausamen Konquistadoren und des frommen Klosterbruders, wie es sich auf den Wandgemälden des mexikanischen Malers Diego Rivera findet.

Das Problem nationaler Stereotypen liegt darin, daß das Körnchen Wahrheit, das sie enthalten, durch die ständige Wiederholung kaum noch zu erkennen ist. Der Text ist deutlich vernehmbar, aber der Kontext ist verschwunden. Eben den wiederherzustellen, kann in gleicher Weise überraschend wie gefährlich sein. Verfestigt man damit aber nicht lediglich das jeweilige Klischee? Das muß nicht sein, wenn man für sich selbst als Angehörigen jener Nationalität oder Kultur und auch für die ausländische Zuhörerschaft zu klären versucht, welche tiefere Bedeutung kulturelle Eigenarten, Unduldsamkeit und Grausamkeit, haben und was sich dahinter verbirgt. Woher kommen sie? Warum gibt es sie, und warum dauern sie an?

Der spanische Kontext scheint zwei Konstanten zu haben. Einmal, daß jeder Gemeinplatz durch sein Gegenteil widerlegt wird. Da gibt es zum Beispiel das farbenprächtige, romantische Spanien von Byron und Bizet gleich neben den düster gekleideten, aristokratischen Figuren von El Greco oder Velázquez, und neben diesen wiederum die zutiefst kompromißlosen, extremen Gestalten eines Goya oder Buñuel. Die zweite Konstante spanischer Kultur, wie sie in ihrer künstlerischen Sensibilität aufscheint, ist die Fähigkeit, das Unsichtbare durch Umarmung des Abseitigen, des Perversen und des Ausgestoßenen sichtbar zu machen.

Dieser Wechsel und Reichtum an Gegensätzen ist das Ergebnis einer noch grundsätzlicheren spanischen Verfaßtheit, die darin gründet, daß kein anderes Land in Europa, mit Ausnahme vielleicht von Rußland, von so vielen Völkern besetzt und besiedelt worden ist.

Die spanische Arena

Blicken wir auf die Karte der Iberischen Halbinsel. Sie sieht aus wie ein straffgespanntes Stierfell, durchkreuzt von den Spuren vieler Männer und Frauen, deren Stimmen und Gesichter wir im spanischen Amerika nur undeutlich wahrnehmen. Doch die Botschaft ist eindeutig: Die Identität Spaniens ist vielgestaltig, sein Gesicht wurde von vielen Händen geformt: von Iberern und Kelten, Griechen und Phöniziern, Karthagern, Römern und Westgoten, Arabern und Juden.

Das Herz der spanischen Identität begann zu schlagen, noch bevor Geschichte dokumentiert wurde, vor 25000 bis 30000 Jahren in den Höhlen von Altamira bei Santillana del Mar, Buxo und Tito Bustillo im nördlichen Asturien. Die Rippen Spaniens, nannte sie der Philosoph Miguel de Unamuno. Auch wenn ihre Umrisse heute so überraschend modern anmuten wie eine Skulptur von Giacometti, so haben sich doch einst die ersten Spanier hier zusammengekauert, nahe den Eingängen, geschützt vor Kälte und wilden Tieren. In diesen Untergrundkathedralen blieb ein großer Raum den Zeremonien vorbehalten. Versöhnungsfeiern? Initiationsriten? Die Bezähmung der Natur?

Was immer der Zweck gewesen sein mag, die Bilder, die jene Menschen hier schufen, sind künstlerische Wunderwerke, die ersten Ikonen, die sie mit dem Abdruck ihrer Hände signierten. Unter anderem finden wir hier ein mächtiges Bildnis animalischer Stärke und Fruchtbarkeit. Wenn die Hand des ersten Spaniers eine kühne Signatur auf den leeren Wänden der Schöpfung ist, so wurde das Tierbildnis zur Basis alter mediterraner Kulte und machte den Stier zum Symbol von Kraft und Leben. Es ist natürlich ein Bison, der in den spanischen Höhlen abgebildet ist. Nach all den Jahrhunderten hat er sich seine augenfällige Ockerfärbung erhalten und die schwarzen Konturen seiner Gestalt. Und er ist nicht allein. Es gibt auch Abbildungen von Pferden, Bären und Wild.

Zwei merkwürdige Tatsachen können einem in Altamira nicht entgehen. Die eine ist, daß die Decke mit dem gemalten Bison bereits in der Altsteinzeit von Dunkelheit eingeschlossen wurde, und die andere, daß die Höhle erst 1879 wiederentdeckt werden sollte, von einem fünf Jahre alten Mädchen, das in der Nähe spielte, María de Santuola. Es ist der spanische Stier, der da symbolisch erscheint, aus der zeitlosen Dunkelheit von Altamira, und das Land in Besitz nimmt bis zum heutigen Tag, von den iberischen Darstellungen der liegenden Stiere von Osuna aus dem

4. bis 3. Jahrhundert vor Christus, über die großartigen keltischen Zeichnungen der Wächterstiere von Guisando, die von Brancusi stammen könnten, bis zu dem schwarzen Reklamestier der Brandymarke Osborne, den man heute an allen spanischen Fernstraßen sehen kann, und schließlich dem tragischen Stierkopf, der über der von Menschenhand gemachten Nacht auf Picassos *Guernica* thront.

Aber vielleicht sah ja die kleine María de Santuola wie Dorothy im Lande von Oz oder Alice im Wunderland tatsächlich eine mythologische Gestalt, jenes »Tier von Balazote«, das uns heute in den würdevollen Hallen des Archäologischen Nationalmuseums in Madrid anblickt. Das »Tier von Balazote«, ein Stier mit einem Menschenkopf, verbindet die taurophile Kultur Spaniens auf direktem Wege mit ihrer größeren kulturellen Arena, dem Mittelmeerraum, denn auf der Insel Kreta, auf der der Stierkampf seinen Ursprung genommen haben soll, wurden Mensch und Stier als eine Einheit gesehen: im Minotaurus. Vielleicht entspringen alle weiteren Ableitungen des Stiersymbols letztlich der Sehnsucht nach jener ursprünglichen Verwandlung – die Stärke wie die Männlichkeit des Stieres zu haben und die Intelligenz und Phantasie des Menschen.

Die Menschen des Mittelmeerraums sahen den Stier als Spielkameraden wie in den kretischen Abbildungen von Stierspringern und Stierreitern oder als brutales Symbol der Vergewaltigung wie in der Entführung Europas durch Zeus in der Gestalt eines Stieres; oder als eine Sublimierung der Vergewaltigung in der Kosmologie, wenn das Symbol zum Sternbild Taurus wird, oder als den Partner in einer Liebesaffäre, wenn Europa sich voller Bewunderung den leidenschaftlichen Forderungen ihres Stiers hingibt.

Der erste *Matador* ist ein athenischer Nationalheld, Theseus, der den Minotaurus erschlug. Sein Zeitgenosse Herakles brachte die Mythologie des Stiers nach Spanien. Wie Theseus tötete Herakles einen feuerspeienden Stier auf Kreta. Aber er reiste auch nach Spanien, um dort dem dreileibigen Riesen Geryon eine Herde roter Stiere zu stehlen und sie nach Griechenland zu treiben. Herakles mußte dabei die schmale Meerenge zwischen Afrika und Südspanien überqueren; daher stammt auch ihr Name: die Säulen des Herakles. Doch sie sind mehr als nur ein geographisches Erkennungszeichen. Die Meerenge symbolisiert das Verbindende wie auch das Trennende in einer der ältesten Zeremonien der Menschheit: der rituellen Tötung des heiligen Tieres. Herakles bewies seinen Edelmut, indem er als Dank für die Gastfreundschaft, die er dort genossen hatte, einige Stück Vieh an Spanien zurückgab. Der damals herrschende König Chrysaor führte daraufhin das Ritual ein, Herakles alljährlich einen Stier zu opfern.

Herakles ist nur ein Symbol für die Kavalkade von Menschen, die seit der frühesten Antike an die spanischen Küsten kamen. Samt und sonders formten sie Körper und Seele nicht nur Spaniens, sondern auch seiner Abkömmlinge in der Neuen Welt. Die ersten Iberer kamen vor dreitausend Jahren und gaben der Halbinsel ihren die Zeiten überdauernden Namen. Sie hinterließen auch ihr eigenes Bild des Stiers, wie er über den Pfaden ihres Viehs wacht auf einem Weg, der uns bis zum ersten großen Gemeinplatz Spaniens führt, der Stierkampfarena. Und Gemein- oder »Gemeinschaftsplatz« bedeutet genau das: einen Versammlungsort, einen Ort der Wiedererkennung, einen Ort, der uns gemeinsam gehört. Und wer oder was genau ist es, das sich in der Arena trifft und wiedererkennt? Nun, vor allem die Menschen selbst. Verarmt, ländlich, isoliert in einer rauhen und abgelegenen Gegend, kommen sie in der Stierkampfarena zu einem einst wöchentlichen Ritual zusammen, dem Sonntagsnachmittagsopfer, dem heidnischen Pendant zur christlichen Messe. Zwei Zeremonien vereinigt unter dem Sinnbild des Opfers, aber zu unterschiedlicher Tageszeit stattfindend: die Messe zu Mittag, die Corrida zur Vesper. Die Messe, eine Corrida, erleuchtet von einer grellen Sonne in ihrem Zenit. Die Corrida, eine Messe in Licht und Schatten, gefärbt von der hereinbrechenden Dämmerung.

Auf der *Plaza de Toros* treffen die Menschen einander und treffen das Symbol der Natur, den Stier, der in die Mitte des Raumes stürmt, gefährlich verängstigt, auf der Flucht nach vorn, bedroht und bedrohlich, und dabei die Grenze zwischen Sonne und Schatten überquert, die die Arena teilt wie Tag und Nacht, wie Leben und Tod. Der Stier stürmt heraus, um auf seinen menschlichen

Kontrahenten zu treffen, den Matador in seiner *Traje de Luces*, dem goldbestickten Anzug.

Wer ist der Matador? Abermals ein Mann aus dem Volk. Es gibt den Stierkampf seit den Zeiten von Herakles und Theseus, doch in seiner heutigen Form erst seit Mitte des 18. Jahrhunderts. Damals hörte er auf, ein Sport von Helden und Aristokraten zu sein, und wurde zu einem volkstümlichen Beruf. Im Zeitalter Goyas, einer Zeit, in der man abends gern bummeln ging, fand die Aristokratie dann ihren Spaß daran, das gewöhnliche Volk nachzuahmen und Stierkämpfer und Schauspielerinnen zu imitieren. Das gab den berufsmäßigen Unterhaltungskünstlern eine stilbildende Macht vergleichbar derjenigen, die sie heute genießen. Die spanischen Stierkämpfer wurden genauso idolisiert wie später Elvis Presley und Frank Sinatra. Genau wie diese Sänger repräsentierten sie den Triumph des einfachen Volkes.

Aber der Stierkampf, das sei nicht vergessen, ist auch ein erotisches Ereignis. Wo sonst kann der Mann so provokative sexuelle Posen einnehmen wie in der Arena? Die Protzerei mit seinem goldbestickten Anzug, seinen hautengen Kniehosen, seinem deutlich zur Schau gestellten Geschlecht, den hervorgehobenen Gesäßbacken, dem offenkundig verführerischen und selbstgefälligen Gang, der Gier nach Blut und Sensation. Der Stierkampf autorisiert diese unglaubliche Überheblichkeit und den sexuellen Exhibitionismus. Seine Wurzeln sind tief und dunkel. Wenn die jungen Leute aus dem Dorf den Kampf mit dem Stier lernen, können sie das nur bei Nacht und voller List, indem sie womöglich durch einen Fluß waten, nackt, oder sich mit zerrissenen Kleidern durch ein dorniges Feld schlagen, um auf den Hof eines reichen Mannes zu gelangen und dort mit den verbotenen Stieren zu kämpfen, heimlich, illegal, in der dunkelsten Stunde. Traditionell fühlen sich die jungen *Torerillos* von dieser Art von Begegnung angezogen, wobei sie die Gestalt des Tieres ahnen, seinen warmen, aggressiven Körper erfühlen müssen, da sie ihn nicht sehen können. Auf diese Weise lernen die Novizen die Formen zu unterscheiden, die Bewegungen und die Launen ihres Gegners, des Stiers.

So ist der junge Matador ein Fürst des Volkes, ein todbringender Fürst, der nur töten kann, weil er sich selbst dabei in Lebensgefahr begibt. Der Stierkampf, dem die Möglichkeit des Todes innewohnt, ist genauen Regeln unterworfen. Vom Stier nimmt man an, daß er voll bewehrt geboren wurde, mit allen Fähigkeiten, die ihm die Natur geschenkt hat, wie der sagenhafte Minotaurus. Der Matador hat herauszufinden, mit was für einer Art Tier er es zu tun hat, damit er bei der Begegnung aus einer ganz natürlichen Sache eine Zeremonie, ein Ritual, eine Zähmung der Naturkräfte machen kann. Zuerst muß sich der Stierkämpfer an den Hörnern des Stiers messen, sehen, auf welche Weise sein Gegner angreift, und sich schräg zu ihm stellen. Das heißt, er muß den Stier von der Seite bekämpfen, die dem Horn, mit dem das Tier angreift, gegenüberliegt. Das geschieht durch eine Kriegslist, mit der man »den Angriff des Stieres bricht«, *cargar la suerte,* die das Herzstück eines Stierkampfes darstellt. Diese List besteht, einfach ausgedrückt, darin, daß man die *Capa* kunstvoll benutzt, um den Stier unter Kontrolle zu bringen, anstatt ihn seinen Instinkten zu überlassen. Mit Tuch und Fußarbeit lenkt der Matador den Stier und führt ihn auf den Kampfplatz, den er ausgesucht hat: das Bein vorgestellt, die Hüfte gebeugt, zitiert der Matador den Stier mit der Capa herbei, Stier und Stierkämpfer bewegen sich gemeinsam bis zum perfekten *Pase,* dem erstaunlichen Augenblick einer statuesken Paarung, Stier und Kämpfer vereinigt, ineinander verschlungen, wobei sie in einem Bild, das gleichzeitig unbewegt und dynamisch ist, sich gegenseitig Kraft, Schönheit und Gefahr verleihen. Der mythische Augenblick kehrt wieder: Mensch und Stier sind, wie einst im Labyrinth des Minos, erneut eins.

Der Matador repräsentiert auf tragische Weise das Verhältnis des Menschen zur Natur, er ist Hauptdarsteller in einer Zeremonie, die an unser gewalttätiges Überleben auf Kosten der Natur erinnert. Wir können uns der Ausbeutung der Natur nicht verweigern, weil sie Bedingung für unser Überleben ist. Die Männer und Frauen, die die Tiere in der Höhle von Altamira malten, wußten das bereits.

Spanien reißt unserer puritanischen Heuchelei im Verhältnis zur Natur die Maske herunter und transformiert die Erinnerung an unsere Ursprünge und unser Überleben auf Kosten der Natur zu einem Ritual aus Tapferkeit und Kunstfertigkeit, vielleicht sogar der Erlösung. Genau am Sonntag der Auferstehung beginnt die Stierkampfsaison auf der großen Plaza von La Maestranza in Sevilla. Wenn die Tänzer herauskommen zur Musik des *Paso doble* zu Ehren der Jungfrau von La Macarena, schließt sich der Kreis, der sich vom Stierkampf zum Flamenco und weiter zum Jungfrauenkult und zurück zu dem von ihr beschützten Sohn, dem Stierkämpfer, schlingt – der iberische Ring, wie es der moderne Dramatiker Valle-Inclán nennen würde.

Wie immer das Gesicht des Matadors an diesem Nachmittag aussehen mag, man erinnert sich stets an den Inbegriff des Stierkämpfers, Pedro Romero, wie Goya ihn gemalt hat. Das Porträt zeigt Romero mit edlen Gesichtszügen, entschlossenem Kinn, straffen Wangen, einem kleinen, zusammengepreßten Mund, einer vollendet geraden Nase, feinen, getrennten Augenbrauen, einer klaren Stirn und einem eben angedeuteten spitzen Haaransatz. An seinen Schläfen sind die ersten Silbersträhnen zu erkennen. Aber im Mittelpunkt der Aufmerksamkeit stehen die Augen, voller Tatkraft und Zartheit. Er hat lange, zarte, kräftige Hände und trägt einen dunkelrosafarbenen Samtmantel, eine tiefblaue Jacke und eine farblose Weste, die dem Leinenhemd auf der Brust und am Hals eine außerordentliche Helligkeit verleiht. Das ganze Gemälde vermittelt einen erstaunlichen Eindruck von Gelassenheit und männlicher Schönheit, von der man ahnt und befürchtet, daß der Maler sein Modell darum beneidet.

Als Pedro Romero von Goya gemalt wurde, war er vierzig Jahre alt. Romero begann den modernen Stierkampf in der Arena von Ronda. Er tötete in seinem Leben 5558 tapfere Stiere und starb mit achtzig, ohne eine einzige Narbe an seinem Körper.

Man könnte einwenden, daß der jungfräuliche Körper dieses perfekten Stierkämpfers, der nicht einen Tropfen Blut in der Arena vergoß, die schwarzen Tränen auch nicht einer einzigen von Spaniens jungfräulichen Müttern verdient. Aber Jesus Christus, der Gott, der durchbohrt am Kreuze starb, den Körper an Händen, Stirn, Füßen, Knien und Hüften geschunden, verdient dieses mütterliche Mitleid – und Spanien gibt es ihm im Überfluß.

Die ursprünglichen Mutterfiguren Spaniens stehen im Archäologischen Museum von Madrid nahe beieinander. *La Dama de Baza* wurde 1971 aus einem Grab in der Nähe von Granada ausgegraben. Auf ihrem Sessel sitzend, mit einer Taube in ihren beringten Händen als Symbol mütterlicher Autorität, in fließende Gewänder gekleidet, führt sie für immer den Vorsitz über Geburt und Tod ihres Volkes. Sie wird für eine Begräbnisgöttin gehalten, aber die Tatsache, daß sie vierundzwanzig Jahrhunderte begraben blieb, gibt ihr auch das Recht auf den Titel einer Göttin der Erde.

Aber neben der Mutter finden wir stets auch die Versucherin, in diesem Fall *La Dama de Elche*. Die Zeitbestimmungen sind widersprüchlich (sie könnte irgendwann zwischen dem 5. und dem 2. Jahrhundert vor Christus geschaffen worden sein), und sie besitzt gleichermaßen verwirrende körperliche wie symbolische Wesenszüge. Obwohl sie als prototypisches Werk iberisch-spanischer Kunst erscheint, fast als ihre Gioconda, ist der griechische Einfluß in der Gestaltung ihres Gesichts doch unverkennbar: die Symmetrie, der Realismus, das Gefühl für Proportion und die Feinheit der Züge. Auch wenn sie eine klassische Gestalt ist, so ist sie gleichermaßen auch ein nobles barbarisches Werk. Die griechische Ausgewogenheit wird gebrochen durch die verschwenderischen orientalischen Ornamente, mit denen sie ausgestattet ist, Kopfputz, Ohrringe, Halsketten. Während sie vielleicht die erste Mantilla trägt, prunkt sie mit enormen Scheiben, die, primitiven Kopfhörern gleich, ihre Ohren bedecken und ihr die Musik einer Gegend übertragen, die nur sie versteht. Himmel? Erde? Hölle? Sie scheint taub zu sein gegenüber moralischen Platitüden. Erotisch perverses Mädchen, wollüstige Liebhaberin, Priesterin – man könnte jede dieser Rollen mit ihr besetzen.

Am meisten verstört jedoch, daß sie leicht schielt, ein zeitloses Zeichen geheimnisvoller Erotik. Die Frau starrt ihren Betrachter mit den Augen eines Basilisken an. Ein furchterregender Vamp, diese Dame von Elche, die ihre klassische Reinheit mit Schieläugigkeit und barbarischen Moden durchbricht und uns auf die elementare Wahrheit verweist, daß alle ursprünglichen Erdgöttinnen geheimnisvoll sind, Mutter und Geliebte, Jungfrau und Versucherin. Und sie sind Gestalten fruchtbarer Unreinheit wie die schrecklich doppeldeutigen Göttinnen des aztekischen Pantheons. Die höchste Erdmutter Coatlicue gab einer Brut von Göttern unter Zeichen von äußerstem Schmerz und äußerster Grausamkeit das Leben. Und die Venusgestalt des alten Mexiko, die Göttin Tlazolteotl (die Verschlingerin des Schmutzes), repräsentiert sowohl Reinheit wie Unreinheit: Sie verschlingt Schmutz, um die Erde zu säubern.

Die Gestalt der Jungfrau, die so machtvoll und so lange das Leben in Spanien und Spanisch-Amerika beherrschte, steht den antiken Muttersymbolen Europas und der Neuen Welt nicht als Fremde gegenüber. Während der Osterfeierlichkeiten in Spanien und durch die wiederbelebte Verbindung zu den heidnischen Religionen in Spanisch-Amerika wird ihre verehrungswürdige Gestalt darüber hinaus zu einer beunruhigenden, vieldeutigen Mutter, die direkt mit den ursprünglichen Erdgöttinnen verbunden ist.

Das Christentum hat die alte Bildwelt Spaniens ungemein bereichert. Gott, der Vater, Schöpfer dieser Welt, und sein Sohn Christus, der Erlöser, der für uns und unsere Errettung litt und starb. Aber mit ihnen kam die Madonna, die Leben und Schutz gibt. Mutter und Sohn sind vereint durch Erbarmen und Geheimnis. Das größte Geheimnis ist natürlich das der unbefleckten Empfängnis. Christus wurde von einer Jungfrau geboren und ist daher der Gegenstand des Glaubens. Der frühchristliche Schriftsteller Tertullian sagte von diesem Glauben: »Er ist wahr, weil er absurd ist.« Was bedeutet, daß man glauben muß, auch wenn man es nicht versteht.

Alle diese religiösen und erotischen Mutationen der spanischen Psyche erreichen den Höhepunkt des Leidens und Mitleidens im Bund zwischen der Jungfrau und ihrem Sohn. Er steht im Mittelpunkt des hinreißendsten und beunruhigendsten, sinnenhaftesten und mystischsten aller spanischen Spektakel – der Heiligen Osterwoche in Sevilla.

Über fünfzig Bildnisse der Jungfrau Maria werden dabei in den Prozessionen zur Schau getragen, die sich von Donnerstag abend bis Samstag morgen durch die Stadt bewegen. In jedem Stadtviertel marschieren Männer aus den niedrigsten und den höchsten Ständen in Bruderschaften, die ihre eigene Jungfrau ehren und der Liebe Christi und seiner Mutter wegen Buße tun. Jeder *Penitente* hat die feierliche Robe seiner Bruderschaft angelegt und trägt ein Kreuz oder, je nach der Schwere seiner Sünden, eine kürzere oder längere Kerze.

Während des ganzen Jahres, aber auch von Generation zu Generation, arbeiten die Gilden der Färber und Tuchhändler, der Leinenweber und Goldgarnhändler an den Umhängen und Decken, den Schleiern und Gewändern des göttlichen Serails: Virgen del Rocío, Señora de los Reyes, Virgen de la Macarena, Virgen de Triana. Und nun tragen diese Männer in Hemdsärmeln den schwebenden Tempel ihrer Jungfrau auf ihren Schultern durch die Straßen von Sevilla. Barfuß, unsichtbar unter den Röcken der Jungfrau, geschützt durch ihr aufgeblähtes Gewand, tragen sie den Thron der Gottesmutter.

Sie steht natürlich im Mittelpunkt der Aufmerksamkeit. Ihr Gesicht, in eine Kapuze gehüllt, ist mondfarben, und schwere schwarze Tränen haben es mit Streifen überzogen. Sie wird gekrönt von einer sonnengleichen Tiara mit rasiermesserscharfen Strahlen und drückt tote Rosen an ihren Busen. Ein großes dreieckiges Tuch, verziert mit den kunstvollsten Ornamenten aus Elfenbein und Edelsteinen, mit Medaillons, geformt wie Blumen und gerollt wie Metallschlangen, umhüllt ihre Gestalt.

Was ist die Bedeutung dieser »vielfarbigen Augenweide«, wie der Philosoph José Ortega y Gasset sie genannt hat? Ist es eine Übung in kollektivem Narzißmus, mit der Sevilla sein eigenes Schauspiel aufführt und dann sein eigener Zuschauer wird? Oder verarbeitet Andalusien auf diese Weise den Kulturschock wiederholter Invasionen – durch Griechen, Römer, Araber? Indem es sie alle aufsaugt im Schmelztiegel seiner religiösen Sinnlichkeit und seines geheiligten Heidentums?

Es ist auch eine spielerische Zeremonie. Wie sonst wären die Rufe zu verstehen, die der Jungfrau überall folgen: »*Guapa, guapa!*«, was schön bedeutet, hinreißend. Diese Verspieltheit wird am besten durch das Zigeunerlied ausgedrückt, in dem es heißt: »Das Jesuskind ist verlorengegangen, seine Mutter geht es suchen. Sie findet es am Ufer des Flusses, im Spiel mit den Zigeunern.«

El Niño Dios se ha perdido.
Su Madre lo anda buscando
Le encuentra a orillas del río,
De juerga con los gitanos.

Der Strom der Stimmen

Der zweite Versammlungsort Spaniens ist der *Tablado flamenco,* die fast geheiligte Bühne, auf der die spanische Versucherin Carmen, die Göttin der Bewegungen, auftreten kann.

Die männlichen Sänger und Gitarristen auf dem *Tablado* klimpern, präparieren sich, summen, intonieren, während die Frauen sitzen bleiben und in die Hände klatschen. Sie sind jung und so dünn wie Bohnenstangen oder alt und dick, doch wohlgeformt, und beleben die Veranstaltung mit Händeklatschen und wirbelndem Aufstampfen der Füße. Im Mittelpunkt aber stehen die schönen *Bailaoras,* dunkel, groß und vollbusig, das Haar manchmal toupiert, doch gewöhnlich schlicht zurückgekämmt und zusammengehalten von der *Peineta,* dem großen spanischen Kamm. Ihre Körper sind eingehüllt in Rüschen, Satin, Seide, Spitze, komplizierte Gürtel, unvorstellbare Unterwäsche, Strümpfe, Schals, Knoten, Nelken und Kämme. Sie werden sich niemals ausziehen, doch ihr Haar fällt während des Tanzes bestimmt auseinander und quillt hervor wie das auf dem Haupt der Medusa. Sie heben ihre Arme, schrieb Rainer Maria Rilke, der nach Ronda kam, um sie zu sehen, »wie aufgeschreckte Schlangen«.

Die tanzende Frau kommt von weit her. Man kann sie schon auf den Fußböden von Pompeji finden. Die tanzenden Mädchen von Cádiz versetzten das kaiserliche Rom in Raserei. Martial berichtete über ihre »eingeübten Windungen«, während Juvenal sie als »von Beifall angefeuert und mit zitternden Becken auf den Boden hinsinkend« beschrieb. Lord Byron könnte sie gesehen haben als »schwarzäugige Mägde des Himmels«, doch ein anderer, weniger flamboyanter, dafür aber moralischerer englischer Reisender des 19. Jahrhunderts sagte, daß die spanischen Tänze zwar unanständig genannt werden könnten, die Tänzerinnen selbst jedoch unantastbar keusch seien. Federico García Lorca hatte wie immer das letzte Wort in andalusischen Angelegenheiten. Die tanzenden Zigeunerinnen, schrieb er, seien halb Bronze, halb Traum. Er sah sie als Frauen, vom Mondschein gelähmt, wie verzaubert von ihm.

Und so ist es auch. Denn der Flamenco-*Tanz* ist nur die Begleitung des Zigeuner-*Gesangs, Cante jondo,* des tiefen Gesangs, des »Stromes der Stimmen«, um García Lorca noch einmal zu zitieren. Der Tanz ist der Mond, er entwickelt sich aus dem Lied, das der Mittelpunkt des Sonnensystems des *Cante jondo* ist: Der Sonnengesang trifft mit seinem uralten, atavistischen Magnetismus direkt in unser Sonnengeflecht. Er ist eine Mischform und bezieht über fünfhundert verschiedene melodische Artikulationen in sein System ein: vom arabischen Ruf zum Gebet bis zur neuesten tropischen Rumba, die er alle transformiert, damit unser tiefstes Bedürfnis gestillt wird: die extremsten und intimsten menschlichen Situationen zu besingen. Liebe, Eifersucht, Rache, Nostalgie, Verzweiflung, Tod, Gott, die Mutter – hier tritt das tragische Geschick vollends in den Vordergrund, die Worte beginnen ihre Alltagsbedeutung zu verlieren und werden zum Fluß des Gesanges, einer reinen Quelle von Gefühlen, die nicht mehr in Worte zu fassen sind. Der Flamenco kann die Form des improvisierten Liedes überschreiten, bis er einem Aufschrei ähnelt – einem Aufschrei, so hat man gesagt, nicht unterhalb der Worte, sondern über ihnen; wenn bloße Worte nicht mehr ausreichen. Denn die Seele spricht sich aus im *Cante,* äußert in ihm ihre dunkelsten, am wenigsten kontrollierbaren Gefühle.

Das Zentrum des Flamenco und des *Cante jondo* ist das erotische Ereignis, und im Zentrum des Zentrums steht natürlich wieder einmal die Frau, die Versucherin, aufgeputzt mit den wallenden Stoffen der Zigeunertracht, mit Schals, hohen Hacken und Bändern, in einem Meer von Rüschen. Sie steht in einem scharfen Kontrast zu einem anderen spanischen und spanisch-amerikanischen Wesenszug: der sexuellen Wildheit, in frömmlerische Sehnsucht gekleidet, wie sie die Jungfrauenfiguren zeigen, die durch die Straßen von Sevilla getragen werden. Das ist Sinnlichkeit, vom Glauben unterdrückt, aber in mystischen Träumen sublimiert. Der *Cante jondo* wird in einen religiösen Rahmen übertragen, die Prozessionen halten an, wenn ein Mann an der Straßenecke oder eine Frau auf einem Balkon die *Saeta* anstimmt, wörtlich den Pfeil, auf liebevoll familiäre Weise auf die Jungfrau gerichtet. Die Jungfrau antwortet mit einem Blick und bietet Kraft und Schutz. Ihre Kraft kommt aus der Liebe. Sie ist wohlbekannt. Sie ist wie ein Mitglied der Familie. Sie ist die Virgen de la Macarena, die Schutzheilige der Stierkämpfe, die den Tod und das Schicksal ihrer Söhne beweint.

2. Kapitel

DIE EROBERUNG SPANIENS

Das Schicksal Spaniens ist unauflösbar mit dem Mittelmeer verknüpft, das in Spanien beginnt und endet. Kommt man vom Atlantik, erreicht man es durch Andalusien. Aber wer kam schon vom Atlantik, bevor Kolumbus von seiner ersten Reise in die Neue Welt zurückkehrte?

Für mehrere Jahrhunderte bot Spanien den einzigen Ausweg *aus* dem Mittelmeer. Gab es noch etwas jenseits davon? Vom Mare nostrum – »unserem Meer«, wie es die Römer nannten – gelangte man durch die Säulen des Herakles in den Atlantik. Vor dem Bau des Suezkanals gab es keine andere Möglichkeit, das Mittelmeer per Schiff zu verlassen. Heute nennen wir diesen Ausgang Gibraltar, in Erinnerung an den maurischen Befehlshaber, der 711 von Afrika aus in Spanien einmarschierte. Für uns ist das ein Name, der mit dem Felsen verbunden ist und mit Versicherungspolicen, vor allem aber mit der britischen Zusicherung, daß das Mittelmeer für Handel und Schiffahrt offen bleiben wird. Das ist heute, wie so manches Britische, ein Anachronismus.

Aber er weist darauf hin, daß sich der Begriff *Mare nostrum* jahrhundertelang auf das geographische Zentrum bezog, in dem Europa, Asien und Afrika sich begegneten und ihre Zivilisationen sich gegenseitig befruchteten. Philosophie, Literatur, Politik, Handel, Krieg, Religion und Kunst: Nichts davon wäre vollständig ohne die formende Kraft des Mare nostrum. Zaghaft konnte man nach Süden hin die Küsten Afrikas erkunden, aber ging man nach Westen, gab es nichts als Angst, das Unbekannte, nicht »unser Meer«, sondern das Meer der Geheimnisse, *Mare ignotum*.

So wurde Spanien so etwas wie die Sackgasse des Mittelmeers. Man ging westwärts nach Spanien, und dort war dann Schluß.

Jenseits davon gab es nichts: eine der westlichen Spitzen der Halbinsel wurde dann auch zutreffend Kap Finisterre genannt, das Ende der Welt. Die spanische Kultur wurde in höchstem Maße durch ebendiese Endgültigkeit bestimmt, durch die Exzentrizität ihrer geographischen Lage. Wer nach Spanien kam, blieb auch dort, weil es dahinter nichts mehr gab. Oder ging zurück nach Osten, woher er gekommen war.

Diese doppelte Bewegung gab den beiden Kulturen Spaniens ihre Form. Die eine, die binnenländische, agrarische Kultur, kehrte der See den Rücken. Sie war im Grunde die Kultur der Iberer (der Ebro oder Iber war ihr Lebensraum, *Iber* bedeutet Fluß und den Ursprung Spaniens). Die Iberer kamen mehr als 2000 Jahre vor Christus aus dem Süden auf die Halbinsel. Um 900 vor Christus trafen sie dann auf die Kelten, die aus dem Norden kamen, und die beiden Gruppen verschmolzen zu den Keltiberern, die den bis zum heutigen Tage existierenden Kern des inneren Spanien bildeten. Es war eine Kultur der Schafherden und des Landlebens, der Stammessitten und des Bauerntums, das von Fleisch, Käse und Brot lebte. Ihre Isolierung vom Mittelmeer wuchs, als an den spanischen Küsten von Katalonien bis Andalusien eine Kette fremder Ansiedlungen, Warenlager und Umschlagplätze entstand. Speerspitze dieser Präsenz am Mittelmeer, sicher eher wirtschaftlich als politisch, waren tausend Jahre vor Christus die Phönizier. Ihre »Schiffe von Tharsis« führten zu den großen Mythen in Spaniens zweiter, nach außen gerichteter Kultur. Es ist die Kultur von Herakles und den Stieren. Es ist die Kultur von Handel und Verkehr, angeführt von den »ehrenwerten Kaufleuten« Ezechiels, aber es ist auch das Ende des Landes, die Furcht vor Unglück, das Vorzeichen einer dunklen Leere, eines Nichts, in dem nur noch ein Schrei gehört werden kann: »Wehe, ihr Schiffe von Tharsis ... denn eure Kraft ist geschwunden.« Und es ist schließlich einmal mehr die Kultur des Exzentrischen, die Sackgasse, der Ort, an den man flieht wie Jonas auf der Flucht »vor der Gegenwart des Herrn«.

Jonas' biblische Flucht könnte als ein doppeldeutiges Symbol gesehen werden sowohl für Spaniens Rückzug auf sich selbst, in sein gebirgiges, ländliches, stammesgebundenes Hinterland, als auch für die Verlockung, aus sich herauszukommen und sich dem Meer zu stellen, den großen Schiffen, der Herausforderung einer Welt jenseits der Säulen des Herakles, wo die Sonne untergeht. Die Geschichte von Eroberung und Invasion, die fremde Mächte nach Spanien zog, wurde von Spanien in der Neuen Welt wiederholt. Seine Reaktion auf die Herausforderung durch das andere – Arawaks in der Karibik, Azteken in Mexiko, Quechuas in Peru – sollte geprägt werden durch die Erfahrung vieler Jahrhunderte, in denen Spanien selbst mit Eroberungen überzogen wurde.

Die Eroberungen wirkten sich wohltätig aus, solange die Phönizier und nach ihnen die Griechen lediglich Handelsenklaven an den Küsten gründeten, mit begrenzten Einflußzonen rund um die Häfen von Gades (Cádiz) und Malaca (Málaga), damit die ursprüngliche keltiberische Kultur noch weiter isolierten und sich mit Wein, Olivenöl, Meeresfrüchten, Getreide, Geldverkehr und Städten in ihrer eigenen mediterranen Kultur einrichteten. Es war der Mangel an urbaner Entwicklung im Hinterland, der den größten Kontrast zu den blühenden Küstensiedlungen der Phönizier und Griechen bildete.

Eine belagerte Stadt

Die Eroberung Spaniens hörte auf, rein merkantil zu sein, als das Mittelmeer zum Schauplatz eines großen militärischen Konflikts wurde, in dem zwei mächtige Staaten sich gegenüberstanden, Karthago und Rom (Afrika und Europa, Land und Meer, Elefant und Segelschiff). Nachdem Griechenland Spanien aufgegeben hatte, rückten Karthago und Rom in das Land ein; um neue Eroberungen zu machen, um Bündnispartner zu finden, vor allem aber, um auf spanischem Boden Stützpunkte zu errichten, von denen sie ihre Angriffe gegeneinander führen konnten. Als die Karthager ihren entscheidenden Sturm auf Rom vorbereiteten, entschloß sich Hannibal, der junge Oberkommandierende ihrer Armee, Spanien zu seiner Basis zu machen, von der aus er seinen legendären Marsch durch das südliche Frankreich und über die Alpen nach Italien antrat. Nachdem er die Römer am Trasimenischen See geschlagen hatte, zog sich Hannibal mit Nachschubproblemen in seinen spanischen Unterstand zurück und nährte damit den Verdacht der Römer, daß sie, ohne Spanien zu erobern, Karthago niemals würden unterwerfen können. So war es merkwürdigerweise Hannibals Sieg in Italien, der die Römer in wilder Verfolgung nach Spanien brachte. Und mit Rom kam der dauerhafteste Einfluß auf die spanische Kultur – Sprache, Recht, Philosophie, eine einheitliche Sicht der Weltgeschichte, Verkehr: all das ist für immer verbunden mit Roms langwährender Anwesenheit in Spanien und beruht vor allem auf der überragenden Bedeutung der damals entstehenden Städte.

Für lange Zeit markierte Rom den Gipfel der Eroberungsgeschichte und -erfahrung Spaniens bis zur moslemischen Invasion 711 und Spaniens eigener Eroberung der indianisch-amerikanischen Welt in Übersee nach 1492. Es war eine einzigartige Erfahrung, denn während Spanien in Amerika vorsätzlich eine frühere Zivilisation zu Boden trat, ihre Knospen kappte, das Gute zusammen mit dem Bösen zerstörte und gewaltsam eine Regierungsform durch eine andere ersetzte, war seine eigene Erfahrung mit Rom ganz und gar gegenteilig: Italien schuf in Spanien eine Regierung und öffentliche Einrichtungen, wo keine gewesen waren, es brachte die Idee der Einheit und erweiterter menschlicher Beziehungen, wo keine existiert hatten. Und all das geschah durch die Schaffung städtischen Lebens. Wobei Rom gleichzeitig eine Reihe von Traditionen begründete, die nicht nur Spaniens Kultur und Institutionen, Psychologie und Verhaltensweisen prägten, sondern auch die seiner Nachkommen in Amerika.

Jenseits nationaler Stereotypen erwuchsen also aus der römischen Herrschaft eine Reihe bedeutsamer Faktoren spanischer und spanisch-amerikanischer Tradition. Nichts zeigt den Charakter einer Lebensform besser als der Zusammenstoß mit dem anderen, mit ihm oder ihr, die verschieden von uns, Ihnen und mir, sind. Bei diesem Zusammentreffen, darin stimmen alle Chronisten überein, waren die Menschen Hispaniens, mit den Worten von Trogus in seiner *Historiae Philippicae,* stark, nüchtern und arbeitsam: »*dura omnibus et stricta abstinentia*«, »hart und nüchtern«. Starke Menschen, sicher, aber auch außerordentlich individualistische, wie die Römer herausfanden, als sie 200 vor Christus die Halbinsel einnahmen. Sie stellten sehr schnell fest, daß die iberischen Heere in der Tat tapfer waren, aber wenig effektiv, weil jeder Mann für sich selbst kämpfte und die Integration in eine größere Einheit und den Gehorsam gegenüber nicht direkt anwesenden Kommandeuren oder abstrakten Regeln verweigerte. Der regionale Partikularismus, der die spanische Nation im guten wie im bösen durch die Jahrhunderte begleitete, wurde von den Römern unverzüglich erkannt. »Lokalen Stolz«, so nannte ihn Strabo, der im übrigen zu dem Schluß kam, daß die Iberer unfähig seien, sich zusammenzuschließen, um eine äußere Bedrohung abzuwehren.

Zwei wichtige Tatsachen leiten sich von dieser tiefempfundenen Anhänglichkeit an die Region, das Dorf, die überkommene Landschaft ab. Eine ist, daß die Iberer nicht sehr gut in Offensivoperationen waren, die genau die Art von einheitlichem Kommando erforderten, zu der sie sich nicht verstehen konnten, während die Römer darin brillierten. Aber dennoch erwiesen sich die Iberer als außerordentlich standhaft, wenn sie sich *verteidigten*, in einer atomisierten, ungeordneten Art und Weise, die den Angreifern das Leben enorm erschwerte. Anstatt, wie gewohnt, eine Armee zu bezwingen, deren Niederlage einen klaren Sieg bedeutet hätte, mußten die fremden Befehlshaber gegen ein Dorf nach dem anderen vorgehen, von denen ein jedes ausdauernd und verbissen Widerstand leistete.

Daraus wiederum erwuchs eine weitere Tradition. Als sie entdeckt hatten, daß ihre Stärke in der Verteidigung lag, weigerten sich die Spanier, eine erkennbare Schlachtordnung aufzustellen, und erfanden statt dessen *la guerrilla*. Überraschungsangriffe sehr kleiner Trupps, vorzugsweise während der Nacht, Heere, die bei Tag unsichtbar wurden, sich den weißgetünchten Dörfern und grauen Berghängen anpaßten, Zerstreuung, Gegenangriff – das machte die *Guerilla* aus, den kleinen Krieg, einen lokalen Mikro-Krieg gegen den Makro-Krieg der Invasoren, das heißt den großen Krieg, wie er von den römischen Legionen geführt wurde.

Partikularismus, Guerilla, Individualismus – Plutarch schreibt, daß die spanischen Häuptlinge eine Schar loyaler Spießgesellen hatten, die Solidarischen genannt, die ihr Leben ihrem Anführer weihten und starben, wenn er starb. Als sie begriffen hatten, daß die Spanier es ablehnten, sich mit anderen zu verbünden, daß sie Treue nur für ihren eigenen Boden und ihre eigenen Anführer empfanden, gelang es den Römern, sie zu besiegen, und zwar ziemlich genau auf die Weise, in der die Spanier die Azteken und die Inkas besiegten: durch überlegene Waffen, sicherlich, aber vor allem durch die bessere Information. Als Cortés erkannte, daß die mexikanischen Völker ein Mosaik von Stämmen bildeten, ohne eine andere Bindung als die Treue zu Nachbarschaft und Anführer, besiegte Cortés sie, wie Rom die Iberer besiegt hatte.

Die Kosten waren hoch und enthüllten noch einen weiteren spanischen Charakterzug: die Ehre. Der außergewöhnliche Ehrenkult in Spanien wurde getragen von der Treue zu Herd und Häuptling. Im Krieg mit Rom war der Herd eine Stadt mit Namen Numantia. Der Häuptling hieß Viriatus.

Dadurch, daß es den römischen Eindringlingen sechs Jahre lang standhielt, war Numantia für Rom eine Art Vietnam. Seine Erfolglosigkeit demoralisierte das römische Heer, wütend protestierte die römische Öffentlichkeit gegen die Verlängerung des Krieges, der junge Männer, Jahrgang um Jahrgang, verschlang, und schließlich weigerte sich der Senat, weitere Truppen zu entsenden. Als Publius Cornelius Scipio, der Jüngste aus der Militärdynastie der Scipionen, das Kommando im Kampf gegen die stolzen, individualistischen Stadtbewohner erhielt, teilte man ihm keine weiteren Truppen zu als die, die bereits in Spanien standen. Scipio riskierte sein ganzes Prestige und verschaffte sich Geld, Truppen und eine Leibwache von seiner Klientel asiatischer und afrikanischer Monarchen, darunter dem numidischen Fürsten Jugurtha, der einige Jahre später den Versuch einer Befreiung Nordafrikas von Rom unternehmen sollte und jetzt mit zwölf Elefanten zum Feldzug gegen Numantia eintraf. Offenbar erlernte er dabei ein paar Guerillataktiken, die er später bei seiner eigenen Rebellion gegen Rom anwandte. Scipio war gewiß nicht allein, da fast ein Regiment distinguierter Freunde mitkam, um die Ereignisse aufzuzeichnen: der große Historiker Polybios, der Dichter Lucilius und eine Schar von Chronisten und jüngeren Politikern.

Zunächst säuberte Scipio das stehende Heer von Prostituierten, Homosexuellen, Zuhältern und Wahrsagern und befahl den Soldaten, allen überflüssigen Ballast zu verkaufen, nur einen Kupferkessel und einen Teller zu behalten und nichts außer gekochtem Fleisch zu essen. Scipio schlief im Heu; den Soldaten wurden Betten und Masseure verweigert. Lucilius berichtet, daß den Truppen 20000 Rasiermesser und Enthaarungswerkzeuge weggenommen wurden, bevor man sie auf Gewaltmärsche schickte, sie anstrengenden Übungen unterwarf und schließlich im Sommer und Herbst des Jahres 134 vor Christus zum Bau von Gräben und Hindernissen abkommandierte. Sie bauten einen Wall von zehn Kilometern Länge rund um die Stadt und verdoppelten damit ihren Durchmesser. Die Wälle waren über zwei Meter breit und drei Meter hoch, und alle dreißig Meter wurde ein Turm errichtet. Das neuaufgestellte Heer umfaßte 50000 Römer. Überall um sich herum mußte Numantia auf ein Spiegelbild seiner selbst blicken. Und obwohl Scipio keinen Angriff ausführte, zwang er Numantia, dessen Streitkraft nur 6000 Mann stark war, entweder selbst anzugreifen oder vor Hunger umzukommen.

Während der große römische Feldherr die Signale der Flaggen bei Tag und der Feuer bei Nacht beobachtete, gekleidet in einen langen schwarzen Wollumhang, um seine Trauer über die bisherige Unfähigkeit der Römer zu bekunden, zwangen seine durch und durch disziplinierten Truppen, ebenfalls in Schwarz gekleidet, die Bevölkerung von Numantia, Tierhäute zu essen und dann menschliche Körper: die Toten, die Kranken, zuletzt die Schwachen. Aber Numantia ergab sich nicht, bis im Jahre 133, wie in Appianos' *Iberischen Kriegen* berichtet, »nachdem die Mehrheit der Einwohner sich selbst getötet hatte, der Rest … herauskam … und einen befremdlichen und schrecklichen Anblick bot, die Körper schmutzig, verwahrlost und stinkend, mit langen Fingernägeln, ungekämmten Haaren und ekelerregender Kleidung. Wenn sie des Mitleids wert erschienen wegen ihres Elends, so verbreiteten sie auch Schrecken, weil auf ihren Gesichtern Wut, Schmerz und Erschöpfung geschrieben standen«.

Wenn Numantia auch nicht das genaue iberische Gegenstück zum jüdischen Massada ist, zu dem es manchmal gemacht wird, symbolisiert es die Tradition eines Widerstands, der, auch wenn es ihn so nicht allein in Spanien gab, doch eine spezifische Färbung besitzt, verdeutlicht und hervorgehoben durch die Ereignisse spanischer Geschichte und Kultur ebenso wie durch die Erfahrungen der hispanischen Welt in Amerika.

Die Inkarnation der Ehre war der Anführer, besonders der militärische Anführer, der *Caudillo*, als der er später bekannt wurde, die Adaption eines arabischen Wortes, das Führer bedeutet. Die Traditionen von Ehre, Individualismus, Guerilla und Treue zu Heimat und Anführer, sie alle fließen zusammen in der Gestalt von Viriatus. Er tauchte im Kielwasser des römischen Prätors Galba auf, dessen skandalöse Korruptheit bei der Verwaltung Spaniens den Guerillakriegern im Jahre 147 vor Christus eine Erholungspause verschaffte. Während er sich auf eine längere Auseinandersetzung vorbereitete, gelang Viriatus ein Täuschungsmanöver: Er tat so, als wolle er fliehen, wodurch er die römischen Streitkräfte anlockte, die er dann aber überraschend angriff und schlug, wonach er in den Bergen verschwand, die nur er wirklich kannte. So erschöpfte er Rom – aber auch sich selbst. Acht Jahre später kam er um Frieden nach und erhielt ihn zu ehrenhaften Bedingungen. Rom erklärte ihn zum Freund, bestach aber dann drei seiner Sendboten und beauftragte sie, den nichtsahnenden Führer zu töten. Viriatus konnte nur durch Verrat gefällt werden. Auf einem Scheiterhaufen verbrannt, wurde er zum Symbol. Er war ein eigenwilliger Mann, der von dem Historiker Justin beschrieben wird als die »wichtigste militärische Persönlichkeit der spanischen Stämme«, aber ebenso als ein Mann von großer Einfachheit, menschlich und eng verbunden mit seinen Soldaten.

Mit dem Tod von Viriatus und dem Fall Numantias war die Romanisierung Iberiens gesichert. Wenn wir »Numantia« und »Viriatus« sagen, beschwören wir eine Überlieferung herauf, die sich als dauerhaft erwiesen hat. Alles in allem jedoch ging Rom äußerst intelligent vor, indem es die wichtigsten Traditionen Iberiens nicht antastete, sondern statt dessen die vorgefundenen Lücken füllte. Durch die Gründung der großen Städte im Binnenland – Augusta Emerita (Mérida), Hispalis (Sevilla), Corduba (Córdoba), Toletum (Toledo), Caesar Augusta (Saragossa) und

Salmantica (Salamanca) – und die Schaffung eines ausgezeichneten Straßensystems zwischen ihnen verknüpfte Rom die offenen Städte an der See mit den abgelegenen Dörfern in den Bergen. Auf diese Weise schuf es eine erste und solide Grundlage für die spanische Einheit. Aber ein unabhängiges, vereintes Spanien trat vor 1492 nicht in Erscheinung. In der Zwischenzeit wurde die Hefe der keltiberischen Seele dem Feuerofen römischer Rechtsauffassung, Sprache und Philosophie überantwortet.

Das römische Spanien

Die äußeren Zeichen der Romanisierung sind noch überall in Spanien zu sehen: das Theater in Mérida aus dem Jahre 18 vor Christus, die Brücke von Alcántara, fertiggestellt 105 nach Christus, der berühmte Aquädukt von Segovia, errichtet vermutlich im ersten Jahrhundert. Die inneren Zeichen erscheinen in erster Linie in der Sprache – in der Genauigkeit, manchmal wie eine große Rede, manchmal wie ein Epigramm, volltönend wie ein Satz Ciceros, geschäftsmäßig wie eine Anweisung Julius Cäsars, intim wie die Liebeslyrik Catulls, episch wie ein Gedicht von Vergil. Schon bald wuchs im römischen Spanien eine Gruppe eigener Schriftsteller heran, darunter Quintilian, der Erzieher, Martial, der Epigrammatiker, der auf so sinnliche Weise die tanzenden Mädchen von Cádiz beschwor, Lucan, der epische Dichter, und, am bedeutendsten, Lucans Onkel Seneca, der Präzeptor des Kaisers Nero und stoische Philosoph von Córdoba.

Stoizismus war die Reaktion der Antike auf das Ende der Tragödie und den Verlust der Göttlichkeit. Befreit vom tragischen Erbe aus Schicksal und Unterwerfung unter die Launen der Götter, wurde der Mensch zum Maß aller Dinge, doch fand er heraus, daß seine Freiheit untrennbar verbunden war mit seiner Einsamkeit. Um ein wahrer Mensch zu werden, mußte das Individuum eine klare Vorstellung von sich selbst, von seinen Stärken und auch von seinen Grenzen haben. Der Mensch mußte verstehen, daß er Teil der Natur war, ständig wachsend, ewig sich wandelnd. Konnte der Mensch Einheit innerhalb des Wandels finden? Er wußte, daß er Leidenschaften unterworfen war, aber er mußte lernen, sie zu beherrschen. Schließlich mußte er wissen, daß ihn der Tod erwartete. Er mußte eine Entgegnung, eine Haltung, einen Stil finden, die seines Todes würdig waren.

Seneca erklärte, daß uns in Zeiten der Mühsal, wenn alles um uns herum zu scheitern scheint, keine andere Hilfe bleibt als unser inneres Leben. Und daß diese Innerlichkeit alle Werte der stoischen Seele zusammenbringen muß: Freiheit und Leidenschaft, Natur und Tod – als bewußt anerkannte Realitäten, nicht als tragisch erduldetes Schicksal. Als Antwort auf die Aggressionen der Welt riet Seneca: »Laß dich von nichts anderem besiegen als von deiner Seele.«

Die Wirkung seiner Philosophie auf Spanien war stark und dauerhaft. Bis zum heutigen Tage steht Seneca in Spanien für Weisheit, und Weisheit bedeutet Verständnis dafür, daß das Leben nicht glücklich ist - denn wer würde schon Philosophen brauchen in einer glücklichen Welt? Mit dem Tod konfrontiert, nahm Seneca selbst eine stoische Haltung an. Nachdem er bei Nero in Ungnade gefallen war, nahm er des Kaisers Zorn vorweg und beging Selbstmord. Seneca hat Spanien eine unvergängliche Philosophie geschenkt, die zutiefst in der spanischen Seele wohnt, ihre Exzesse dämpft und sie nach den großen Abenteuern von Krieg und Entdeckung, Eroberung, Gewalt und Tod zu sich selbst zurückbringt. Spanien, ein Land der Heiligen, Maler, Dichter und Krieger, hat die Erkenntnisse des Stoizismus endlos wiederholt, vor allem, wie sogleich gesagt sei, in Cervantes' *Don Quijote*, in dem der Held schließlich von seinen verrückten Abenteuern ablassen muß, indem er nach Hause zurückkehrt, zu sich selbst und zu seinem Tod.

Die vielleicht interessanteste Facette des spanischen Stoizismus ist allerdings das individualisierte Porträt des Mannes, der durch Selbsterkenntnis seine Leidenschaften, sein körperliches Dasein, ja sein ganzes Schicksal beherrscht. Die Philosophie des Stoikers korrigiert den extremen Individualismus des iberischen Spanien, die begeisternde Kraft seiner Guerillaführer, die irrsinnigen Opfer seiner belagerten Städte und die Unfähigkeit, sich im Kollektiv zu organisieren.

Iberischer Individualismus und römischer Stoizismus brachten die ureigene spanische Figur des *Hidalgo* hervor, wörtlich des »Sohnes von etwas«, das heißt des Erben, des Mannes von Ehre, des Mannes, der zu seinem Wort steht, des Mannes von edlem Äußeren und gleichermaßen edlem Inneren. El Greco hat dieses Ideal in seinem Gemälde *Mann mit der Hand an der Brust* Gestalt annehmen lassen, Miguel de Cervantes, sein literarischer Gegenspieler, in der Person des Herrn im grünen Umhang in *Don Quijote*.

Die Verbindung von Individualismus und Stoizismus übte starken Einfluß auf die Art und Weise aus, in der die Spanier das römische Recht übernahmen. Es gibt eine Tradition kodifizierten Rechts, also geschriebenen Rechts, das römischen Ursprungs ist und durch Spanien eine der wichtigsten Traditionen des spanischen Amerika wurde. Für Rom bedeutete die Tatsache, daß ein Gesetz niedergeschrieben war, anstatt nur gewohnheitsmäßig oder mündlich überliefert zu werden wie in früheren Zeiten, daß jedermann daran gebunden war und niemand Unkenntnis vorgeben konnte, um Gewalt oder persönliche Launen an anderen auszulassen. Wir werden sehen, daß dieser Respekt vor dem geschriebenen Gesetz als einer Quelle der Rechtmäßigkeit Spanien bis in seine Beziehungen zur Neuen Welt hinein den Rücken stärkte, durch die Chroniken von Entdeckung und Eroberung und, wichtiger noch, durch eine fürsorgliche Gesetzgebung wie in den *Leyes Nuevas de las Indias*, den »Indien-Gesetzen«, die mehr als die nackte Tatsache der Eroberung die spanische Krone in Amerika erst wahrhaftig legitimierten. Im unabhängigen spanischen Amerika findet die Bedeutung der geschriebenen Verfassung (ob sie nun respektiert wird oder nicht) ihre Entsprechung in jenem Blatt beschriebenen Papiers, mit dem ein enteigneter Bauer sein Recht auf sein Land geltend macht. Römisches Recht steht an der Wiege solcher Verhaltensweisen.

Es steht auch an der Wiege einer weiteren hispanischen Überlieferung: der Idee vom Staat als Mitschöpfer von Fortschritt und Gerechtigkeit, die sich durch Sprache und Gesetz gebildet hat. All die Theater, Aquädukte, Straßen und Brücken waren lediglich äußere Zeichen für Roms Entschlossenheit, durch die wohlwollende Autorität des Staats Fortschritt und wirtschaftliche Entwicklung herbeizuführen. Volkszählungen, das Steuersystem, Politik und Verwaltung – Rom war außerordentlich geschickt darin, alle Tugenden und Pflichten eines zivilisierten Lebens mit dem Staat in Verbindung zu bringen, während es gleichzeitig regionale Kulturen und hispanische Gewohnheiten anerkannte. Unter diesen flexiblen Umständen fiel es Iberien leichter, von Rom die Gabe eines Staatswesens anzunehmen, das mit dem Land verbunden war, die Wirtschaft entwickelte, den Spaniern das Gefühl gab, Teil der Weltgeschichte zu sein, und das zugleich das Bedürfnis der Menschen nach ihrem Lokalstolz respektierte.

Die Gefahr, die darin lag, daß der Staat Fortschritt und Gerechtigkeit repräsentierte, war natürlich, daß er als überlegen betrachtet wurde, jenseits der Reichweite seiner Schutzbefohlenen, der Bürger. In diesem Zusammenhang entwickelte Spanien von Anfang an noch eine weitere Konstante. Wir könnten sie die poetische Dramatisierung der Gerechtigkeit und des Rechts auf Rebellion nennen. Schauspiele wie Lope de Vegas berühmtes *Fuenteovejuna (Loderndes Dorf)* im 17. Jahrhundert dramatisierten die Konfrontation von politischer Macht und Bürgertum. *Fuenteovejuna* beschreibt die Revolte einer ganzen Stadt gegen die Ungerechtigkeit. Die Stadt übernimmt die Verantwortung für jeden einzelnen ihrer Einwohner, und auf die Frage, wer denn verantwortlich sei für die Tötung des feudalen *Comendador*, antwortet sie wie ein Mann: »Alle von uns, die Stadt von Fuenteovejuna.« Endlich, durch die Verbindung und Entwicklung von römischer Herrschaft und Stoizismus, waren die Spanier fähig, Wege zu kollektivem Handeln zu finden.

Es ist darauf hingewiesen worden, daß die Genialität Roms in Spanien darin lag, daß es niemals eine absolute, totalitäre Planung durchsetzte, sondern Wandel, Offenheit, Vielfalt und Austausch förderte. Die Aquädukte brachten Wasser aus den Flußtälern zu den trockenen, höhergelegenen *Mesetas*, genauso wie Recht und Sprache ein wachsendes Gefühl von Gemeinschaft verbreiteten. Aus welchem Grund auch immer frühe Versuche einer zwangsweisen italo-hispanischen Integration gescheitert waren, im ersten Jahrhundert unserer Zeitrechnung nahmen Ibero-Römer selbst voll am Leben von Rom teil. Es ist daher nicht überraschend, daß drei römische Kaiser – Trajan, Hadrian und Theodosius – von spanischer Geburt waren.

Die ständige Betriebsamkeit in den Städten und auf den Landstraßen, das Hin und Her von Handwerkern, Maultiertreibern, Kaufleuten (*mercatores*), Beamten, Soldaten und Einwanderern, gab dem Prozeß der Romanisierung schließlich einen volkstümlichen Rahmen, der es jedermann erlaubte, lateinisch zu sprechen, mit einheimischem Akzent Wörter zu erfinden, sie der Artikulation anzupassen, die Sprache zu vulgarisieren, ja, sie sogar zu militarisieren. Das Lateinische zerbrach in drei romanische Variationen, die Sprache der Kleriker (*sermo clericalis*), der Armee (*sermo militaris*) und des Volkes (*sermo vulgaris*). Aus dieser berauschenden Mischung entstand die Sprache Spaniens und damit die von 300 Millionen Menschen im spanischen Amerika und den Vereinigten Staaten.

Krone und Kreuz

Obwohl die Weisheit römischer Rechtsauffassung, die Sprache und die Philosophie in Spanien erhalten blieben, welkte das Imperium schließlich dahin und starb. Zwei neue Kräfte erschienen in der bereits vernarbten spanischen Landschaft. Die ersten Christen trafen im Laufe des ersten Jahrhunderts n. Chr. aus dem Osten ein. Dann schwemmte eine Welle germanischer Invasionen die zerfallende römische Macht hinweg und gipfelte in der Herrschaft der Westgoten, christlich dem Namen nach, doch barbarisch in ihren Handlungen.

Spanien selbst war sicher nicht der Anlaß für den Zusammenbruch der römischen Macht auf der Halbinsel. Spanien war die Kornkammer Roms, wahrscheinlich die reichste Provinz des Reiches und so gründlich romanisiert und loyal, daß nur eine Legion dort stationiert war, mehr aus symbolischen Gründen. Das römische Spanien hatte wenig gemein mit dem widerborstigen iberischen Spanien, das sich in Numantia selbst geopfert hatte. Und das Verschwinden der römischen Ordnung, die tausend Jahre lang die antike Welt beherrscht hatte, hinterließ eine Lücke, die Spanien allein nicht schließen konnte. Sie wurde gefüllt von Barbaren und Christen.

Im 5. Jahrhundert war Rom in einem so fortgeschrittenen Zustand des Zerfalls, daß auch alle seine Heere Spanien nicht gegen die in Wellen einfallenden Stämme – Sweben, Alanen, Vandalen – verteidigen konnten, die aus Gallien und Germanien in Europas »Sonnengürtel« strömten. Sie belagerten und plünderten die hispano-römischen Städte und wandten sich dann gegeneinander. Die Alanen wurden von den Sweben geschlagen, die anschließend die Vandalen angriffen und sie mit Hilfe einiger Neuankömmlinge, der Goten, besiegten, was wiederum letztlich zur Konfrontation von Goten und Sweben führte. Die Dinge wurden noch komplizierter, als die Römer neue Legionen schickten, um Spanien zurückzugewinnen. Die Goten schlossen Verträge mit Rom, bis der letzte römische Kaiser Romulus Augustulus von der Bildfläche verschwand. Darauf wurden die Westgoten die Herren Spaniens.

Ihre Votivkronen sind verschwenderisch barbarisch, ein männliches Gegenstück zur Kopftracht der *Dama de Elche*. Doch saßen die Kronen unsicher auf den Häuptern der westgotischen Könige, deren Königtum auf Wahl begründet und ständig umstritten war. Eine Aristokratie aus Kriegern und Barbaren, verliebt in üppige Juwelen und schwere Kronen, zankte sich endlos um religiöse Fragen. Man hatte sich der Ketzerei des Arianismus verschrieben, der in Christus nicht einen Teil der heiligen Dreieinigkeit und deswegen auch nicht einen Teil der göttlichen Natur des Vaters sah, sondern lediglich einen Propheten. Und man stritt sich endlos über politische Fragen und löste dabei das Problem der dynastischen Nachfolge mit einem Blutbad nach dem anderen.

Die Ankunft der ersten Christen in Spanien bleibt weiterhin von Geheimnis und Legenden umhüllt. Einige der frühesten spanischen Heiligen kamen aus Afrika, wie St. Felix, der das Wort Christi nach Barcelona trug, oder St. Cugat, der ebenfalls in der katalanischen Hafenstadt predigte. Viele Märtyrer waren Frauen. Der spanische Ketzerpapst Priscillianus, der die Doktrin vertrat, daß unsere Körper Geschöpfe des Teufels seien und mit irdischen Vergnügungen und freier Liebe zur Erschöpfung gebracht werden müßten, veranstaltete (mit Erfolg) gemischte Treffen von Männern und Frauen zur Bibellesung. Zahlreiche Frauen hingen dieser Häresie an. Andere fanden den Trost des Märtyrertums, nur weil sie es ablehnten, sich dem männlichen Verlangen zu unterwerfen. Da uns keine zeitgenössischen Abbildungen dieser zu Tode gemarterten spanischen Frauen zur Verfügung stehen, können wir sie uns nur vorstellen, wie Francisco de Zurbarán sie im 17. Jahrhundert gemalt hat, in gutaussehende Gewänder gekleidet und mit den Symbolen ihrer Tortur in den Händen. Diese jungen Frauen gehören zu Zurbaráns bemerkenswertesten Märtyrerdarstellungen. Nach der Legende war die mediterrane heilige Lucia, die in Syrakus geopfert wurde, von einem abgewiesenen Freier als Christin denunziert worden, woraufhin ein römischer Soldat sie tötete, indem er ihr sein Schwert in die Kehle stieß. Sie wird dargestellt, wie sie ihre Augen auf einem Tablett trägt. Die heilige Agatha, ebenfalls aus Sizilien, trägt auf einem anderen Tablett ihre Brüste. Auch ihr war der Hof gemacht worden, und als sie den Freier abwies, denunzierte auch dieser sie als Christin. Ihr wurden die Brüste abgeschnitten, und sie stieg auf zur Schutzheiligen der Glockenmacher und Bankiers. Soviel über die Kräfte der Metamorphose. Die berühmteste spanische Märtyrerin, die heilige Eulalia, eine dreizehnjährige Jungfrau, wies die römischen Strafverfolger zurecht und wurde daraufhin gemartert und verbrannt. Als sie »Gott ist alles« rief, flog eine weiße Taube aus ihrem Mund, und plötzlich fiel Schnee auf ihren toten Körper.

Wahrheit oder Legende, die verschiedenen Geschichten zeigen, daß der christliche Glaube wuchs und zwischen seinem wolkenverhangenen Ursprung und dem Erscheinen von Priscillianus im 4. Jahrhundert in vielen spanischen Gemeinden starke Wurzeln schlug. Und daß der spanische Katholizismus sich von Anfang an durch erotische Unruhe auszeichnete, durch eine sexuelle Wildheit, die sich in heilige Sehnsüchte kleidete.

Doch geschah mit Sicherheit weit mehr als das, man betrachte nur die politische Bedeutung des Katholizismus. Zwischen den politischen Leidenschaften und der Malaise des Märtyrertums versuchte die katholische Kirche so etwas wie Ordnung zu schaffen. Und unter den gemarterten christlichen Jungfrauen und den übel zugerichteten gotischen Prinzessinnen erscheint eine Gestalt, die als Erretter der Zivilisation in Spanien bejubelt worden ist – als der erste mittelalterliche Philosoph, als der erste Spanier überhaupt. Es steckt ein bißchen Wahrheit in jeder dieser Bezeichnungen, aber nur eine ist über jeden Zweifel erhaben, daß nämlich Bischof Isidor von Sevilla der bedeutendste Spanier der ganzen Ära war, in der Zeit, die zwischen dem Fall von Rom und der moslemischen Invasion auf der Halbinsel lag.

Der Heilige von Sevilla

»Spanien«, schrieb Isidor, »ist das schönste aller Länder, das sich zwischen dem Westen und Indien erstreckt ... Es ist die Mutter vieler Völker und zu Recht die Königin aller Provinzen, denn durch sie empfangen Ost und West das Licht.« Diese Mission Spaniens, unterschiedliche Völker bei sich aufzunehmen und Wissen zu verbreiten, sollte im Laufe der Jahrhunderte auf die Probe gestellt und zuweilen als hoffnungsspendend wahr, zuweilen aber auch als kläglich falsch befunden werden. Doch die Glorifizierung Spaniens, »als glanzvollster Teil des Erdballs«, sollte auch als Fundament des Imperiums dienen, als die Zeit dafür gekommen war und Spanien seinerseits die größte Weltmacht seit Rom wurde. Sankt Isidor war einer der Gründer des spanischen Imperiums.

In Exil und Verfolgung wurde er geboren. Seine Familie, Katholiken aus der Stadt Cartagena, floh vor arianischen Nachstellungen und ließ sich in Sevilla nieder, wo der junge Isidor beide Eltern noch in frühen Jahren verlor. Seine Mutter hinterließ ihm eine Notiz, die viele Spanier – Juden, Araber und Christen, Liberale und Republikaner – in den kommenden Jahrhunderten wiederholen sollten: »Ich werde im Exil sterben, und im Exil werde ich mein Grab finden.«

Isidor wuchs während der gewalttätigen Auseinandersetzungen zwischen König Leowigild, dem ersten gotischen Monarchen, der seinen Kopf auf eine spanische Münze prägen ließ, und seinen Kindern Hermenigild und Rekkared auf, die zu Hermenigilds Widerruf der arianischen Häresie führten. Er tat dies in Sevilla vor

Leander, dem Bischof der Stadt, der zufällig der ältere Bruder Isidors war. Aber König Leowigild ging gegen Sevilla vor, nahm seinen Sohn gefangen und warf ihn ins Gefängnis, wo er starb, seinem katholischen Glauben treu bleibend. Leander wurde wie vor ihm seine Eltern exiliert. Im Alter jedoch bereute König Leowigild auf seinem Totenbett, rief Leander aus dem Exil zurück und bat ihn um Vergebung. Der Thronerbe Rekkared wurde Katholik, und im Jahre 598 war Isidor, nun ein Priester, auf dem katholischen Konzil in Toledo zugegen, als der König bekräftigte, die katholische Religion bilde die Grundlage für die Einheit seines Volkes.

Aber die bloße Deklaration reichte nicht aus. Um sich herum sah Isidor zwar eine formale Bindung an den Katholizismus, aber es gab keine Sprache und kein Gesetz, mit denen sich die Kirche in Spanien hätte aufbauen lassen. Er sah eine zügellose, beleidigende, gesetzlose, stotternde königliche Macht – auch in öffentlichen Angelegenheiten fehlten Gesetz und Sprache. Beides sowohl im kirchlichen wie auch im öffentlichen Bereich wiederherzustellen, wurde Isidors politische und intellektuelle Aufgabe. Alle standen gegen ihn. Die Kultur Roms war verloren. Nach den Worten des spanischen Historikers Marcelino Menéndez y Pelayo stand Isidor zwischen einer alten untergehenden Gesellschaft und einer neuen kindlich brutalen. Er nahm sich vor, die Barbaren zu erziehen. Mit seinem Buch *Origines,* auch als *Etymologiae* bekannt, stellte er das Sprachgefühl wieder her. Mit seiner Zusammenstellung römischen Rechts gab er Spanien den Begriff einer rechtlichen Kontinuität zurück. Ein Heiliger in einer politischen und kulturellen Wüste, hatte er eine ganze Kultur zu retten, bevor sie in Vergessenheit versank, und mußte Spanien, das einmal mehr durch Isolation in Trägheit gefallen war, nach Kräften in die heraufziehende mittelalterliche Welt leiten, durch die keltische und merowinigische Mönche reisten, predigten und Organisationsarbeit leisteten.

Er begann, indem er zunächst sein eigenes Haus in Ordnung brachte. Als sein Bruder Leander das Bischofsamt von Sevilla übernahm, wurde Isidor Abt des Klosters und verschaffte den Traditionen der Enthaltsamkeit und Disziplin neue Geltung. Im Gegensatz zu einer Gesellschaft, in der man überall auf falsche Mönche traf und in der falsche Eremiten frei nach Lust und Laune lebten, stellte Isidor ein Ideal mönchischer Vollkommenheit auf, dessen Gesetz die Armut war – aber nicht so sehr, daß sie eine »Traurigkeit des Herzens hervorrief oder den Stolz des Geistes«. Nach den Abendgebeten mußten die Mönche sich gegenseitig ihre täglichen Verstöße vergeben, sich in Frieden umarmen und singend zu ihren Betten in einem gemeinsamen Schlafsaal gehen, wo der Abt in der Mitte der Gemeinschaft schlief.

Im Alter von dreiundvierzig Jahren, nach dem Tod seines Bruders, erbte Isidor den Bischofssitz von Sevilla. Damit konnte er für eine neue Regelung zwischen Kirche und Staat eintreten. Er hatte die Kirche durch Disziplin gestärkt, während das Königtum undiszipliniert verkam. Er hatte den Wirrwarr der gotischen und byzantinischen Gesetze hinweggefegt zugunsten einer exakten Fortschreibung römischen Rechts und seiner klaren, logischen und architektonischen Auffassung von Prozeduren. Nun stellte er das alles in den Dienst der Lösung jenes großen Problems, das bis ins späte Mittelalter die europäische Politik beherrschte: das Verhältnis von Kirche und Staat. Nach dem Verschwinden der römischen Statthalter waren die Bischöfe von Spanien zu den eigentlichen Verwaltern des Landes geworden, was ihnen einen politischen Vorteil gab. Das Chaos und die Unfähigkeit der gotischen Könige trug noch dazu bei. Isidor, ein Mann des Ausgleichs, betrieb jedoch nicht die alleinige Vorherrschaft der Kirche oder die des Staats, er war ein Anhänger der Idee, daß der Staat der Kirche in geistlichen Fragen untertan sein sollte und die Kirche dem Staat in weltlichen. Wenn nötig, sollte jeder in den Bereich des anderen eingreifen können. Es durfte kein Machtvakuum entstehen. Natürlich war es angesichts der großen Macht, welche die Bischöfe bereits ausübten, letztlich unaufrichtig von Isidor, die Wahlmonarchie mit der Begründung zu verteidigen, daß es sich dabei um eines der Grundgesetze weltlicher Macht handele. Isidor muß gewußt haben, wie anfällig dieses System war und wie sehr die Kirche ihrerseits von seiner triumphalen Kampagne profitieren würde, nach der alle Macht bezüglich der Ernennung von Bischöfen in die Hände der Bischöfe selbst gelegt werden sollte. Der König würde in dieser Angelegenheit nichts zu sagen haben.

Die Kultur Spaniens ist wieder und wieder vor drohenden Katastrophen, Verfall und Vergessen gerettet worden. Isidor von Sevilla rettete die römische Kultur des Landes vor drohender barbarischer Vernichtung. Und doch brach sein Ideal einer neuen hispanischen Einheit, gegründet auf die Verbindung von Römischem und Gotischem, in Stücke. Der fortwährende Machtmißbrauch, die familiären Rivalitäten und der Zank zwischen den Parteien machten es für das gotische Spanien so gut wie unmöglich, sich wirksam und mit einheitlicher Zielsetzung zu organisieren.

Die Aristokratie der gotischen Krieger war von Natur aus zentrifugal; sie fing an, unabhängige Lehensfürstentümer zu gründen, während in zwei Jahrhunderten westgotischer Herrschaft dreißig Könige aufeinanderfolgten. Die andauernden Coups und Massaker, die es der Kirche erlaubten, entscheidende Macht zu erringen, beschworen eine weitere Konstante spanischer und spanisch-amerikanischer Politik herauf: die nahezu ununterbrochene Präsenz der Kirche in öffentlichen Angelegenheiten. Auch wenn die Kirche lernte, sich selbst zu regieren und das Land zu verwalten, sie vermochte die anhaltenden Grausamkeiten der barbarischen Könige nicht einzudämmen. Sie zeigte sich unfähig, eine Ordnung für die Thronfolge einzuführen oder die abscheulichsten Brutalitäten der westgotischen Könige zu verhindern, wie König Sisibuts Verfolgung der Juden in der Zeit Isidors.

Als Isidor aus seinem Kloster in die Basilika von St. Vincent in Sevilla zog, im März 636, tat er das als Büßender, obwohl er dem Tod nahe war. Er legte das Büßergewand an und ließ Asche auf sein Haupt streuen. Eine große Menschenmenge war zugegen, um ihn ein letztes Mal zu sehen. Seine Sünden, so erklärte er öffentlich, seien zahlreicher als der Sand am Meer. Er bat alle, ihm zu vergeben. Wenn er gesündigt habe, sagte er, so habe er auch gearbeitet. Er starb am 4. April. Kaum ein Jahrhundert später drohte dem starken, christlichen, gesetzestreuen und sprachmächtigen Spanien, das er ersehnt hatte, die größte Gefahr, als sich jenseits der Meeresstraße des Herakles eine neue Macht erhob und Spanien herausforderte. Diese Macht sollte der antiken Mittelmeerpassage einen neuen Namen geben: Gibraltar.

3. Kapitel

DIE RÜCKEROBERUNG SPANIENS

Das römische Kernland, das nicht nur Europa beherrschte, sondern die ganze Mittelmeerregion, einschließlich des Nahen Ostens und Nordafrikas, wurde durch die Invasionen der Barbaren und durch die Ausbreitung des Islam nach und nach zerschlagen. Doch während die verschiedenen germanischen Stämme schließlich in einem Christentum aufgingen, das seine Hauptstadt in Rom errichtet hatte und versuchte, die römische Erbschaft anzutreten, wies der Islam jede derartige Assimilierung zurück. Auf dem Höhepunkt einer religiösen und politischen Expansion, acht Jahre nach dem Tod ihres Propheten Mohammed, hatten die Moslems Ägypten erobert, zogen dann weiter nach Tunis, und um 698 hatten sie die Byzantiner aus ihrem früheren kaiserlichen Zentrum in Nordafrika vertrieben – aus Karthago. Und 711, genau ein Jahrhundert nachdem der Prophet begonnen hatte, seine Lehren zu verkünden, erreichte der Islam die südlichen Küsten Europas und drang in das westgotische Spanien ein.

In diesem Jahr unterstützte Graf Julian, der Gouverneur von Ceuta, eine Rebellion gegen den westgotischen König Roderich und rief, als Söldner, wie er glaubte, mehrere tausend nordafrikanische Berber unter dem Oberbefehl Tariks zu Hilfe. In der Gerüchteküche der Westgoten hieß es alsbald, Graf Julian habe sich an König Roderich rächen wollen, weil der seine Tochter vergewaltigt hatte, als sie eines Tages bei Toledo in den Fluten des Tajo badete. Die Wahrheit ist, daß die erfolgreiche moslemische Invasion der letzte Beweis für die fortgeschrittene Hinfälligkeit der westgotischen Herrschaft war. Tariks Heer ging in Marokko unter Segel und landete in Gibraltar, in Dschebel al-Tarik, wie es nach dem Heerführer der Berber genannt wurde. Behindert von der

Last einer goldenen Krone, seiner schweren Robe, uralter Juwelen und eines elfenbeinernen, von zwei weißen Maultieren gezogenen Wagens vermochte Roderich die Mauren am Guadalete nicht aufzuhalten. Nach »acht blutigen Tagen« an den Wassern des Flusses brachen sie durch nach Norden gen Toledo und bis zu den Pyrenäen, und das westgotische Spanien bestand nicht mehr.

Der Islam sollte fast achthundert Jahre auf der Iberischen Halbinsel bleiben. Ohne großen Widerstand der zersplitterten christlichen Königreiche stürmten die Mauren nordwärts durch Spanien. Erst Karl Martell konnte sie 732 bei Poitiers aufhalten, und Europa wurde nicht moslemisch. Aber auch in Spanien selbst, so wird überliefert, wurden sie schon 722 in der Schlacht von Covadonga im östlichen Asturien aufgehalten, durch den gotischen Häuptling und Guerillaführer Pelayo.

In den Nebeln der Berge von Asturien überlebten versprengte Christen, und von dort begannen sie im Laufe der Jahrhunderte nach Süden vorzustoßen. Von 711 bis 1492 starrten Christen und Araber sich über ungewisse Grenzen hinweg an. Sie führten Kämpfe, aber sie vermischten sich auch, tauschten Kultur, Blut und Leidenschaft, Wissen und Sprache.

Von Zeit zu Zeit stießen die christlichen Heere von Kastilien aus, das wegen seiner vielen Kastelle so genannt wurde, südwärts vor. Dann wieder wurden sie zurück nach Norden gedrängt, als die Mauren ihren Staat zu stärken verstanden. Aber als die Mauren schließlich erlahmten und sich in kleine Fürstentümer zersplitterten, marschierten die Christen abermals nach Süden, nahmen Toledo und schlugen ihre Gegner in der Schlacht von Las Navas de Tolosa 1212 entscheidend. Von da ab wies der Pfeil der christlichen Siege immer weiter nach Süden bis zum letzten maurischen Königreich Granada.

Aber wenn die Araber schließlich auch besiegt und vertrieben wurden, so hat ihre fast achthundertjährige Anwesenheit im Lande doch eine bikulturelle Erfahrung hinterlassen, die einzigartig ist in Westeuropa. Die Ungewißheit über die fortdauernden Frontverschiebungen galt auch für Rassen und Loyalitäten. Die Unterschiede zwischen christlichen Gläubigen und moslemischen Ungläubigen waren alles andere als klar umrissen. *Mozárabes* zum Beispiel nannte man Christen, die sich der moslemischen Kultur angepaßt hatten. *Mudéjares* waren Mauren, die als Vasallen der Christen lebten. *Muladíes* hießen Christen, die zum islamischen Glauben übergetreten waren. Und *Tornadizos,* ein abwertendes Wort, das »wetterwendisch« bedeutet, waren umgekehrt Mauren, die sich zum Christentum bekehrt hatten. Schließlich gab es auch noch die *Enaciados,* die sich im Niemandsland zwischen beiden Religionen aufhielten und von Mauren wie Christen als Spione benutzt wurden. Ihre Zweisprachigkeit war dabei sehr gefragt. Bis zum heutigen Tag ist ein volles Viertel aller spanischen Wörter arabischer Herkunft. Sogar beim Stierkampf benutzen wir ein arabisches Wort, um den Matador zu grüßen, denn *olé!* kommt von dem arabischen *wallah.*

Das arabische Spanien

Die Mauren entwickelten sich schnell von höchst beweglichen Stammeskriegern zu Landbesitzern, und von dieser Basis aus gingen sie in die Stadt. Das heißt, nachdem die militärischen Eroberungen und landwirtschaftlichen Grundlagen einmal gesichert waren, nahm der Islam seine verteidigungspolitischen, agrarischen und schließlich auch kommerziellen Interessen von den städtischen Zentren aus wahr. Die Städte – zunächst Córdoba, dann Sevilla und schließlich Granada – stützten sich auf das schnelle Wachstum der Geldwirtschaft, den Wert der Agrarprodukte, die Stärke der Bürokratie und die Entwicklung von Dienstleistungen. Das moslemische Córdoba war und wird fortleben als die großartigste moslemische Stadt, die Spanien von 711 bis 1010 beherrschte.

Drei aufeinanderfolgende Könige mit Namen Abd ar-Rahman aus der Omaijaden-Dynastie wählten Córdoba, um die moslemische Herrschaft in Spanien zu besiegeln. Eine Herrschaft, die trotz einiger Ausnahmen auf Offenheit und Zugänglichkeit beruhte und nicht auf Ausgrenzung. Córdoba wurde zum Tor, durch das die Kultur des Islam in den Norden Europas gelangte, aber es war auch die Pforte, durch die das Europa der Barbaren die Beziehung zu seiner verlorengegangenen mediterranen Vergangenheit erneuerte. Vom spanischen Kalifat von Córdoba aus kehrten griechische Philosophie und klassische Literatur über die Pyrenäen ins gotische Europa zurück. Die klassischen Texte waren während des Kalifats von Bagdad ins Arabische übersetzt worden. Jetzt verbreitete die Übersetzerschule von Toledo sie über den ganzen Westen. Naturwissenschaft, Medizin und Astronomie gelangten vom moslemischen Süden in den christlichen Norden ebenso wie die Sammlungen hindustanischer Sagen.

Das moslemische Spanien erfand die Algebra und damit die Ziffer Null. Arabische Ziffern ersetzten das römische Zahlensystem. Papier gelangte zusammen mit Baumwolle, Reis, Zuckerrohr und Palmen nach Europa. Während sich Córdoba griechische Philosophie, römisches Recht und die Kunst von Byzanz und Persien aneignete, forderte es zugleich Respekt für die mosaischen und christlichen Lehren ebenso wie für ihre Anhänger, die zusammen mit den Moslems als die »Menschen des Buches« betrachtet wurden. Ausrottung und zwangsweise Bekehrung waren Götzenanbetern und Heiden vorbehalten. Grundsätzlich verdienten die »Menschen des Buches« eine andere moralische und intellektuelle Behandlung – selbst wenn man sie auf dem Schlachtfeld erbittert bekämpfte.

In den Jahren der Vorherrschaft Córdobas gewann die Idee an Boden, daß die Vielfalt der Kulturen nicht im Streit liegen muß mit der Überzeugung, daß es nur einen einzigen Gott gibt. In dieser neuen Region im Süden Spaniens, die von den Moslems *al-Andalus* genannt wurde – das heutige Andalusien –, knüpften die drei großen monotheistischen Religionen der mediterranen Welt, die Religionen von Moses, Jesus Christus und Mohammed, ihr langdauerndes, oft fruchtbares und noch öfter konfliktreiches Beziehungsnetz.

Die große Moschee von Córdoba verkörpert jene Haltung am schönsten. Ihre ursprünglich 1200 Säulen, von denen nur achtzig erhalten blieben, weisen alle mediterranen Stilformen auf, mit denen Spanien jemals in Berührung gekommen ist, sie sind griechisch, karthagisch, römisch, byzantinisch. In der Moschee hat man das Gefühl, durch eine mittelpunktslose Vision des Unendlichen zu gehen, mit der Vorstellung, daß Gott und Mensch einander unablässig in dem kühlen Labyrinth suchen und jeder vom anderen die Fortsetzung der unvollendeten Aufgabe der Schöpfung erwartet. Der Wald der Steinpfeiler scheint sich ständig zu verändern, bis vor dem äußeren Auge, aber auch vor dem inneren der Imagination, Millionen von Spiegeln erscheinen. Tatsächlich, alle Dinge müssen neu erdacht werden in diesem Bau, einem der herrlichsten und anregendsten der Welt.

Der moslemische Überfluß an Schönheit und Luxus wurde unterhalten durch Steuern, Kriegsbeute, die Unterwerfung christlicher Reiche und die Abgaben, die Juden und Christen auferlegt wurden; dazu kam ein blühender Handel in alle Himmelsrichtungen: Aus dem Orient kamen Bücher und Juwelen, Tänzerinnen und Musiker, aus Nordafrika Sklaven, Gold und Getreide, und sogar aus Europa, dem es damals im Vergleich zum Islam finanziell so sehr viel schlechter ging, kamen Holz für Schiffsbauten und Waffen (obwohl der Papst solchen Handel mit den Ungläubigen verboten hatte). Der Westen kann auf eine lange Geschichte von Waffenverkäufen an den Islam zurückblicken, die er später bedauert hat.

Die drei großen Omaijaden-Herrscher von Córdoba befreiten das moslemische Spanien nach und nach von allen Machtansprüchen aus dem Orient, bis schließlich Abd ar-Rahman III. beschloß, Córdoba zum selbständigen Kalifat zu proklamieren, unabhängig von Bagdad. Dieser Akt vereinigte die politische mit der religiösen Macht in einem unabhängigen Andalusien. Indem er sowohl die unruhigen nordafrikanischen Stämme als auch die Araber auf der Halbinsel unter Kontrolle hielt, führte Abd ar-Rahman III. sein al-Andalus zu höchstem Glanz. Doch war dieser Glanz stets bedroht durch die ununterbrochenen Angriffe der Christen, und als 1085 das arabische Toledo an die Christen fiel, mußte Córdoba die strenggläubigen Almoraviden aus Nordafrika zu Hilfe holen. Als sie die Meerenge von Gibraltar überquerten, ging es mit dem Glanz von Córdoba zu Ende.

Abd ar-Rahman III. hinterließ als Abschiedsgeschenk den großen Palast von Medina al-Azahara, erbaut zu Ehren seiner Frau. Der Palast ruhte auf 4300 Säulen und wurde von 13750 männlichen Dienern versorgt, zu denen noch 3500 Pagen, Sklaven und Eunuchen kamen. Allein um die Fische in den Teichen zu füttern, wurden jeden Tag 1200 Laibe Brot gebraucht. Weise genug, die Flüchtigkeit allen Ruhms zu erkennen, kleidete sich Abd ar-Rahman in Lumpen und bedeckte sich mit Sand, wenn er fremde Botschafter empfing. Er starb als alter Mann, aber am Ende seufzte er: »Ich habe nur vierzehn glückliche Tage gekannt in meinem Leben.«

Zwischen 1010 und 1248 wurde Sevilla zum neuen Zentrum moslemischer Kultur in Spanien. Die Almohaden herrschten über zwei Jahrhunderte künstlerischen und intellektuellen Glanzes in dieser Stadt. Sie legten die Fundamente des großen Alkazar und bauten das Minarett der Giralda. Der Spitzbogen kam nach Spanien und wurde ein Kennzeichen der gotischen Architektur, außerdem gelangten in dieser Zeit auch arabische Chormusik und Poesie nach Europa.

Es war die Zeit der zwei größten Denker des mittelalterlichen Spanien. Der eine, Maimonides der Jude, war Arzt und Schriftsteller, schrieb in arabischer Sprache, trachtete Judaismus und griechische Philosophie miteinander zu versöhnen und verfaßte eine gekürzte Fassung des Talmud. Der andere, Averroës der Araber, war der Philosoph, der Aristoteles nach Europa zurückbrachte und es wagte, über eine »doppelte Wahrheit« nachzudenken – die eine durch den Glauben enthüllt und die andere wissenschaftlich entdeckt. Diese Unterscheidung wurde zu einem der Pfeiler des modernen Denkens.

Als die arabische Macht nach der Niederlage von Las Navas de Tolosa und nach der Eroberung Sevillas durch Ferdinand III. von Kastilien (Ferdinand den Heiligen) im Jahre 1248 dahinschwand, blieb nur noch eine letzte große Stadt übrig, das moslemische Erbe zu bewahren: Granada. Das granadische war das letzte Königreich, das von 1248 bis 1492 über die Abenddämmerung des arabischen Spanien herrschte. Wenn man sich ihm heute nähert, muß man sich vorstellen, daß es dort einmal nichts gegeben hatte außer dem Tal, dem Fluß und den Bergen der Sierra Nevada. Hier kamen die Nomaden aus der Wüste zur Ruhe, und hier beschlossen sie, einen Garten anzulegen, dessen Schönheit einzigartig auf dieser Erde sein sollte. Es ist, als hätten sie die Stimme Gottes gehört, die ihnen befahl: »Baut hier im Licht der Fackeln einen Palast und nennt ihn Alhambra«, was »die rote Zitadelle« bedeutet.

Vielleicht konnte nur ein Volk, das den Durst der Wüste kannte, diese außerordentliche Oase von Wasser und Schatten erfinden: Eine Abfolge von Toren und Türmen, Räumen und Höfen gibt der Alhambra eine Atmosphäre sowohl von Abgeschiedenheit wie auch von Abgeklärtheit, als ob alle Freuden der Welt hier zu fassen wären, mit Händen und Augen. Umgeben von einem Mauerring – Mauer der Gerechtigkeit, Mauer des Weines – und bewacht von Türmen, den Türmen der gefangenen Frau und der Huldigung, dem Torre de Comares und der Alcazaba, ist die Alhambra ein Labyrinth edler Gemächer, in denen sogar die Schatten golden schimmern. Der Audienzsaal am Patio del Mejuar mit seinen Kachelornamenten, die der atemberaubenden Regelmäßigkeit, Harmonie und Überraschungsfülle einer Fuge von Bach gleichen; der intime Eindruck von Luxus, der durch den filigranen Stuck im Saal der zwei Schwestern ausgelöst wird; die geschwungene Perspektive in der Halle der Gesandten; das Gefühl, eingefangen zu sein in einem süßen Gefängnis aus Honigwaben, aus dem niemand würde entfliehen wollen – es gibt hier sowohl ein Serail wie einen Harem –, wird unversehens seinem eigenen Wesen gegenübergestellt in einem der Gedichte, das auf den Torbögen des Mirador geschrieben steht, des Balkons, der die Gärten des Palastes überblickt: »Ich glaube, daß der Vollmond hier seine Heimat hat ...«

Schließlich erkennt man, daß dieses Zusammenspiel aus filigranem Stuck, blauen Kacheln und unglaublichen Perspektiven nur einen Zweck hat, nämlich das Wasser zu beschützen, uns zu erlauben, einen Mundvoll Flüssigkeit in der gekrümmten Hand zu halten, das lebensspendende Element zu umgeben mit pflegsamer, behütender und doch spürbarer Verteidigung. Die Patios, die einzigartigen Höfe der Alhambra, sind wie Tempel des Wassers: die schlanken Säulen der Myrtenbäume sind ebenso auf Schutz bedacht wie die zwölf Löwen in ihrem Hof. Aber während der Dauer eines Tages und sogar noch in der Nacht versteht man, daß es die fortwährende Vermischung und Koexistenz all der Schattierungen von Zeit und Natur ist – Licht, Schatten, Luft, Erde, Sonne, Mond –, die wirklich das Herz der Alhambra beschützen: ihre Teiche, ihre Brunnen, ihre Wasserläufe.

Es ist nicht nur Wasser, was hier in den Gärten rinnt. Da der Koran die Bildlichkeit ablehnt, wurde die Alhambra ein geschriebenes Gebäude, ihr Körper ist mit Schriftzeichen bedeckt, die von den Mauern herab Geschichten erzählen und Gedichte singen. Sie ist angefüllt mit einer Art himmlischer Graffiti, in der die Stimme Gottes flüssig wird und die Freuden von Kunst, Geist und Liebe erlebt werden können. Kein Wunder, daß in die namenlose Welt der Sprichwörter das Gedicht eines mexikanischen Dichters, Francisco de Icaza, eingegangen ist, das diese Stadt beschreibt: »Es gibt kein größeres Leid, als blind zu sein in Granada.«

La Reconquista

Aber während diese sinnlich großartige und geistig aufregende Zivilisation im Süden Spaniens erblühte, schlossen die harten Wirklichkeiten des Kriegs und des militanten Glaubens derlei Annehmlichkeiten im Norden aus. Die Mauren verwandelten den spanischen Süden in eine Oase aus bewässertem Land, sinnlichen Lustgärten, mit glanzvoller Architektur und großartigen Städten. Im 10. Jahrhundert war Córdoba die bevölkerungsreichste Stadt des Westens. Doch das christliche Spanien hatte nach Isidor von Sevilla keinen Averroës und keinen Maimonides. Es baute nichts, was der Alhambra oder der großen Moschee von Córdoba vergleichbar gewesen wäre.

Es ist allerdings im Hinblick auf die überlegene Kraft und Kultur des Islam erstaunlich, daß das christliche Spanien sich nicht unterwarf, wie es Syrien und Ägypten trotz ihrer alten und fortdauernden hellenistischen Kultur getan hatten. Vielleicht hängt diese Tatsache mit der ebenso alten hispanischen Tradition zusammen, sich mit Hilfe der Guerilla zur Wehr zu setzen. Individualismus und der Kult der Ehre waren tief in die spanische Seele eingepflanzt. Hinzu kamen Stoizismus, römisches Recht, die römische Sprache und sicherlich der noch frische und militante Geist des

Christentums, was zusammengenommen ohne Zweifel zur hispanischen Standhaftigkeit beitrug. Aber vielleicht gab es noch etwas, das stärker war als alle diese Faktoren, nämlich die Verwurzelung: die Bindung an Herd und Dorf, an Familie und Familiengeschichte, an Verwandtschaft, Überlieferung und Grabstätten, an Gesang und Ernte einer seit keltiberischen Zeiten im Grunde agrarischen und kleinstädtischen Gesellschaft von Handwerkern, Künstlern, Viehzüchtern, Schafhirten, Feldarbeitern und Krämern.

Das christliche Spanien mußte im Kampf gegen die islamischen Eindringlinge zu sich selbst finden. Spanien, seit frühester Zeit erobert, ging nun in seinen längsten Krieg, nicht der Eroberung, sondern der Rückeroberung, die bis zum Fall des letzten maurischen Königreiches im Jahre 1492 andauerte. Spanien war verloren. Spanien mußte neu errichtet werden. So lauteten Sinn und Name des großen Unternehmens, das die Aufmerksamkeit und die Anstrengungen des christlichen Spanien für achthundert Jahre erforderte: *La Reconquista.*

Die Reconquista war vor allem ein militärisches Ereignis. Dem Krieg zum Trotz lebten viele Dinge weiter oder wurden erst erfunden, die das Profil Spaniens und später auch Spanisch-Amerikas formten. Eine wichtige Tatsache, sowohl militärisch als auch, wie sich zeigte, kulturell bedeutsam, ist hervorzuheben: von allen großen europäischen Ländern war Spanien das einzige, das nicht an den Kreuzzügen im Heiligen Land teilnahm. Alle Energie galt dem Kampf gegen die Ungläubigen daheim.

Der Islam hatte anfänglich einen Vorteil gegenüber dem Christentum: Er erlaubte und übersteigerte sogar den Gedanken des *Jihad,* des Heiligen Krieges. Von Anfang an waren religiöse Askese und der Krieg gegen die Ungläubigen in der islamischen Politik nicht zu trennen. Die Einrichtung der *Ribats* in al-Andalus war in dieser Hinsicht typisch. Von den Almoraviden gegründet, beherbergten diese befestigten Klöster Bruderschaften religiöser Einsiedler, die ihre Gottesverehrung, wenn nötig, unterbrachen zur bewaffneten Verteidigung der maurischen Grenzen.

Aus grundsätzlichen Erwägungen autorisierte das Christentum seine Geistlichkeit nicht zur Teilnahme am Krieg. In ihren Anfängen verabscheute die Kirche den Gedanken, daß ihre Priester andere Menschen töten könnten. Das überließ man besser dem »weltlichen Arm«, also dem Staat. Aber der westgotische Staat hatte seine Autorität verloren, und der heilige Isidor hatte mit seinen Ideen von christlicher Vervollkommnung und der Trennung von religiöser und politischer Sphäre enormen Einfluß ausgeübt. Das Ergebnis war, daß vor der maurischen Invasion im 8. Jahrhundert so viele Männer in die Klöster eintraten und damit den Kriegsdienst vermieden, daß die gotischen Könige von ihren Lehensfürsten gebeten wurden, weitere Ordinierungen zu verbieten, weil sonst niemand mehr für die Heere rekrutiert werden könnte. Die islamische Invasion von 711 jedoch löste eine Militarisierung der Kirche aus, und im 11 Jahrhundert, zur Reconquista, waren die Heere des Nordens voll von Mönchen, die Soldaten geworden waren. So entstand eine weitere Facette der Übereinstimmung von Krieg und Religion, von Schwert und Kreuz, die bei der Eroberung der Neuen Welt entscheidend sein sollte. Die kämpferischen religiösen Orden wurden gegründet, um einer kriegführenden Geistlichkeit durch heilige Ziele das Gesicht zu wahren.

Die drei großen militärischen Orden, die während des Kreuzzugs gegen die Mauren gegründet wurden, hießen Calatrava, Santiago und Alcántara. Sie bildeten zusammen die Streitkräfte des Landes, die von den Königen finanziert wurden und damit der Grundstock waren für das zukünftige stehende Heer eines vereinigten Spanien unter den katholischen Königen Ferdinand und Isabella. Die Streitkräfte der Reconquista bildeten zugleich die Saat für die lateinamerikanischen Heere.

Nichts illustriert diese Verbindung besser als die Figur des berühmtesten aller christlichen Krieger, El Cid, geboren als Rodrigo Díaz in Vivar bei Burgos, im Jahre 1043, und gestorben 1099 in dem von ihm zurückeroberten Valencia. »Wir gewinnen unser Brot im Kampf gegen die Mauren«, erklärte er. El Cid setzte die Tradition von Viriatus und Pelayo fort – die des spanischen und später spanisch-amerikanischen *Caudillo* oder Anführers. Er schmückte sich mit einem arabischen Spitznamen, El Cid bedeutet »Mein Herr«, und symbolisiert die überkommene Stellung des Anführers als Träger der Macht – und die einer Armee, die reich und stark ist dank der Großzügigkeit ihres Befehlshabers. »Sie baten um Land, und er gab es ihnen in Valencia mit Häusern und Äckern, auf diese Weise bezahlte er sie«, erfahren wir im *Heldenlied von El Cid*. Die Konquistadoren in der Neuen Welt und nach ihnen die Befreier Südamerikas sollten es zu ihrer Zeit genauso machen. Cortés in Mexiko und Bolívar in Venezuela setzten fort, was El Cid im mittelalterlichen Spanien tat, und bezahlten ihre Soldaten mit Land. Militärische Befehlshaber und vor allem die großen militärischen Orden kamen so in den Besitz ausgedehnter Ländereien.

El Cid ist eine Verkörperung der manchmal weltlich opportunistischen, manchmal eifernd religiösen Politik, die sich durch den Aufstieg der Armee und ihrer Anführer im langen Krieg der Reconquista entfaltete. Die Chronik seiner Taten ist das große epische Gedicht des mittelalterlichen Spanien. Doch gelegentlich handelt es sich dabei um ein höchst seltsames Epos, das auch von zahlreichen unehrenhaften Handlungen des Helden erzählt. Wenn das *Heldenlied von El Cid* auch die spanische *Ilias* sein mag, so gibt es doch manche realistischen, sogar schurkenhaften Züge wieder, die Hektor oder Achilles kaum gefallen hätten. Das Gedicht beginnt damit, wie der Held, El Cid, zwei jüdische Kaufleute beschwindelt, was an sich schon eine überraschende Einführung in ein Heldenepos ist. Es fährt fort (wie viele epische Gedichte) mit der Schilderung einer Familienrache, wie El Cid kämpft, um die Verletzung der Ehre wettzumachen, die seinen Töchtern von den schurkischen Fürsten von Carrión angetan wurde, und es endet mit einer fast slapstickhaft vorgeführten Rache an einem anderen Schurken, dem Grafen García Ordonez, dem der Bart ausgezogen wird.

Außerdem ist das Gedicht die schlagende Demonstration eines spezifisch spanischen und spanisch-amerikanischen Lasters: des Neids. Jedermann beneidete El Cid: seine Verwandten, der Adel, der Hof und selbst König Alfonso VI. von Kastilien, der, anstatt dessen Talente weise zu nutzen, den Helden ins Exil schickte. El Cid reagierte darauf in einer Weise, die uns heute erstaunlich erscheint: Er diente dem moslemischen König von Saragossa. Aber dessen oberster Heerführer Alvar Fáñez ging noch weiter und kämpfte mit dem Maurenkönig von Murcia gegen einen anderen maurischen Monarchen, den König von Granada. All das ist Ausdruck der ständig wechselnden politischen und sonstigen Realitäten im lang sich hinziehenden Kampf zwischen Islam und Christentum, der zugleich eine Umarmung war. Die Verschwommenheit der Grenzen, die unvermeidliche Vermischung von Blut, von Sitten und Sprache brachten alle möglichen Allianzen hervor. Wenn die Reconquista ein Krieg gegen den Islam war, so war sie sicher auch ein Krieg der christlichen Königreiche untereinander, die um die Hegemonie kämpften für den Tag, an dem der Islam besiegt sein würde.

El Cid lebt bis heute durch sein Gedicht. Geschrieben in einem anschaulichen und wirklichkeitsnahen volkstümlichen Stil, sind es die Züge von Bravour und militärischer Größe, die ihm seine besonders charakteristischen Momente geben: »Ihr werdet es sehen ... so viele weiße Banner färben sich rot mit Blut, und so viele gute Pferde streunen reiterlos umher, während die Mauren ›Mohammed‹ rufen und die Christen mit ›Santiago‹ antworten.«

Der Weg nach Santiago

Es gab im spanischen Kreuzzug noch einen größeren Führer als El Cid, und das war niemand anders als Santiago, der heilige Jakob, einer der zwölf Apostel, ein Gefährte von Christus. Aber das Volk war nur zu gern bereit, Jakobus den Älteren, Sohn des Zebedäus, mit Jakobus dem Jüngeren zu verwechseln, der im Evangelium »der Bruder des Herrn« genannt wird. In volkstümlicher Ikonographie wird der jüngere Jakob sogar als Zwillingsbruder von Christus vorgestellt.

Dieser »Zwilling« von Christus wurde in Spanien von einem friedlichen Apostel zu einem grimmigen Krieger, dazu fähig, unter den Mauren panischen Schrecken zu verbreiten, wenn er in voller Rüstung auf einem weißen Roß erschien, herabgestiegen von einer Wolke. Er wurde Santiago *Matamoros,* Santiago der Maurenschlächter, die Gestalt, die das Volk im Widerstand gegen die Moslems ermutigte und die Seele der Reconquista festigte. Im kämpfenden Santiago kamen die geistlichen und kriegerischen Komponenten des christlichen Spanien zusammen; kein Zweifel, kein Argwohn war jetzt noch möglich. Wenn Santiago auf unserer Seite ist, so ist es auch Gott, und unser Krieg ist genauso heilig wie der Krieg der anderen Seite. Heer und Kirche verbündeten sich im Santiago-Kult. Santiago war rekrutiert worden, um gegen die Mauren zu kämpfen, und rekrutierte seinerseits das ganze christliche Spanien für seinen Kreuzzug.

Das Grab des Heiligen in Compostela wurde zum großen Ziel der europäischen Pilgerschaft im Mittelalter, und das gab dem christlichen Spanien die Möglichkeit, seine Kultur weiterzuentwickeln und das Werk des heiligen Isidor fortzusetzen, wenn auch jetzt unter kriegerischem Banner. Die Mönche von Cluny in Frankreich hatten seit dem 10. Jahrhundert mit aller Macht daran gearbeitet, rund um die isolierten, rücksichtslosen christlich-barbarischen Königreiche die Zivilisation wiederzubeleben. Eine Kette von Klöstern, Abteien, Bibliotheken und Verbindungswegen entstand in Frankreich und dann auch in Spanien und führte die Pilger zu dem letzten Vorposten des Himmels auf Erden: Santiagos Grabmal in Compostela. Compostela: *campus stellae,* das Feld der Sterne, war ein großartiger Schrein, errichtet zwischen 1075 und 1150, um die Überreste des Apostels und die wachsende Menge seiner Verehrer zu beherbergen.

Die spanische Geistlichkeit schuf die Infrastruktur sowohl für den Kreuzzug gegen die Mauren als auch für die Pilgerfahrten nach Santiago. Sie errichtete ein Netz von Klöstern im Norden Spaniens, schuf Straßen, Pilgerbücher, kulturelle Versammlungsorte und eine Obdach gewährende Architektur im großartigen romanischen Stil, die die Straße von Paris nach Compostela säumte. Deutsche, Burgunder, Normannen, Engländer (und Engländerinnen, hochgeehrt auf dem Weg nach Santiago), Fürsten und Äbte, Kaufleute, Diebe, Banditen und Leprakranke in bunter Mischung – wie auf einer Art ursprünglichem gemeinsamen Markt brachten sie Handel, Kultur, Geschäftigkeit und Gewalt nach Spanien.

Tatsächlich war das Gedrängel vor dem Leichnam des Apostels manchmal so groß, daß die Pilger einander unmittelbar vor dem Grabmal erschlugen. Die Kathedrale von Santiago mußte immer und immer wieder neu geweiht werden. Und die mittelalterliche Menschheit brachte nicht nur Glauben und Gewalttätigkeit mit sich, sondern auch Gestank. Die größte Attraktion jener Tage in der Kathedrale von Santiago war der große silberne *Botafumeiro,* ein gigantisches Räuchergefäß, das zu bestimmten Stunden in weitem Bogen durch den Kirchenraum schwang, Weihrauch verströmend, um die Himmlischen zu besänftigen und die Ausdünstung der ungewaschenen Körper auszuräuchern. *Olor de Santidad,* der Geruch der Heiligkeit, war der Euphemismus, mit dem man die nach Santiago gekommenen Menschen beschrieb.

Dennoch gibt es in der Kathedrale von Santiago eine Figurengruppe, die über Gewalttätigkeit, Schacherei und Gestank erhaben ist. Die Pilger wurden empfangen von den Engeln, Propheten und Aposteln der christlichen Kirche an dem so genannten Portal der Herrlichkeit, das zweifellos eines der bedeutendsten Beispiele skulpturaler Architektur im christlichen Europa ist und die Selbstsicherheit, die spirituelle und materielle Wiedergeburt des Westens im 12. Jahrhundert, nach der langen Nacht der Barbarei, bezeugt. Auf jeder Seite des Portals scheinen vier Propheten und vier Apostel miteinander zu reden. Eine überaus menschliche und sympathische Gestalt fällt besonders ins Auge: der Prophet Daniel. Er ist die Mona Lisa des Mittelalters, und sein rätselhaftes Lächeln sagt uns, daß die Welt gut geordnet, sicher und wahrhaftig ist unter Gottes Herrschaft. Im Gespräch scheinen die Heiligen und Propheten sich mitten auf einer himmlischen Cocktailparty zu befinden. Und worüber plaudern sie? Sicher über die bewundernswerte Ausgewogenheit der mittelalterlichen christlichen Ordnung, wo alles und jeder seinen rechtmäßigen Platz kannte und wo die kollektive Weisheit den individuellen Stolz bezwungen hatte. Die politische Philosophie des Mittelalters, die das öffentliche Leben in Spanien und Spanisch-Amerika formen sollte, war schon erkennbar in der Gewißheit, die hier zum Ausdruck kommt, daß das allgemeine Wohl allen anderen Zielen vorausgeht und es gerechtfertigt war, Einigkeit zu erzwingen, um das zu erreichen. Sollte in der Folge die Individualität darunter leiden, so mußte es eben so sein.

Aber wenn man genau genug hinsieht, entdeckt man in einer

winzigen Ecke des himmlischen Konklaves, ironisch auf die heiligen Figuren schielend, einen schiefen kleinen Mann. Es ist der Künstler dieses mittelalterlichen Wunders, Meister Mateo selbst, Haupt der Steinmetzgilde von Santiago im Jahre 1183, der in aller Bescheidenheit seine Anwesenheit bekundet in dem sonst anonymen Geist seines Werkes. Die gotischen Kathedralen (und die aztekischen Skulpturen) überleben trotz dieser Anonymität. Der Geist des Mittelalters würde sogar sagen: Gerade *wegen* dieser Anonymität überleben sie.

Herren, Städte, Könige

Während der acht Jahrhunderte der Reconquista reagierte Spanien nicht nur auf den Islam, sondern auch auf den Westen und auf sich selbst. Eng an den islamischen Feind gebunden, den es bekämpfte wie umarmte, entsprach Spanien zugleich dem allgemeinen europäischen Muster: Die Invasionen der Barbaren hatten schwache Königreiche hinterlassen, ein rechtliches Vakuum, das ausgefüllt wurde von einer mächtigen Kirche und mächtigen örtlichen Feudalherren.

Der Feudalismus gewann in Spanien schon früh an Boden, mit all den Merkmalen, die wir mit dieser Gesellschaftsform verbinden. Das römische Imperium machte den Weg frei für lokale Feldherren und Anführer, die das Land und seine Arbeiter ihrem eigenen Gesetz und öfter noch ihrer eigenen Willkür unterwarfen. Wie die Ordnungsvorstellung des römischen Staates verblaßte auch die Autorität der wankenden gotischen Königreiche. Das römische Gesetz verschwand durch den Gebrauch nackter Gewalt. Von daher ergibt sich einmal mehr, wie bedeutsam St. Isidors Interesse an der Wiederbelebung römischer Rechtstraditionen zur Einschränkung feudaler Willkür und atomisierter Autorität gewesen ist. Erstere wiederzubeleben und letztere zu ächten wurde eine ständige, wenn auch schwierige Aufgabe für die Königreiche und Städte in Spanien, während sie dem zweifachen Druck des islamischen Krieges und der Feudalmacht widerstanden. Es galt, die persönlichen Bande des Feudalismus durch die öffentliche Bindung an den Staat, ja an eine aufkommende Nation, zu ersetzen. Zwischen beiden würde die Gesellschaft versuchen, einen dritten Pol kultureller Identifikation zu schaffen, persönlich wie öffentlich, um Cäsar ebenso wie Gott den ihnen zustehenden Tribut zu zollen.

In Spanien wie auch anderswo in Europa beherrschten die adeligen Grundbesitzer die Gesellschaft und erlegten ihr eine ständische Ordnung auf, die Adel und Geistlichkeit an die Spitze setzte und die über den freien Mann hinabreichte bis zum Leibeigenen. Obwohl natürlich auch der spanische Feudalismus auf Grundbesitz gegründet war, so gab die Reconquista dem Land selbst doch ein seltsames Aussehen. Abermals ist Spanien einzigartig in Europa, weil es hier zahlreiche Abwandlungen der Feudalherrschaft gab, wie sie in Frankreich, England und den deutschen Regionen üblich war. Die Reconquista akzentuierte die Stärken des Feudalismus ebenso wie seine Schwächen. Beide unterlagen demselben Einfluß: dem Grenzverlauf. In den Jahrhunderten zwischen Karl dem Großen und der Entdeckung Amerikas war der Feudalismus in Spanien so stark wie überall sonst, aber er wurde auch mehr in Frage gestellt als anderswo, aus dem einfachen Grund, daß die Grundlage der Feudalherrschaft – die stabile Macht über das Land und seine Bevölkerung – durch die Grenzverschiebungen zwischen Islam und Christentum fortdauernd ins Schwanken geriet.

Doch letztlich stärkten die außerordentliche Zersplitterung der Halbinsel und die fluktuierenden Grenzen das Feudalsystem. Der Staat war diskreditiert. Der Feudalherr konnte sich gut entwikkeln, ob nun mit einer Kriegs- oder einer Friedenswirtschaft. In Kriegszeiten lebte er von Beute und den Tributzahlungen der maurischen Könige. Im Frieden beherrschte er die beiden Wohlstandsquellen jeden Grundbesitzes: Landwirtschaft und Vieh. Und als der Krieg sich weiter nach Süden verlagerte, wurde er mit neuen Ländereien belohnt. Zur gleichen Zeit aber verstärkte der Krieg die städtische Physiognomie Spaniens. Wenn ein kriegführender christlicher Herr maurisches Land begehrte, mußte er eine Stadt bauen, wo es sie nicht oder nicht mehr gab.

Eine umfassende Siedlungspolitik wandelte das Gesicht des

Niemandslandes, das sich immer wieder zwischen den christlichen und maurischen Frontlinien herausbildete. Als die christlichen Heere im Laufe der Jahrhunderte weiter nach Süden vorrückten, bauten und bevölkerten sie neue Stadtgemeinden. Wer baute sie, wer bevölkerte sie, wer war zur Stelle, um sie zu verteidigen? Sicher keine Leibeigenen, sondern freie Männer. Wer würde sich auf den Weg machen ins abgestorbene Land des Duero-Tales oder zu den ungastlichen und einsamen Ebenen von Kastilien? Nur Grenzgänger und ihre Frauen, abgehärtete Menschen, willens, dorthin zu gehen, wohin niemand sonst gehen wollte, aber auch entschlossen, für ihre Entbehrungen einen Preis zu verlangen.

Während der Feudalismus wichtige Stützpunkte in Katalonien und den nördlichen, gut gesicherten Regionen von León und Aragón gewann, wo die Landarbeiter das Land des Herrn bestellten und es nicht ohne seine Erlaubnis verlassen konnten, eröffneten sich in Kastilien, an der Grenze zu den Mauren, durch die Notwendigkeit der Besiedlung und Verteidigung neue Aufstiegsmöglichkeiten für eine Schicht von Bauern, denen neben anderen persönlichen Freiheiten Bewegungsfreiheit und Landbesitz zugesichert wurden dafür, daß sie auf wiedereroberten Land lebten. Und selbst in Katalonien, einer Bastion der Feudalherrschaft, entstand durch die Entwicklung von Handel und Handwerk in Städten mit Häfen für den Mittelmeerhandel schon bald eine merkantile Klasse mit eigenen Vorstellungen. Als die Kirche ein Geschwader von Klöstern baute, um den Glauben in den wiedereroberten Ländern zu festigen, folgte in ihrem Kielwasser ein Heer von Kaufleuten, das vor allem am Verkehr nach Santiago gut verdiente und sich gern anziehen ließ von all den Vergünstigungen und Privilegien, die ihnen von den herrschenden Fürsten zuteil wurden.

Durch Jahrhunderte war Spanien Grenzland, und die Grenze lag im Lande selbst. Die Städte an der Grenze bildeten die Frontlinie der Reconquista. Sie waren die Wiege spanischer Macht und gleichzeitig spanischer Freiheiten, denn die Tatsache, daß die Grenzlinien sich gegenüber dem Islam verschoben, gab ihnen einen Vorsprung vor der Macht der verschiedenen christlichen Königreiche, die sich zur gleichen Zeit wie die Städte bildeten. Ihr

Vorteil lag darin, daß sie dem König von Kastilien, dem König von Aragón oder dem König von León ihre Unterstützung anbieten oder verweigern konnten. Die Städte konnten ihre Unterstützung im Krieg eintauschen gegen ihre Freiheit im Frieden.

Handel und Krieg ermöglichten so den Aufstieg von unabhängigen Städten, bewohnt von Rittern und Soldaten, von Adligen und Bauern, von der Kirche ebenso wie von Siedlern mit einem königlichen Freibrief. Sie glaubten an die Selbstverwaltung und übten sie auch aus. Sie errichteten Rathäuser, schufen Gemeindeversammlungen, unabhängige Gerichte und gaben sich örtliche Verfassungen. Das Wachstum der Städte veränderte auch das Reiterheer der Reconquista, in dem es fortan Bürger, Ritter (*Caballeros*) und niederen Adel (*Hidalgos*) gab. Die Ehrauffassung, mit der wir es seit iberischen Zeiten zu tun haben, verstärkte sich noch, schreibt der Historiker Antonio Maravall, da die Reconquista allen, die in ihr kämpften – Volk und Adel, König und des Königs Mannen –, das Gefühl gab, an einer gemeinsamen Aufgabe mitzuwirken, die für alle ehrenvoll war. Die Mentalität des Feudalismus, fügt Maravall hinzu, wurde überwunden durch die Reconquista. Mehr und mehr galt die Treuepflicht nicht dem Feudalherrn, sondern Spanien. Aber wo war Spanien? Im König? In der Stadt?

Mit dem Vormarsch der christlichen Heere wurden Dörfer zu Städten und einige Städte zu Großstädten. Gleichwohl lassen sich Unterschiede ausmachen: Viele Städte, die zur Verteidigung gegründet wurden, folgten schon bald – obwohl ursprünglich eine Festung – kommerziellen Impulsen. Avila ist das hervorragende Beispiel einer Ansiedlung, die zunächst zur militärischen Verteidigung gebaut wurde: uneinnehmbar, von Türmen und Gräben umgeben. Nicht umsonst ist es die am höchsten gelegene Stadt Spaniens, eine Zitadelle, errichtet von Mensch und Natur, um über die weiten Ebenen von Kastilien zu wachen, dem Land des Kastells, des *Castellum*, das »hoher Platz« bedeutet. Weitgespannt sind die Mauern von Avila, drei Meter dick, beschützt von achtundachtzig Rundtürmen und neun befestigten Toren. Die Stadtväter waren berühmte Krieger, die zum Kampf hinauszogen und mit Vieh, Schätzen und Sklaven zurückkehrten.

Städte, die für den Krieg erdacht waren, lebten schon bald vom Handel. Ein Film im Zeitraffertempo würde uns zeigen, wie das isolierte hohe *Castellum*, die Zuflucht von Kriegern und Rittern, sich langsam mit Weinranken überzieht, die aus den Tälern kommen: Bauern, dann Kaufleute, die ihre eigenen Viertel in der Nähe des Kastells aufschlagen und es schließlich eingemeinden in einen größeren städtischen Zusammenhang, den *Burgo* oder *Bourg*, die Burg, den Ort des Bourgeois, des Händlers, Handwerkers, Anwalts und des Apothekers, aber auch des Feldarbeiters. Nicht nur Waffen brauchte man, um zurückerobertes Land zu halten, Handel, Arbeit, Handwerk und akademische Berufe waren ebenso wichtig. Die Menschen brauchten Freiheit, um zu reisen, zu handeln, zu heiraten und zu erben – Freiheit von feudalen Verpflichtungen.

Die Politik der Wiederbevölkerung zeichnete Spanien in Europa besonders aus und sollte bald auch in der Neuen Welt erprobt werden, wo die Befähigung zur Gründung von Städten vielleicht das größte Vermächtnis Spaniens wurde. Im Spanien der Reconquista wurde 856 León errichtet, 893 Zamora und Burgos im Jahre 884, wobei letzteres eines der typischsten Beispiele einer Stadt ist, die, zu militärischen Zwecken gegründet (zur Erinnerung: El Cid wurde nahebei geboren), sich alsbald schon zu einem mächtigen Wirtschaftszentrum entwickelte. Die Geschichte von Burgos bestätigt Marc Blochs Beschreibung des erneuerten Wirtschaftslebens im Europa des 11. Jahrhunderts, das eine »mächtige und sehr vielgestaltige Menge städtischer Klassen« mit sich brachte.

Die großartige Kathedrale von Burgos, begonnen im Jahr 1221, stellt die Krönung dieser neuen städtischen Wirklichkeit dar. Diese beherbergte eine soziale Beweglichkeit, die aus einem Festungsort eine Stadt oder *Civitas* machte, ihr ein *Fuero*, ein örtliches Statut, sowie den Einwohnern Privilegien zugestand, die sie aufsteigen ließen aus den Lebensverhältnissen von Landstreichern zu denen von Bürgern. »Bürger«, so besagten es die Gesetze König Alfonsos des Weisen, waren Menschen, die der Monarch »lieben und ehren sollte ... da sie der Reichtum und die Wurzel von Königreichen sind«.

»Stadtluft macht frei«, hieß ein Sprichwort im europäischen

Mittelalter. Die Stadt war das Mittel, der Feudalknechtschaft zu entkommen. Spanien machte da keine Ausnahme. Doch noch ein anderer Faktor sollte eine entscheidende Rolle spielen bei der Gegnerschaft von Feudalismus und städtischer Kultur in Spanien: der königliche Faktor, die neu entstehenden Monarchien, denen die städtischen Enklaven von Nutzen waren bei der Rückgewinnung der Macht von den Feudalherren, welche die schwachen Könige ursprünglich respektieren mußten, wenn sie der maurischen Besetzung wirkungsvoll entgegentreten wollten. Nach der Schlacht von Las Navas war die Halbinsel klar in fünf Königreiche aufgeteilt: Portugal im Westen am Atlantik, León-Kastilien vom Norden bis hinab in die Mitte, Navarra in seiner nördlichen, bergigen Enklave, Katalonien im Osten am Mittelmeer und Granada, die letzte arabische Monarchie, tief im Süden.

So bildete die Reconquista ein Dreieck, dessen Seiten die Feudalherren, die freien Städte und die aufkommenden Königreiche waren. Sie waren verbündet im Kampf gegen den Islam, aber weit entfernt von einer Übereinstimmung im Kampf untereinander. In der Tat war die Grenzsituation, die für diese Phase des hispanischen Lebens so charakteristisch ist, nicht beschränkt auf das Land zwischen Islam und Christentum. Wie schon gesagt, war Spanien eine Grenze in sich selbst, gelegen zwischen mächtigen, feudalen Organisationen, wachsenden kaufmännischen und handwerklichen Aktivitäten, die sich auf die Städte stützten, und Fürsten, die um die Wiedererlangung staatlicher Autorität, in römischem Sinne, über Regionen und Städte rangen.

Als sich die Grenzen nicht mehr verschoben, erkannten alle drei Gruppen schnell, daß ohne die Reconquista Landbesitz mehr denn je wirtschaftlichen Wohlstand und politische Macht bedeutete. Mehr denn je fochten die Feudalherren um den Fortbestand ihrer Privilegien und die Könige ihre politische Überlegenheit gegenüber den Feudalherren, während die Städte dazwischen eingeklemmt schienen, von Haus aus gegen den Feudalismus eingestellt, aber zugleich argwöhnisch gegenüber der immer weiter vordringenden königlichen Macht.

Nirgends wurde dies deutlicher als im Kern mittelalterlicher Demokratie, den parlamentarischen Institutionen. Es ist eine Tatsache, daß die ersten europäischen Parlamente, die sich dauerhaft etablierten und auch den dritten Stand, das niedere Volk, einschlossen, sich in Spanien bildeten. Bis zum heutigen Tag die *Cortes* genannt, waren diese Versammlungen das Ergebnis einer langen demokratischen Entwicklung. Gestützt auf ihre *Fueros*, ihre Vorrechte (erzielt, wie wir gesehen haben, durch den Widerstand gegen die Mauren und die Wiederbesiedelung zurückgewonnenen Landes), entwickelten die Bürger der Städte das Recht zur Selbstregierung unter gewählten Magistraten (*Alcaldes*) und trafen sich in Gemeindeversammlungen (*Ayuntamientos*), um über öffentliche Angelegenheiten zu entscheiden. Die Könige waren zweifellos daran interessiert, Menschen ohne feudale Verpflichtungen um sich zu sammeln, und deshalb bereit, sie als freie Bürger zu bestätigen und so eine Machtbasis gegen den Adel zu schaffen. Wie die Städte einem König finanzielle und militärische Hilfe gaben, so gab der König ihnen politische Rechte.

Im Jahre 1188 wurde das erste spanische Parlament von König Alfonso IX. von León einberufen, immerhin ein halbes Jahrhundert vor allen anderen europäischen Parlamenten, wobei auch die ersten katalanischen Cortes von 1217 und die in Kastilien im frühen 13. Jahrhundert dem ersten englischen Parlament von 1265 vorangingen. In allen Fällen bedeuteten die Parlamente, daß sich den privilegierten Ständen, Geistlichkeit und Adel, nunmehr die zugesellten, die in Spanien »die guten Männer der Städte«, in England *the commons* und in Frankreich *le tiers état* genannt wurden. Ihre Funktionen unterschieden sich in den spanischen Königreichen. Während das Parlament in Kastilien grundsätzlich nur über Fragen der Besteuerung debattierte, war es in Aragón ermächtigt, auch Beschwerden gegen den König (und seinen Hofstaat) entgegenzunehmen. Außer dem Parlament hatten die Städte ihre eigenen lokalen Ratsversammlungen, die ursprünglich für jedermann zugänglich waren, und Rathaussitzungen mit direkter Demokratie (was wegen der kleinen Zahl der Einwohner tatsächlich möglich war). Als die Bevölkerung anwuchs, mußten die Stadtbewohner ihre Vertretung einigen wenigen »guten Männern« anvertrauen. Und schließlich waren alle diese »guten Männer« zu *Corregidores* geworden, königlichen Vögten, vom König ernannt und ständige Repräsentanten königlicher Macht. Der demokratische Entscheidungsprozeß litt entsprechend darunter.

Die Städte folgten zumeist den Königen, die für sie die günstigere Option (oder das geringere Übel) bedeuteten gegenüber feudaler Willkür und Gewalt. Wieviel haben sie schließlich im Tausch dafür eingebüßt? Das ist Teil der Geschichte der Demokratie in Spanien und Spanisch-Amerika. Die Entwicklung der Gesellschaft und ihrer örtlichen Institutionen nahm ihren Anfang durch Statute zur Selbstregierung, durch Freiheiten, die zahlreichen städtischen Gemeinden verbrieft wurden, und durch eine ständige Revolution steigender Erwartungen, angeführt von den bürgerlich kulturellen und wirtschaftlichen Zentren im mittelalterlichen Spanien. Die Demokratie hätte mehr Zeit gebraucht, um Wurzeln zu schlagen, und mehr Sorgfalt bei ihrer Entwicklung. Überall in Europa sollten die Bestrebungen königlicher Autorität und das Ziel nationaler Einheit die bürgerlichen Freiheiten, die sich während des Mittelalters herausgebildet hatten, schon bald in Gegnerschaft zur königlichen Macht bringen, die sich nach der Renaissance konsolidierte. In England sollte es der Freiheit dabei besser ergehen als in Spanien. Frankreich, zwischen zentralistischem Absolutismus und dem *tiers état*, durchlebte ein dramatisches Spannungsverhältnis, das erst die Französische Revolution auflösen konnte. Und sowohl Deutschland wie Italien mußten bis zum 19. Jahrhundert auf die nationale Einheit warten, die Spanien, England und Frankreich schon im 15. Jahrhundert erreichten.

Von all diesen nationalen Entwicklungen ist die Spaniens wahrscheinlich die traurigste, denn nirgendwo sonst in Europa waren die fundamentalen bürgerlichen Freiheiten so früh errungen worden. Doch das gleiche Ereignis, das sie derart früh möglich gemacht hatte – ein Krieg gegen eine andere religiöse und militärische Macht auf dem eigenen nationalen Territorium –, verhinderte ihre weitere Blüte. Als der Krieg gegen den Islam vorüber war, gewann die Monarchie ein Prestige, das sie in England oder Frankreich nicht hatte: die Aura des Siegers über die Ungläubigen im eigenen Land. Der Drang zu imperialistischen Eroberungen, die Natur der spanischen Kolonisierung der Neuen Welt und Spaniens fortdauernde Rolle als Verteidiger des katholischen Glaubens gegen die Häresie des protestantischen Europa, alles das leitete sich aus der Erfahrung der Reconquista ab.

Hier also liegen die Ursprünge der spanischen und der spanisch-amerikanischen Demokratie, die so viele Male besiegt, aber niemals wirklich zerstört wurde. Unser gegenwärtiges demokratisches Leben in Lateinamerika, fragil, wie es ist, hat seine tiefsten Wurzeln in jenen mittelalterlichen Kleinstädten. Wir haben uns oft selbst getäuscht, indem wir die eigentliche hispanische Tradition der Demokratie, gegründet auf die freie Stadtgemeinde, vernachlässigt haben. Diese Selbsttäuschung hat als Entschuldigung gedient für zwei abwegige Formen der Selbstverleugnung: die Nachahmung der demokratischen Institutionen der französischen und anglo-amerikanischen Welt, da diese tatsächlich funktioniert *haben,* und die Übernahme des Autoritarismus in einer modernen, fortschrittlichen Verkleidung, da nur dieser Weg, uns aufgepfropft wie der erste, die materiellen Voraussetzungen für eine Demokratie zu ermöglichen schien. Kapitalismus und Sozialismus haben in Lateinamerika beide wegen unserer Unfähigkeit versagt, die eigene Tradition zu erkennen und zu stärken, die authentisch iberisch ist und nicht vom Angloamerikanischen oder Marxistischen abgeleitet.

Mit anderen Worten: Spanien im Mittelalter war genauso, wenn nicht gar stärker, darauf vorbereitet, wie England oder Frankreich, im Laufe der Zeit eine moderne europäische Demokratie zu werden. Daß dies nicht geschah, als es an der Zeit war – zwischen dem 17. und 19. Jahrhundert –, stellte ein großes Problem dar und hatte dramatische Folgen sowohl für Europa wie für Spanisch-Amerika. Doch stärker noch als die demokratische Tradition war die kulturelle Tradition, die sich durch die Koexistenz von Christen, Moslems und Juden in Spanien herausgebildet hatte.

Ferdinand III., König, Krieger und Heiliger, eroberte Sevilla im Jahre 1248 von den Mauren. Zweimal im Jahr wird sein Grabmal in der Kathedrale von Sevilla geöffnet, und Fernando wird uns in seiner Königsrobe gezeigt, gekrönt und mit der Zierde eines langen weißen Barts. Es heißt, er sei unvergänglich. Aber wichtiger als sein Leichnam sind die auffallenden Widersprüche seines Lebens.

Hier liegt der christliche Feldherr, der Sevilla sechzehn Monate lang belagerte, bis die Nacht des Krieges die Stadt sogar bei Tageslicht verdunkelte. Stürmend, plündernd, alles, was in Reichweite war, niedermachend, vertrieb er 100000 Moslems aus der gefallenen Stadt. Dabei offenbarte er einen rachelüsternen Humor, wie die Geschichte von den Glocken zeigt. Der arabische Eroberer al-Mansur hatte 997 die Glocken der Kathedrale von Santiago den ganzen Weg südwärts nach Córdoba gebracht. Nun gewann der christliche König Ferdinand III. von Kastilien sie zurück, als er die Hauptstadt des Kalifats eroberte. Woraufhin er befahl, sie nach Santiago zurückzubringen – diesmal auf den Schultern der besiegten Mauren. Wem die Stunde schlägt …

Hier liegt er also, der Heilige, der, als er starb, die Hostie auf dem Erdboden kniend empfing, mit einem Strick um seinen Hals, um seine Demut vor Gott kundzutun und das tiefe Bewußtsein seiner Sünden. Und hier liegt der Humanist, der den Papst beschwor, die spanischen Juden vor besonderen Kennzeichen auf ihrer Kleidung zu bewahren.

Das Grabmal trägt Inschriften in den vier Sprachen, als Zeichen der kulturellen Kontinuität Spaniens: Latein, Spanisch, Arabisch und Hebräisch, somit die Sprachen der drei monotheistischen Religionen Christentum, Islam und Judaismus. Ferdinand ließ sich gern den Souverän der drei Religionen nennen, mit demselben Respekt für alle »Menschen des Buches«, des Evangeliums, des Korans und des Talmuds. Wenn auch die politische Praxis ihn zwang, die Mauren zu bekämpfen, so sah er seine spirituelle Mission doch im Bekenntnis zu Spaniens europäischer Singularität als einziger Nation, in der Juden, Christen und Mauren zusammenlebten.

Aber die Koexistenz der Kulturen als erklärte Politik eines spanischen Monarchen erreichte ihren wahren Höhepunkt unter dem Sohn des heiligen Ferdinand, Alfonso X. von Kastilien, der in Salamanca die größte Universität Spaniens errichtete, dieser Universität im Jahre 1254 ihre Satzung gab und die Bibliothek gründete, die zur ersten Staatsbibliothek Spaniens wurde, mit dem ersten bezahlten Bibliothekar. Sie ist ein passendes Symbol für einen König, der schon zu Lebzeiten »der Weise« genannt wurde.

Alfonso holte jüdische Intellektuelle an seinen Hof, ebenso wie arabische Übersetzer und französische Troubadoure. Er bat seine jüdischen und arabischen Sachverständigen, die Bibel, den Koran, die Kabbala, den Talmud und die Pantschatantra ins Spanische zu übertragen. Mit den jüdischen Intellektuellen schrieb er die monumentale *Summa* des spanischen Mittelalters, die eine Zusammenstellung von Rechtsvorschriften (*Las siete partidas*) enthielt, eine juristische Abhandlung (*El fuero real*) sowie Traktate über Astronomie und zwei große Geschichtsdarstellungen über Spanien und die Welt. Alfonsos trikultureller Hof hatte sogar die Zeit, das erste westliche Buch über das arabische Schachspiel zu schreiben (dessen entscheidender Zug Schachmatt oder auf spanisch *jaque mate* war, was eine weitere Übersetzung aus dem Arabischen ist: *shah'akh maat* – »Töte den Schah«).

Hinter dieser außerordentlichen Leistung mittelalterlichen Geistes stand die Absicht, das gesamte Wissen der Zeit schriftlich niederzulegen. Insofern stellte es eine Fortsetzung der früheren Arbeit des heiligen Isidor in Sevilla dar. Das Ergebnis war eine Art Enzyklopädie, lange bevor diese im 18. Jahrhundert in Mode kamen. Das Erstaunlichste daran ist, daß der König von Kastilien jüdische und maurische Gelehrte engagieren mußte, um seine Absichten in die Tat umzusetzen. Nicht weniger bezeichnend ist, daß die jüdischen Gelehrten darauf bestanden, die Werke in spanischer Sprache zu schreiben und nicht, wie es damals die akademische Sitte war, in lateinischer. Latein war die Sprache des Christentums, und die spanischen Juden wollten das Wissen in dem Idiom verbreiten, das allen Spaniern gemeinsam war, ob Christen, Juden oder Bekehrten. Aus ihrer Arbeit am Hofe von Alfonso sollte die künftige Prosa Spaniens erwachsen, die in ihrer Essenz eine Sprache der drei Kulturen ist. Zwei Jahrhunderte nach Alfonso waren es noch immer die Juden, die sich der Volkssprache bedienten, um die heiligen Schriften zu lesen, sie zu kommentieren, philosophische Traktate zu schreiben und Astronomie zu studieren. Man kann sagen, daß die Juden den Gebrauch der spanischen Sprache in Spanien verankert und verbreitet haben.

Im Wettrennen der drei Kulturen mit unterschiedlichen Vorgaben an Duldsamkeit oder Unduldsamkeit hat dennoch niemand mehr gelitten als die spanischen Juden, die Sepharden. Die ersten von ihnen kamen während der Herrschaft Kaiser Hadrians im 2. Jahrhundert nach Spanien, und sie waren nicht nur Intellektuelle und Ärzte, sondern auch Handwerker, Bauern und Händler. Doch unter den Westgoten wurden sie von Königen wie Sisibut grimmig verfolgt. Um ihren Besitz enteignen zu können, wurde ihnen vorgeworfen, daß sie wirtschaftliche Notlagen herbeiführten. Der heilige Isidor von Sevilla war keineswegs erhaben über diese abgestandene und widerwärtige Begründung für die Zurückweisung der Juden: Wegen ihrer Väter Sünden seien sie dazu verdammt, zerstreut und unterdrückt zu werden.

Es überrascht daher nicht, daß die Juden, unterdrückt (aber nicht vertrieben) von den Westgoten, die arabische Invasion in Spanien willkommen hießen, sie mit großen Erwartungen begrüßten und als Teil der moslemischen Gesellschaft in Andalusien blieben, einer Gesellschaft, die sie anerkannte als Kinder Abrahams. Aber nach dem Tod von al-Mansur gelangte durch die nachfolgenden Almoraviden und Almohaden eine Welle strenger Orthodoxie ins moslemische Spanien, gerichtet gegen alle Nicht-Moslems einschließlich der *Mozárabes* und der Juden. Also flohen sie nach Norden in die christlichen Territorien, wo sie bald von Stadt zu Stadt wanderten. Sie lebten in abgetrennten Ghettos (*Aljamas* oder *Juderías*) und genossen königlichen Beistand wegen ihrer besonderen Talente (Handel und Medizin), wurden aber fortdauernd von Haßgefühlen im Volk bedrängt. Hatten sie nicht Christus ermordet? Hatten sie nicht Spanien an die Moslems »verloren«? Waren sie nicht reicher als die meisten anderen und also erdrückend wucherisch?

Tatsächlich verbot die katholische Kirche den Wucher, und der heilige Thomas von Aquin selbst schrieb, daß Geld gegen Zinsen zu verleihen ein Verbrechen gegen den Heiligen Geist sei. Der Kapitalismus könnte kaum gedeihen unter diesen Umständen, denn er mordet den Heiligen Geist jeden Morgen, wenn sich die Tore der Wall Street öffnen. Aber der Antisemitismus konnte gedeihen und tat es auch. Im Zusammenhang damit entwickelte sich die Ansicht, daß die Reinheit der Rasse und religiöse Strenggläubigkeit besonders wesentlich für die spanische Identität seien. Zuerst verbot man den Juden, in denselben Häusern zu wohnen wie die Christen, dann konnten Juden keine Richter mehr werden oder Zeugnis gegen Christen ablegen, und schließlich explodierte das Pogrom, angefeuert von Neid (spanischer Neid – der bösartigste), vom Schwarzen Tod, der in seinem Gefolge einen wütenden Verfolgungswahn mitbrachte, und von radikalen Priestern, die in Ermangelung des Fernsehens zur Aufhetzung ihrer bigotten Zuhörerschaft ihren verbalen Fanatismus zu einer schönen Kunst entwickelten. Nicht nur die Pest wurde den Juden zur Last gelegt: Wenn wieder einmal eine Schlacht gegen die Mauren verlorenging und bekehrte Juden daran teilgenommen hatten, wurde die Schuld an der Niederlage natürlich ihnen zugeschrieben.

Im Jahre 1391 folgte Pogrom auf Pogrom. Es war ein Jahr der Armut und der Pest. Viertausend Juden wurden in Sevilla getötet. In Córdoba lagen zweitausend tote Männer, Frauen und Kinder in Haufen zwischen den ausgebrannten Synagogen. In Barcelona begingen Hunderte von Juden Selbstmord, um der Verfolgung zu entgehen und auch aus Schmerz über den Anblick ihrer dahingeschlachteten Familien.

Die *Conversos*: Wohin sonst konnte sich ein spanischer Jude wenden, wenn er oder sie seinen/ihren Hals retten wollte, als in die Arme der katholischen Kirche, die immer bereit ist, reuige Sünder zu empfangen? Doch massenhafte Bekehrungen, oft gegen den Willen der Bekehrten, erlaubten es antisemitischen Priestern, die *Conversos* für alle Sünden verantwortlich zu machen, die sie vorher den Juden zur Last gelegt hatten. Als Bekehrte mußten die Juden bald erfahren, daß man sie der Häresie und sündhafter Praktiken verdächtigte. »Neue Christen« genannt, begannen sie, sich mit »alten Christen« zu verheiraten. So erhielten sie Zutritt in die spanische katholische Kirche und wurden dort, wie es allgemein bei Bekehrten üblich ist, die eifrigsten Verfolger ihrer früheren Gemeinschaft, ihre *Torquemadas*.

Die Ereignisse drängten vorwärts, einer neuen Weltsituation entgegen, in der Spanien vor der Herausforderung stand, ein moderner, einheitlicher Nationalstaat zu werden. Würde es modern und einheitlich mit oder ohne sein trikulturelles Erbe sein? Diese Frage nimmt Spaniens Rolle in der Neuen Welt vorweg. Die Entscheidung fiel durch die Ereignisse im Jahr der Zeitenwende der spanischen Geschichte, dem Jahr 1492.

4. Kapitel

1492 – DAS ENTSCHEIDENDE JAHR

Überall im Westen neigte sich das Mittelalter dem Ende zu, und ihm folgte eine Zeit der Erneuerung, Expansion und Entdeckung, die jedes einzelne europäische Staatswesen zur Bestandsaufnahme zwang, um Klarheit darüber zu gewinnen, wo sein Platz in einer neuen Weltordnung sein konnte, die durch ein einziges Wort definiert wurde: Renaissance. Auf der nationalen Tagesordnung Spaniens stand die Beendigung der Reconquista durch den Sieg über das letzte maurische Königreich auf der Halbinsel: Granada. Damit konnte die nationale Einheit gesichert und der Weg zur Gründung eines Nationalstaats eröffnet werden.

Eine Sammlung der Rechtsordnungen im mittelalterlichen Spanien zeigt einen wahren Archipel von Gesetzen und Gewohnheiten, angefangen mit privaten Abmachungen, die von den Feudalherren getroffen wurden, bis zu Rechtspraktiken, die sich auf lokaler Ebene entwickelten, und weiter zu richterlichen und königlichen Entscheidungen. Aber aufgrund der trikulturellen Natur Iberiens mußte diese Darstellung auch die geheimen Statuten der Juden, *Mozárabes*, *Mudéjares* und anderen mit einschließen. Und dennoch zeichnete sich in diesem Wirrwarr ein Zusammenhang zwischen lokaler Rechtsauffassung und der des Königreiches ab, die so lange nicht miteinander harmonierten, wie die lokalen Rechte mit privaten, feudalen Bindungen identisch waren. Die Umwandlung lokaler Rechte in öffentliche Gesetze gab den Königreichen zusätzliche Stärke, da sie die Rückkehr zum römischen Recht förderte und damit zu einer gesetzlichen Treueverpflichtung einem traditionellen Herrscher und öffentlichen Institutionen gegenüber. Noch einmal, es war Alfonso der Weise, der dank seiner Gesetzessammlung den wichtigsten Anstoß zur Wiederherstellung römischer Tradition seit St. Isidor gab. Die Rezeption des römischen Rechts und der politischen Theorie des Aristoteles durch König Alfonso, die allmähliche Verdrängung feudaler Jurisdiktion in Fragen der Gerichtsbarkeit, Steuern und des Heeresdienstes durch die Könige von Kastilien, Aragón und Navarra und ihre Politik, die Aristokratie zu erneuern, indem sie ihre eigenen Verbündeten in den Adelsstand erhoben, bereiteten den Boden für das vereinigte Spanien des 15. Jahrhunderts, trotz aller Nachfolgewirren und dynastischen Rivalitäten.

Die Schaffung der Einheit

Als die Fronten in den Jahren zwischen 1280 und 1480 erstarrten, wurden die Grenzen zwischen den einzelnen Königreichen eindeutig festgelegt. Der Kampf gegen den Feudalismus hatte zweierlei erkennbar gemacht: Erstens, daß die Macht des Königs auf dem gesamten Territorium seines Herrschaftsbereichs durchgesetzt werden mußte, und zweitens, daß dessen Einwohner ihrem König Treue zu schulden hatten. Wie wir gesehen haben, versuchten die Könige zu diesem Zweck die Freiheiten der Städte und ihrer Bürger zu schützen. In Wahrheit aber waren sie daran interessiert, den Status einer jeden Person zu verändern, sie vom *Vasallen* eines Feudalherrn zu ihrem *Untertan* zu machen. Jeder Fürstenhof wählte jetzt eine Hauptstadt, um sich dort niederzulassen, anstatt durch alle Gebiete der Reconquista zu ziehen. Eine königliche Verwaltung entstand. Und die *Corregidores* sahnten in den Städten die Steuern ab.

Dennoch wurde die »volle Macht« der Römer, die *Potestatis plenitudo* erheblich durch politische Instabilität und dynastische Kriege unterminiert, die Spanien ebensosehr zu schaffen machten, wie der Schwarze Tod es tat. Die Seuche trat um 1350 auf, zusammen mit der Herrschaft Peters des Grausamen. Er erbte den Thron von Kastilien im Alter von fünfzehn Jahren, begann sogleich, seine fünf illegitimen Brüder zu bekämpfen, und stand völlig unter der Herrschaft seiner Geliebten María Padilla, die ihn zum Brudermord aufstachelte. Schließlich, an einem Wintertag, in einem Zelt in der Nähe von Montiel, kämpfte Peter von Mann zu Mann mit seinem Bruder Heinrich und kam um, als Heinrich ihm einen Dolch ins Herz stieß.

Heinrichs Triumph brachte die Familie Trastámara auf den kastilischen Thron, was weitreichende Folgen hatte, weil es durch ihr Geschlecht zum letzten dynastischen Kampf um die Nachfolge in Kastilien kam, der bezeichnenderweise auch ein Kampf zwischen Adel und Monarchie war.

Der gutaussehende, aber schwache König Johann II. von Kastilien ließ zu, daß die Regierung vom autoritären und skrupellosen Alvaro de Luna geführt wurde, der schließlich auf Befehl von Johanns Frau exekutiert wurde, die anschließend den Thron für ihren Sohn sicherte: den impotenten Heinrich IV., dessen Tochter angeblich von einem Adligen namens Beltrán de la Cueva gezeugt worden war. Die Tochter ihrerseits, bekannt als »La Beltraneja«, wurde vom König, ihrem mutmaßlichen Vater, zur Erbin proklamiert, wobei er auf den Widerstand des Adels stieß, der die Schwester des Königs, Isabella von Kastilien, zur Königin wählte und einsetzte.

Aufgeweckt, energisch, unduldsam, beflügelt durch Träume von Glauben und Einheit – wenn ihr auch die kulturelle Einheit völlig fremd war – heiratete Isabella 1469 König Ferdinand von Aragón und besiegelte so die Union zwischen Kastilien und Aragón. Nach ihrem Triumph über La Beltraneja und der Heirat mit Ferdinand war Isabella sich einer Sache sicher: Ihre Hochzeit ermöglichte es Spanien, seine mittelalterlichen Königreiche zu vereinen und jetzt ohne große Behinderungen, auf Kosten sowohl der Feudalmacht auf dem Lande als auch der bürgerlichen Macht in den Städten, alle Kräfte zu formieren, die Ordnung, Gesetzmäßigkeit und Einheit erstrebten. Isabella und Ferdinand hatten die Lektionen aus Spaniens langem Kampf um nationale Integration gelernt. Ihre Handlungen bewiesen das umgehend, und ihr Motto war: »*Tanto monta, monta tanto, Isabel como Fernando*«. Isabella war Ferdinand ebenbürtig, und Kastilien war gleichberechtigt mit Aragón. Sie schufen eine Verwaltung, in der Leistung zählte, nicht Vetternwirtschaft, und führten ohne Abstriche das römische Recht wieder ein, angefangen bei der Definition von Monarchie,

Souveränität, nationaler Rechtsprechung und zentralisierter Verwaltung. Dazu gehörte auch ein neues Treueverhältnis des Untertanen zum Monarchen und nicht länger zum Feudalherren – nicht einmal zu seiner Stadt und mit Sicherheit nicht zu einer anderen Kultur oder Religion.

Die vom Königspaar formal erreichte Einheit erforderte eine besondere Zusatzmaßnahme: Der Islam mußte für alle Zeit von der Halbinsel vertrieben werden. Als sie den Angriff auf Granada vorbereiteten, hatten die katholischen Herrscher keine Ahnung davon, daß sie an der Schwelle des bedeutungsvollsten Jahres der spanischen Geschichte standen.

Sicherlich waren sich Ferdinand und Isabella bewußt, wie wichtig die Einnahme von Granada war, aber sie können nicht ernsthaft den Schaden vorausberechnet haben, den sie im selben Jahr 1492 durch die Vertreibung der Juden über Spanien brachten. Und als sie einen obskuren Seemann namens Christoph Kolumbus auf eine wilde Jagd hinter den Horizont schickten, schloß die Hoffnung der Monarchen, die Portugiesen auf dem schnellsten Seeweg nach Indien auszumanövrieren, mit Sicherheit nicht die Erwartung ein, daß sie auf einen völlig neuen Kontinent stoßen würden, das dritte große Ereignis von 1492. Dagegen wird die vierte Großtat dieses entscheidenden Jahres in den Geschichtsbüchern kaum erwähnt: Antonio de Nebrija veröffentlichte die erste Grammatik der spanischen Sprache, ein Instrument von künstlerischer Bedeutung, moralischer Stärke, politischer Offenheit und multirassischer Einheit, das viele Tugenden und die meisten Narrheiten der katholischen Monarchen Isabel de Castilla und Fernando de Aragón überleben sollte.

Die Vertreibung der Juden

Der vielleicht schlimmste Fehler des vereinigten Königreiches und seiner Herrscher, die Vertreibung der Juden, wurde durch ideologische wie materielle Bestrebungen ausgelöst. Ferdinand und Isabella hatten den Wunsch, die Einheit auf der Grundlage religiöser Orthodoxie und rassischer Reinheit zu konsolidieren. Die idealen

Sündenböcke waren, wie üblich, die Juden. Die katholischen Monarchen entschlossen sich, Spaniens größten kulturellen Aktivposten zu opfern, seine dreigeteilte, sich gegenseitig befruchtende Zivilisation. Erlasse, die Reinheit und Strenggläubigkeit forderten, bildeten die Grundlage zunächst für die Vertreibung der Juden und danach für ihre Verfolgung, Überwachung und, falls erforderlich, Ausrottung der Bekehrten, die in Spanien blieben und verdächtigt wurden, Juden hinter verschlossenen Türen oder sogar regelrechte Häretiker zu sein. Zu diesem Zweck wurde die schwache mittelalterliche Inquisition, die vom Papst und den Bischöfen abhing, zu einem wirkungsvollen Tribunal umgeformt, das direkt den spanischen Königen unterstand. Im Austausch für diesen Machtzuwachs mußte die Kirche ihre Loyalität sozusagen von Rom nach Spanien verlagern.

Wie Gabriel Jackson in seinem *Medieval Spain* erläutert, mästete sich die Inquisition nicht nur an der Verfolgung der Ungläubigen, sondern auch an der der Bekehrten. Sie stellte die Bekehrung ein und zwang die noch Übriggebliebenen der jüdischen Gemeinde, ihre orthodoxe Vertrauenswürdigkeit dadurch zu beweisen, daß sie sich unduldsamer verhielten als die Inquisitoren selbst. Das größte Paradox dieser ausweglosen Situation lag darin, daß bekehrte Juden mitunter zu Verfolgern ihrer eigenen Leute und die entschlossensten Verteidiger monolithischer Ordnung wurden. Der erste Großinquisitor von Kastilien und Aragón, Torquemada, gehörte zu einer Familie von bekehrten Juden – soweit ging der Fanatismus der Bekehrten.

Nicht allein religiöse Erwägungen leiteten die Politik von Ferdinand und Isabella. Sie waren auch daran interessiert, die königlichen Schatztruhen mit dem enteigneten Reichtum der fleißigsten Kasten in Spanien zu füllen. Darin liegt wahrhaft Ironie, daß der unmittelbare Nutzen für die vereinigte Krone ein Trinkgeld war im Vergleich zu dem, was sie mittel- oder langfristig dabei verlor. Im Jahre 1492 gab es in Spanien bei einer Gesamtbevölkerung von sieben Millionen nur eine halbe Million Juden und *Conversos*. Doch ungefähr ein Drittel der *städtischen* Bevölkerung war jüdischer Abstammung. Das führte im Ergebnis dazu, daß ein Jahr nach dem Edikt über die Vertreibung der Juden die Mieteinnahmen in Sevilla um die Hälfte sanken und in Barcelona die Gemeindebank bankrott ging.

Darüber hinaus aber bedeutete die Vertreibung der Juden, daß Spanien sich vieler Talente und Dienste beraubte, die es später so dringend zur Erhaltung seines Reiches benötigt hätte. Die Juden waren die Ärzte und Chirurgen Spaniens, in so großer Zahl, daß Karl V. um 1530 einen Studenten der Universität von Alcalá beglückwünschte, »der erste Hidalgo von Kastilien, der ein Mediziner wird« zu sein. Die Juden waren die einzigen Steuereinnehmer und die größten Steuerzahler des Reiches. Sie waren die Bankiers, die Großkaufleute, die Geldverleiher und die Speerspitze der aufkommenden Kapitalistenklasse. Im gesamten Mittelalter waren sie die Vermittler zwischen den christlichen und den maurischen Königreichen gewesen, die *Almojarifes* oder Finanzverwalter der verschiedenen Könige, die immer wieder sagten, daß ohne ihre jüdische Verwaltung die königlichen Finanzen dahinschwinden würden, was sie dann auch taten. Die Juden dienten als Botschafter, Beamte und Verwalter der königlichen Besitzungen. Tatsächlich nahmen sie Tätigkeiten auf sich, zu denen der spanische Adel sich nicht herabließ, weil er sie für unter der Würde eines Hidalgos hielt. Das führte dazu, daß nach dem Edikt von 1492 die bekehrten Juden ihre traditionellen Berufe aufgeben oder verschleiern mußten, da diese sie öffentlich als Menschen von »unreinem Blut« brandmarkten.

Wer sollte ihren Platz einnehmen?

»Alles ist möglich«

Neue Ideen beeinflußten die materielle Wirklichkeit im 15. Jahrhundert ebenso, wie umgekehrt die materielle Wirklichkeit das intellektuelle Klima beeinflußte. Die sogenannte Entdeckung Amerikas, wie immer man ideologisch über sie denken mag, war ein großer Triumph wissenschaftlicher Theoriebildung über die bloße Wahrnehmung. Verbesserungen in der Navigation förderten Handel und Kommunikation unter den Völkern, während die Erfindung der Druckerpresse große Neugierde hervorrief und ein zunehmendes Verlangen nach mehr Kenntnissen über die Welt. Wissenschaftler fragten sich, ob unser Planet wirklich der Mittelpunkt des Universums sein konnte. Und sie fragten sich auch, welche Gestalt die Erde haben mochte, während Künstler über den Sinn des menschlichen Daseins auf ihr nachdachten, sich dem menschlichen Körper zuwandten, dem männlichen und weiblichen, indem sie lieber das Hier und Jetzt feierten als das ewige Leben. »Alles ist möglich«, schrieb der italienische Humanist Marsilio Ficino. »Nichts sollte verschmäht werden. Nichts ist unglaublich. Nichts ist unmöglich. Die Möglichkeiten, die wir leugnen, sind nur die Möglichkeiten, die wir außer acht lassen.«

Spanien war genau wie jede andere europäische Kultur darauf vorbereitet, die Aufbruchstimmung der Renaissance mitzutragen. Die trikulturelle Erfahrung hat uns zwei große Bücher hinterlassen, die den Geist der Renaissance in Spanien nährten. Das eine ist *El libro de buen amor,* das Buch der guten Liebe, veröffentlicht 1330 von einem jovialen Wanderpriester, Juan Ruiz, dem Erzpriester von Hita. Sein Buch ist ein Lied auf die Freuden des Körpers, ein Lobpreis der weiblichen Formen und eine Verleugnung der Sünde. Tief beeinflußt von der arabischen Poesie ist Juan Ruiz der spanische Chaucer, und seine versöhnliche Botschaft besagt, daß sich Glaube und Lebensfreude nicht ausschließen sollten.

Vielleicht noch bedeutsamer ist die Tragikomödie *La Celestina,* geschrieben von Fernando de Rojas einige Zeit nach der Vertreibung der Juden. Es ist die Geschichte einer alten Heiratsvermittlerin, ihrer weiblichen Schülerinnen, zweier junger Liebender und ihrer Diener. Ein weitläufiges, episodisches, um nicht zu sagen vagabundierendes Spiel auf dem Schauplatz einer modernen Stadt, die in Rojas Augen beispielhaft die historische Realität spiegelt, wo die exemplarischen Stimmen und Tugenden des Mittelalters besiegt werden von Geld, Leidenschaft, Sex und Zinswucher. Alles und alle sind betriebsam in der modernen Stadt, wie Rojas sie sich vorstellt. Aber diese Energie führt nur in den Tod.

Rojas, Abkömmling bekehrter Juden, schrieb sein Meisterstück als Student der Universität Salamanca, die sich als humanistische Alternative zur wachsenden Orthodoxie und Unduldsamkeit der Krone verstand. Als er sich 1499 nach langem Zögern endlich entschloß, sein Buch zu veröffentlichen, war er sich sehr wohl des harten Schicksals seiner jüdischen Brüder bewußt. Es gab in dieser Welt, wie es *La Celestina* verkündete, nichts als Unbeständigkeit und blindes Schicksal, das jedermann zu einem »bitteren und verhängnisvollen Ende« führte. Es sei ein Buch, sagt Ramiro de Maeztu, das die Spanier lehre, ohne Ideale zu leben. Der Erzpriester und Rojas waren Humanisten, die beide träumten und warnten, die Fallstricke menschlicher Handlungen klar im Blick.

Die europäische Expansion, erst nach Osten und dann nach Westen, war in gewisser Weise eine Meisterleistung der Vorstellungskraft der Renaissance. Sie war auch ein Triumph der Theorie über die Wahrnehmung, der Phantasie über die Tradition. Simple Beobachtung hatte zunächst gelehrt, daß die Erde flach sei. Wissenschaftliche Hypothesen behaupteten dann, sie sei rund. Die Wissenschaft trug den Sieg davon. Das war schon eine ziemliche Revolution.

Tatsache blieb, daß das Mare nostrum, das Mittelmeer, in vielerlei Hinsicht und Wirkung fast achthundert Jahre ein islamischer Binnensee gewesen war und die europäische Expansion dadurch erheblich behindert wurde. Einen Ausweg zu finden, einen Umweg, einen Weg zum Orient, wurde eine europäische Zwangsvorstellung. Es begann in der Republik Venedig mit Marco Polo, der für den Handel Überlandrouten nach China öffnete. Doch eine neue moslemische Macht stieg auf, das osmanische Reich, und bedrohte schon bald erneut das Mittelmeer. Die Osmanen eroberten Griechenland und den Balkan und zwangen Europa und seine aufstrebende Kaufmannsklasse, sich anderweitig zu orientieren.

Auf seiner Burg in Sagres an der Atlantikküste Portugals sammelte Prinz Heinrich (1394–1460), der Sohn von König Johann I., die nautische Weisheit seiner Zeit. Er vervollkommnete Kartographie und Navigationsinstrumente, entwickelte neue, schnelle, leicht zu handhabende seetüchtige Schiffe wie die Karavelle und trainierte ihre Besatzungen. Heinrich der Seefahrer, als der er bald bekannt wurde, hatte einen großen Plan: die Türken zu umgehen, indem er südwärts nach Afrika segelte und dann ostwärts zum Orient. Mit Hilfe flämischer Bankiers sprang Portugal von Madeira zu den Azoren und weiter nach Senegal, und schließlich

1488 mit Bartolomëu Diaz zum südlichsten Punkt des afrikanischen Kontinents, dem Kap der Guten Hoffnung. Von dort gelangten die Portugiesen dann schnell nach Indien (Vasco da Gama, 1498). Unterwegs pflanzten sie Zuckerrohr und rekrutierten Sklaven. 1444 wurde in Lagos eine Sklavenhandelsgesellschaft gegründet, unter der Schirmherrschaft von Prinz Heinrich.

Aber während Portugal nach Osten und Süden blickte, zögerte es mit dem Blick nach Westen über das Mare ignotum, die unbekannte See, den Ozean der Geheimnisse, sogar noch, als ein dickköpfiger Seemann von angeblich Genueser Herkunft, nach einem Schiffbruch nahe der Burg von Prinz Heinrich an Land geworfen, die These vertrat, daß man den Osten am besten erreichen könnte, wenn man nach Westen segelte. Der Mann war persönlich weitaus weniger eindrucksvoll als seine Leistungen, und das in vieler Hinsicht – er war nervös, zuweilen unkontrolliert, verdächtigt, ein Mythomane zu sein. Aber zweifellos besaß er Mut und Entschlußkraft. Sein Name war Cristoforo Colombo – Christoph Kolumbus – Cristóbal Colón. Portugal hörte nicht auf ihn. So ging er nach Spanien, dieses isolierte, nach innen blickende Land, das seinen langanhaltenden Krieg der Reconquista führte, und kam in einem günstigen Augenblick, um seinen Plan den katholischen Majestäten zu unterbreiten. Entflammt von der Siegesfreude nach der Niederlage der Mauren in Granada, gaben Ferdinand und Isabella Kolumbus die Mittel, um das dritte große Ereignis in jenem Schicksalsjahr der spanischen Geschichte herbeizuführen: die Entdeckung Amerikas.

Eine winzige Flotte, bestehend aus den drei Karavellen *La Pinta, La Niña* und *Santa María,* lief am 3. August 1492 aus dem Hafen von Palos aus. Immer nach Westen segelnd, nach 66 Tagen voller falscher Hoffnungen, wandernder Sternbilder, Phantominseln aus Wolken, Murren und offener Meuterei stieß Kolumbus auf Land: auf die winzige Bahama-Insel Guanahani, die er auf den Namen des Heilands in San Salvador umtaufte. Es war der 12. Oktober 1492, und Kolumbus dachte, er sei in Asien. Getrieben von Mut, Ruhmsucht, dem Abenteuer der Entdeckung, der Begierde nach Gold und der Pflicht, das Evangelium zu verbreiten, ließ er Europa sich selbst im Spiegel des Goldenen Zeitalters und des Edlen Wilden sehen. Denn die Männer und Frauen auf diesen Inseln waren friedlich, unschuldig und geblendet von den Glasperlen und roten Hauben. »Sie sind sehr unerfahren mit Waffen«, schrieb Kolumbus in sein Tagebuch. »Mit fünfzig Mann könnten sie alle unterworfen werden.« Und das wurden sie auch – verschleppt, ermordet und versklavt.

Wie sollen wir die Entdeckung Amerikas verstehen? Sind nicht alle Entdeckungen letzten Endes wechselseitig? Die Europäer entdeckten den amerikanischen Kontinent, aber die eingeborenen Völker der beiden Amerikas entdeckten auch die Europäer und fragten sich, ob diese weißen und bärtigen Männer Götter waren oder Sterbliche. Und ob sie so gnädig waren, wie ihre Kreuze verkündeten, oder so gnadenlos, wie es ihre Schwerter demonstrierten.

Für Kolumbus' Männer, die aus den Kleinstädten des mittelalterlichen Spanien kamen, Soldaten und Priester, Anwälte und Chronisten, Seeleute und Handwerker, traf die Eroberung der Neuen Welt den Kern ihrer Existenz. Sie trugen die Kraft der Reconquista mit sich, die vielen hundert Jahre des Kampfes gegen die Ungläubigen. Sie waren die Träger eines militanten Glaubens und einer militanten Politik.

Nach 1492 wanderten die Juden in den Norden Europas, wo ihre Talente den protestantischen Feinden Spaniens zugute kamen. Die Araber zogen sich nach Afrika zurück, wo sie ihre Vertreibung aus den Gärten der Alhambra betrauerten und sich der Worte der Mutter des letzten maurischen Königs von Granada, Boabdile, erinnerten: »Beweine nicht wie eine Frau, was du nicht verteidigt hast wie ein Mann.« Aber wohin würde sich die stürmische Energie des christlichen Spanien wenden? Die Energie, die Bewegung, die schiere Dynamik von Heer, Kirche, Königtum, Stadtleben, der Bürger und der Massen, die nach Santiago pilgerten, bei Las Navas de Tolosa kämpften, Avila erbauten und Handel trieben in Burgos, die Stadtrechte von Toledo verteidigten, die Cortes wählten und die Königreiche vereinigten – in welche Richtung würde sich diese ganze stürmische Kraft jetzt wenden?

Die Antwort kam aus den Städten und Dörfern Kastiliens, der

Estremadura und Andalusiens. Dort lagen die Heimatstädte der Konquistadoren: Hernán Cortés, Francisco Pizarro, Pedro de Valdivia. Sie enstammten der trockenen, ausgedörrten Lederhaut Spaniens und brachten Amerika die Kirche, das Heer, einen militanten Geist und eine qualvolle Möglichkeit zu wählen zwischen demokratischen Traditionen, gehegt in den mittelalterlichen Stadtgemeinden, und dem autoritären Gebrauch und Mißbrauch der Macht, wie er schon bald im vereinigten Königreich üblich war. Sie brachten der Neuen Welt den Zwiespalt des spanischen Charakters, sein Abbild aus Sonne und Schatten, welche die Seele teilen, wie sie die Stierkampfarena teilen. Duldsamkeit oder Unduldsamkeit? Respekt für den Standpunkt des anderen, das Recht auf Kritik und In-Frage-Stellen oder die Inquisition? Mischung der Völker oder Reinheit der Rasse? Zentrale oder lokale Autorität? Macht von oben oder Macht von unten? Und vielleicht die Frage, die alles umschließt: Tradition oder Wandel? Diese Alternativen sollten die hispanische Welt spalten, in Europa und in Amerika, viele Jahrhunderte hindurch.

Eroberung und Seele

Im Jahre 1492 wurden Ferdinand und Isabella von einer einzigen Vision nach christlicher Einheit, Wiedereroberung und Expansion geleitet. Zweifellos teilten ihre Anführer und Soldaten in Übersee diese Vision. Aber sie waren auch Erben einer multikulturellen Erfahrung der Koexistenz, der spannungsreichen Vermischung mit Juden und Mauren. Alle Versäumnisse an Toleranz können die Tatsache nicht ungeschehen machen, daß die Tendenzen zur Koexistenz mit anderen und der Respekt für andere eine trikulturelle Realität geschaffen hatten, die in krassem Kontrast zur offiziellen Politik der Vertreibung und Verleugnung der Juden und Mauren stand.

Die Eroberer der Neuen Welt waren Teil dieser Wirklichkeit, aber sie konnten sich der Wahl nicht entziehen, vor die Spanien sie stellte. Die Klosterbrüder, Schriftsteller, Chronisten und Kritiker, die nach den Konquistadoren kamen, sorgten dafür, daß Spanien mit seiner humanistischen und multikulturellen Alternative konfrontiert wurde. Die kulturelle Einzigartigkeit des Landes lag in der Anerkennung des anderen: ihn bekämpfend, ihn umarmend, sich mit ihm vermischend. Die Hölle, schrieb Jean-Paul Sartre einmal, das sind die anderen. Aber gibt es irgendein anderes Paradies als jenes, das wir mit unseren Brüdern und Schwestern gestalten können? Die Geschichte stellt die Frage, wie man mit dem anderen leben soll. Wie ist zu verstehen, daß ich bin, was ich bin, nur weil eine andere Person mich wahrnimmt oder mich vervollständigt?

Diese Frage, die jedesmal aufkommt, wenn Weiß und Schwarz, Ost und West, Ansässige und Einwanderer in unseren Tagen aufeinandertreffen, war eine zentrale Wirklichkeit im mittelalterlichen Spanien, und sie wurde zur zentralen Frage bei der Eroberung und Kolonisierung Amerikas. Sie war vorgezeichnet, wie widersprüchlich auch immer, durch Spaniens historische Erfahrungen mit der Eroberung der Iberischen Halbinsel durch Rom bis zur Vertreibung der Juden im Jahre 1492. Jetzt wurde sie das zentrale Problem Amerikas, als Spanien mit dem radikal »anderen« in Berührung kam – Menschen anderer Rasse, anderer Religion, anderer Kultur. Wer waren diese Menschen? Wie war die Gestalt ihrer Seelen? Hatten sie überhaupt eine Seele?

All diese Fragen spalteten Spanien. Wenn ein Teil seines Herzens sagte: »Unterwerfen!«, sagte der andere, in Erinnerung an Seneca, den Stoiker: »Laß dich nicht unterwerfen von etwas anderem als deiner Seele.« Die Bühne war somit frei für einen gewaltigen Zusammenprall der Zivilisationen, ein großes Epos, manchmal voller Mitgefühl, dann wieder blutig und bedenkenlos, aber immer widersprüchlich, während es die Kultur der Neuen Welt sowohl zerstörte als auch neu schuf.

II. Teil

DER KONFLIKT DER GÖTTER

5. Kapitel

AUFSTIEG UND FALL DER INDIANISCHEN WELT

Amerika war einst ein leerer Kontinent. Alle, die jemals ihren Fuß auf unsere Ufer gesetzt oder unsere Grenzen überschritten haben, ob nun tatsächlich oder nur in ihrer Vorstellung, stammten von anderswoher. Man stelle sich vor, daß sich vor rund 130000 Jahren in den arktischen Regionen gewaltige Eismassen in Bewegung setzten und daß als Folge davon der Spiegel des Beringmeeres abfiel und ein großer kontinentaler Damm zwischen Asien und Amerika entstand.

Über diese Brücke kamen dann vor etwa 48000 Jahren einzelne Gruppen von Nomaden in die westliche Hemisphäre. Steinzeitmenschen, Jäger, Höhlenbewohner, die auf Mammutjagd gingen, bis das Mammut schließlich ausstarb. Weite Räume waren zu durchqueren, Bergketten und Wüsten, Täler und Dschungel. Es gab Kaninchen und Rehwild, Bären und Enten – das Wild, das Bernal Díaz im Jahre 1520 beschreiben sollte.

Zwischen 7500 und 2500 vor Christus machte die Entwicklung der Landwirtschaft die Nomaden dann zu seßhaften Bauern, die in Dörfern lebten. Es war Quetzalcoatl, die gefiederte Schlange, der Schöpfer der Menschheit, der mit Hilfe einer Ameise das erste Korn Mais entdeckte und erfolgreich war, wo alle anderen Götter versagt hatten. Kein Wunder, daß er in der mittelamerikanischen Welt so verehrt wurde: als Schöpfer des Menschen, der Landwirtschaft und der dörflichen Gemeinschaft. Denn zu Anbeginn gab es nichts, sagen die ältesten Lieder des leeren Kontinents: »Als es noch Nacht war, in der Dunkelheit, versammelten sich die Götter ...«, und sie erschufen die Menschheit. »Laß es Licht werden«, ruft die Bibel der Mayas, *Popol Vuh*, aus: »Laß die Morgendämmerung aufsteigen im Himmel und auf Erden. Es soll keine Herrlichkeit geben, bis die menschliche Kreatur existiert.«

Die Menschheit wurde in einem Opfer geboren. Als sich die Götter in der Morgendämmerung der Schöpfung trafen, versammelten sie sich um ein riesiges Feuer, und sie beschlossen, daß einer von ihnen sich opfern sollte, indem er in die Feuerstätte sprang. Ein wunderschöner Gott, arrogant und mit Juwelen bedeckt, zögerte vor Angst, ein zwergenhafter Gott, nackt und voller Geschwüre, dagegen nicht: Er warf sich in die Flammen und erstand gleich darauf neu als die Sonne selbst. Der schöne Gott, als er das sah, warf sich ebenfalls ins Feuer, wurde aber nur damit belohnt, daß er als der Mond neu erschien: der Satellit. So wurde das Universum erschaffen.

Weil die Götter sich geopfert hatten, damit Welt und Menschheit entstehen konnten, waren auch die Menschen verpflichtet, falls nötig, in das große, ewige Freudenfeuer von Leben und Tod zu springen. Daß Opfer notwendig seien, das unterlag in der indianischen Gesellschaft keinem Zweifel, war über jede Diskussion oder Skepsis erhaben. Für die alten Amerikaner waren die Gewalten des Universums eine Quelle ständiger Gefahr, gleichzeitig aber gewährten sie auch erst jenes Überleben, das sie bedrohten. Diese Doppeldeutigkeit wurde aufgelöst in der Darbringung eines Opfers. Das alles stand nicht mehr in Frage als für uns heute die Formel $E=mc^2$. Nicht nur die Fortdauer des Lebens hing davon ab, sondern die Ordnung des Universums selbst. Wir, Frauen und Männer, sind in der Tat winzig, wenn wir auf die Bühne des Kosmos gesetzt werden, aber auch das Universum selbst ist zerbrechlich, abhängig, wie es ist, von Leben und Sterben, Schöpfung und Zerstörung, Tod und Wiederauferstehung.

Als sich die Welt der Ureinwohner Mittelamerikas, der Region zwischen Zentral-Mexiko und Nicaragua, vom Dorf über den Tempelbezirk zur Stadt und zum Reich entwickelte, trug sie eine Reihe von Glaubensartikeln mit sich, unter denen die Überzeugung an vorderster Stelle stand, daß die Welt nicht nur einmal, sondern gleich mehrere Male erschaffen worden war. Bei den Azteken entstand daraus die Legende von den fünf Sonnen, die auf ihrem berühmten steinernen Kalender erzählt wird. Im Mittelpunkt der

Scheibe sieht man ein Abbild der Sonne, die ihre Zunge herausstreckt (was bedeutet, daß die Sonne scheint). Umrahmt wird sie von den vier Himmelsrichtungen, die auf die vorangegangenen vier Erschaffungen der Welt und auf die Katastrophen verweisen, die sie ausgelöscht haben. Die erste Sonne wurde von einem Jaguar oder Tiger zerstört, die zweite von stürmischen Winden, die dritte von unaufhörlichem Regen und die vierte von den Wassern der großen Flut. Die Menschen leben jetzt unter der fünften Sonne, die durch das Opfer der Götter geboren wurde und nur weiterleben kann durch die Opferung ihrer Kreaturen, Männer wie Frauen.

Nur diese Opfer werden die Welt, die Sonne und damit das Leben selbst erhalten: die Fortdauer von Dorf, Familie, Arbeit, Landwirtschaft und Mais. Eine derartige Auffassung der Wirklichkeit barg natürlich die Furcht, daß Katastrophen, die sich erst kürzlich ereignet hatten und noch so lebendig im Gedächtnis aller Ureinwohner waren, sich jede Minute wiederholen konnten: im Tod der fünften Sonne. Die Natur mußte gleichzeitig geliebt und gefürchtet, die Zeit erinnert und vorhergesagt werden. Und Macht war denen zu geben, die wußten, sich erinnerten und die Zukunft vorhersagten, während sie die zerstörerischen Kräfte der Natur im Griff behielten.

Mythen erklärten die Zusammenhänge der Wirklichkeit. Die natürlichen und übernatürlichen Kräfte, die den lebenden Kreaturen so nahe waren, wurden Götter genannt, der Ursprung aller Dinge. Zeit und Tod bildeten die Achse der indianischen Welt, die Götter die Wurzel alles Guten und alles Bösen. Die Indianer wählten zu ihren Anführern, wer die Götter zu hören vermochte, die Zeit vorhersagen konnte und über den Tod in Frieden und Krieg gebot. Auf diese Weise teilten sich Könige, Priester und Krieger die Herrschaft über die Weiten Amerikas. Sie befahlen den Bau von Tempelbezirken, die als Schreine dienten für die manchmal furchterregende Dualität der Götter und die offensichtlichen Wahrheiten, die sie verkörperten.

Wie gigantische Schatten, von den Feuern der Schöpfung geworfen, begleiten diese Wahrheiten die Abfolge indianischer Zivilisationen in Mittelamerika, von den frühen Jägern 6000 Jahre vor Christus und den Anfängen der Landwirtschaft bis zum Beginn dörflicher Gemeinschaften um 1500 vor Christus und weiter bis zum Erscheinen der »Mutterkultur« der Olmeken im Tal des Papaloapan-Flusses (dem Fluß der Schmetterlinge) an der Golfküste Mexikos um 900 vor unserer Zeitrechnung. Die Dorfkultur breitete sich aus von der See hinauf in die Berge der Zapoteken in Oaxaca, in die Täler Zentral-Mexikos und führte zum ersten Zeugnis der Zivilisation der Mayas zwischen dem 3. Jahrhundert vor Christus und dem ersten Jahrhundert danach.

Wanderungen und Auszüge der Völker setzten sich fort, die Menschen lebten in Furcht vor einer kosmischen Katastrophe. Die Notwendigkeit, darauf sowohl schöpferisch als auch opfernd zu reagieren, behielt ihr Gewicht – während der sechshundert Jahre der frühen klassischen Perioden von Teotihuacán in Zentral-Mexiko und Monte Albán in Oaxaca und während der Periode, die der Blütezeit der Maya-Zivilisation vorausging, die zwischen 600 und 900 aufstieg und schließlich wieder zusammenbrach. Die Notwendigkeit überdauerte auch die Jahre des frühen Mittelalters und das Reich Karls des Großen in Europa. Der letzte Atemzug der Mayas in Chichén Itzá, Leben und Tod der Tolteken in Zentral-Mexiko sowie der Aufstieg der Azteken um 1325 und ihr Untergang 1521 durch die Spanier beendeten dann den *historischen* Zyklus der alten mittelamerikanischen Zivilisationen, keineswegs jedoch, wie wir sehen werden, ihr kulturelles Leben.

Jedes der großen Themen, sämtliche Gewißheiten, die dieser Welt Grundlage und Struktur gaben, offenbarten sich in den großartigen Bauten der Indianer, vergleichbar denen in Mesopotamien und dem alten Ägypten. Sie sind, wovon ihre Architektur deutlich Zeugnis gibt, vor allem eine Antwort auf die Herausforderungen der Natur: eine menschliche Landschaft von himmelstürmenden Tempeln, den Göttern gewidmet. In Europa gab der Geist der Romantik dieser Herausforderung ihre modernste Form. Goethe sagte von der Natur: Wir leben in ihr und sind ihr doch fremd. Noch dramatischer stellte sich Hölderlin die Angst des ersten Menschen vor, der sich bewußt wurde, daß er Teil der Natur war, aus ihr geboren, doch gleichzeitig auch von ihr getrennt, für sich, um überleben und sich selbst erkennen zu können. Schon lange vor der von Freud beschriebenen Furcht, eingesperrt oder ausgestoßen zu werden, enthüllen die großen Tempel des mittelamerikanischen Altertums genau jene Beklommenheit: von einer bedrohlichen Natur entweder verschlungen zu werden oder, ohne ihre Umarmung, schutzlos zu sein.

Palenque ist das großartigste Beispiel für dieses doppeldeutige Verhältnis zur Natur. Tief in den Dschungeln von Chiapas versunken, wirkt jedes Gebäude wie aus einem vorzeitlichen Wald geschnitzt. Im 7. Jahrhundert auf dem Höhepunkt angelangt und im 11. Jahrhundert wieder dem Hunger der Natur überlassen, scheint Palenques großartige Gruppe von Bauwerken – der Palast, das Haus des Jaguars, die Tempel der Sonne, des Kreuzes und der Inschriften – auf ewig hin- und hergerissen zu sein zwischen den Ansprüchen des Dschungels und denen der Menschen, während sich oben auf dem großen Plateau über dem Tal von Oaxaca die Ruinen von Monte Albán meisterhaft, ja auf geradezu abstrakte Weise von der Natur absondern. Sie scheinen zwischen Himmel und Erde zu hängen, Wolken und Himmel näher als allen irdischen Fesseln, bis wir genauer hinsehen und erkennen, daß der Monte Albán ein beredtes Zeugnis der Übereinstimmung mit der Landschaft gibt. Es ist fast so, als wäre seine Architektur eine Replik der umliegenden Berge.

Dieser zweite Blick erlaubt es uns, auch die Frage zu beantworten, die sich sofort stellt, wenn man die dünne Luft in dieser Höhe erreicht hat. Was war die Funktion eines solchen Ortes? Wurde er als Tempelbezirk entworfen, als Festung, als Zufluchtsort oder als Denkmal für die Gefallenen der Bürgerkriege, die im Tal von Oaxaca tobten? Oder war es eine Gedenkstätte für das große Heldengedicht von Völkerwanderung und Krieg am Anfang von Leben und Bewegung auf dem leeren Kontinent? Wie die Antwort auch sein mag, die immer wiederkehrenden Fragen des indianischen Geistes sind in Monte Albán allgegenwärtig: Wie lange wird es uns geben? Wie können wir etwas bauen, das uns vor Zerstörung schützt?

Die Beschäftigung mit der Natur führte zur angstvollen Auseinandersetzung mit der Zeit, doch schwand diese Bedrängnis, da der Mensch dafür sorgte, daß die Zeit andauerte, daß das Chaos der Natur die Menschheit nicht wieder einholte. Die Wandbilder von Bonampak, erst 1946 in den Dschungeln von Südmexiko entdeckt, vermitteln uns die vielfarbige Vision einer ritualisierten Welt. Dominiert von den Bildern eines fürstlichen Kindes, das zum Herrscher über künftige Generationen geweiht wird, entfalten sie ein ehrfurchtgebietendes Panorama der Macht im alten Amerika. Prozessionen von Priestern und Dienern inmitten von Herrschern und Beherrschten lassen uns wie in einem Film sehen, wie die menschliche Arbeitskraft von einer aufsteigenden Kaste von Fürsten und Priestern organisiert wurde. Als aus Dörfern Stadtstaaten wurden und die Städte sich durch Krieg und Eroberung größere Gebiete aneigneten und Tributzahlungen verlangten – Ernten und Frauen –, begann die Zivilisation sich zu organisieren, um Verwaltung, Priesterschaft und Heer zu unterhalten. Tatsächlich enden die Wandbilder von Bonampak in einer grausamen und überwältigenden Vision des Krieges: Kampf, Tod, Versklavung. Aber dann kommen sie zurück auf den einstigen und zukünftigen König, das Fürstenkind, das im ersten Wandbild geweiht wird. Er wird über diese Welt herrschen, wie die Bilder es so eindrucksvoll mit dem ausdrücklichen Ziel darstellen, das menschliche Leben zu erhalten: durch das Paradox des Blutvergießens im Krieg und auf dem Opferaltar.

Die Zeit zu begreifen war in jener Welt damals von allergrößter Wichtigkeit, denn sie stand für den Unterschied zwischen Überleben und Vernichtung. Die Zeit zu beherrschen hieß, sich der Fortdauer des Lebens zu versichern. »Jene, die die Macht haben, die Tage zu zählen«, sagte ein Dichter der Mayas, »haben auch das Recht, zu den Göttern zu sprechen.«

In Chichén Itzá in Yucatán stellten Astronomen der Mayas einen genauen Sonnenkalender auf, symbolisiert durch die Struktur der großen Pyramide. Neun Terrassen und vier Treppen stehen für die neun Himmel und die vier Himmelsrichtungen. Jede Treppe hat 91 Stufen, insgesamt 364, zuzüglich der obersten Plattform: 365, die Anzahl der Tage im Sonnenjahr. Die größte Pyramide Mittelamerikas, der Sonnentempel von Teotihuacán, ist so gebaut, daß die Sonne zur Sommersonnenwende genau vor der Hauptfassade untergeht, so daß Natur und Zivilisation sich zur Feier gegenseitig widerspiegeln.

Die Tolteken, die Erbauer von Teotihuacán, versuchten, die Besorgnisse um Zeit und Natur, Macht und Überleben in einem moralischen Prinzip zu verschmelzen, und fanden es einmal mehr in der Gestalt von Quetzalcoatl. Die gefiederte Schlange war der Schöpfer der menschlichen Welt, die langsam und schmerzvoll aus Chaos und Furcht geboren wurde. Quetzalcoatl gab den Menschen ihre Werkzeuge und ihre Kunstfertigkeit und lehrte sie, Jade zu polieren, Federn zu verknüpfen und Getreide zu pflanzen. Der Mythos schreibt ihm weiter die Erfindung von Architektur, Landwirtschaft, Gesang und Bildhauerei, Bergbau und Juwelierkunst zu. Die Sammlung seiner Lehren wurde nach dem Namen der Tolteken *Toltecayatl,* »Totalität der Schöpfung«, genannt.

Und so wurde Quetzalcoatl der moralische Held des alten Mittelamerika, genau wie Prometheus der Held der Antike im Mittelmeerraum war – ihr Befreier, auch wenn es ihn die eigene Freiheit kostete. Im Fall von Quetzalcoatl war die Freiheit, die er der Welt brachte, das Licht der Erziehung, ein Licht so machtvoll, daß es zur Legitimationsgrundlage jedes möglichen Nachfolgestaates des Toltekenreiches wurde.

Der Adler und die Schlange

Dieser Nachfolgestaat, die letzte Nation der alten mittelamerikanischen Welt, war dann jener der Azteken. Der lange Marsch dieses Volkes von den Wüsten Nordamerikas durch Arizona und Chihuahua hinunter nach Zentral-Mexiko wurde von der Vision eines Adlers geleitet, der auf einer Insel in einem See auf einem Kaktus saß und eine Schlange fraß. Getrieben wurden sie von ihrem grimmigen Kriegsgott Huitzilopochtli, was »Kolibrizauberer« bedeutet, und dem Priester Tenoch. Am Ziel angekommen, gründeten sie um das Jahr 1325 nach Christus die Stadt Tenochtitlán im Sumpfland und auf den Inseln des Texcoco-Sees. Sie setzten das Wort »Mexico« davor, was »Nabel des Mondes« bedeutet. (Heute ist Mexico City die älteste nach wie vor bewohnte Stadt in den beiden Amerikas.) Wie es in den Chroniken heißt, wurden die Azteken von den Siedlern des mexikanischen Hochlands, den

Nachkommen der Tolteken, verachtet, die sie »die letzten, die kamen« nannten, und sie sagten von ihnen: »jedermann verfolgte sie«, »niemand wollte sie empfangen«, »sie hatten kein Gesicht«.

Diese Gesichtslosigkeit stand im Gegensatz zum höchst sichtbaren kulturellen Profil der Tolteken, des Stammes, der auf mysteriöse Weise verschwand zu der Zeit, als in Europa der Bau der Kathedrale von Canterbury begann, die Windmühle in England eingeführt wurde und Chrétien de Troyes den *Parzifal* schrieb, also in der zweiten Hälfte des 12. Jahrhunderts. Die Tolteken hinterließen ein Ensemble künstlerischer Schöpfungen, die man für die wertvollsten der indianischen Welt hält. Tatsächlich war die Herkunftsbezeichnung »Tolteke« gleichbedeutend mit »Künstler«. Ihre Kultur war die des vertriebenen Gottes Quetzalcoatl, die vollkommenste und begehrenswerteste Erbschaft der indianischen Welt, und ohne zu zögern griffen die Azteken danach, als sie ihre Macht mittels Krieg, Ausbeutung und Menschenopfern auf das gesamte mexikanische Hochland ausdehnten.

Sie brauchten Macht, und sie brauchten eine Legitimation für diese Macht, eine moralische Legitimation zusätzlich zur militärischen Stärke. Diese Gleichung, die die Politik der Azteken bestimmte, stellte zwei Götter gegeneinander, Quetzalcoatl, den Gott der Schöpfung und Brüderlichkeit, und Huitzilopochtli, den Gott des Krieges und der Eroberung.

Toltekische Kunst und Moral gaben den Azteken das Gesicht, nach dem sie gesucht hatten. Aber wenn Gedächtnis und Identität dies verlangten, so kämpften Macht und Legitimation dagegen an. Im 15. Jahrhundert schuf Tlacaelel, Sohn und Bruder von Königen, der niemals für sich selbst die Krone beanspruchte, mit den herkömmlichen Mitteln das Reich der Azteken. Er verteilte Land und Titel, baute eine Verwaltung auf (einschließlich eines Systems zur Eintreibung von Tributzahlungen und Steuern) und leitete Eroberungszüge ein, die im Süden bis nach Guatemala, Honduras und Nicaragua führten. Er baute auch den großen Tempel für Huitzilopochtli in Mexiko/Tenochtitlán, womit er die Macht der aztekischen Nation den Prinzipien von Krieg und Opferung weihte. Er befahl die Verbrennung der alten Schriften der Völker, die besiegt worden waren, weil man die Azteken darin als Barbaren beschrieben hatte. Die Geschichte wurde verbrannt, aber diese Orwellsche Travestie ging einher mit der Sorge, als Erbe von Quetzalcoatl gesehen zu werden.

Das Pantheon der aztekischen Götterwelt bringt, mit einem erschreckenden Gefühl für Aktualität, das Chaos, die Gewalt und den Terror zurück, die zwangsläufig jedes menschliche Wesen ergreifen, das sich plötzlich den Ursprüngen der Zivilisation gegenübersieht. Im Mittelpunkt dieses Pantheons steht die Muttergöttin Coatlicue, »die Herrin des Schlangenkleides«. Vierschrötig, enthauptet und ohne anthropomorphe Kennzeichen entstand Coatlicue als ein Bildnis des Unbekannten. Die Elemente ihrer Ausschmückung lassen sich nur einzeln benennen: als Schädel, Schlangen und abgeschlagene Hände. Insgesamt verschmelzen sie zum Unbekannten. Coatlicue läßt keine Risse in ihrem Körper zu. Sie ist der vollkommenste Monolith, eine allumfassende Intensität, die sich selbst genügt.

Wie der Mythos erzählt, wurde Coatlicue, die Mutter der Erde, zuerst mit einem Obsidianmesser geschwängert und gebar Coyolxauhqui, die Göttin des Mondes, sowie eine Brut männlicher Nachkommen, die dann die Sterne wurden. Eines Tages fand Coatlicue einen Federball, den sie sorgsam an ihrem Busen verwahrte. Als sie ihn später suchte, war er verschwunden, und sie stellte fest, daß sie erneut schwanger war. Ihre Kinder, der Mond und die Sterne, glaubten ihre Geschichte nicht. Voller Scham über ihre Mutter, von der sie glaubten, daß sie sich der Promiskuität schuldig gemacht habe, faßten sie den Entschluß, sie zu töten: Eine Göttin konnte nur einmal gebären, einen Wurf von ursprünglicher Göttlichkeit, aber nicht mehr. Ein zweiter Wurf war eine Monstrosität. Aber während sie ihren Plan noch schmiedeten, gebar Coatlicue Huitzilopochtli, den feurigen Gott des Krieges. Mit Hilfe einer Feuerschlange zerstörte er seine Brüder und Schwestern, ermordete sie in einem Anfall des Zorns. Er enthauptete Coyolxauhqui und warf ihren Körper in eine tiefe Bergschlucht, wo er zerstückelt liegt für alle Ewigkeit.

Die Scheibe der Mondgöttin, die 1977 bei Grabungen am Templo Mayor in Mexiko entdeckt wurde, veranschaulicht diesen Mythos, der wiederum die Tatsache illustriert, daß der natürliche

Kosmos der Indianer aus der Katastrophe geboren wurde. Die Himmel zersprangen buchstäblich in kleine Stücke, die Erdmutter fiel und wurde befruchtet, während ihre Kinder durch Brudermord auseinandergerissen und dann über das ganze Universum zerstreut wurden.

Doch die Skulptur Coyolxauhquis und die ihrer Mutter Coatlicue sind künstlerische Formen, die, auch wenn sie einem Mythos entstammen, keine religiöse Funktion mehr erfüllen. Sie sind Teile einer künstlerischen Vorstellung geworden, so daß wir, jenseits ihrer geheiligten Ursprünge, heute eine moderne, ambivalente Komposition in ihnen sehen. Realität wird in Stücke gerissen, ist aber gleichzeitig um Wiederherstellung bemüht, ganz wie in den Gemälden der Kubisten. Man stelle sich die Götter vor, die anonymen Bildhauer dieser Werke, die ebenso wie ihre anonymen und religiös inspirierten Zeitgenossen im Europa der Gotik zeitlose Kunstwerke geschaffen haben, die jenseits ihres religiösen Zusammenhangs erst in unseren Tagen voll gewürdigt werden. Die Bedingung dafür ist dieselbe wie bei aller großen Kunst. Wahre Künstler geben nicht nur die Wirklichkeit wieder, sie fügen ihr etwas Neues hinzu.

Zwischen den Steinen und den Händen, die sie formten, stellten die indianischen Künstler eine Art von Verständigung her, die schließlich universell wurde. Nicht nur André Breton sah in der frühen mexikanischen Kunst einen Ausdruck des Surrealen. Noch viel konkreter ließ sich der britische Bildhauer Henry Moore von den Chac-mool-Figuren des alten Mexiko inspirieren und nahm sie gleichsam als Modelle für eine seiner glänzenden Serien liegender Statuen. Durch ihre Verbindung zu einer frühzeitlichen Tradition wurden sie zu einigen der repräsentativsten und unvergeßlichsten Werke der modernen Tradition. Was Moore über seine eigene Kunst sagt, könnte auch über die großen Skulpturen des alten Mexiko gesagt werden: Wenn ein Bildhauer das Material versteht, mit dem er arbeiten muß, kann er einen verschlossenen Block Materie in eine mit Leben erfüllte Komposition von Massen verwandeln, die sich ausdehnen und zusammenziehen, vorwärtsschieben und überlappen.

Gefangen zwischen reiner Luft und der Dynamik des Steins,

sind diese Skulpturen das Ergebnis einer vielfältigen Wirklichkeit, einer Fülle von Visionen, die für ebenso wirklich gehalten werden, wie sie sich in der Kunst manifestieren. Die kolossal großen Köpfe der Olmeken (die Köpfe von La Venta, Tabasco) sind so auffallend negroid, daß für uns die Frage auftaucht, ob die Karibik nicht ursprünglich von schwarzen Auswanderern besiedelt wurde. Dabei müssen wir uns fragen, was wichtiger ist: der wahrscheinliche religiöse oder ethnische Hintergrund der Kunstwerke oder ihre gegenwärtige Wirkung auf uns? Letzten Endes schließt kein Aspekt den anderen aus: Die Wirklichkeit ist vielfältig.

Der deutsche Maler Albrecht Dürer war der erste europäische Künstler, der aztekische Kunst zu sehen bekam, als sie 1520 in Brüssel auf dem Weg zum flandrischen Hof Karls V. eintraf. »Auch hab ich gesehen die Ding, die man dem König aus dem neuen gulden Land hat gebracht«, notierte er in seinem *Tagebuch der Reise in die Niederlande.* »Und ich hab aber all mein Lebtag nichts gesehen, das mein Herz also erfreuet hat als diese Ding ... und ich hab mich verwundert der subtilen Ingenia der Menschen in fremden Landen.«

Mehr als drei Jahrhunderte später, abermals in Brüssel, sah Charles Baudelaire Bilder von den aztekischen Skulpturen und kam zu dem Schluß, daß sie zu einer »barbarischen Kunst« gehörten, barbarisch in dem Sinne, daß ihnen der Begriff der menschlichen Persönlichkeit vollkommen fremd war.

Wenn man diese großen Monumente indianischer Vergangenheit betrachtet und sowohl ihre Schönheit als auch ihre politische Funktion verstehen möchte, ist man versucht, mit dem chilenischen Dichter Pablo Neruda zu fragen: »Stein in Stein, aber wo war der Mensch?« Jenseits und unterhalb der Götter, Priester und Krieger, rings um die Pyramiden, gab es eine ganze Gesellschaft, lebendig und empfindungsfähig, und sie schuf eine lebendige volkstümliche Kultur, die zu einem der kraftvollsten Faktoren werden sollte, die die Gesellschaften damals dem Ansturm Europas entgegenzusetzen hatten.

Vielleicht liegt die Antwort auf die Frage Nerudas in den unzähligen Artefakten volkstümlicher Kunst, die von den mittelamerikanischen Völkern auf lokaler Ebene und über Tausende von Jahren hin geschaffen wurden. Menschlichkeit findet sich in den lächelnden, vielleicht spöttischen »kleinen Gesichtern« der Olmeken, in Spiel und Spaß von Figuren, die uns wie Ringer, Akrobaten und sogar wie Baseballspieler vorkommen, in der Bedeutung, die der symbolischen Fortdauer des Lebens in den Figuren von alten Männern, fruchtbaren Frauen und kleinen Kindern beigemessen wird. Vielleicht liegt sie in der unendlichen Eleganz und Feinheit der Figuren von Jaina, einer Insel vor der Küste von Yucatán: Damen, Redner, Verkäufer, Bauern, Bettler und Prahler. Alle Typen des Alltags sind hier gestaltet worden und bestanden so über die Jahrhunderte. Vielleicht wird die ewige Schönheit am besten in den zerbrechlichsten der Objekte bewahrt, den Keramiken, Vasen, Töpferwaren und den stilisierten Wiedergaben von Tieren und Vögeln. Die großartige Menagerie der frühen Olmeken lebt weiter in ihren Figuren von Enten und Krokodilen, Affen, Tapiren, Gürteltieren und Jaguaren. Tatsächlich bildet die Jaguar-Figur, welche die Weiten des indianischen Mexiko durchmißt, ein Gegenstück zu den entzückenden kleinen Hunden der Olmeken, den Papageien und Schildkröten westlicher Kulturen, den furchteinflößenden Fledermäusen der Zapoteken, den rötlichen Heuschrecken der Azteken oder den überaus stilisierten, fast abstrakten Fischerbooten von Tlatilcó, die an Brancusi erinnern.

Wir können diese unsterbliche Kultur noch immer in der Haltung und Würde der heutigen Abkömmlinge der Indianer und in der unablässigen Produktion ihrer Kunsthandwerker erkennen. Es ist die Antwort des Volkes auf die Macht der Götter und Potentaten: die Werte der Gemeinschaft, die Liebe zur Erde und Natur, zu Arbeit und gegenseitiger Achtung. Selbst als die Städte auf geheimnisvolle Weise verdorrten und starben, überlebte das Volk. Und ebenso, auf womöglich noch geheimnisvollere Art, überlebte ihre Kunst, auch wenn es keine humanistische oder volkstümliche Kunst war, sondern eher eine ehrfurchtgebietende, überirdische Verherrlichung des Göttlichen, des Todes und der Zeit.

Tatsächlich hielt die aztekische Gesellschaft im Namen von Quetzalcoatl den Kult des Lebens durch ihr Erziehungssystem wach, das umfassend und obligatorisch war: durch die Ermahnungen, die bei Hochzeiten, Geburten, Todesfällen und Wahlen ausgesprochen wurden. Aztekische Dichter, aber auch Väter und Mütter im Umgang mit ihren Kindern, Liebende im Gespräch mit ihren Bräuten oder ihren Toten und der Rat der Alten bei der Wahl ihrer Könige sprechen von ihrem Land als einem Ort traurigen Glücks, eines Glücks, das schmerzt, einem feindseligen und geheimnisvollen Ort, wo das Leben nur ein Traum ist, wo alles vergeht und allein der Tod gewiß ist. Aber das ist kein Grund zur Verzweiflung, sagen sie, denn wir haben das Lachen, haben Träume, Nahrung, unsere Gesundheit und schließlich den Sexualakt, gefeiert als »die Aussaat des Volkes«.

Die großen Festlichkeiten der aztekischen Welt waren nur der äußere, zeremonielle Ausdruck dieser Verschränkung von Schicksal und Natur; das Leben gelebt als ein Mythos, den man nicht nur darstellte, sondern auslebte, erfüllt von einem tiefen Glauben an ihn. Man denke zum Beispiel an die Geschichte, in der Quetzalcoatl den Neid der geringeren Götter des indianischen Pantheons hervorrief. Wie der Mythos erzählt, sagte einer von diesen, ein dunkler, ewig junger Kobold mit Namen Tezcatlipoca, was »rauchender Spiegel« bedeutet, zu den anderen Teufeln: »Laßt uns Quetzalcoatl besuchen und ihm ein Geschenk bringen.« So gingen sie zum Palast des Gottes in der Stadt Tula und überreichten ihm ihre Gabe, die sie in Baumwolle gehüllt hatten.

»Was ist das?« wunderte sich Quetzalcoatl, während er das Geschenk auswickelte.

Es war ein Spiegel. Der Gott sah sich darin und schrie auf. Als Gott, so hatte er geglaubt, hätte er kein Gesicht. Jetzt sah er es im Spiegel. Und da es das Gesicht seiner eigenen Kreatur war, das Gesicht eines Menschen, wurde ihm bewußt, daß auch er ein menschliches Schicksal haben mußte.

Die nächtlichen Dämonen verschwanden hämisch feixend, und Quetzalcoatl trank sich einen Vollrausch an und vergewaltigte seine Schwester. Am nächsten Tag, voller Scham, bestieg er ein Floß aus Schlangen, segelte gen Osten und versprach seine Rückkehr für einen bestimmten Tag – *Ce Acatl*, den Tag des Schilfrohrs im indianischen Kalender. Dann würden Schicksal und Natur im

Zeichen der Furcht sich vereinen, das indianische Universum würde bis in seine Wurzeln erschüttert und die ganze Welt von der Angst geschüttelt werden, ihre Seele zu verlieren.

Das genau geschah, als nach einer Reihe furchterregender Prophezeiungen der spanische Hauptmann Hernán Cortés an der Küste des Golfs von Mexiko landete, am Gründonnerstag des Jahres 1519.

Die Wiederkehr von Quetzalcoatl

Die Zeit war gekommen. Als der Tag des Schilfrohrs nahte, war die aztekische Welt voller böser Vorzeichen. Die Wasser des Sees, auf dem Tenochtitlán erbaut war, wurden von riesigen Wellen aufgewühlt, die Häuser und Türme niederrissen. Stunden um Stunden zogen Kometen ihren Schweif über den Himmel. In allen Spiegeln zeigte sich am hellichten Mittag ein sternenklarer Himmel. Sonderbare Frauen liefen um Mitternacht auf den Straßen umher und beweinten den Tod ihrer Kinder und den Verlust der Welt. Selbst die engsten Verbündeten des Aztekenkaisers Moctezuma wußten, nachdem sie den Himmel Nacht für Nacht beobachtet hatten, daß die Prophezeiungen sich erfüllen würden, sie spürten, daß der See, der Berg und sogar die Luft in Vorahnung erzitterten: Quetzalcoatl würde bald zurückkehren.

So sicher war sich der König von Texcoco, daß die Prophezeiung von dem blonden, blauäugigen Gott Wirklichkeit werden würde, daß er seine Herrschaft niederlegte, seine Heere entließ und jedermann riet, das bißchen Zeit, das noch bliebe, zu genießen. Und der Kaiser, der selten dasselbe Kleid zweimal trug und immer von einer großen Schar Diener und Mägde bedient wurde, tat Buße, fegte seinen Palast mit einem Besen aus und trug nichts als ein Lendentuch, während die Vorzeichen des Untergangs über der verschreckten Stadt sich immer noch mehrten. Stand die Zeit der fünften Sonne vor ihrem Ende?

Moctezumas Furcht wurde vorübergehend beschwichtigt, als ein Bote von der Küste kam und berichtete, daß sich von Osten her schwimmende Häuser genähert hatten mit Männern, die in Gold und Silber gekleidet waren und auf vierbeinigen Bestien ritten.

Die Männer waren weiß und bärtig und einige von ihnen sogar blond und blauäugig. Moctezuma seufzte auf. Keine Angst mehr. Die Götter waren zurückgekehrt. Die Prophezeiung hatte sich erfüllt.

Doch Hernán Cortés sah sich selbst nicht als Gott. Er war ein Mensch, und seine Tatkraft trieb ihn, nach menschlichen Maßstäben zu handeln und dabei seine Klugheit und sein Wissen bis zur Neige zu nutzen. Im Frühjahr 1519 war er mit einer Expedition von elf Schiffen von Kuba aus losgesegelt. An Bord befanden sich 508 Soldaten, 16 Pferde und Artillerie. Am Gründonnerstag warf er vor der Golfküste Anker und gründete im Namen Kaiser Karls V. die Stadt Veracruz. Der andere Kaiser, Moctezuma, erhielt Tage später Nachricht davon. Wer war dieser spanische Hauptmann, der sich plötzlich wie ein Gott behandelt sah?

Als Cortés nach Mexiko kam, war er gerade 34 Jahre alt. Geboren wurde er in der Stadt Medellín in der Estremadura, wo sein Vater gegen Ende der Reconquista gegen die Mauren gekämpft hatte. Der alte Cortés war bescheidener Eigentümer einer Mühle, eines Weinbergs und einer Bienenzucht. Mit seinem Eheweib, das als ehrliche, religiöse Frau beschrieben wird, knauserte und sparte er, um den Sohn auf die Universität von Salamanca zu schicken, wo er als Student versagte, aber Ritterromane las und märchenhafte Berichte von der Entdeckung Amerikas hörte. Sein Kopf füllte sich für immer mit dem Traum von der Neuen Welt.

Mit neunzehn segelte er nach Westen und wurde ein mäßig erfolgreicher Landbesitzer. Aber Cortés war nicht in die Neue Welt gekommen, um das Schicksal seines Vaters in der Alten Welt zu wiederholen. Er war gekommen, um sein Leben selbst zu bestimmen, ein Leben voller Macht, Reichtum und Ruhm, errungen nicht durch Erbschaft, sondern durch persönlichen Einsatz und mit Hilfe eines kleinen bißchen Glücks. Die perfekte Verkörperung von Machiavellis Mischung aus Willenskraft und Fortune, sollte Hernán Cortés eine der großen Gestalten der europäischen Renaissance werden, als er zu einem der sagenhaftesten Abenteuer aller Zeiten aufbrach: zur Eroberung des Aztekenreichs.

Zu Anfang gab es immer wieder Scharmützel mit den Stämmen entlang der Küste, deren Häuptlinge erkennen mußten, daß die

Eindringlinge, wer immer sie waren, nicht im Kampf besiegt werden konnten. *Sie sind mit Blitzen bewaffnet,* berichteten indianische Kundschafter, und *Rauch dringt ihnen aus dem Rachen.* Also brachten ihnen die Häuptlinge Gold und andere wertvolle Dinge. Eines Tages dann aber erhielt Hernán Cortés einen Tribut ganz anderer Art. Zwanzig junge Sklavinnen trafen im spanischen Lager ein, von denen Cortés sich eine auswählte.

Vom Chronisten der Expedition, Bernal Díaz del Castillo, als kontaktfreudig, neugierig und hübsch beschrieben, war der indianische Name dieser Frau Malintzin, was bedeutete, daß sie unter den Zeichen von Unfrieden und Unglück geboren worden war, woraufhin ihre Eltern sie als Sklavin verkauft hatten. Die Spanier nannten sie Marina, »die, die vom Meer kam«, doch ihre eigenen Leute sprachen von La Malinche, »der Frau des Konquistadoren, der Verräterin«. Welchen Namen man ihr auch gab, ihr wurde ein außergewöhnliches Schicksal zuteil. Sie wurde *mi lengua,* »meine Zunge«, für Cortés, der sie als Dolmetscherin und Geliebte zu sich nahm.

Durch La Malinche fand Cortés heraus, daß ein großer König namens Moctezuma in einer prachtvollen Stadt oben in den Bergen lebte. Seine Heere, auf einem Feld aufgestellt, würden es bedecken wie die Wellen das Meer. Er hatte dreißig Vasallenkönige, aber diese haßten Moctezuma, behauptete La Malinche, und könnten schnell überredet werden, ihre Loyalität auf jemanden zu übertragen, der sich als mächtiger herausstellte als die Azteken. Die Azteken hatten die meisten Stämme Mittelamerikas unterworfen, aber ihre Herrschaft gründete sich auf Terror und fand nicht die Unterstützung der Menschen. Einige der Königreiche, wie etwa Tlaxcala, hatten es sogar geschafft, ihre Unabhängigkeit zu bewahren, ständig im Kampf mit der Macht und wohlvorbereitet auf die Zeit der Rache.

Cortés war schnell entschlossen: Er würde hinaufmarschieren nach Tenochtitlán, um Moctezuma aufzusuchen, und dann würde er die Unzufriedenheit des Volkes zu seinen Gunsten nutzen. Aber war der Hauptmann auch marschbereit, seine Truppen waren es nicht. Kleine Gefechte forderten ihren Zoll. Bald schon wurde das Brot knapp, ebenso Salz und Speck. Einige fürchteten sich vor der Kälte in den Bergen, andere beschwerten sich über das Gewicht ihrer Rüstungen. Doch Cortés weigerte sich, mit leeren Händen wieder abzuziehen. Er wußte, die spanischen Soldaten waren hin- und hergerissen zwischen der Begierde nach Ruhm und Reichtum und der Furcht vor Niederlage und Tod.

»Wir sind nur fünfhundert«, beschworen sie Cortés.

Seine Antwort darauf lautete: »Dann müssen unsere Herzen eben doppelt tapfer sein.«

»Fieber und Indianer bringen uns um«, beklagten sich andere.

»Dann laßt uns unsere Toten bei Nacht begraben, damit unsere Feinde glauben werden, wir seien unsterblich.«

»Laß uns zurückkehren nach Kuba. Laß uns zurücksegeln«, sagten einige in offener Meuterei.

»Aber wir haben keine Schiffe«, antwortete Cortés. »Ich habe sie versenkt. Es gibt keinen anderen Weg als den nach oben, es gibt keinen Rückzug. Wir müssen vorwärts nach Mexiko und sehen, ob dieser Moctezuma so groß ist, wie er von sich behauptet.«

Endlich brachen die Soldaten in Beifall aus und feierten Cortés erneut als ihren Anführer. Der Marsch zur Stadt Moctezumas begann. Unterwegs mußte Cortés beweisen, daß er nicht nur ein militärischer Eroberer war, sondern auch ein Christ, der den christlichen Glauben verbreitete und den abscheulichen Götzendienst der heidnischen Indianer vernichtete. In Cholula, dem größten Pantheon des Aztekenreichs, zerstörte er die Statuen und metzelte die Menschen nieder, wobei er sich auf religiöse und politische Gründe berief. (La Malinche hatte ihm berichtet, daß die heidnischen Priester von Cholula sich verschworen hatten, die Spanier zu ermorden.)

Zwischen seinen Pflichten als christlicher Soldat und der indianischen Vorstellung von ihm als einem Gott mußte Cortés sich schließlich für das erstere entscheiden. Aber wenn sein Bild als Gott auch zu verblassen begann, so bestätigten sich doch um so mehr seine militärischen Fähigkeiten in den Schlachten mit den Streitkräften von Tlaxcala vor den Toren von Tenochtitlán. Die tapferen Tlaxcalteken, wildentschlossen in ihrer Unabhängigkeit von den Azteken, wollten sich auch nicht unter eine andere Vorherrschaft begeben. Sie widersetzten sich Cortés und wurden trotz ihrer zahlenmäßigen Überlegenheit vernichtend geschlagen, durch die besseren Waffen der Europäer.

Die wirkliche Bedrohung für Cortés und die Spanier lag im überwältigenden Anblick der Stadt auf dem See. »Wir standen voller Verwunderung«, schrieb Bernal Díaz, »und sagten einander, daß dies den Zaubern gleichkam, von denen das Buch des Amadís berichtet ... und einige unserer Soldaten sagten sogar, daß sie dies alles vielleicht nur in einem Traum sähen.«

Dann trat Moctezuma vor, um sie auf dem Damm zu empfangen, der in die Stadt führte, und immer noch in dem Glauben, daß Cortés der Gott Quetzalcoatl sei, sagte er zu ihm: »Willkommen. Wir haben auf dich gewartet. Dies ist dein Zuhause.«

La Noche Triste

Selten hat es in der Geschichte eine Begegnung so gegensätzlicher Persönlichkeiten gegeben. Es war ein Zusammentreffen zwischen einem Mann, der alles hatte, und einem, der nichts hatte – einem Kaiser, der Sonne vergleichbar, dem seine Untertanen nicht ins Gesicht blicken durften, *Tlatoani*, der mit der Großen Stimme, und einem Soldaten mit keinem größeren Besitz als seinem Verstand und seinem Willen. Moctezuma wurde vom Schicksal beherrscht: Die Götter waren zurückgekehrt. Cortés unterlag nur seinem eigenen Willen: Er würde seine Ziele gegen alle Widrigkeiten erreichen.

Cortés fand bald heraus, daß es in Moctezumas Palast Räume gab, in denen sogar die Wände aus Gold waren. Ohne zu zögern, erwiderte er die Gastfreundschaft des indianischen Monarchen damit, daß er ihn zum Gefangenen machte und das Gold einschmolz. Überall zerstörte er die »Götzenbilder« und errichtete statt ihrer christliche Altäre. Und nachdem Pedro de Alvarado, sein Spießgeselle, Moctezuma beim Würfeln betrogen hatte, metzelte er auch noch eine wehrlose Menge bei einem religiösen Fest nieder.

Waren das wirklich Götter? Nein, sagte das Volk schließlich. Es waren habgierige, grausame Eindringlinge, und sie konnten besiegt werden. In der Schlacht von La Noche Triste, der traurigen Nacht, verjagten die Indianer, angeführt von Moctezumas Neffen Cuauhtémoc, die Spanier aus Tenochtitlán. Viele ertranken in den Kanälen, während sie mit prallen Säcken voller Gold zu fliehen versuchten. Cortés selbst saß unter einem Baum und weinte. Aber er kam zurück, nachdem er Schiffe gebaut hatte, um die Stadt anzugreifen, voller Vertrauen darauf, daß das Wissen und die überlegene Waffentechnik den Europäern schließlich den Triumph garantieren würden.

Obwohl die Azteken unter Cuauhtémoc tapfer kämpften, lebten sie doch immer noch in einer geheiligten Welt, deren Untergang in den überlieferten Schriften vorausgesagt wurde: »Bereitet euch vor, oh, meine kleinen Brüder, denn der weiße Zwilling des Himmels ist gekommen, und er wird die Sonne verstümmeln und die Nacht bringen und Trauer und die Last des Schmerzes.« So lautete die Prophezeiung im Maya-Buch des *Chilam Balam*, einem Kodex von mystischen Texten, Zeittafeln und Prophezeiungen, der dem Priester Chilam Balam zugeschrieben wird.

Schließlich bezwang Cortés die Hauptstadt der Azteken im Jahre 1521 nach einer blutigen Belagerung. Es war, in den Worten des Historikers Hugh Thomas, eine der großen Schlachten dieser Welt. Durch die Eroberung Mexikos wurde nicht nur das größte Zentrum indianischer Macht und Religion im damaligen Nordamerika zerstört, sondern diese bildete auch die Bühne für einen der größten Zusammenstöße gegensätzlicher Zivilisationen, die die Welt jemals erlebt hat, verkörpert durch Cortés und Moctezuma.

Die Eroberung war mehr als ein erstaunlicher Erfolg von nicht einmal sechshundert europäischen Soldaten, die einem theokratischen Imperium gegenübertraten. Und es war auch der Sieg der *anderen Indianer* über ihren aztekischen obersten Herrscher. Es war ein Sieg der indianischen Welt, der sich gegen sie selbst wandte, da die Eroberung im Ergebnis Völkermord und Sklaverei bedeutete. Aber sie bedeutete auch, wie wir noch sehen werden, eine Niederlage für den Sieger.

Selbst wenn die Spanier jenseits allen Zweifels bewiesen, daß sie keine Götter waren, sondern raffgierige, grausame menschliche Wesen, konnte das Moctezuma nicht irremachen in seinem fatalistischen Glauben an ihre Göttlichkeit. Wenn *er* ein Gefangener war, dann *mußten* seine Gefängniswärter einfach Götter sein. Wenn er und sein Volk ausgeraubt wurden, dann nahmen die Götter nur zurück, was ihnen gehörte. Als Moctezuma schließlich im Juni 1520 von seinem eigenen Volk gesteinigt wurde, nahm er den Tod als sein Schicksal hin: Er wußte, daß er seine Macht mit den Göttern nicht teilen konnte. Er und seine Vorgänger hatten allein an der Spitze der mexikanischen Pyramide gesessen, fast zweihundert Jahre lang. Viele Dinge hatten sie vernachlässigt, aber eines war immer klar gewesen: daß die Macht in Mexiko von oben nach unten ausgeübt wurde, und zwar nur von einem einzigen Mann. Es gab keinen Platz für mehr als einen Herrscher oben auf der mexikanischen Pyramide. Das ist heute noch so wahr wie 1519.

Alle indianischen Gesellschaften Amerikas, was immer auch ihre politischen Schwächen gewesen sein mögen, waren junge, schöpferische Zivilisationen. Die spanische Eroberung lähmte sie, hemmte ihr Wachstum und hinterließ ein Vermächtnis der Trauer, das in den »Visionen der Besiegten« aufklingt, wie der Sammler ihrer Schriften Miguel León-Portilla sie nennt. Die Trauer wurde von den zerlumpten Poeten der besiegten indianischen Welt besungen:

Wohin nun sollen wir gehen, o meine Freunde?
Rauch steigt empor, Nebel breitet sich aus.
Weint, meine Freunde.
Die Wasser sind rot.
Weint, weint, denn wir haben die aztekische Nation verloren.

Die Zeit der fünften Sonne hatte ihr Ende gefunden.

Was die Eroberer anbelangte, so konnten sie diese Worte wiederholen, denn was sie zunächst bewundert hatten, war jetzt zerstört. Und als alles vorüber war, als der Kaiser Moctezuma zum Schweigen gebracht und es auch dem Konquistador Hernán Cortés nicht anders ergangen war, weil ihm die spanische Krone jedwede politische Macht als Belohnung für seine militärischen Erfolge verweigerte, da blieb wohl nur die Stimme von La Malinche übrig. Sie war die Dolmetscherin, aber gleichzeitig auch die Geliebte, die Frau von Cortés, und in dieser doppelten Rolle begründete sie unsere vielrassige Zivilisation. Sie trug das Kind des Eroberers aus, den ersten Mestizen, den ersten Amerikaner gemischten Bluts. Auf symbolische Weise war sie die Mutter des ersten Mexikaners, des ersten Kindes von indianischem und spanischem Blut. Und sie sprach die neue Sprache, die sie von Cortés gelernt hatte, die spanische Sprache, eine Sprache der Rebellion und der Hoffnung, von Leben und Tod, die das stärkste Bindeglied in der amerikanischen Hemisphäre unter den Nachfahren von Indianern, Europäern und Afrikanern werden sollte.

6. Kapitel

DIE EROBERUNG UND WIEDEREROBERUNG DER NEUEN WELT

Acht Jahre vor der Eroberung Mexikos, am 25. September 1513, hatte Vasco Núñez de Balboa den Pazifischen Ozean entdeckt und damit den Weg für neue Eroberungen und Entdeckungen im Süden geöffnet.

Im Jahre 1530 segelte Francisco Pizarro mit seinen Halbbrüdern Hernando, Juan und Gonzalo und zweihundert Mann von Panama los, landete an der Küste von Ecuador, und nach einer außerordentlich langwierigen Expedition, die immer wieder durch Gefechte, Epidemien und andere Verzögerungen aufgehalten wurde, kam er im September 1532 nach Peru. Die Europäer entdeckten schon bald, daß das Land von einem Bürgerkrieg verheert wurde. Der legitime Herrscher Huáscar war von seinem Halbbruder, dem Usurpator Atahualpa, gestürzt und zusammen mit der ganzen Familie kaltblütig umgebracht worden. Im Moment lagerte Atahualpa vor der Stadt Cajamarca, weshalb Pizarro in die Stadt eilte, um den peruanischen Oberherrn, bekannt als der »Inka«, zu einem Treffen einzuladen.

Im Vertrauen auf die Spanier und vielleicht auch im Glauben an seine eigene Unsterblichkeit kam Atahualpa unbewaffnet. Nebenbei, so wird erzählt, lockte ihn die Schönheit der für ihn noch neuen Pferde an. Francisco de Jerez, der Sekretär von Pizarro (der selbst weder lesen noch schreiben konnte), hinterließ uns dies verblüffende Porträt des indianischen Kaisers: »Atahualpa war ein Mann von dreißig Jahren, gutaussehend und selbstsicher, ein wenig korpulent, mit einem breiten, gutgeschnittenen, wilden Gesicht und Augen, lodernd von Blut. Er war lebhaft im Gespräch ... und wenn auch primitiv, so war er doch fröhlich.«

Als sich Atahualpa dem Treffpunkt näherte, stürzten die Spanier aus den Häusern, in denen sie sich verborgen gehalten hatten. Das überraschte indianische Gefolge versuchte zwar, den Inka zu schützen, aber die Spanier hackten den Männern, die Atahualpas Sänfte trugen, die Hände ab. Nicht einer der spanischen Soldaten wurde getötet oder auch nur verwundet. Wie bei der Eroberung Mexikos waren auch diesmal vor allem zwei Faktoren ausschlaggebend: Mythos und Waffentechnik. Atahualpas Vater, der Inka Huayna Capac, hatte auf seinem Totenbett prophezeit, daß bald bärtige Männer über das Meer kommen und die Welt der Inkas zerstören würden. Diese Männer seien Boten Viracochas, des obersten Inkagottes, der wie Quetzalcoatl die Menschheit erschaffen hatte und dann fort nach Westen gesegelt war mit dem Versprechen, dereinst wiederzukehren. Vor allem aber bestimmte der Mangel an wirkungsvollen Waffen das Schicksal. Nach den Worten von John Hemming konnten die indianischen Heere von Peru »niemals eine Waffe fertigen, die einen berittenen, gepanzerten spanischen Krieger hätte töten können«.

Als Lösegeld für seine Freilassung bot der gefangengesetzte Kaiser dem spanischen Feldherrn genügend Gold, um eine große Halle zu füllen, »so hoch, wie er hinaufreichen konnte«. Als das Gold kam – in mehr als zweihundert Ladungen –, schmolzen es die Eroberer zu Barren. Pizarros Versprechen freilich, Atahualpa anschließend freizulassen, wurde niemals eingelöst. Er wurde schlicht vor die Wahl gestellt, als Heide entweder lebendig verbrannt oder, zum Christentum bekehrt, erhängt zu werden. Er ließ sich taufen. Es heißt, daß seine letzten Worte waren: »Mein Name ist Juan. Das ist mein Name, mit dem ich sterbe.«

Eine organisierte Magie

Die Eroberung Perus war so etwas wie ein Paradox: Auflodernd wie ein Blitzkrieg, schien sie vorüber, kaum daß sie begonnen hatte, mit der Gefangennahme und Exekution von Atahualpa und in Folge mit dem schnellen spanischen Vormarsch durch ein Land, das durch ein hervorragendes Straßennetz erschlossen war. Aber Tatsache ist, daß trotz der frühen Erfolge (und obgleich sie das Schicksal des Inkareiches besiegelten) die Eroberung Perus letztlich eine sehr langwierige Angelegenheit war, viel langwieriger als die Eroberung Mexikos, was in erster Linie am indianischen Widerstand lag. Er organisierte sich nach dem Tod von Atahualpa nur langsam, blühte dann aber zwischen 1536 und 1544 auf, mit ständigen Überfällen auf die Spanier, bis zum Tod des Anführers Manco Inka Yupanqui. Danach wurde der Kampf von seinen Kindern weitergeführt, bis einer von ihnen, Tupac Amarú, im Jahre 1572 von den Spaniern enthauptet wurde, vierzig Jahre nach Pizarros hinterhältigem Überfall auf den Inka Atahualpa in Cajamarca.

Die spanische Eroberung wurde aber auch von innen aufgehalten: durch ständige Kriege der Konquistadoren untereinander, die sich schonungslos um Gold und politische Macht stritten, und durch Querelen zwischen den Konquistadoren und der Krone, als deren Vizekönige versuchten, ihre königliche Autorität zu etablieren und die Respektierung der humanitären *Leyes Nuevas de las Indias* durchzusetzen. Die Konquistadoren sahen darin eine Bedrohung ihrer Rechte als Eroberer, die selbstverständlich das Recht zur Plünderung und zur Usurpation von Land und Arbeitskräften einschlossen. Das Schicksal der Pizarros spricht für sich. Francisco, ihr Anführer, der brutale ehemalige Schweinehirt aus der Estremadura, wurde von Anhängern seines Rivalen Diego de Almagro ermordet. Sein Halbbruder Hernando kam bei seiner Rückkehr nach Spanien für zwanzig Jahre ins Gefängnis, während der zweite Halbbruder Gonzalo gegen den Vizekönig rebellierte und 1578 hingerichtet wurde. In seinem Buch über die Republiken der *Indias, Republics of the Indies,* nennt Román y Zamora die Pizarros »die übelsten Männer, die je von einer Nation ausgezogen sind und die mit ihren Kameraden den Königen von Spanien die größte Schande brachten«.

Diese nervösen Wehen der peruanischen Geschichte, wechselnd zwischen Überstürzung und Langwierigkeit, Hase und Schildkröte, verfälschen den wahren Rhythmus dieses Landes und seiner Kultur wie ein Krampf. Besonders rings um Cuzco, die größte Stadt der Inkas, wurden die Konflikte zwischen Indianern und Indianern, Spaniern und Indianern sowie der Spanier untereinander ausgetragen. Eine Stadt von vielleicht 200 000 Einwohnern zu Beginn der Eroberung, war Cuzco zusammen mit der höher in den Anden verborgenen Festungsstadt Machu Picchu das letzte Zeugnis von Ruhm und Herrlichkeit der Inkas. Noch heute bewundern wir die Präzision, mit der die Stadtmauern aus polygonalen Steinen ohne Mörtel dicht zusammengefügt wurden. Wenn Steine zu schwer waren, ließ man sie schließlich am Wege liegen und nannte sie »müde Steine« – sicherlich nicht müder als die, die sie zu tragen hatten.

Von Cuzco aus erstreckte sich ein für die antike Welt beispielloses Kommunikationssystem, vergleichbar vielleicht mit dem der Römer, über nahezu 40000 Kilometer in alle Richtungen, nach Quito in Ecuador und im Süden bis nach Chile und Argentinien. Es war das größte aller politischen Gemeinwesen im präkolumbianischen Amerika. Aber durch die Unterschiede in Klima und Landesnatur brachte die Ausdehnung des Reiches Probleme mit sich. Vom Historiker Jean Descola »ein Land mit drei Gesichtern« genannt, ist Peru zum Teil Küstenlandschaft (Wüste und Feuer), zum Teil gebirgig (Luft und Himmel) und zum Teil Dschungel (Urwald und Flüsse). Das Land zwischen Küste und Hochland war mal fruchtbare Oase, mal unfruchtbare Wüste. Einige Landesteile boten sich zum Anbau von Baumwolle und Getreide an, andere waren die Heimat der Kartoffel, Perus Geschenk an Europa. Und im Hochland pflegte Peru die einzige Viehzucht Amerikas: Lamas, Guanacos und Alpakas waren die ständigen Begleiter des Hochlandindianers – fast schon wie die Musik der *Quena*, der melancholischen Flöte der Anden.

Dieses so immens buntscheckige Land zu einigen und zu regieren erforderte enorme staatsmännische Fähigkeiten und eine überaus tatkräftige Organisation. Das alte Peru hatte beides. Der riesige Verwaltungsapparat wurde streng kontrolliert, der Kaiser selbst reiste auf seinen Straßen überallhin, wobei ihm Geheimagenten vorauseilten oder folgten. Er überprüfte die Verhältnisse, befahl Umsiedlungen, um neueroberte Gebiete einzugemeinden, oder militärische Einsätze, um Rebellionen zu unterdrücken. Aber wie im alten Mexiko waren Verwaltung und Heer letzten Endes nur Arme einer theokratischen Herrschaft, in der die Religion dem Reich die eigentliche Legitimation gab. Diese Religion, ganz im Gegensatz zur arbeits- und entsagungsreichen, nüchtern fachmännischen Organisation der Gesellschaft, war eine Religion des Mythos, der Magie und der Metamorphose.

Vielleicht wurde das größte Geheimnis der indianischen Kulturen erst in unseren Tagen entdeckt, dank des Flugzeugs, denn nur aus der Luft kann das menschliche Auge die Linien von Nazca sehen, ein riesiges geometrisches Muster mit einer mysteriösen Nachricht aus den Tiefen der Zeit. Diese Linien, eingezeichnet in die Täler seiner südlichen Landesteile, sind eine geheimnisvolle Kurzschrift über Leben und Tod im alten Peru – wie die Schicksalslinien der menschlichen Hand verschleiern sie die Wahrheit derer, die sie gezeichnet haben. Und doch reizt uns das Rätsel von Nazca, die Logik hinter dieser Kultur zu finden, die auf Magie und kosmologischer Vision beruhte, dabei aber gleichzeitig mit soviel Präzision und Erfolg eine neue Struktur für das Zusammenleben in einer Gesellschaft entwerfen konnte.

Die Frage des Bodens war von allergrößter Bedeutung. Grundsätzlich war er aufgeteilt in Ländereien der Sonne, die von allen und für alle bewirtschaftet wurden, und in die des Inka, die dazu dienten, König und Staat zu unterhalten. In der Theorie jedoch war alles Land Eigentum des Staates, der es zum Gebrauch an die Gemeinden abtrat. Diese gründeten sich auf eine Einheit, *ayllu* genannt, einen Clan, der durch Blutsbande verbunden und wie eine Zelle organisiert war, stärker als die Familie (oder das Individuum), um gemeinsam eine weite, fruchtbare, aber feindselige Umwelt auszubeuten. Von einem Inka-Sozialismus zu reden ist interessant, aber womöglich doch irrelevant in bezug auf eine Wirtschaft ohne Geld, dafür aber elitär in ihrer Struktur. Mit dem Inka an der Spitze standen die oberen Kasten der mit Ohrringen geschmückten Aristokraten (*Orejones* oder Großohren, wie die Spanier sagten) und die *Curacas* oder Provinzhäuptlinge den nachgeordneten Familienorganisationen vor: auf der untersten Ebene in Gruppen von zehn Familien mit je einem Häuptling und an der Spitze in Organisationen von vierzigtausend Familien, regiert von einem Gouverneur. Doch ein einzelner, der sich ausgezeichnet hatte, konnte in einen höheren Rang aufgenommen werden, und Privateigentum gab es als Belohnung für besondere

Verdienste, wobei individuelle Vermögen sich im allgemeinen wieder auflösten, weil in der Generationenfolge das Land zwischen den Nachkommen aufgeteilt wurde.

Der Tod der jungen indianischen Zivilisationen Amerikas war ein Verlust für den ganzen Westen, da sie, besonders im Falle Perus, keine barbarischen, heidnischen Nationen waren, sondern aufstrebende Gesellschaften, von denen das Europa der Renaissance vieles hätte lernen können. Die Alte Welt rang schließlich ebenfalls um neue Formen des sozialen Zusammenlebens und projizierte viele ihrer besonders idealistischen Vorstellungen auf die Neue Welt. Aus dem Widerstreit der Illusionen zwischen einem Utopia und der Wirklichkeit der Eroberungen entwickelte sich seit Anbeginn unserer postindianischen Existenz ein neues Spannungsverhältnis. Die nackten Fakten der Eroberung fanden eine Antwort in einer weit geheimeren, nur in Andeutungen erkennbaren Gegeneroberung. Sowohl die besiegten indianischen Völker als auch die Mestizen, zu denen später noch die afrikanischen Neuankömmlinge in der Neuen Welt kamen, leiteten einen Prozeß zur Überwindung der Eroberer ein und unterstützten damit den Aufstieg zu einer eigenständig amerikanischen, vielrassigen und multikulturellen Gesellschaft.

Unter dem Zeichen von Utopia

Die Renaissance hatte allen Europäern die politischen Möglichkeiten einer christlichen Gemeinschaft und damit auch das Thema einer Stadt für den Menschen neu eröffnet, das im Mittelalter überschattet worden war von der Bedeutung, die man der Stadt Gottes zumaß. Der Renaissance-Mensch stellte die Frage, wie die menschliche Gesellschaft organisiert werden sollte. Gab es einen Ort, an dem sich der göttliche und der menschliche Plan in Harmonie treffen konnten? Thomas Morus, der Autor von *Utopia* (1516), sagte bereits im Titel seines Werks, daß es einen solchen Ort nicht gibt: *U topos* bedeutet *nirgendwo*. Aber die europäische Vorstellungskraft entgegnete prompt, es gibt ihn, diesen Ort. Es ist Amerika.

Amerika, sagt der mexikanische Historiker Edmundo O'Gorman, wurde nicht entdeckt, es wurde erfunden, von europäischer Phantasie und Sehnsucht, weil es gebraucht wurde. Es *muß* einen glücklichen Ort geben, ein wiedererstandenes Goldenes Zeitalter, wo der Mensch im Einklang mit den Gesetzen der Natur lebt. In seinen Briefen an Königin Isabella beschrieb Kolumbus ein irdisches Paradies. Freilich glaubte er noch, daß er die altertümliche Welt von Cathay und Cipango gefunden hatte, die Reiche von China und Japan. Amerigo Vespucci, der florentinische Entdekkungsreisende, war dann schließlich der erste Europäer, der feststellte, daß unser Kontinent in Wahrheit eine Neue Welt war. Wir tragen seinen Namen zu Recht. Er war es, der Utopia fest in Amerika verwurzelte. Utopia ist kein Niemandsland, es ist eine Gesellschaft, und ihre Mitglieder leben in Gemeinschaft und verachten alles Gold. »Die Menschen leben in Übereinstimmung mit der Natur«, schrieb Vespucci in seinem *Novus Mundus* von 1503. »Sie haben kein Eigentum, statt dessen besitzt man alle Dinge in Gemeinschaft.« Und wenn sie kein Eigentum haben, brauchen sie auch keine Regierung. »Sie leben ohne König und ohne irgendeine Form von Autorität, und jeder ist sein eigener Herr«, schloß er und bestätigte damit für sein Renaissance-Publikum das perfekte anarchistische Utopia der Neuen Welt.

Von diesem Augenblick an sollten die utopischen Visionen im Europa der Renaissance durch die Entdeckungen in Amerika bestätigt werden. »*O brave new world, that hast such people in't!*« »O wackere Neue Welt, die du solche Bürger trägst!« rief Shakespeare im *Sturm* aus. Montaigne in Frankreich teilte seine Empfindung. »Die Menschen der Neuen Welt«, schrieb er, »leben, wie man sagt, unter der süßen Freiheit der allerersten, unverdorbenen Gesetze der Natur.« Wie ein Echo klingt es beim ersten Chronisten von Kolumbus' Expedition, Pedro Mártir de Anghera, daß »sie nackt herumgehen ... und in einem Goldenen Zeitalter leben, einfach und unschuldig, ohne Gesetze, Streitigkeiten oder Geld, und zufrieden sind in der Übereinstimmung mit der Natur ...« Und der erste Chronist Brasiliens, Pedro Vaz de Caminha, schrieb im Jahre 1500 an den König von Portugal: »Sire, selbst die Unschuld Adams war nicht größer als die dieser Menschen.«

Und am Sonntag vor Weihnachten des Jahres 1511 stieg der Dominikanermönch Antonio de Montesinos auf die Kanzel einer Kirche auf der Insel Hispaniola und schlug auf seine schockierten spanischen Pfarrkinder mit den Worten ein: »Sagt mir, mit welchem Recht haltet ihr diese Indianer in so grausamer Knechtschaft? ... Ihr versündigt euch tödlich durch die Grausamkeit und Tyrannei, die ihr diesen unschuldigen Menschen zuteil werden laßt ... Sind es denn keine Menschen? Haben sie keine vernunftbegabten Seelen?«

Tatsächlich leugneten viele Kolonisatoren und ihre antiutopischen Verteidiger in Europa, daß die von den Ureinwohnern abstammenden Männer und Frauen Amerikas eine Seele hätten oder überhaupt menschliche Wesen wären. In vorderster Front fand sich dabei der spanische Humanist und Übersetzer der Schriften des Aristoteles, Juan Ginés de Sepúlveda, der im Jahre 1547 (das heißt, als die Völker von Mexiko und Peru von den Europäern bereits unterjocht waren) den Indianern ganz einfach jegliche wahre Menschlichkeit absprach und den Spaniern jedes Recht der Welt gab, sie zu unterwerfen: »Es geschieht mit vollem Recht, daß die Spanier diese Barbaren der Neuen Welt beherrschen ... Sie sind den Spaniern an Klugheit, Intelligenz, Tugend und Menschlichkeit so unterlegen, wie Kinder es Erwachsenen und Frauen Männern gegenüber sind, so sehr, daß ich versucht bin zu sagen, daß zwischen uns und ihnen ein so großer Unterschied besteht wie zwischen ... Affen und Menschen.« Er kam zu dem Schluß, daß »diesen Barbaren nichts Gesünderes hat geschehen können, als dem Reich jener [der Spanier] unterworfen zu werden, deren Klugheit, Tugend und Religion sie, die es kaum verdienen, als menschliche Wesen bezeichnet zu werden, zu zivilisierten Menschen bekehren werden, soweit das überhaupt möglich ist«. Dank der spanischen Eroberung würden die Indianer sich von »Gottlosen« und »Dienern des Teufels« zu »christlichen Anbetern des wahren Gottes« bekehren.

In der Geschichte Spanisch-Amerikas hat der Traum vom Paradies und vom edlen Wilden der Wirklichkeit von Kolonisierung und Zwangsarbeit immer gegenübergestanden. Trotz aller Verleugnungen hat die Illusion der Renaissance überdauert, und sie wurde eine Konstante unseres Denkens und Sehnens. Als Utopia wurden wir gegründet, und Utopia ist unsere Bestimmung.

Allerdings waren die neuentdeckten Länder keine wirkliche Quelle idealer Gesellschaftsformen, dafür aber Schatzkammern unerschöpflichen Reichtums. Kolumbus bestand auf dem Überfluß an Hölzern, Perlen und Gold. So lag die Schlußfolgerung nahe, daß die Neue Welt *nur* Natur war. Es war ein unhistorisches Utopia, dem Zivilisation und Menschlichkeit fehlten, was natürlich sofort die Frage herausfordert, ob den amerikanischen Indianern von den Europäern denn wirklich Glauben und Zivilisation vermittelt werden mußten. Und dann, ob die amerikanischen Indianer die Neue Welt nicht erst buchstäblich in die Stadt des Goldes verwandeln mußten, indem sie in den Bergwerken und auf den Feldern dieser Länder schufteten, die von den Spaniern mit dem Recht der Eroberer als ihr gesetzmäßiger Besitz betrachtet wurden. Die harte Arbeit, europäische Krankheiten und der bloße Kulturschock löschten die indianische Bevölkerung der Karibik aus. Verschiedene Schätzungen beziffern die indianische Bevölkerung in Zentral-Mexiko für den Vorabend der Eroberung auf 25 Millionen; kaum die Hälfte davon existierte noch fünfzig Jahre später, »und sie sank ab auf knapp über eine Million im Jahre 1605«, wie es bei Barbara und Stanley Stein in *The Colonial Heritage of Latin America* heißt.

Vom Paradies auf Erden war Amerika schnell zu einem feindseligen Kontinent geworden. Diese Feindseligkeit entwickelte sich auf mehreren zusammenhängenden Ebenen. Sie hatte zu tun mit der Behandlung der Eroberten durch die Eroberer; mit deren angemaßter Macht in der Neuen Welt und schließlich mit den widersprüchlichen Ansprüchen der Krone.

Der Fürst, den es niemals gab

Aus dem Verhältnis zwischen der spanischen Krone und den Entdeckern und Eroberern erwuchs einer der großen Konflikte der Schönen Neuen Welt. Dieser Konflikt hatte zu tun mit der Zuteilung von Land und Arbeitskräften und also mit der Gewährung politischer Macht. Er ist auch heute noch von Bedeutung, und sei es nur im Hinblick auf die Eigentumsrechte an den Reichtümern Spanisch-Amerikas. Wie und unter wem soll dieser Reichtum verteilt werden? Sind die bestehenden Besitzverhältnisse gerechtfertigt? Dieser Kampf wird noch immer ausgefochten, von Mexiko und Nicaragua bis nach Peru und Argentinien.

Im 16. Jahrhundert stand die spanische Monarchie vor einem schwierigen Dilemma. Im eigenen Land hatte die vereinigte, zentrale Regierung zwar die Opposition des niederen Feudaladels überwunden, doch mußte sie sich nun den aufsteigenden unabhängigen Städten mit ihren demokratischen Forderungen stellen. Nachdem sie die Entwicklung hin zu einem zentralistischen Spanien in Gang gebracht hatte, sah sich die Krone jetzt in der Neuen Welt mit eben diesem Dilemma erneut konfrontiert. Vielleicht wollten die Konquistadoren private Feudalherrschaften begründen, vielleicht empfanden sie als Menschen aus dem Mittelstand aber auch ein Bedürfnis nach demokratischer Selbstregierung. Die Krone war nicht gewillt, die eine oder die andere Entwicklung – Feudalismus oder Demokratie – in Amerika zuzulassen.

Die Konquistadoren machten sich kaum Gedanken über eine gerechte Verteilung, als sie die Neue Welt übernahmen. Sie hatten sie erobert, sie waren die einzige Macht. Sie konnten Land und Arbeitskräfte vereinnahmen, wie sie wollten. Wer konnte sie aufhalten? Die Herrschaft, die sie errichteten, wurde ausgeübt durch die *Encomienda,* ein System, welches das Land den Konquistadoren zuschlug und die Indianer zu Diensten und Tributzahlungen zwang, als Gegenleistung für Schutz und Rettung ihrer Seelen durch religiöse Unterweisung. Tatsächlich handelte es sich um eine verschleierte Form der Sklaverei.

Hernán Cortés, der eine kleine Encomienda in Kuba besaß, beobachtete aus nächster Nähe das demographische und darüber hinaus wirtschaftliche Desaster dieser Kolonialpraktiken. Zunächst wollte er Mexiko eine Wiederholung dieser Erfahrung ersparen, aber dann wurde er beschuldigt, den Besiegten gegenüber zu weich zu sein, und zudem hatten seine Männer das Gefühl, daß sie für ihre Tapferkeit mit Land und Indianern belohnt werden sollten. Als Fürsprecher seiner Soldaten machte Cortés dann sogar den Fehler, gegenüber Karl V. zugunsten des Encomienda-Systems zu plädieren. Das allerdings geschah zu einem sehr ungünstigen Zeitpunkt und erwies sich als der Ruin des Konquistadoren. In seiner Antwort verbot Karl sämtliche Encomiendas. Er muß sich ein sehr ungünstiges Bild von Cortés als einem reichlich separatistischen Satrapen in der Neuen Welt gemacht haben.

Cortés verschlimmerte sein Ungeschick noch, als er Tenochtitlán, das heutige Mexico City, im Jahre 1525 verließ und eine Expedition nach Honduras unternahm, die sich als ein sehr kostspieliges, langwieriges und nutzloses Abenteuer erweisen sollte. Honduras bedeutet im Spanischen »tiefe Wasser«, von dorther stammt auch die Redeweise: *No te metas en Honduras* – Begib dich nicht nach / in *Honduras*. Eine andere Redewendung, die im Spanischen ständig gebraucht wird, lautet: *Entre abogados te veas* – mögest du von Anwälten umgeben sein, was fast klingt wie ein Zigeunerfluch, und Cortés muß sich verflucht gefühlt haben, als er aus Honduras zurückkam und sah, daß Mexico City neuerlich erobert worden war: von den Männern in Schwarz, den königlich-spanischen Bürokraten, die mit Pergamenten und Federkielen wedelten. Zwei Beamte des Schatzamtes, Chirinos und Salazar, übernahmen die Regierung und leiteten ein Verfahren gegen den Konquistadoren ein. Die Anklagen gegen ihn durchliefen die ganze Skala vom Diebstahl der Schätze Moctezumas bis zur Verteidigung der indianischen Aristokratie und ihrer Bewahrung vor Zwangsarbeit. Weiter wurde Cortés die Erdrosselung seiner Ehefrau Catalina Juárez zur Last gelegt – die er aus Kuba hatte kommen lassen, nachdem er La Malinche verstoßen und einem seiner Soldaten geschenkt hatte –, ebenso die Finanzierung und Leitung der verheerenden Expedition nach Honduras und die Ermordung seines Rivalen um das Gouverneursamt mit vergiftetem Käse.

Hernán Cortés, der Sieger und schließlich das Opfer der Eroberung Mexikos, wurde verurteilt, erniedrigt und zurück nach Spanien verfrachtet. Zwar verblieb ihm der Trostpreis eines Titels, doch das Gouverneursamt geriet in die Hände eines mittelmäßigen Staatsbeamten, und Cortés, eine der großen Gestalten der europäischen Renaissance, wurde in die Armseligkeit verstoßen. Seine wiederholten Bittschriften um Anerkennung und

Geld langweilten den Hof und die Bürokratie schließlich. Die indianischen Zwerge und Gummibälle, die er mitgebracht hatte, um die spanischen Aristokraten und königlichen Staatsräte in Erstaunen zu versetzen, verloren schon bald den Reiz der Neuheit, seine Appelle an »Seine Allerheiligste, Kaiserliche und Katholische Majestät« Karl V. waren überaus pathetisch. Cortés trug seinen Fall vor: Er hatte seine Jugend in fernen Ländern und unter Waffen verbracht, wo er schlecht geschlafen (so schrieb er dem König) und noch schlechter gegessen hatte. Er hatte Karl eine Nation erobert, neunmal so groß wie Spanien, hatte sie ohne Hilfe der Krone gewonnen, ja, war eher noch daran gehindert worden »von Blutegeln, die man besser nicht beim Namen nennt«. Er schilderte sich selbst als alt und arm, sein Besitz sei gepfändet, seine Diener verklagten ihn wegen überfälliger Lohnzahlungen, und seine Schneider präsentierten alte Rechnungen. Mit dreiundsechzig wollte er sich nicht länger in spanischen Schenken herumtreiben, sondern »die Früchte meiner Arbeit empfangen und nach Mexiko zurückkehren, sobald mir Gerechtigkeit widerfahren ist«.

Dabei ging es Cortés nicht schlechter als anderen. Er war nicht in Ketten nach Spanien zurückgeschickt worden wie Christoph Kolumbus. Und auch nicht wegen Ungehorsam der Krone gegenüber öffentlich hingerichtet worden wie Gonzalo Pizarro in Peru. Und wiewohl er nicht von seinen spanischen Kampfgefährten vergiftet worden war wie Diego de Ordás, einer von seinen früheren Hauptleuten bei der Erkundung des Orinoco, so machte er es sich auch nicht einfach bequem und akzeptierte einen zweitklassigen Status wie Gonzalo Jiménez de Quesada, ein wahrhafter Cincinnatus der Eroberung, der nach der Niederwerfung der Chibcha-Indianer im heutigen Kolumbien auf der Suche nach El Dorado davonwanderte und sich schließlich auf seinen Landsitz zurückzog. Und natürlich hatte Cortés (wie auch alle anderen Konquistadoren) niemals den Weg schierer Torheit eingeschlagen wie Lope de Aguirre, der sich im Jahre 1560 einer Expedition nach El Dorado anschloß, deren Anführer ermordete, gegen den König von Spanien rebellierte und versuchte, sich sein eigenes Königreich an der Quelle des Amazonas einzurichten. Aguirre tötete jeden, der sich seinem Wahn entgegenzustellen schien, von den Priestern, die ihn begleiteten, bis zu seiner eigenen Tochter.

Die letzte große Demütigung von Cortés und der Kummer, an dem er zerbrach, widerfuhren ihm 1541, als ihm die Expedition gegen die Mauren in Algier nicht anvertraut wurde. Es scheint pervers, daß man Cortés schließlich, nachdem sein Geist gefügig gemacht worden war, ein ausgedehntes, aber buntscheckiges Gebiet als Lehen gab, das über große Entfernungen zwischen Cuernavaca und Oaxaca verstreut lag, wobei ihm allerdings Antequera, die Hauptstadt seiner Domäne im südlichen Mexiko, vorenthalten blieb. Endlich war er reich; und er war der Marquis des Tales von Oaxaca. Aber man hatte ihm den Ruhm genommen, von dem er glaubte, daß er ihm zustand. Die Träume vom Ruhm in den Herzen der fünfhundert rauhen und ehrgeizigen Krieger, die mit ihm von Veracruz zum goldenen Thron Moctezumas marschiert waren, müssen ihm in der Tat als weit entfernte Vergangenheit erschienen sein.

Gleichwohl wird Hernán Cortés nicht nur wegen seiner militärischen Taten für eine einzigartige Gestalt der Renaissance gehalten. Er war eine typische machiavellistische Persönlichkeit, ohne es jedoch zu wissen. Machiavelli war in der Tat der ältere Bruder der Konquistadoren der Neuen Welt. Denn was ist *Il Principe*, »Der Fürst«, anderes als ein Handbuch für die neuen Männer der Renaissance, die *homines novi*, die auszogen, durch Willenskraft, der Vorsehung zum Trotz, frei von übertriebenen Verpflichtungen gegenüber ererbten Privilegien, Adel oder Geburt ihr eigenes Geschick neu zu schaffen? Der Fürst erobert sein Königreich in dieser Welt, die Herrschaft über das, was *ist*, die Verneinung von Utopia. Aber Cortés war der Fürst, den es nie gab.

Letztlich trugen weder Schicksalsglaube (Moctezuma) noch Willenskraft (Cortés) den Sieg davon. Krone und Kirche, königlicher Absolutismus und katholischer Glaube bezwangen den Besiegten wie den Sieger und setzten an die Stelle der vertikalen aztekischen Machtstruktur die ebenso vertikale Machtstruktur der spanischen Habsburger. Die Spanisch-Amerikaner von heute sind Abkömmlinge beider Vertikalen, und unser verbissener Kampf um Demokratie ist deshalb um so schwieriger und vielleicht auch um so bewunderungswürdiger. Doch müssen wir verstehen, daß die Eroberung der Neuen Welt eine dynamische Fortsetzung der Reconquista Spaniens an den Mauren war. Die Konquistadoren entsprangen dieser Dynamik, gleichzeitig aber auch einem modernen Individualismus vom Zuschnitt Machiavellis, der im Europa der Renaissance weit verbreitet war. Sie waren *Arrivistes*, Aufsteiger, Männer auf dem Weg zum Erfolg. Sie stammten aus allen Lebensbereichen. Einige waren Arbeiter, andere von niederem Adel. Meist jedoch kamen sie aus den aufsteigenden Mittelklassen.

Dennoch förderten sie in der Neuen Welt nicht das Ideal demokratischer Gemeinschaften, das viele ihrer Vorväter im Mittelalter noch verteidigt hatten. Sie hätten sich entscheiden können, wie es die *homines novi* Englands und Frankreichs taten, ihre Ansprüche auf persönlichen Ehrgeiz und gesellschaftlichen Aufstieg an eine konstitutionelle Ordnung zu binden. Nach dem Sieg über die Indianer hätten sie dann vielleicht auch die Krone besiegt. Sie hätten zu Vätern ihrer eigenen politischen Demokratie werden können, wie später die Siedler in Neuengland. Aber die Konquistadoren wählten einen anderen Weg (konnten womöglich auch nicht anders): Vor die Wahl zwischen demokratischem und feudalem Individualismus gestellt, wählten sie letzteren. So opferten sie ihre individualistische Tugend und ihren bürgerlichen Charakter der schemenhaften Vision einer Macht, die ihre Vorfahren in Spanien niemals hatten. Sie wollten Hidalgos sein, Herren von Besitz. Ein Hidalgo zu sein heißt, nicht arbeiten zu müssen, andere statt dessen für sich arbeiten zu lassen. Es heißt, im Krieg Ruhm zu gewinnen und eine Belohnung in Form von Menschen und Land.

Der Anspruch auf Land als Belohnung für Kriegsdienste war eine der Grundlagen der wirtschaftlichen Macht in Spanisch-Amerika, wie sie es auch im Spanien des Mittelalters gewesen war. Die Konquistadoren strebten nach eigenständiger Feudalmacht, doch die Krone, die eine weitreichende, absolute Befehlsgewalt wollte, verhinderte das. Die riesigen Entfernungen und das Erfordernis örtlicher Regierungsgewalt überließen den Eroberern und ihren Nachkommen einen fairen Anteil an unmittelbarer Kontrolle, aber welchen Kompromiß die Krone und die Siedler schließlich auch erreichen sollten, am Anfang stand eine gewaltige Debatte über die Natur der Indianer und die Grenzen der Herrschaft über die Neue Welt.

»Las Indias werden zerstört!«

Das war der Aufschrei von Pater Bartolomé de Las Casas, als er an die Weihnachtspredigt von Pater Montesinos erinnerte, der 1511 über die Indianer gesprochen und dabei die Frage gestellt hatte: »Sind es denn keine Menschen? Haben sie keine vernunftbegabten Seelen?« Die Predigt von Montesinos »war der erste Ruf nach Gerechtigkeit in Amerika«, schrieb der moderne dominikanische Schriftsteller Pedro Henríquez Ureña.

Bartolomé de Las Casas war selbst Sklavenhalter in Kuba gewesen, bevor er seinen Besitz aufgab und im Jahre 1524 Dominikaner wurde, um die Konquistadoren wegen »endloser Verbrechen und Vergehen gegen die Indianer, die Untertanen des Königs waren«, anzuklagen. Fünfzig Jahre lang, von dem Augenblick, in dem er 1515 seine Encomienda aufgab, bis zu seinem Tod im Jahre 1566, prangerte Pater Las Casas die »Zerstörung der indischen Länder« durch die Konquistadoren an und beschuldigte diese »der Delikte und Straftaten, die sie den Königen von Kastilien antun, indem sie ihre Königreiche … in Indien zerstören«. Er ging sogar so weit, die Indianer zu preisen wegen der Religiosität, die sie zeigten, auch wenn sie Heiden waren. Waren nicht die Griechen, die Römer und die Hebräer einst ebenfalls Götzenanbeter gewesen? Und hatte ihre heidnische Religiosität sie aus der menschlichen Gemeinschaft ausgeschlossen oder sie nicht vielmehr einer Bekehrung geneigt gemacht?

Las Casas leugnete das Recht auf Eroberung, vor allem aber die Institution der Encomienda, die er für »ungerechter und grausamer als Pharaos Unterdrückung der Juden« hielt, da sie »sowohl Herren wie auch Untertanen ihrer Freiheit und ihres Lebens« beraubte. Diese modernen Ideen zum Verhältnis von Herr und Sklave fanden, gemeinsam mit den wichtigsten Forderungen von Las Casas, Eingang in die *Leyes Nuevas de las Indias*, die neuen

Kolonialgesetze von 1542. Die Encomienda wurde gesetzlich abgeschafft, bestand aber weiter hinter der Fassade der *Repartimientos*, provisorischer Zuweisungen indianischer Arbeitskräfte, als dauerhaft wirksamer Faktor im tatsächlichen Wirtschaftssystem der Neuen Welt. Die Krone kämpfte unablässig dagegen an, tauschte alte Verwaltungssysteme und königliche Kontrollmechanismen gegen neue aus und verweigerte den Konquistadoren und ihren Nachkommen Eigentumsrechte an ihren Ländereien und verzögerte endlos alle Entscheidungen, die ihnen Feudalherrschaft, Adelstitel oder Erbrechte gewährt hätten.

Mit allem schuldigen Respekt vor Pater Bartolomé de Las Casas könnte man sagen, daß er das nützlichste Werkzeug der Krone war, indem er feudale Ansprüche angriff, um humanitäre Werte zu verteidigen. Eine abschließende Analyse ergibt allerdings, daß dieser Streit der tatsächlichen Macht der Konquistadoren großen Spielraum ließ, während er zugleich wichtige Ansprüche des spanischen Königshauses wahrte. Die Krone ließ die Konquistadoren und ihre Nachkommen dem Recht nach als Usurpatoren erscheinen. Aber die *Leyes Nuevas,* die Gesetze über die Kolonien, so sagte man, glichen einem Spinnennetz, das nur die kleinen Verbrecher fing und die großen ungeschoren davonkommen ließ.

Viele Zeugnisse aus dem 16. Jahrhundert beschreiben die tatsächliche Brutalität der Encomienda und ihrer noch härteren Form, der Arbeit im Bergwerk (*la mita*). In seinen wunderbaren Zeichnungen vom Leben in Peru vor und nach der Eroberung entwarf Guzmán Poma de Ayala, ein Nachkomme des Inka-Adels, ein Bild von der absoluten Straflosigkeit für den *Encomendero* und seine Kumpane. Die Federzeichnungen von Theodor de Brie, die den damaligen Bestseller *Brevísima relación de la destrucción de las Indias* von Pater de Las Casas begleiteten, begründeten die sogenannte schwarze Legende eines brutalen, blutrünstigen und sadistischen Spanien, das folterte und tötete, wohin es auch kam – in stillschweigendem Gegensatz, ohne Zweifel, zu den lilienweißen Kolonialisten aus Frankreich, England und den Niederlanden. Doch selbst wenn letztere ihre eigenen Grausamkeiten und Unmenschlichkeiten fromm verschleierten, taten sie doch niemals, was Spanien zuließ. Die Auseinandersetzung über die Natur der unterworfenen Völker und das Recht der Eroberung erhitzte die hispanische Welt für ein volles Jahrhundert und entwickelte sich zur ersten ausgedehnten modernen Debatte über Menschenrechte. Das war kaum etwas, womit sich die anderen Kolonialmächte abgaben.

Es gab sogar humoristische Fußnoten in dieser Debatte, von indianischer wie von spanischer Seite. Während der Eroberung Chiles wurde der araukanische Häuptling Caupolicán von den Konquistadoren gepfählt, und noch im Sterben sagte er: »Ich wollte, ich hätte Spanien überfallen und erobert.« Die gleiche Idee formulierte auf der anderen Seite des Atlantiks ein Verteidiger der Menschenrechte, der ebenso bedeutend war wie Las Casas, Pater Francisco de Vitoria. Der Jesuit, der im Jahre 1539 in Salamanca lehrte, fragte seine Studenten, ob es ihnen gefallen würde, wenn Spanier in Spanien von Indianern so behandelt würden, wie die Spanier die Indianer in Amerika behandelten. Entdeckung und Eroberung, fügte er hinzu, gäben Spanien nicht mehr Recht auf amerikanischem Territorium, als den Indianern zustünde, wenn sie Spanien entdeckt und erobert hätten. Kein Zweifel, das gleiche hätte man über die englische Kolonisation von Nordamerika sagen können. Pater Vitoria tat in seinen Büchern und Vorlesungen etwas, was auf eine Internationalisierung des Problems kolonialer Machtausübung und der Menschenrechte der unterworfenen Völker hinauslief. Er versuchte, Regeln aufzustellen, welche die koloniale Macht durch internationales Recht einschränken sollten, damals *jus gentium* oder das Recht der Völker genannt. Seine Nemesis war der schon erwähnte Juan Ginés de Sepúlveda, der die Indianer des Kannibalismus und der Menschenopfer bezichtigte und von einer Gesellschaft sprach, die sich nicht allzu sehr von einem Ameisenhaufen unterschied. Da die Indianer sich in einem vorgesellschaftlichen, unterentwickelten Zustand befanden, konnten sie legitimerweise von »zivilen Menschen« aus Europa unterworfen werden, wobei ihre sämtlichen Güter zivilisierten Zwecken zuzuführen waren, argumentierte Sepúlveda. Aber hatten die Spanier, so gab Vitoria sofort zurück, sich nicht verschiedener Verbrechen gegen die Natur schuldig gemacht? Waren sie nicht wie alle europäischen Nationen verantwortlich für Akte der Zerstörung und des Krieges? Wenn das so war, hatte keiner das moralische Recht zur Unterwerfung der Indianer.

Während diese Debatte in Spanien eindringlich geführt wurde, versuchten in Amerika viele Mönche, den indianischen Völkern Mitleid und Menschlichkeit entgegenzubringen. Der berühmteste unter ihnen war Vasco de Quiroga, der franziskanische Bischof von Michoacán im westlichen Mexiko, der um 1530 mit Thomas Morus' *Utopia* unter dem Arm in der Neuen Welt anlangte und sofort begann, den Tarasken die darin niedergelegten Regeln nahezubringen: gemeinschaftliches Eigentum, ein sechsstündiger Arbeitstag, das Verbot von Luxus, gewählte Familienmagistrate und die gleichmäßige Verteilung der Früchte der Arbeit. Quiroga, von den Tarasken bis zum heutigen Tag liebevoll *Tata Vasco*, Vater Vasco genannt, wurde angefeuert durch die Vision der Neuen Welt als Utopia, »da es nicht vergeblich war, sondern notwendig und begründet«, schrieb er, »daß diese Welt hier die Neue Welt genannt wurde, und darum ist sie neu, nicht weil sie neu entdeckt wurde, sondern weil sie in ihren Menschen und fast allem sonst dem ersten Goldenen Zeitalter verwandt ist, aus dem dank unserer bösartigen und gierigen Handlungen ein Zeitalter aus Eisen wurde und noch viel Schlimmeres«.

Als die spanischen Siedlungen sich ausbreiteten, leisteten die indianischen Bauern Widerstand, vermischten sich mit den Neuankömmlingen oder zogen sich zurück. Vasco de Quiroga versuchte, die spanischen kolonialen Interessen und die der Bauerngemeinschaften miteinander auszusöhnen, was auf der Ebene allgemeiner Gesetze auch gelang. Das Gemeinschaftseigentum der indianischen Dörfer wurde die gesamte Kolonialzeit über als solches anerkannt, bis im 19. Jahrhundert schließlich die liberalen Regierungen der Republik alle derartigen Überreste im Namen des individuellen Eigentums auflösten, was als Fortschritt galt. Dennoch rettete der Schutz der Krone viele indianische Gemeinschaften vor der Auslöschung, und Rebellen wie Emiliano Zapata in Mexiko erhoben sich im Namen der Rechte, die den indianischen Gemeinschaften von der spanischen Monarchie gewährt worden waren.

Im Laufe der Zeit wurde das ländliche Leben zunehmend bestimmt von einem Wettbewerb zwischen rein indianischen Dörfern und den neuen Gemeinden der Mestizen. Doch im Mittelpunkt des Arbeitslebens stand – und so blieb es bis in unsere Tage – die *Hacienda,* das große Landgut, das erfolgreich *Encomienda* und *Repartimiento* nachfolgte. Die Hacienda gründete sich auf eine dritte und dauerhafte Form der Arbeitsknechtschaft: *Peonaje,* Tagelöhnertum, und die Verschuldung, in die Arbeiter gerieten, die auf Lebenszeit galt und darüber hinaus auf die Nachkommen überging. Die Krone war nicht imstande, diese hinterhältige Form von Sklaverei unter Kontrolle zu bringen, und das Hacienda-System breitete sich stillschweigend und ohne öffentliches Aufsehen aus. In gewisser Weise fand es seine Legitimation durch die großen Güter in Spanien und im übrigen Europa. Anstatt auf die *Arbeit* lenkte die Hacienda die Aufmerksamkeit auf das *Land,* das gebraucht wurde, um die wachsende Zahl von Spaniern und Mestizen zu ernähren, während die indianische Bevölkerung dahinschwand. Und der nötige wirtschaftliche *Lebensraum* wurde gesichert durch direkte Inbesitznahme oder, etwas diskreter, durch »Landzuteilung, Kauf ... Landvermehrung, Zusammenschluß und wirtschaftlichen Wettbewerb«, wie Charles Gibson in *Spain in America* erklärt. »Land, das ursprünglich in relativ kleine Einheiten aufgeteilt worden war, wurde von kolonialen Spekulanten aufgekauft und oft wieder und wieder verkauft und weiterverkauft, bis sich auf der letzten Stufe schließlich riesige Landgüter gebildet hatten ... Die Grundstücksurkunden der meisten Haciendas waren umfängliche Aktenbündel, die zahlreiche kleine Besitztümer umfaßten.«

Diese Praxis hielt sich über die Jahrhunderte von den kolonialen bis zu den republikanischen Verwaltungen und bereitete zugleich den Boden für die internationale Rolle Lateinamerikas als Rohstofflieferant einerseits und Importeur von Kapital und Industrieerzeugnissen andererseits. Sie schuf auch den Bodensatz für die politische Korruption, auf der das ganze Wirtschaftssystem beruhte, und sie förderte die moralische Scheinheiligkeit, die es auch der Kirche erlaubte, ihre utopischen Visionen hinter sich zu lassen und zur Schaffung einer dauerhaften wirtschaftlichen und politischen Macht riesige Landgüter zu erwerben; dank der Akzentverschiebung, mit der die Hacienda die Aufmerksamkeit von der Arbeit weg auf das Land lenkte.

Als die Konquistadoren abtraten, versuchten ihre Nachkommen genau wie die spanischen Siedler, die über den Atlantik kamen, einerseits mit den humanitären Prinzipien der Indien-Gesetze und andererseits mit der Alltagswirklichkeit, die sie in diesen abgelegenen Gebieten vorfanden, so gut sie konnten, zurechtzukommen. Die Distanz der Krone zu ihren Kolonien verstärkte sich noch durch Spaniens ökonomischen Niedergang im 17. Jahrhundert. Als das Jahrhundert begann, steckte die Regierung Philipps III. in einer tiefen wirtschaftlichen Krise und stellte die Gehaltszahlungen an ihre Verwaltungsbeamten in den Kolonien ein, die daraufhin ihr Auskommen in dunklen Machenschaften und regelrechten Betrügereien fanden. Die örtlichen Beamten der Krone wurden zu Provinz-*Kaziken* und politischen Bossen. Sie entwickelten wirtschaftliche Monopole, indem sie sich mit örtlichen Kaufleuten zusammentaten, die dafür sorgten, daß die Beamten ihre Gehälter bekamen, während diese wiederum die Indianer dazu zwangen, Vorschüsse in bar anzunehmen und so ihre Ernten zu Festpreisen zu verpfänden. Wenn die Indianer ihrerseits mit ihren Zahlungen nicht nachkamen, wurde ihre Schuld der steigenden Last zugeschlagen, die sie bereits zu tragen hatten. Das ergibt ein hübsches Bild, das die ursprüngliche Korruption im privaten wie im öffentlichen Leben Lateinamerikas aufs genaueste widerspiegelt. Die Hauptfigur in diesem System, der *Corregidor,* der Steuereinnehmer, Magistrat und Verwaltungsbeamter war, leistete der Krone Lippendienste, steckte aber in Wahrheit mit den örtlichen Plantagenbesitzern und politischen Bossen unter einer Decke.

Kein Wunder also, daß die örtlichen Beamten die neuen, humanitären Gesetze aus Spanien schlicht auf den Kopf stellten und feierlich erklärten: »*La ley se obedece pero no se cumple*«, was heißt: »Das Gesetz wird zwar formal befolgt, aber praktisch nicht beachtet.« Die tiefe Kluft zwischen der *Legalität* des Landes, bewahrt in königlichen Gesetzen und den späteren republikanischen Verfassungen, und seiner *Realität,* die hinter der legalen Fassade schwärte, demoralisierte und korrumpierte das spanische Amerika von Anfang an.

Die legale Fassade konnte in der Tat nicht majestätischer, unserer römischen Tradition nicht besser angepaßt und auch nicht strikter sein in ihrer vertikalen Hierarchie.

An der Spitze der Regierung während der Kolonialzeit stand, natürlich, der König, der seine Herrschaft von Spanien aus ausübte. Von ihm abhängig, in absteigender Rangfolge, waren zunächst der *Consejo Real de las Indias*, der Indienrat, dann die Handelskammer und schließlich die örtlichen Autoritäten. Der Indienrat war direkt damit betraut, die Kolonien als Teil der *königlichen* Erblande und nicht als Erblande des spanischen Volkes zu regieren, denn Mexiko, Peru und Chile waren den Besitzungen des Königs zugeschlagen worden und nicht denen des Volkes. Eine Stufe darunter stand die *Casa de Contratación* in Sevilla, die Handelskammer, die den Handel zentralisierte und monopolisierte und vor allem autorisiert war, das Gold und das Silber der Amerikaner in Empfang zu nehmen. In Abhängigkeit von diesen übergeordneten Institutionen in Spanien gab es dann die örtlichen Autoritäten in den fernen Kolonien mit Vizekönigen und Generalkapitänen an der Spitze, alle in Spanien ernannt und unter ihnen Gouverneure, Leiter von Provinzdistrikten und Bürgermeister. Ganz unten schließlich, an der Basis dieser lastenden Konstruktion, gab es noch die Gemeinde, das Rathaus, die meist vergeblich um ein Mindestmaß an lokaler Gerechtigkeit kämpften.

Das ursprüngliche politische System in Spanisch-Amerika war also eine vertikale Autokratie, aus der Ferne durch paternalistische, nur selten befolgte Gesetze regiert, während auf lokaler Ebene praktische Vereinbarungen zwischen Landbesitzern und Kaziken die harte und oft ineffiziente Ausbeutung von Land und Arbeitskräften sicherten. Bezeichnenderweise stellte sich ein starker Eindruck von Kontinuität zwischen den vertikalen Strukturen des habsburgischen Spanien und denen der Azteken und der Inkas ein. Sogar die Auffassung, nach der der Staat der ursprüngliche Eigentümer des Landes war und blieb und privaten Interessen lediglich den erwirtschafteten Ertrag überließ, entsprach einer gemeinsamen Tradition der Indianerreiche und der spanischen Monarchie. Doch standen die gesetzlichen Vorgaben im Widerspruch zur täglichen politischen Praxis. Obwohl die Krone vielen ungehorsamen Kolonisatoren ihre langangestammten Rechte nahm und versuchte, ihre Macht ständig weiter einzuschränken und sie zu *Segundones*, Bürgern zweiter Klasse, herabzuwürdigen, organisierten sich die Kolonisatoren in Bereichen, in denen die Krone sie nicht antasten konnte, und entwickelten eine isolierte, ländliche Politik der Unterdrückung und Ausbeutung, die bis zum heutigen Tag fortdauert.

Ein Netzwerk von Städten

Außer den schäbigen Praktiken der realen Politik, hinter der majestätischen Fassade des Gesetzes, gab es noch andere Kräfte, die das neue Leben im kolonialen spanischen Amerika vorantrieben. In erster Linie waren es natürlich die Menschen. Die spanischen Eroberer und ihre Nachkommen. Einwanderer aus Europa. Mestizen, die Kinder von Spaniern und indianischen Frauen. Kreolen, als Abkömmlinge der Weißen, in Amerika geboren. Später Afrikaner und ihre mischblütigen Nachkommen. Und natürlich die Indianer selbst, die Besiegten.

Die ersten Konquistadoren, schrieb Cortés an Karl V., seien rauhe, ungebildete Leute von niederer Herkunft gewesen. Vielleicht gab Cortés ein bißchen an, indem er dem König seine Universitätszeugnisse zur Kenntnis brachte. Die Wahrheit aber war, daß nicht nur Tagelöhner und Stadtarbeiter an der Eroberung teilnahmen, sondern auch Männer von niederem Adel und Leute aus dem Mittelstand. Der Historiker Céspedes del Castillo sprach von einer breiteren Schicht von Einwanderern im 16. Jahrhundert. Zahlreiche Mönche, Priester und etliche tiefer stehende Hidalgos »gaben im allgemeinen den Ton an bei der Einwanderung«, schrieb Céspedes. »Kriegsleute waren zu Anfang zahlreicher als gegen Ende; so gut wie keine Aristokraten; viele Kaufleute, Bauern und Handwerker und Anwälte mit größerem Einfluß, als es ihrer Zahl entsprach.«

Gleichwohl verlief der Prozeß der Kolonisierung hochgradig selektiv. Juden, Mauren und Häretikern war es ausdrücklich verboten, den Atlantik zu überqueren. Obwohl es stimmt, daß die Konquistadoren im allgemeinen als Junggesellen reisten und sich freizügig erst mit indianischen und später dann mit schwarzen Frauen vermischten, gab es kein ausdrückliches Verbot der Emigration für Frauen, und tatsächlich spielten viele von ihnen in der Frühzeit der Kolonisierung eine bemerkenswerte Rolle. Die Frau von Pedro de los Ríos, einem Gouverneur in Panama, weigerte sich beispielsweise, nach Spanien zurückzukehren, als die Amtszeit ihres Mannes abgelaufen war. Sie zog es vor, in Panama zu bleiben, mit ihrem Vieh und ihrer großen Hoffnung, daß etwas von dem peruanischen Gold, das damals vom Pazifik zum Atlantik floß, den Weg zu ihr finden würde. Eine Frau mit Namen Inés Suárez, wie so viele der Eroberer in der Estremadura geboren, folgte den Spuren ihres Mannes nach Venezuela, wo sie ihn nicht finden konnte, und dann weiter nach Peru, nur um feststellen zu müssen, daß er gestorben war. Dort traf sie Pedro de Valdivia und begleitete ihn bei der Eroberung von Chile und der Gründung der südlichsten Hauptstadt der spanischen Neuen Welt, Santiago del Nuevo Extremo, deren Name an den streitbaren Apostel der Reconquista und an die Estremadura erinnern sollte, die gemeinsame Heimat von Inés und Pedro. Inés Suárez versorgte die Verwundeten und diente Valdivia treu als Leutnant und Geliebte, aber dann beugte sie sich dem Verdikt eines Priesters, der verlangte, daß sie ihn verließ, weil die Ehefrau des Konquistadoren aus Spanien gebracht wurde. Um Moral zu demonstrieren, vielleicht, wurde Valdivia von den Araukanern getötet, noch bevor Señora Valdivia eintraf. Ich weiß nicht, ob sich die beiden Witwen jemals getroffen haben.

Frauen spielten auch eine wichtige Rolle bei einer höchst dramatischen Städtegründung in Spanisch-Amerika, der von Buenos Aires. Aber Buenos Aires ist eine Stadt mit zwei Geschichten. Zweimal wurde sie an den Ufern des Rio de la Plata gegründet, zuerst im Jahre 1536 von Pedro de Mendoza, einem eitlen Höfling, der bereits 1527 ein Vermögen bei der Plünderung Roms durch die spanischen Truppen gemacht hatte. Nach Amerika kam er auf der Suche nach noch mehr Gold. Statt dessen fand er Fieber, Hunger und Tod. Die Indianer dieser südlichen Region waren arm und ohne Furcht vor Pferden und Musketen, und Nacht für Nacht griffen sie die spanischen Palisaden an. Der vielleicht einzige Trost für die Spanier war, daß so viele Frauen mit auf diese Expedition gekommen waren, einige von ihnen als Männer verkleidet. Sie hielten Wache. Sie schürten das Feuer. Und wie eine von ihnen schrieb: »Wir essen weniger als die Männer.« Aber bald war nichts mehr zu essen da, und wie bei jedem echten Goldrausch aßen die Spanier die Sohlen ihrer Stiefel. Gerüchteweise hieß es, daß sie sogar die eigenen Toten gegessen hätten. Mendoza selbst starb an Syphilis und wurde in den Fluß geworfen. Das einzige Gold, das man dort je zu sehen bekam, waren die Ringe an den Fingern des Entdeckers, als er unterging.

Buenos Aires brannte und wurde aufgegeben. So erwies sich die erste Gründung der Stadt als ein Desaster, das größte, das irgendeiner spanischen Stadt in Amerika je zustieß. Aber vierundvierzig Jahre später kam 1580 ein zupackender Administrator namens Juan de Garay von Asunción den Paraná-Fluß hinunter und gründete Buenos Aires ein zweites Mal. Diesmal wurde es im Schachbrettmuster angelegt und nicht als ein Zentrum für Goldsucher und Abenteurer geplant, sondern als eine Stadt der Ordnung, der harten Arbeit und des Wohlstands, was Buenos Aires letztlich dann auch wurde. Eine Hafenstadt, Absatzmarkt für den Handel mit Häuten und Vieh am fälschlich so genannten Rio de la Plata, dem Silberfluß, einem schlammigen Strom von der Farbe eines Löwenfells, wie der Dichter Leopoldo Lugones schrieb. Eine Stadt auf Sumpfland erbaut. Die große Abflußrinne der Silbermine von Potosí in den Atlantik.

Die zwei Gründungen von Buenos Aires veranschaulichen zwei Impulse der spanischen Kolonisierung der Neuen Welt. Einer davon fußte auf Phantasie, Illusion und Wunschvorstellung. Die Konquistadoren wurden nicht nur von der Gier nach Gold angetrieben – dem »Fieber Perus«, als das sie bekannt wurde –, sondern auch von Phantasie und Visionen, die mitunter sogar ein stärkeres Elixier waren. Als sie die eigenwillige Welt der Renaissance betraten, trugen diese Männer noch die Phantasien des Mittelalters in sich. Sie waren überzeugt, daß sie Wale mit Brüsten und Haie mit zwei Penissen gesehen hatten, außerdem fliegende Fische und Strände mit mehr Perlen als Sand. Wenn sie Sirenen zu erblicken glaubten, bemerkten sie trocken, daß die Seejungfrauen »nicht so hübsch sind, wie man immer über sie sagt«. Und ihre Suche nach den feurigen Kriegerinnen, von denen die Mythen erzählten, führte sie den ganzen Weg von Kalifornien, nach der Amazonenkönigin Calafia so benannt (oder vielleicht nach einer mythischen Insel), bis zur Quelle des größten Stroms in Südamerika. Hatten sie unrecht mit der Suche nach dem Jungbrunnen in Florida – La Florida, das Land der Blumen, daß Ponce de Léon erforschte? Auf ihrer Suche nach El Dorado zeigte ihnen der indianische Häuptling, der zweimal am Tag mit Gold bemalt wurde, den Weg nach Potosí, der größten Silbermine der Welt. Und die Suche nach den märchenhaften Sieben Städten von Cibola führte Francisco Vázques de Coronado auf seine dramatische Pilgerschaft durch Gegenden, die später Arizona, Texas und Neu-Mexiko wurden.

All diese Träumer haben ihre magischen Städte nie gefunden. Aber wie die zweite Gründung von Buenos Aires zeigte, waren sie dazu imstande, wirkliche Städte zu schaffen, wenn nicht aus Gold, so mit Menschen. Niemals seit den Zeiten der Römer hat eine andere Nation eine so erstaunliche Energie gezeigt wie Spanien beim Städtebau in der Neuen Welt. Die Entfernungen waren riesig und die Reichtümer gewaltig, als die Männer aus Spanien nördlich ins heutige Kalifornien und bis nach Oregon vorstießen und südlich bis zur äußersten Spitze des Kontinents, Tierra del Fuego, Feuerland. Und um die Entfernungen und Reichtümer zu beherrschen, mußten sie Städte gründen. Buchstäblich Hunderte von ihnen schossen auf der Strecke von San Francisco und Los Angeles bis nach Buenos Aires und Santiago de Chile aus dem Boden, und zwar keine bloßen Niederlassungen, sondern vornehme, dauerhafte urbane Zentren, die Spaniens Entschluß widerspiegelten, hierzubleiben »bis in alle Ewigkeit«.

Betrachtet man in Spanisch-Amerika allein Mexiko und Argentinien, so ist die Liste wahrhaft eindrucksvoll. In Mexiko folgte Stadt auf Stadt: Veracruz im Jahre 1519, Antequera (heute Oaxaca) 1521, Colima 1522, Taxco 1529, Culiacán am Pazifischen Ozean 1531, Puebla 1535, Guadalajara 1542, Querétaro im zentralen Tal 1550 und San Cristóbal (Las Casas) 1561. In Argentinien war das Tempo vergleichbar: Santiago del Estero im Jahre 1553,

Mendoza 1561 und San Juan ein Jahr darauf, Tucumán 1565, Salta und Corrientes in den achtziger Jahren, La Rioja und San Luis in den Neunzigern, Santa Fé 1609 und Córdoba 1617.

Manchmal waren es Hafenstädte, festungsgleich, am karibischen Meer wie auch am Pazifik: Acapulco, Havanna, Cartagena. Dazu kamen Hauptstädte in großem Maßstab wie Mexico City und Lima. In der Regel jedoch waren es solide Provinzstädte, gebaut nach dem städtebaulichen Muster der Renaissance, jede mit ihrem viereckigen zentralen Platz, mit Hauptkirche und Rathaus; die Plaza, die den Lebensrhythmus vorgab, auf der Verliebte flirten und alte Männer sich mit Domino und Klatsch die Zeit vertreiben können, auf der die Gesetze verkündet werden und die Revolutionen ihren Anfang nehmen. Oder es waren Minenstädte, die einfach den kapriziösen Windungen der Hügel folgten, aus denen Gold und Silber gewonnen wurden. In allen Fällen, wenn die Stadt einmal gegründet war, erhielt jeder, der sich darin ansiedelte, ein städtisches Grundstück oder *Solar*, aber auch ein Stück landwirtschaftlich nutzbaren Boden außerhalb der Mauern und Rechte an dem Land, das für den kommunalen Gebrauch reserviert war.

Das spanische Reich, sagt Francisco Romero, der argentinische Historiker, konsolidierte sich in einem Netzwerk von Städten, die das umliegende Land so gut wie möglich beherrschten. Doch schufen sich die Städte wie auch die ländlichen Gebiete ihre eigenen Machtzentren, entwickelten ihre jeweiligen Besonderheiten und durchkreuzten die Vision des homogenen Reichs, das man sich in Madrid ausgedacht hatte. Die Städte waren hispanisch, fügt Romero hinzu, in einem sehr formellen und legalistischen Sinn. Ihre Gründung war ein politischer Akt, mit dem das Land besetzt und das Recht der Eroberung verankert werden sollte. Aber keine Stadt konnte ohne gesetzliche Grundlage rechtmäßig sein, die Stadt mußte erst erdacht und gesetzlich beschlossen werden, bevor sie Wirklichkeit wurde. Die Rechtsformen römischer Tradition hatten der Realität vorauszugehen und sie zu dominieren. Erst das Gesetz schuf die Tatsache der Stadt, die dann spanische Macht nach ihren Vorstellungen ausübte und die indianische Bevölkerung unterdrückte.

Die Städte wurden auch zu Zentren einer neuen Kultur. Die erste Universität in der Neuen Welt wurde im Jahre 1538 in Santo Domingo gegründet, die Universitäten von Lima und Mexiko folgten 1551, lange vor der ersten Universität in Anglo-Amerika, dem Harvard College, gegründet im Jahre 1636. Die erste Drukkerpresse in Amerika wurde von dem italienischen Typographen Giovanni Paoli (Juan Pablos) 1535 in Mexico City aufgestellt, während die erste angloamerikanische Presse erst 1640 von Stephen Daye in Cambridge, Massachusetts, in Betrieb genommen wurde.

Die Universitäten lehrten im Kern die traditionellen mittelalterlichen Fächer des Triviums (Grammatik, Rhetorik und Logik) und des Quadriviums (Geometrie, Arithmetik, Musik und Astronomie) zusammen mit Theologie, Jura und der politischen Philosophie der Scholastik, das heißt, den Ideen des heiligen Thomas von Aquin, die für die politische Kultur Lateinamerikas bestimmend wurden, da sie dreihundert Jahre lang von Mexiko bis Argentinien von jedermann studiert wurden. Es waren die Universitäten, in denen die Menschen ein für allemal lernten, daß der Zweck der Politik – ihr höchster Wert und damit jedem individuellen Wert überlegen – das allgemeine Wohl war. Um dies zu erreichen, war Einheit erforderlich, Pluralismus war ein Hindernis. Und Einheit konnte am besten durch die Herrschaft eines einzigen Individuums erreicht werden, nicht durch die Launen zahlreicher Stimmbürger.

In einer der elf Kapellen der Kirche Santo Domingo in Oaxaca sitzt der heilige Thomas im Himmel, als ob er den Vorsitz über die grundsätzlichen politischen Wahrheiten führt, die Spanisch-Amerika eingepflanzt wurden. Er sitzt vor dem heiligen Augustinus, dem Kirchenvater, der einen anderen Eckstein unseres politischen und spirituellen Lebens gelegt hat, indem er predigte, daß die Gnade Gottes von keinem Individuum ohne die Hilfe der Kirche erlangt werden kann. Um Gott zu erreichen, mußte man sich der Kirchenhierarchie beugen. Es war ein hermetisches System, in dem die geoffenbarte Wahrheit gelehrt und jedwede Beteiligung individueller Forschung und Kritik abgelehnt wurde, die Traditionspflege als höchstes Gut im Vordergrund stand und die Rolle der Kirche als rechtmäßige Hüterin ebendieser Tradition hervorgehoben wurde, als Verkünderin der Wahrheit und unfehlbare Anklägerin ihrer Verfehlungen.

Doch indem sie darauf beharrte, daß das allgemeine Wohl durch autoritären Gnadenerweis von oben gestiftet wurde, stellte diese politische Philosophie zugleich klar, daß es von unten nur durch gewalttätige Revolution errungen werden konnte. Einmal mehr wurden Prinzipien und Praxis der Demokratie vertagt. Das spanische Amerika mußte sich blind durch Autoritarismus und die Nachahmung ausländischer Modelle von Fortschritt und Demokratie tasten, bevor es an die eigenen demokratischen Wurzeln wiederanknüpfen konnte – die mittelalterlichen Stadtgemeinden Spaniens, die humanitäre Seite der aztekischen Gesellschaft, die sozialen Werte der Inka-Kultur.

Die koloniale Erziehung war ein Lernsystem, das man am besten als gelenktes Denken beschreibt. Überdies war das damit verbundene Publikationssystem mitunter höchst restriktiv. So verbot die Krone nur sechs Jahre nach der Eroberung Mexikos jede weitere Veröffentlichung der Briefe von Cortés an Karl V., die sich mit dem Ablauf der Eroberung befaßten. Das spanische Königshaus wünschte keine Förderung des Personenkults unter den Konquistadoren. Zusammengefaßt läßt sich sagen, daß uns verboten wurde, uns selbst kennenzulernen. Im Jahre 1553 verhinderte ein königliches Dekret den Export sämtlicher Geschichtswerke nach Amerika, die sich mit der Eroberung beschäftigten. Ganz zu schweigen von Darstellungen, die die besiegten indianischen Kulturen rühmten.

Dabei gelangen der Krone auch sehr aufgeklärte Initiativen wie die frühe Einrichtung von Schulen für begabte Indianer, die der Aristokratie der unterworfenen Nationen angehörten. In einer solchen Einrichtung in Tlatelolco in Mexiko lernten die jungen Indianer Spanisch, Latein und Griechisch und erwiesen sich als ausgezeichnete Studenten. Doch schließlich zerschlug sich das Experiment, einmal, weil es den Eroberern peinlich war, indianische Untertanen zu haben, die mehr wußten als sie selbst, und zum anderen, weil sie keine Indianer wollten, die Vergil übersetzen konnten, sondern Indianer, die als billige Arbeitskräfte in den Minen und auf den Haciendas zu gebrauchen waren. Indianer, die Tempel für die neue Religion, das Christentum, bauen und alle alten dem Erdboden gleich machen würden, diese »Tempel des Teufels«, wie ein christlicher Missionar sie einmal nannte.

Vater und Mutter

Ob die Eroberung nun richtig oder falsch war, die Kirche wußte, daß ihre erste Mission in der Bekehrung der Menschen lag. Ihre Missionare trafen auf eine Bevölkerung, die zwischen Revolte und Schutzbedürfnis hin- und hergerissen wurde. Die Kirche bot ihren Schutz so reichlich an, wie sie nur konnte. Viele indianische Gruppen wie die Coras in Mexiko, die Quechuas in Peru und die Araukaner in Chile übten sich lange Zeit im Widerstand gegen die Spanier. Andere drängten in die Kirchen und gingen auf die Straßen, um getauft zu werden. Der Franziskanermönch Toribio de Benavente, der im Jahre 1524 in Mexiko ankam, wurde von den Indianern Motolinia genannt, »der Arme und Demütige«. Er schrieb: »Viele kommen, um getauft zu werden, nicht nur an Sonn- und Festtagen, sondern auch an Wochentagen, Kinder und Erwachsene, Gesunde und Kranke, und zwar aus allen Regionen. Wenn die Ordensbrüder reisen, kommen die Indianer mit ihren Kindern auf dem Arm und den Kranken auf dem Rücken auf die Straßen, und selbst klapprige alte Leute kommen heraus und wollen getauft werden ... Und während sie der Taufe zustreben, beten einige, andere klagen oder flehen auf ihren Knien, heben ihre Arme, stöhnen und winden sich, und wieder andere empfangen die Taufe weinend und seufzend.«

Motolinia bestätigte, daß auf diese Weise, fünfzehn Jahre nach dem Fall der Azteken im Jahre 1521, »mehr als vier Millionen Seelen getauft worden sind«. Wenn dies auch Kirchenpropaganda sein mag, so bleibt doch die Tatsache, daß die Sakramente der katholischen Kirche von der Taufe bis zu den Beerdigungsriten ein bleibender Wert im Volksleben Spanisch-Amerikas wurden und daß die Kirche Phantasie zeigte, als sie zwei vitale Faktoren der neuen Gesellschaften in Amerika unter ihrem Dach vereinte: das Bedürfnis nach Elternschaft, nach Vater und Mutter, mit dem nach einem schützenden Raum, in dem die alten Götter in Verkleidung Zutritt finden konnten, hinter den Altären der neuen Götter.

Die meisten Mestizen kannten ihre Väter nicht. Sie kannten nur ihre indianischen Mütter, die gewohnheitsrechtlichen Ehefrauen der Spanier. Rassenvermischung war zweifellos die Regel in den iberischen Kolonien, im Gegensatz zu Rassenreinheit und puritanischer Scheinheiligkeit in den englischen Kolonien. Aber das milderte nicht das Gefühl der Verwaisung, das viele Sprößlinge von Spaniern und indianischen Frauen empfunden haben müssen. La Malinche hatte einen Sohn von Cortés, der das Kind anerkannte und auf den Namen Martín taufen ließ. Und seine damals noch nicht erdrosselte Ehefrau Catalina Juárez gebar ihm einen weiteren Sohn, ebenfalls mit dem Namen Martín. Zur gegebenen Zeit trafen sich die beiden Brüder und inszenierten im Jahre 1565 die erste Rebellion nationalistischer mexikanischer Kreolen und Mestizen gegen die spanische Herrschaft. Die Legitimierung der Bastarde und die Zuordnung der Waisen wurde zu einem zentralen, wenn auch oft verschwiegenen Problem der lateinamerikanischen Kultur. Die Spanier nahmen sich seiner auf religiösem und juristischem Wege an.

Die Flucht der Götter, die ihre Völker im Stich gelassen hatten, die Zerstörung der Tempel, die Schleifung der Städte, die gründliche Plünderung und Vernichtung der indianischen Kultur, die Verwüstung der indianischen Wirtschaftsformen durch Bergbau und Encomienda, dazu das nahezu paralysierende Gefühl des Erstaunens, der schieren Verwunderung über das, was geschehen war – wo konnte da Hoffnung gefunden werden? Die unterworfenen Indianer sahen nirgendwo einen Lichtstreif. Wie also konnten Verzweiflung und Aufstände verhütet werden? Das fragten sich die Humanisten in den Kolonien, aber auch ihre weiseren (und listigeren) Politiker. Eine Antwort hatte Las Casas mit seiner Anklage gegeben, eine andere Quirogas utopische Gemeinschaften und die indianischen Hochschulen der Krone. Aber genaugenommen waren es der zweite Vizekönig und erste Erzbischof Mexico Citys, Juan de Zumárraga, die eine dauerhafte Lösung fanden: Gebt den Waisenkindern der Neuen Welt eine Mutter.

Anfang Dezember 1531 erschien auf dem Tepeyak-Hügel nahe Mexico City, einer Stätte, die ursprünglich der Verehrung der aztekischen Göttin Tonantzin geweiht war, die Jungfrau von Guadalupe. Obwohl Winter war, erschien sie mit Rosen und erwählte einen niederen *Tameme*, einen indianischen Träger mit Namen Juan Diego, zum Objekt ihrer Liebe und Würdigung. Mit einem einzigen Geniestreich verwandelten die spanischen Autoritäten auf diese Weise das indianische Volk, die Kinder entehrter Frauen, zu Kindern der reinen Jungfrau. Von Babylon nach Bethlehem, durch einen genialen politischen Einfall wurde die Hure zur Jungfrau, und aus La Malinche wurde Guadalupe. Von da an sollte sich nichts als tröstlicher, einigender und eines glühenden Respekts würdiger erweisen als die Figur der Jungfrau von Guadalupe in Mexiko, die Figur von La Caridad del Cobre in Kuba und die Jungfrau von Coromoto in Venezuela. Die unterworfenen Völker hatten mit einemmal eine Mutter.

Und sie fanden auch einen Vater. Mexiko drängte Cortés die Maske von Quetzalcoatl auf. Cortés lehnte sie ab und gab Mexiko statt dessen die Maske von Christus. Seitdem ist unklar, wer auf den barocken Altären von Puebla, Oaxaca und Tlaxcala angebetet wird: Christus oder Quetzalcoatl? In einem Universum, das daran gewöhnt war, Menschen den Göttern geopfert zu sehen, überraschte die Indianer nichts tiefer als der Anblick eines Gottes, der sich selbst für die Menschen geopfert hatte. Es ist die Erlösung der Menschheit durch Christus, die die Indianer der Neuen Welt so fasziniert hat und endgültig besiegte. Christus bedeutete die wiedergewonnene Erinnerung daran, daß es ursprünglich die Götter gewesen waren, die sich zum Wohle der Menschheit geopfert hatten. Die nebelhafte Erinnerung an ebendiesen Umstand, lange verdunkelt durch die düsteren, durch aztekische Macht verfügten Menschenopfer, wurde jetzt durch die christliche Kirche neu belebt. Das Ergebnis war flagranter Synkretismus, die Vermischung von christlichem und ursprünglichem Glauben, eine der kulturellen Grundlagen der spanisch-amerikanischen Welt.

Eine auffallende Tatsache bleibt: Alle mexikanischen Christusfiguren sind tot oder befinden sich zumindest im Todeskampf. Ob auf dem Kalvarienberg, am Kreuz oder auf eine Bahre aus Glas gelegt, in Mexikos Dorfkirchen sieht man nur einen blutenden, hingestreckten und einsamen Christus. Im Gegensatz dazu erscheint die Jungfrau wie in Spanien von ewigem Glanz, von Festlichkeit, Blumen und Prozessionen umgeben. Und der Schmuck, die großartige Barockarchitektur Lateinamerikas, ist sowohl eine Feier für die neue Religion als auch eine, wenngleich riskante, für das Überleben der alten.

Die wunderbare Kapelle von Tonantzintla bei Cholula ist eine der erstaunlichsten Bestätigungen des Synkretismus als dynamische Basis der Kultur nach der Eroberung. Was hier geschah, geschah überall in Lateinamerika. Die indianischen Kunsthandwerker bekamen von den christlichen Missionaren Stiche der Heiligen und andere religiöse Motive und wurden dazu aufgefordert, diese für den Kirchenraum nachzubilden. Aber die Handwerker und Maurer hatten mehr als bloße Kopien im Sinn. Sie wollten ihre alten Götter ebenso feiern wie die neuen, auch wenn sie diese Absicht verschleiern mußten, indem sie den Lobpreis der Natur mit dem Lobpreis des Himmels verbanden und beide ununterscheidbar machten. Tonantzintla wirkt wie eine Wiedergeburt des indianischen Paradieses. Weiß und golden fließt es über von den Früchten und Blumen der Tropen, die zur Kuppel aufsteigen, ein Traum von unerschöpflicher Üppigkeit. So triumphierte religiöser Synkretismus, und in gewisser Weise wurden so die Sieger besiegt.

In Tonantzintla stellen sich die Indianer als unschuldige Engel auf dem Weg zum Himmel dar, während die spanischen Konquistadoren als grimmige Teufel mit gespaltenen Zungen und wilden Bärten erscheinen. Das Paradies kann also doch wiedergewonnen werden.

III. Teil

DIE KINDER VON LA MANCHA

7. Kapitel

DAS ZEITALTER DES WELTREICHS

Karl V. war der Schöpfer des spanischen Weltreichs. Als Sohn Königin Johannas, der Tochter der katholischen Majestäten Ferdinand und Isabella, war er deren Enkel. Johanna verlor den Verstand über dem Tod ihres Mannes, Philipp des Schönen. Philipp starb, nachdem er sich beim Ballspiel erschöpft und dann kaltes Wasser getrunken hatte, und Johanna weigerte sich, ihn zu begraben. Lange Zeit brachte sie seinen Leichnam von Kloster zu Kloster, wobei sie die Nonnenklöster mied, in denen der galante Fürst Philipp, sogar noch im Tode, eine der Nonnen hätte verführen können. Nachdem sie dann endlich dazu überredet werden konnte, ihre wahnsinnige Liebe aufzugeben, wurde Johanna in der Burg von Tordesillas eingeschlossen, während ihr Sohn im Alter von sechzehn Jahren König von Spanien wurde und Philipp der Schöne ein christliches Begräbnis erhielt.

Schon mit sechs Jahren hatte Karl die Niederlande geerbt. Mit sechzehn nun, bartlos und jugendlich, zeigte er der Welt das Stigma der Habsburger Dynastie: einen vorgeschobenen Unterkiefer, mit dem er nicht richtig kauen oder auch nur seinen Mund schließen konnte. Eine Fliege, so sagte man, konnte jederzeit ohne Schwierigkeiten zwischen die Habsburger Lippen dringen. Karl ließ sich einen Bart wachsen. Er legte eine Ritterrüstung an und bestieg sein Pferd. In großartiger Reiterhaltung wurde er von Tizian gemalt. Carlos I. von Spanien, in der Geschichte besser bekannt unter seinem Titel als Kaiser des Heiligen Römischen Reiches, Karl V., tat die vererbten Leiden, deren Opfer wir letztlich alle sind, mit einem Achselzucken ab. Er war der Erbe der Habsburger Dynastie, des größten Herrscherhauses in Europa. Seine Macht kannte keine Grenzen. Wohin auch immer er von der Höhe seines (oder Tizians) Pferdes sah, erblickte er eine Besitzung seiner Krone. Im Norden Deutschland und die Niederlande. Im Osten Neapel, Sizilien und Sardinien. Im Süden seine afrikanischen Besitzungen. Im Westen Amerika und dahinter, nach Balboas dramatischer Entdeckung von 1513, den Pazifik. Er regierte das erste und das größte aller modernen Weltreiche. Niemand vor ihm, nicht einmal die Cäsaren, hatte so viele Territorien beherrscht, eine solche Vielzahl von Völkern und soviel potentiellen Reichtum unter sich vereinigt.

Doch während seiner ganzen Laufbahn bemühte sich Karl, seine irdische Macht mit der spirituellen Macht des Christentums zu verbinden. So wie der Papst das religiöse Oberhaupt der Christenheit war, wollte er sie politisch anführen. Dieses selbstgesetzte Ziel sollte ihn vorzeitig verschleißen. Nicht durch Eroberungen war Karl zu seiner riesigen Erbschaft gekommen, sondern durch eheliche Verbindungen und andere weltliche Vereinbarungen, auf die sich die Habsburger außerordentlich gut verstanden. Dabei genossen sie die großzügige Unterstützung des mächtigen Bankhauses der Familie Fugger in Deutschland, die eine enorme Geldsumme aufbrachte, um die Kurfürsten zu kaufen und Karl V. im Jahre 1519 als Kaiser des Heiligen Römischen Reiches zu wählen. Aber jetzt waren die mit dieser Stellung verbundenen Besitzungen zu verteidigen, und zwar nicht mittels Heirat, Bestechung oder Verführung, sondern durch Kriegshandlungen.

Karls Schwierigkeiten begannen zu Hause, in Spanien selbst, und hatten vor allem mit seinen flämischen Verbindungen zu tun. Er sprach kein Spanisch. Ohne politische Bedenken hatte er sich mit flämischen Höflingen umgeben und berief sie sogar in exponierte spanische Ämter wie auf den Bischofsstuhl von Toledo. Doch erreichten seine politischen Probleme in Spanien eine tiefere Dimension: den fortgesetzten Kampf zwischen zentralistischer, absolutistischer königlicher Macht und der anhaltenden, potentiell demokratischen Macht der Städte.

In den Städten Kastiliens reifte das Konzept einer freiheitlichen Rechtsordnung heran. Immer mehr Menschen wurden in die politischen Vertretungen integriert. Die Bürger wußten um die Rechte, die ihnen in ihren verfassungsgebenden Freibriefen zugestanden worden waren, und als Karl 1516 als König an die Macht kam, sahen sie ihre Freiheiten gleich in mehrfacher Hinsicht gefährdet. Abgesehen von der allgemeinen Fremdenfeindlichkeit, die sie gegen den jungen König einnahm, hatten die Stadtbewohner zu Recht den Verdacht, daß es Karls Politik war, Spanien immer stärker zu zentralisieren, um damit eine starke Ausgangsbasis für seine vorrangigen Ziele zu haben: die Macht des spanischen Weltreichs und die Einheit der christlichen Kirche zu sichern. Die zunehmende Präsenz der königlichen Vertreter in den Städten, der *Corregidores*, bewog sie, gegen den Absolutismus aufzutreten, bevor es zu spät war. Im Jahre 1519 erhoben sie sich in einer Revolte gegen König Karl.

Vielleicht erscheint es weit hergeholt, wenn man den nachfolgenden Bürgerkrieg als einen Vorläufer der englischen und französischen Revolutionen betrachtet. Ohne Zweifel jedoch stellt er eines der stärksten und dauerhaftesten Zeugnisse spanischer und damit spanisch-amerikanischer Demokratie dar. Die »Zustimmung von allen«, und der »Wille des Volkes« waren allgemein bekannte Begriffe und kehrten in den Briefen, Reden und Proklamationen der *Comuneros* ständig wieder. Die soziale Zusammensetzung der Revolte spricht für sich: Einige wenige städtische Adlige, eine große Zahl von Bürgermeistern, Ratsherren und Richtern, etliche untergeordnete Geistliche, darunter Kanoniker, Äbte, Erzdiakone und Dekane, eine Handvoll Universitätslehrer, eine große Zahl an Ärzten, Physikern, Anwälten und Geisteswissenschaftlern, eine noch größere Zahl von Kaufleuten, Geldwechslern, Notaren und Apothekern und eine überwältigende Mehrheit von Ladeninhabern, Gastwirten, Silberschmieden, Juwelieren, Schmieden, Schlachtern, Hutmachern, Flickschustern, Schneidern, Barbieren und Zimmerleuten handelten politisch durch die *Junta General*, eine Exekutiv-Versammlung, die ihre Beschlüsse mit Stimmenmehrheit faßte und von der es ausdrücklich hieß, daß sie den allgemeinen Willen aller vertrat. Ihr klar erklärtes Ziel war eine konstitutionelle, demokratische Monarchie, gegründet auf eine Volksvertretung.

Als solche konnte die Revolte von dem jungen König nicht geduldet werden, da sie dessen doppelte Machtpolitik – national und international, in Spanien und im Weltreich – gefährdete. Mochten auch in Kastilien (und in einer Parallelbewegung, der *Germania*, in Aragón) die Städte rebellieren, so war es doch so, daß die Söhne und Brüder der Anwälte, Handwerker, Mühlenbesitzer, Feldarbeiter und einfachen Adligen, die an der Rebellion teilnahmen, für Karl V. in Mexiko, der Karibik und in der Hauptsache auf dem Festland kämpften. So wollte es eine der großen Ironien unserer Geschichte, daß, als Karl im Jahre 1521 die Streitkräfte der *Comuneros* bei Villalar stellte und besiegte, im selben Jahr Cortés die aztekischen Streitkräfte bei Tenochtitlán stellte und besiegte.

Welche Art von Ordnung würde nach diesen zufällig zeitgleichen Siegen entstehen? Die Antwort war unglücklicherweise, daß in Spanien selbst alle demokratischen Bestrebungen von einer autoritären Ordnung verdrängt und in der Neuen Welt die hierarchischen Strukturen des Azteken- und später des Inkareiches durch die hierarchischen, autoritären Strukturen der Habsburger ersetzt wurden.

Eine weitere Ironie bestand darin, daß sich die Konquistadoren kaum von den Männern unterschieden, die bei Villalar besiegt wurden. Während sie in der Neuen Welt zu triumphieren glaubten, hatten sie in der Alten Welt eine Niederlage erlitten. Und nachdem sie, nur um damit ihr Ansehen und mögliche Machtzuwächse nicht zu opfern, die Gelegenheit verpaßt hatten, auch in der Neuen Welt den Keim demokratischer Gemeinschaften zu legen, zeigten sie sich schließlich nicht in der Lage, die Länder, die sie erobert hatten, nun tatsächlich zu regieren. Prompt und definitiv strukturierte der König die neuen Formen der Regierungsgewalt in Amerika zu seinen Gunsten. Was die Konquistadoren und ihre Nachkommen gewannen, waren de facto, *in situ* und letzten Endes ungesetzliche Vorteile gegenüber dem König. Das war zwar eine Menge, aber nicht genug, weder im Hinblick auf potentiell demokratische Gemeinschaften noch im Hinblick auf potentiell autonome Feudalherrschaften.

Hätte es anders sein können? Hätten wir nach der Reconquista Spaniens und der Eroberung der Neuen Welt ein demokratisches System bekommen können? Diese Frage stellt sich in Spanien und Spanisch-Amerika noch heute.

Nach dem Sieg über die kastilischen Städte bei Villalar und dem Sieg über die Azteken in Tenochtitlán konsolidierte Karl nicht nur den zentralistischen Staat, überdies transformierte er Spanien von einem halbinsularen Gemeinwesen, das seinen eigenen Kreuzzug gegen den Islam geführt und versucht hatte, im Rahmen seines trikulturellen Erbes zu einem Kompromiß zu finden, zu einem kontinentalen Weltreich, das in den Worten von Angel Ganivet »alles umarmte«: Holland, Italien, Tunesien und Amerika. Zu den Komplikationen angesichts dieser maßlosen Ausdehnung trug noch Karls zwiespältige Natur bei: sicher und unsicher, rauh und sanftmütig, zerrissen zwischen seinen nationalen Loyalitäten. Von seinen achtundfünzig Jahren auf dieser Erde verbrachte Karl die meiste Zeit in Flandern (achtundzwanzig Jahre), weitaus mehr als in seinen deutschen Erbländern (neun Jahre) oder auch in seinem spanischen Staat, den er siebenmal in seinem Leben besuchte, wobei er alles in allem achtzehn Jahre dort verbrachte. Aber Karl war mit sich vor allem im Zwiespalt darüber, ob er auf die Anforderungen der Regentschaft versöhnlich (seine erasmische, seine Renaissance-Neigung) oder kämpferisch (seine hispanische, kaiserliche Neigung) reagieren sollte.

Er bekämpfte die indianischen Nationen Amerikas mittels seiner kompromißlos gewalttätigen Hauptleute Cortés und Pizarro, denen er aber gleichzeitig eine feudale Kontrolle der Neuen Welt durch eine Gesetzgebung entwinden wollte, die die indianischen Gemeinschaften beschützte und die tatsächliche Macht der Konquistadoren *de jure* einschränkte. Ebenso bekämpfte er die neue islamische Macht, das osmanische Reich, das es wagte, sich vom Mittelmeer bis zur Donau und vor die Tore Wiens auszudehnen, und ein ganzes erschöpfendes Vierteljahrhundert hindurch bekämpfte er darüber hinaus seinen französischen Rivalen Franz I.

Er mußte die Meuterei seiner unbezahlten Truppen erleiden, die das päpstliche Rom plünderten, während Karl in Deutschland die Protestanten bekämpfte. Am Ende konnte er sie jedoch nicht überwältigen und mußte 1555 in Augsburg seine Niederlage eingestehen.

Das wäre für jeden Mann zuviel gewesen. Vorzeitig erschöpft, zog sich Karl V. in das spanische Kloster von Yuste zurück, abgelegen in den Bergen der Estremadura, wo er an seinen Uhren herumbastelte und von Zeit zu Zeit sein eigenes Begräbnis probte. Der Tod kam schließlich im Jahre 1558. Tizian, der die kraftvolle Reiterfigur in Rüstung gemalt hatte, protrătierte jetzt einen einfachen, leicht gebeugten, niedergeschlagenen alten Herrn, vollkommen in Schwarz gekleidet und auf einem einfachen römischen Stuhl sitzend, wehmütig, vielleicht etwas geistesabwesend in eine Welt blickend, mit der er niemals völlig zurechtgekommen war.

Ein Regen aus Gold

Karl V. dankte zugunsten seines Sohnes Philipp II. ab und überließ ihm das unhandlich gewordene spanische Weltreich. Die Protestanten gediehen dank ihrer Duldung fürstlicher Ambitionen prächtig. Die Türken machten das Mittelmeer unsicher. Die Niederlande befanden sich im Aufstand gegen Spanien. Die *Moriscos*, die Mauren, die in Spanien geblieben waren, erhoben sich gegen Philipps Anordnungen, die sie ihrer Sprache und Sitten beraubten, und sogar der Adel von Aragón revoltierte gegen die Einschränkung der überkommenen *Fueros*, der konstitutionellen Freibriefe. Dennoch hielt Philipp sein Weltreich nicht nur in Gang, er festigte es über mehrere Jahrzehnte hinweg als Führungsmacht der Welt.

Dafür brauchte er Staatseinnahmen. Und er bekam sie, in der Hauptsache durch überhöhte Abgaben seiner jetzt wehrlosen Untertanen in Spanien ebenso wie in Amerika und durch das Gold und Silber der Neuen Welt. Im 16. Jahrhundert vervielfachten die amerikanischen Minen die europäischen Silberreserven um das Siebenfache. Im 17. Jahrhundert wurde das Bergwerkszentrum von Potosí im peruanischen Hochland (dem heutigen Bolivien) zur größten Stadt der Neuen Welt: 50000 Europäer und 45000 Indianer lebten hier, fast ein Drittel der Indianer arbeitete als Zwangsarbeiter in den Schächten, in einem System, das sie auf Lebenszeit an die Mine fesselte und auch noch ihre Nachkommen band. Es waren die Indianer, ausgehungert und von Seuchen dezimiert, die Spanien und durch Spanien auch den Rest von Europa mit Reichtümern versorgten. Doch selbst auf dem Höhepunkt der Produktion erzeugten die Minen von Mexiko und Peru nur ein Viertel des Gewinns, den Landwirtschaft und Viehzucht erbrachten. Und selbst die Schlimmsten unter den Vögten der Landgüter behandelten ihre Arbeiter immer noch besser als die Aufseher in den Minen. Viele Bergarbeiter flohen auf die Haciendas, die für sie das geringere Übel darstellten.

Private Unternehmer erkundeten die Erzadern und beuteten sie aus. Potosí war ein jungfräulicher Berg, unberührt von den Inkas, aber die Spanier entdeckten schon bald vier große Adern, die »wie die Pole« von Nord nach Süd liefen, wie es Pater Joseph Acosta ausdrückte, der jesuitische Chronist von Flora und Fauna der Neuen Welt. In jede Ader trieben die Spanier zahlreiche Schächte. Aber alle diese Adern, erinnert sich Acosta, lagen nach Osten, blickten zur aufsteigenden Sonne, nach Spanien, wo der König die Sendungen empfing und ein Fünftel für sich behielt.

Die spanische Krone konzessionierte nur zwei Häfen, Cádiz und Sevilla, um das Gold und Silber aus der Neuen Welt anzulanden, und als sie jeden Export von Gold- und Silberbarren aus Spanien untersagte, wurde der König, wie es der nordamerikanische Wirtschaftler Rondo Cameron ausdrückt, »zu seinem eigenen schlimmsten Gesetzesbrecher«. Mit Gold und Silber mußte Spanien kostspielige Kriege in Europa finanzieren und ebenso seine protzigen Monumente, eine an Luxus gewöhnte Aristokratie, den Kampf gegen die Reformation, die Verwaltung des Weltreichs und die Einfuhren von Waren.

Der enorme Zufluß an spanischen Edelmetallen revolutionierte die europäische Wirtschaft und bescherte dem ganzen Kontinent Inflation, hohe Preise, steigende Nachfrage und ein aufblühendes Bankwesen. Viele dieser Banken waren Kreditgeber der spanischen Monarchie, jederzeit bereit, Philipp gegen das Versprechen eines nie versiegenden Stroms von Goldbarren aus Potosí oder Zacatecas großzügige Anleihen zu gewähren. Wer würde diese Anleihen zurückzahlen? Philipps Nachfolger natürlich.

Schmuggel aus Spanien war zu einer lukrativen und weitverbreiteten Beschäftigung geworden. Eine der Gestalten in *Don Quijote*, Roque Guinart, ist einem solchen lebenswahren Individuum nachgebildet, das sein Brot damit verdiente, amerikanische Edelmetalle aus Spanien herauszuschmuggeln. Von Italien, Deutschland und den Niederlanden, wo Spanien Besitzungen hatte, verbreiteten sich Gold und Silber rasch über ganz Europa und riefen die »Preisrevolution« des 16. Jahrhunderts hervor, die zwar auf dem ganzen Kontinent grassierte, Spanien jedoch zuerst und am schlimmsten traf. In dem Land, in dem die Einfuhrhäfen lagen, stiegen die Preise schneller und immer schneller.

In der Regierungszeit von Karl V. und Philipp II. begann in Nordeuropa eine spektakuläre Phase der Akkumulation von Kapital. Spanien, bloß eine Zwischenstation, blieben Kapital und Kapitalisten noch vorenthalten, außerdem war es gezwungen, Fertigwaren teuer aus dem Ausland zu beziehen und Rohstoffe billig zu verkaufen. Die Folge: das Land trat in eine lange Periode wirtschaftlichen Niedergangs ein. Eine einfache Statistik erzählt die ganze Geschichte: Nach den Berechnungen von Alonso de Carranza, einem spanischen Ökonomen jener Zeit, verblieben 1629 drei Viertel des Goldes und Silbers aus den amerikanischen Minen in allein vier europäischen Städten: London, Rouen, Antwerpen und Amsterdam.

Die Geschichte des imperialen Spanien weist zahlreiche Ironien auf. Die standhafte katholische Monarchie finanzierte unwissentlich ihre protestantischen Gegner. Spanien kapitalisierte Europa und dekapitalisierte damit sich selbst. Ludwig XIV. von Frankreich sprach es am deutlichsten aus: »Laßt uns den Spaniern jetzt Manufakturwaren verkaufen und von ihnen Gold und Silber einnehmen.« Spanien war arm, weil Spanien reich war.

Aber was bedeutete das für uns in der Neuen Welt? Es bedeutete, daß Spanien zur Kolonie des kapitalistischen Europa geriet und wir in Spanisch-Amerika dadurch in gewisser Weise die Kolonie einer Kolonie wurden. Von Anfang an zerfiel unser Wesen in das, was wir zu sein schienen, und das, was wir wirklich waren. So verhielt es sich auch mit Spanien, unserer Kolonialherrin.

Im Kampf mit den Elementen

Die Legitimität des spanisch-amerikanischen Reichs gründete sich nicht nur auf das »Recht der Eroberung«, sondern darüber hinaus auf nichts Geringeres als eine Reihe von päpstlichen Bullen zur Aufteilung der kolonialen Welt zwischen Spanien und Portugal. Unter dem Schutz von Ferdinand und Isabella hatte der spanische Papst Alexander VI., geborener Rodrigo Borgia, sich seinen Weg zum Papsttum mehr oder weniger erkauft und verbrachte dann viele Stunden damit, das Vermögen seiner unehelichen Kinder Lucrezia und Cesare Borgia zu mehren. Dennoch blieb ihm genug Zeit, seinen königlichen Gönnern Gutes zu tun. Durch den Vertrag von Tordesillas (1494) erließ Alexander VI. eine Bulle, die eine Linie 370 Meilen westlich der Azoren vom Nord- zum Südpol zog und damit Portugal alles Land im Osten zusprach (von Brasilien bis Indien) und Spanien alles Land im Westen (von der Karibik bis zum Pazifik).

Die anderen europäischen Mächte waren darüber nicht gerade erfreut. Franz I. von Frankreich, der größte Rivale Karls V., protestierte. »Zeigt mir die Klausel in Adams Letztem Willen«, sagte er, »die dem König von Spanien die Herrschaft über die Hälfte der Welt gibt.« Die Holländer waren genauso unglücklich damit, ganz zu schweigen von ihrer Verbündeten Elisabeth I. von England, die verkündete, daß die See und die Luft allen Nationen gehörten, wobei sie allerdings noch einen Zusatz machte, der für die zukünftige Machtstellung sowohl Englands als auch Spaniens entscheidend sein sollte: »Da das Meer allen gehört, gehört es mir.« So ermutigte sie ihre abenteuerlustigen Kapitäne, den Spaniern auf See und in der Neuen Welt entgegenzutreten. England mußte schließlich seinen Anteil haben. Überall in der Karibik – Spaniens Mare nostrum in Amerika – wurden ansehnliche befestigte Städte gebaut, um die Angriffe der Piraten abzuwehren, ebenso wie die Attacken fremder Mächte. Von Veracruz bis Havanna, von San Juan de Puerto Rico bis Maracaibo, von Portobello bis Cartagena de Indias, überall sahen sich die Spanier gezwungen, die Reichtümer ihrer Besitzungen zu verteidigen.

Der englische Kapitän John Hawkins überfiel Veracruz und andere Häfen, während er gleichzeitig mit Englands Unterstützung zwischen Afrika und der Karibik Sklavenhandel betrieb. Doch der Inbegriff des Korsaren im Auftrag Ihrer Majestät war Francis Drake. Als seine Flotte in die Bucht von San Juan segele, spannte man Ketten über die Hafeneinfahrt, um ihn aufzuhalten. Zwei seiner Schiffe konnten auf diese Weise versenkt werden. Aber Drake führte seine Angriffe von Veracruz in Mexiko bis Valparaiso in Chile, besetzte die Städte, plünderte sie und segelte wieder davon.

Er war nicht der erste und auch nicht der letzte Pirat, der von der englischen Königin in den Ritterstand erhoben wurde. Schließlich dann, im Jahre 1587, überfiel Drake Cádiz, den Einfuhrhafen für das spanische Gold, zerstörte mehr als zwanzig Schiffe und »versengte Seiner Katholischen Majestät den Bart«. Der Überfall auf Cádiz verzögerte wirkungsvoll die Vorbereitungen für das größte Unternehmen Philipps II.: den Bau einer unbesiegbaren Armada zum Angriff auf das protestantische England – nicht so sehr, weil es protestantisch war, sondern weil es Philipps aufständische holländische Untertanen unterstützt hatte. Bis dahin hatte Philipp II. die englische Königin Elisabeth I. gegen die vom Papst angedrohte Exkommunikation verteidigt, da er ihre Nachfolgerin auf dem Thron, die schottische Prätendentin, fürchtete, die katholische Maria I., weil er in ihr eine Marionette seines größten Rivalen Frankreich sah. Aber als Elisabeth den Earl of Leicester ausschickte, um den Holländern gegen Spanien beizustehen, ging das Philipp dann doch zu weit.

Er war voller Stolz nach seinem Sieg über die Türken im östlichen Mittelmeer in der großen Schlacht von Lepanto, wo am 7. Oktober 1571 Philipps unehelicher Halbbruder Don Juan de Austria den türkischen Befehlshaber Ali Pascha nicht nur bezwang, sondern tötete. Als Sieg in den Himmel gehoben und auf Gemälden verewigt, war der Sieg von Lepanto noch aus einem anderen Grund bemerkenswert: Ein Seemann namens Miguel de Cervantes verlor im Kampf die Beweglichkeit einer Hand.

Nach Lepanto, über Elisabeth verärgert, nahm Philipp das Abenteuer der Armada in Angriff. Von dessen Ausgang hing Spaniens Ehrgeiz ab, nicht nur das größte Reich der Welt zu werden, sondern auch die Führungsmacht in Europa. Philipp gab den Auftrag zum Bau einer riesigen Flotte, die den Protestantismus ein für allemal vernichten und Spaniens Hegemonie in Europa und der Welt gewährleisten sollte.

Zwanzig Jahre lang bedachte Philipp diese Angelegenheit, wie er auch den endgültigen Schlag gegen Elisabeth bedachte. Die große Armada. Würde sie allein die Sicherheit der Seerouten zu den amerikanischen Schatzkammern gewährleisten? Konnte England durch sie zum Katholizismus zurückgebracht werden? Was immer Philipps Gedanken waren, nie fand er zwischen den Zielen, die er anstrebte und den Mitteln, mit denen er sie durchzusetzen suchte, das rechte Maß.

Ein Thunfisch-Magnat, der Herzog von Medina-Sidonia, erhielt die Oberleitung des Unternehmens, trotz seiner wiederholten Einwände, daß er für die Aufgabe nicht geeignet sei und überdies zur Seekrankheit neige. Philipp ernannte ihn vor allem aus politischen Gründen. Nur ein Grande wie der Herzog konnte seine Autorität über die Ameisen vom Admiral bis zum Keksbäkker geltend machen, die diensteifrig dabeiwaren, die Armada auszurüsten und zu verproviantieren, und mitten unter ihnen wieder ein obskurer Bürokrat namens Miguel de Cervantes, der ausgeschickt worden war, Beiträge von der Kirche zur Finanzierung des Unternehmens zu sammeln – und der schließlich im Gefängnis endete, als die kirchlichen Autoritäten sich für seinen Feuereifer rächten.

Medina-Sidonia erwies sich als Prophet des Desasters. Trotz des Geldes, das investiert wurde, um 20 Galeonen, 130 weitere Schiffe und 30000 Mann auszurüsten – es gab niemals einen Generalplan für die Operation. Die Armada sollte durch schiere Größe und durch Akte religiöser Andacht triumphieren (180 Mönche und Fratres waren an Bord und sangen Ave Marias und lasen täglich die Messe). Als die Besatzung ausgeschickt wurde, so eng aneinandergepfercht wie Medina-Sidonias Thunfische, waren die spanischen Schiffe in den stürmischen nördlichen Gewässern nicht zu gebrauchen und zudem weitaus langsamer als die englischen Schiffe. Außerdem schlugen nicht nur ihre Wasserbehälter leck, auch Nachrichten von dem ganzen Abenteuer drangen reichlich nach draußen.

Philipps alter Gegner Francis Drake griff die Armada vor Calais an, die Schiffe wurden zerstreut und von heftigen Stürmen bis nach Irland getrieben. Nur die Hälfte der Armada und ein Viertel der Mannschaft kehrten in die Heimat zurück. »Ich habe meine Schiffe nicht ausgeschickt, um mit den Elementen zu kämpfen«, rief Philipp II. daraufhin aus.

Gewalt im Himmel

In letzter Konsequenz bedeutete die Niederlage der Armada das Ende des spanischen Anspruchs auf Vormachtstellung in Europa. Von nun an trat Spaniens traditioneller Gegner, die Großmacht Frankreich, diesem Anspruch erfolgreich entgegen. Die rasch aufsteigende protestantische Welt, angeführt von den Engländern und den Holländern, verband sich zu einer militärischen Macht, die für die Spanier zur Bedrohung wurde, bildete eine Seemacht, die sich bereits als überlegen erwiesen hatte. Daneben entwickelte sich aus der Verbindung von Protestantismus und Kapitalismus in ganz Nordeuropa eine Art moderner Erfolgsstory, die im Vergleich zu Spaniens fortdauernder Abhängigkeit von den amerikanischen Edelmetallen, seiner drückenden Besteuerung und Agrarwirtschaft äußerst günstig abschnitt. Die Protestanten hatten eine hieb- und stichfeste politische und religiöse Formel für die Macht gefunden: *Cuius regio, eius religio*. Der jeweilige Herrscher entschied über die Religion in seinem Reich, und seine Wahl gab seiner politischen und wirtschaftlichen Souveränität die Weihe. In Spanien waren praktisch alle Möglichkeiten verkümmert, die es zu Beginn des 16. Jahrhunderts noch gegeben hatte – die revolutionären Entwicklungen in Wissenschaft und Forschung, der Parlamentarismus und die verbrieften Rechte der Städte. Auf dem

Konzil von Trient (1545–1563) setzten sich die strikten Forderungen der Gegenreformation durch. Das Dogma wurde neu definiert und gestärkt, die Kirche hatte das ausschließliche Recht zur Interpretation der Bibel, und jede Aussöhnung mit dem Protestantismus wurde verdammt.

Das Konzil von Trient gab dem Papst zudem das ausschließliche Recht, Bischöfe zu ernennen, was Philipp bei aller Devotion nicht gutheißen konnte. Er fuhr fort, seine eigenen Bischöfe zu ernennen, und stimmte einer Veröffentlichung der Beschlüsse von Trient nur unter der Bedingung zu, daß seine Macht über die spanische Geistlichkeit ausdrücklich respektiert würde. Unter Philipp wuchs die Macht der Inquisition, die ihm allein Rechenschaft schuldig, seine bevorzugte Instanz religiöser Autorität war und seine Stellung gegenüber Rom noch weiter festigte. Bischöfe, die dem Papst gegenüber loyal waren, wurden eingekerkert und des Lutheranertums beschuldigt, und die Inquisition dehnte ihre Überwachung und Verfolgung nicht nur auf Protestanten, Juden und Mauren aus, sondern richtete sich besonders gegen die Bekehrten, die sie des Unglaubens und geheimer Praktiken bezichtigte.

Kompliziert und voller Konflikte, war Philipp im Streit mit der Reformation, aber auch mit der päpstlichen Macht, vielleicht am zerstrittensten mit sich selbst. Wie sein Vater vor ihm zog er sich bereits zu Lebzeiten in ein Grabmal zurück. El Escorial, die Zitadelle dieses Mannes, seines Glaubens und vielleicht auch seiner geheimen Zweifel, wurde als Begräbnisstätte für Karl V. und Philipps übrige Vorfahren entworfen, diente jedoch ebenso als Symbol des orthodoxen Glaubens und als Denkmal für Philipps militärischen Sieg über die Franzosen bei Saint Quentin im Jahre 1557. Als das erste und größte architektonische Monument der Gegenreformation wurde es zugleich der »Vatikan« weltlicher Macht in Spanien.

»Baut mit der größten Eile!« befahl Philipp seinen Architekten, doch obwohl im Jahre 1563 begonnen, wurde der nüchterne und düstere Bau – riesig, streng, auf Anweisung des Königs ohne jeden leichtfertigen Schmuck – erst einundzwanzig Jahre später, im Jahre 1584, vollendet. Die Steinbrüche und Wälder Kastiliens wurden für den Bau geplündert, ein Heer von Maurern, Zimmerleuten, Trägern, Schmieden, Malern und Dachdeckern arbeitete und starb bei den Arbeiten, und manchmal meuterten sie. Tausend Ochsen transportierten das Baumaterial, und hundert böse Vorzeichen in Gestalt von Stürmen, blutigen Zwischenfällen und einem heulenden, spukenden Hund begleiteten den Bau. Schließlich war der große Tag gekommen, und die Leichen sämtlicher Vorfahren Philipps aus allen Gegenden Spaniens rumpelten zum Escorial. Er war da, um sie zu empfangen und im *Pudridero* beizusetzen, der Verwesungsgrube. Seine erste Order war, daß eine immerwährende Totenmesse für ihn und alle seine Vorfahren und Nachkommen gesungen werden sollte. Dann befahl er, daß sofort dreißigtausend zusätzliche Messen zu feiern waren für »die Ruhe meiner Seele.«.

Dem Tod gewidmet, war diese Festung, Nekropolis und Kloster in einem, dazu geeignet, »dem Himmel Gewalt anzutun«, schrieb der französische Autor Louis Bertrand. Doch bei alledem hatte Philipp sich weiter um die Geschäfte auf Erden zu kümmern. Sein Hang zu harter Arbeit war sprichwörtlich. Ungern gewährte er Audienzen. Lieber ertrank er fast in Papier und schrieb, wie es hieß, schneller als jeder Sekretär, kannte sich genau in seinen Akten aus und hatte alles unter Kontrolle. Ein Zeitgenosse beobachtete: »Der König ist die Art von Mensch, die keine Miene verzieht und sich niemals auch nur mit einer falschen Bewegung verraten würde, selbst wenn er eine Katze in seinen Hosen hätte.«

Er wurde »der Kluge« genannt, wegen seiner außerordentlichen Scheu vor Entscheidungen; ein Euphemismus, darin ist man sich einig. Aber er hielt an seinem Ideal fest, die Einheit des Christentums wiederherzustellen und zugleich die Macht Spaniens, seines Reiches und seiner Dynastie aufrechtzuerhalten. Zum Vorbild nahm er sich seinen Vater Karl V., den er in einem Maße idealisierte, daß er ihm niemals ebenbürtig werden konnte.

Als klein beschrieben, mit unglaublich sanfter Stimme, die Augen gerötet vom Lesen all der Staatspapiere, nur selten lächelnd und dann mit einem eingefrorenen offenen Mund, den starren Blick halb träumerisch, halb grausam, ebenso abwesend wie fuchsschlau, drängt er uns die Frage auf, ob er denn nun wirklich klug oder bloß unsicher war, mächtig oder lediglich überlastet. Vielleicht hätte nur er selbst uns in der Einsamkeit seiner Schlafkammer die Antwort darauf geben können. Man stelle sich seine Ängste vor, als er darüber nachdachte, ob sein menschlicher Wille ausreichte, um ihn zu Gottes Statthalter auf Erden zu machen. Mußte er bei seinem Versuch, die Einheit des katholischen Glaubens wiederherzustellen, nicht scheitern und dafür im nächsten Leben zur Verantwortung gezogen werden? Gedanken an den Tod müssen ihm immer nahe gewesen sein, besonders angesichts des Todes seiner drei Ehefrauen, der meisten seiner Kinder und vor allem seines Sohnes Don Carlos, den der König persönlich eingekerkert hatte »im Dienste unseres Herrn und für die öffentliche Wohlfahrt«.

Federico García Lorca nannte den Escorial »den traurigen Ort, von dem aller kalte Regen auf Erden niedergeht«. El Greco zeigt in seinem überwältigenden *Traum Philipps II.* den König auf seinen Knien halbwegs zwischen Himmel und Erde. Aber ein noch größeres Wunder ist, daß dieser allmächtige Monarch soviel von seiner Zeit und seinem Einkommen hergab, nicht nur, um die Toten der Familie um sich zu sammeln, sondern um sich mit einer regelrechten Lawine heiliger Reliquien zu umgeben. Seine Sendboten suchten weit und breit, um ihm Schädel, Knochen und verdorrte Hände von Heiligen und Märtyrern zu bringen, Teile von Christi Dornenkrone und Splitter des wahren Kreuzes, die er mehr verehrte als Gold und Silber. Tatsächlich gelang es Philipp, alle 290 heiligen Zähne aus dem Mund von Santa Appollonia, der Schutzpatronin des Zahnschmerzes, an sich zu bringen. Das Reliquien-Depot im Escorial muß ausgesehen haben wie Citizen Kanes Lagerhaus in Xanadu.

Der Abstieg Spaniens

Mit dem Tod Philipps II. (einem grauenhaften, kotigen Tod im Escorial) fielen seine Schulden und Versäumnisse auf das Haupt seines alles andere als begabten Sohnes Philipp III. Faul, wie er war (er arbeitete nur sechs Monate im Jahr), delegierte Philipp III.

seine Macht an Günstlinge, die den kolossalen Fehler begingen, die noch verbliebenen Mauren aus Spanien auszuweisen, alle 275 000, und sie nach Afrika zu verschiffen. Dieser widersinnige Akt ruinierte praktisch den gesamten Mittelstand Valencias und Aragóns, der den Mauren Geld geliehen, und den Adel, der ihnen Land verpachtet hatte, und er drohte sogar die Inquisition herabzustufen, die einer Viertelmillion Häretiker beraubt wurde, die sie nicht mehr verfolgen konnte. Alle diese Gruppen verloren Geld und Macht, viele gingen bankrott. So wie die Heimatlosen in unseren Tagen plötzlich in die modernen Städte des reichen Westens strömen, so sah das kaiserliche Spanien unter Philipp III. einer Nation von Bankrotteuren, Bettlern und Banditen immer ähnlicher. Es folgten Geldentwertung und der Ersatz von Gold und Silber durch Kupfer, und das in einem Land, das Mexiko und Peru erobert hatte.

Spanien wurde zudem das erste Beispiel für eine Anomalie, die sich in den Vereinigten Staaten am Ende unseres Jahrhunderts zu wiederholen droht: ein armes Reich zu sein, hochverschuldet, unfähig, seine inneren Probleme zu lösen, und doch darauf beharrend, eine beherrschende Rolle in Übersee zu spielen, wobei es Almosen von anderen, an Überschüssen reichen Nationen erbittet, um so seine kostspielige Rolle als Weltpolizist zu finanzieren. Spanien hatte allerdings kein Deutschland, auch kein Japan, um seine militärischen Operationen zu finanzieren. Statt dessen hatte es Bankiers, an erster Stelle die Fugger, die schon das Zünglein an der Waage gespielt hatten, als es 1519 galt, die Habsburger an die Spitze des Heiligen Römischen Reiches zu manövrieren. Nachdem sie die Stimmen der deutschen Kurfürsten gekauft hatten, gaben die Bankiers Karl V. vor Franz I. von Frankreich den Vorzug – ausschließlich, wie sie zugaben, wegen der Neuigkeiten über die mexikanischen Bergwerke. Jakob Fugger, ein Hai, dessen Schlauheit nur mit seinem Stolz vergleichbar war, erinnerte Karl V. daran, daß »ohne meine Hilfe Eure Kaiserliche Majestät niemals gekrönt worden wäre«. Würde ein Finanzier unserer Tage es wagen, mit solcher Überheblichkeit selbst mit einem weniger eindrucksvollen Staatoberhaupt zu sprechen?

Die Darlehen der Fugger und anderer finanzierten das spanische Reich und molken es zugleich. Spanien sah in der Anhäufung von Gold und Silber weiterhin das wichtigste Ziel seiner Wirtschaft. Diese merkantilistische Illusion überlebte, wenn auch immer schimärenhafter, als die europäische und damit die Weltwirtschaft sich immer mehr zu einem Netz von kommerziellen, finanziellen, industriellen und technologischen Beziehungen verflocht. In seinem glänzenden Essay *Spanish Imperialism and the Political Imagination* merkt Anthony Pagden die spanische Neigung an, *otium*, Muße, über *negotium*, die Negation von Muße, Geschäftigkeit, zu stellen. Und obwohl Pagden dies zu Recht als Teil einer umfassenderen Unterscheidung sieht, einer, die auf Ehre basiert (der Saat der Muße) und auf öffentlichem Vertrauen(dem Bollwerk des Geschäfts), widerspricht das nicht Spaniens genereller Haltung in wirtschaftlichen Dingen. Alles, was glänzte, *war* für Spanien Gold, und so lange es aus den anscheinend unerschöpflichen Minen der Neuen Welt hereinkam, hielt Spanien das Dekorum des Reiches aufrecht, seine Muße wie sein Geschäft. Niemals wurde ein Kredit so lange und so umfassend gewährt.

Gleichwohl blieb der spanische Escudo noch auf Jahre hinaus die stärkste internationale Währung, ähnlich wie der Dollar in unserem und das Pfund Sterling im 19. Jahrhundert. Das Beharrungsvermögen eines Imperiums kann lange Zeit überdauern. Trägheit ist eine mächtige Kraft, und die äußere Erscheinung ist wichtig, auch wenn die inneren Organe bereits angegriffen sind.

Dieser Verfall lag zumindest zum Teil an der Korruption, die in der Regierungszeit Philipps III. in geradezu bösartiger Weise um sich griff. Seine Günstlinge, der Herzog von Lerma und sein Sohn, der Herzog von Uceda (der den eigenen Vater stürzte), betrieben Schiebereien in großem Stil für sich selbst und ihre Verbündeten. Öffentliche Ämter standen zum Verkauf, und selbst der Ort, an dem der Hof residierte, konnte käuflich erworben werden. Die Stadtväter von Vall172adolid beeinflußten den Herzog von Lerma dahingehend, daß die Hauptstadt von Madrid weg in ihre Gemeinde verlegt wurde, aber sie kehrte einige Jahre später nach Madrid zurück, als die Bürger dort ihrerseits den Premierminister bestachen, der so ein erfreuliches Doppelgeschäft machte.

Gleichwohl hat Spanien die Korruption nicht erfunden und auch nicht weiter getrieben, als es anderswo geschah. Eng verbunden mit der Begründung des Verfalls ist wieder einmal eine verallgemeinernde Sicht der spanischen Anfälligkeit für Faulheit und Unpünktlichkeit. In einem seiner Theaterstücke läßt Cervantes uns wissen, daß im Falle militärischer Unterstützung eine Hilfe von Spanien immer zu spät kommt. Ein Sprichwort, das damals in Europa umging, drückte den Wunsch aus, daß der Tod aus Spanien kommen möge, weil er sich dann sicher verspäte.

Das große Paradox lag darin, daß Unpünktlichkeit, Trägheit, aristokratische Genußsucht und angeborene Korruption der vielleicht tatkräftigsten Nation der Nach-Renaissance zugeschrieben wurden. Obwohl Spanien als Nation weniger gut organisiert war als Frankreich unter den Kardinälen Richelieu und Mazarin, das im Jahre 1643 das spanische Heer bei Roicroi endlich ein für allemal besiegte, und weniger schlau als die Engländer, die Spanien jeder Hoffnung beraubten, die Seeherrschaft nach dem Desaster ihrer Armada jemals wiederzuerlangen, war Spanien tatkräftig über alles hinaus, was man seit den Tagen Roms zu sehen bekommen hatte. Die Beweise liegen in der Entdeckung und Eroberung des halben Erdballs, einschließlich der Neuen Welt, in der Gründung von Hunderten von Städten in Amerika und im Kampf an praktisch jeder Front – gegen die Türken, die Protestanten und die anderen europäischen Mächte.

Spanien konnte sich auf seinem Höhepunkt alles erlauben. Es konnte seine Schatzkammern leeren, konnte seine Armen vergessen, die Konkurse, die abgewertete Währung, die inkompetente Wirtschaft, die überbewertete Währung, die Rezessionen und Depressionen, die inneren und äußeren Schulden, das Staatsdefizit, seine negative Handelsbilanz – solange es sich an der Spitze der Mission im Kampf gegen die Ungläubigen halten konnte, gegen die Bedrohungen durch den Islam und den Protestantismus. Aber schließlich wurde es von der Wirklichkeit eingeholt, die jene Grenzen setzte, welche die imperiale Torheit so leicht übersprungen hatte.

Der spanische Schriftsteller Fernando Díaz-Plaja sieht in dieser Hinsicht eine provozierende Parallele zwischen Spanien und den

Vereinigten Staaten. Auf dem Höhepunkt ihres Einflusses verschmolzen beide ihre militärische und wirtschaftliche Macht mit einem geradezu zwanghaften Glauben an ihre eigene moralische Rechtschaffenheit. Ob gegen den Protestantismus, wie im Fall Spaniens, oder gegen den Kommunismus, wie im Fall der USA, in beiden Fällen überforderte eine Nation ihre Kräfte, verschob die Lösung der inneren Probleme und opferte Generationen. Und selbst als der Feind nicht mehr bedrohlich war, blieb der Wunsch nach dem Gebrauch der Macht bestehen wie ein Rausch, eine Sucht.

Der Vergleich kann noch weitergeführt werden, wenn man bedenkt, daß Spanien inmitten seines lang andauernden wirtschaftlichen Verfalls eine äußerst starke militärische Kraft blieb und dazu ein großer Erneuerer in Technik und Anwendung der Waffen. Die berühmten spanischen *Tercios,* Regimenter von dreitausend Mann, waren zugegebenermaßen die besten Kampfeinheiten in Europa, wo sie zur Elite der Infanterie zählten, über die Spanien ebenfalls verfügte, wobei das Land moderne militärische Befehlsformen schuf. Sowohl der »General« als auch der »Admiral« sind spanische Militärbegriffe, wobei *Admiral* wiederum eine Ableitung von einem arabischen Wort ist.

Schließlich war es Frankreich, Spaniens Nemesis, das letzten Endes die spanischen Habsburger aller ihrer Ansprüche auf eine universelle Monarchie, eine vereinte Christenheit und ein monolithisches Europa nach spanischem Muster beraubte. Durch Kompromisse und politische Flexibilität, eine gute Verwaltung, Machiavellismus bis zur Perversion und nackte Entschlossenheit besiegelte Frankreich die endgültige Wahrheit: daß es sich um einen Krieg nationaler Interessen zwischen Frankreich und Spanien handelte, ohne religiöse und imperiale Erwägungen. Die Schlacht von Roicroi im Jahre 1643 vernichtete das Prestige des spanischen Heeres endgültig.

Diese Tatsache kann nicht grausamer oder auch verrückter deutlich gemacht werden als durch die Geschichte, wie Ludwig XIV. Spanien in einer simplen Protokollfrage demütigte. Im Jahre 1661 gab der französische Gesandte in London am Hof von St. James bekannt, falls der spanische Gesandte vor ihm Zutritt erhalte, würden seine Bediensteten dessen Zaumzeug zerschneiden. Daraufhin ließ der Spanier seine Pferde an seinem Wagen anketten. Worauf Ludwig XIV. ein Ultimatum an Philipp IV. schickte: Entweder würde dem französischen Botschafter an allen europäischen Höfen Vortritt vor dem Vertreter Spaniens eingeräumt, oder es geschehe ein Unglück. Wieweit der spanische Machtverfall bereits gediehen war, zeigt die Tatsache, daß Philipp IV. sich lieber bei Ludwig XIV. entschuldigte, als einen Krieg zu riskieren, und von da ab den französischen Vertretern Vorrang zugestand.

Daß dieser Streit um eine Frage der Etikette ging, ist ebenfalls bezeichnend. Zwei Jahrhunderte hindurch hatte Spanien nicht nur die politische Hegemonie beansprucht. Es hatte auch – und das war kein bloßer Anspruch, sondern ein Faktum – die kulturellen Moden in ganz Europa bestimmt. Das begann bei der Art, sich zu kleiden, bis zur Art, einen Krieg zu führen, und von dort wieder zurück zu den Förmlichkeiten der Hofetikette, des diplomatischen Protokolls und der gesellschaftlichen Formen, die nach Oswald Spengler dem europäischen Leben einen Stempel aufdrückten und es bis zum Wiener Kongreß und in wichtigen Punkten sogar bis über Bismarck hinaus prägten. Von Karl V. bis zu Philipp IV., so fügt der Autor von *Der Untergang des Abendlandes* hinzu, habe Europa in Religion, Wissenschaft, Kunst, Politik und Lebensart in einem spanischen Jahrhundert gelebt. Wieder war es nicht das erste oder das letzte Mal, daß ein riesiges, überfordertes Reich, das seine Schwächen nicht zur Kenntnis nahm, dem Verfall entgegenging, aber zugleich aus der Fäulnis seines Verfalls den notwendigen Gärstoff gewann, um auf die Höhen der Kreativität zu gelangen.

Denn trotz Intoleranz, Korruption, Inkompetenz und Belastungen über alles Maß hinaus entwickelte sich *neben* der spanischen Monarchie des 17. Jahrhunderts die größte kulturelle Blüte, die Spanien jemals erleben sollte: *El Siglo de Oro*, ein wahrhaft Goldenes Zeitalter, die größte Epoche spanischer Literatur und Malerei – die Epoche der Maler El Greco, Velázquez, Zurbarán und Murillo, der Dramatiker Lope de Vega und Calderón de la Barca, der Dichter Quevedo und Góngora und des Romanciers Cervantes.

8. Kapitel

DAS GOLDENE ZEITALTER

Im 17. Jahrhundert behielten die spanischen Monarchen auch weiterhin ganze Schiffsladungen amerikanischer Gold- und Silberbarren für sich selbst zurück, um damit ihre Kriege und ihre Schulden zu bezahlen. Doch führte der schnelle Durchfluß von Gold und Silber zu einer Entwertung der Währung. Niemand wollte die spanischen Kupfermünzen mehr akzeptieren. Das spanische Weltreich hatte 35 Millionen Einwohner, davon 17 Millionen Europäer außerhalb der Iberischen Halbinsel, wo lediglich 8 Millionen lebten, und der Abstand zwischen Besitzenden und Habenichtsen vergrößerte sich mit der ungleichen Verteilung des Wohlstands nur noch.

Die Städte waren voll mit Bettlern, von denen manche echte Notleidende mit einem Bettelbrief waren, der ihnen das Recht zum Betteln gab. Die Blinden waren besonders privilegiert und hatten die Erlaubnis, Lieder zu singen und Almanache zu verkaufen. Aber die 150000 spanischen Bettler zur Zeit von Cervantes und Velázquez waren in der Mehrheit Simulanten mit einem Talent in der Vortäuschung von blutenden Geschwüren und plötzlichen Fieberanfällen. Diebe arbeiteten als Fassadenkletterer, die in Häuser einbrachen, oder waren »Fromme«, die aus Kirchen stahlen. »Apostel« waren Spezialisten im Aufbrechen von Türen, und besonders geschickte Räuber ließen ihre Opfer mitten auf der Straße nackt zurück. Die Banditen auf dem Lande waren bisweilen alte, beschäftigungslose Soldaten, Männer, die auf der Flucht vor der Inquisition waren, oder auch ruinierte Feldarbeiter.

Wer floh vor der Inquisition? Wieder und wieder die getauften Juden, abschätzig *Marranos* oder Schweine genannt, die 1492 nicht ins Exil gegangen waren und unablässig schikaniert, verdächtigt und verfolgt wurden, wenn sie nicht die Fähigkeit besaßen, sich zu integrieren wie die Torquemadas – und vielleicht auch die Vorfahren der heiligen Teresa von Avila oder gar die von Cervantes. Wer denn in Spanien (und selbst die Amerikaner, die von den Spaniern abstammen) war nach tausend Jahren enger Koexistenz mit Juden und Arabern ohne jeden Tropfen fremden Blutes?

Jenseits der Welt der Bettler, Räuber und Einbrecher oder *Pícaros*, als die sie bekannt waren, gähnte ein Abgrund, über dem sich die Welt des Adels erhob, zu dem die einfachen Hidalgos und weiter oben die Herren oder Ritter gehörten und ganz oben die Granden. Sie waren von Steuern befreit, hatten ihre eigene Gerichtsbarkeit und konnten deshalb auch wegen ihrer Schulden nicht eingekerkert werden. Sie durften ein Schwert tragen. Sie hatten das Recht, sich anders zu kleiden als die niederen Stände. Der einzelne war den Regeln und Privilegien seiner Gesellschaftsschicht unterworfen.

Nach außen hin war es eine geordnete Welt, immer noch erfüllt von dem mittelalterlichen Bewußtsein von Stellung, Bedeutung und Harmonie. Doch existierte sie in einem neuen Europa, in dem die religiöse Einheit zerbrochen war, wo Gesellschaftsklassen ihre traditionellen Zwangsjacken abwarfen und ehrgeizig einen Platz an der Sonne beanspruchten, wo finanzielle Risiken und kaufmännische Kühnheit reichlich belohnt werden konnten, wo alles in Bewegung war, Grenzen niederbrachen und Sprachen und Bilder für eine neue historische Epoche erdacht wurden. Spanien konnte den Auswirkungen dieses tiefgreifenden Wandels nicht völlig entgehen, auch wenn es der Unordnung in der Welt draußen durch seine Vorreiterrolle für die katholische Einheit – die längst ein Trugbild war – widerstand, so gut es konnte. Spanien gab dem dogmatischen Weg den Vorzug, war es doch wünschenswert, zumindest eine einheitliche orthodoxe Sprache zu haben, die eine einheitliche Vision der Welt aufrechterhielt.

Zwischen offizieller Ordnung und inoffizieller Unordnung kam es zu zahlreichen Wechselwirkungen, die dem *Siglo de Oro* in der Kunst seine Eindringlichkeit und vielleicht auch seine Schönheit verliehen. Es findet sich eine bildliche, verbale und dramatische Schönheit, die in der fortwährenden Spannung zwischen Erlaubtem und Verbotenem existierte. Wünsche stießen mit Verboten zusammen, das Sichtbare mit dem Unsichtbaren, das Gesagte mit dem Ungesagten. Beredsamer als alles Schweigen drückte sich in dieser Spannung auch ein Gefühl von Gefahr, Stimulation und Intelligenz aus. Selten hat eine Nation es vermocht, in so kurzer Zeit so viele Antworten auf die Herausforderung durch eine dogmatische, vereinheitlichte, geordnete Vision der Welt zu geben, und die Antworten reichen von den Extremen des Schelmenhaften bis zum Mystischen.

Es gibt kein anderes Gemälde, auf dem das Menschliche und das Göttliche so anschaulich, so präzise und so realistisch zusammenklingen wie auf dem *Begräbnis des Grafen Orgaz*. Bei einer Trennung der beiden Sphären würde El Grecos Werk ohne die eine oder die andere unvollständig sein. Man versuche die Aufteilung einmal ganz einfach mit der Hand. Für sich allein ist der obere Teil des Bildes sicherlich ein großartiges religiöses Porträt des himmlischen Königreiches, während der untere Teil ohne Zweifel eine prachtvolle Darstellung der Beisetzung eines spanischen Granden und Soldaten ist. Die Gesichter tragen ausnahmslos die Züge unserer Tradition: Individualismus, Ehre, stoische Widerstandskraft, Stolz. Aber nur dadurch, daß eine Gestalt in der Mitte des Bildes nach oben blickt und dabei wie zufällig auf den nach unten gerichteten Blick Gottes trifft, entfaltet das Gemälde seine volle Kraft, zwischen Himmel und Erde zu vermitteln, eines vom anderen abhängig zu machen, Stoff und Geist in einer präzisen Artikulation von Leben und Tod, irdischer Würde und übernatürlicher Herrlichkeit zu verschmelzen.

Zwischen beidem und beides gemeinsam umfassend, steht eine Kunst, die sich nicht in einem sinnlosen, täglich neuen Überlebenskampf verschleißen und Verzicht auf alle weltlichen Freuden üben will. Vielleicht konnte nur im Spannungsfeld solcher Extreme, in einer Gesellschaft wie der spanischen damals, die große erzählerische und figurative Kunst eines Miguel de Cervantes und Diego Velázquez entstehen.

Miguel de Cervantes, im Jahre 1547 in einer Familie von, wie es heißt, »schäbigem Adel« geboren, folgte seinem Vater, einem gescheiterten Chirurgen, auf seinen Wanderungen durch das Spanien Karls V. und Philipps II. Ohne Zweifel war er seinerseits Schüler des berühmten spanischen Erasmus-Schülers Juan López de Hoyos und möglicherweise auch Student in Salamanca.

Der Einfluß von Erasmus auf Cervantes steht so fest wie der enorme Einfluß von Erasmus auf das gesamte spanische Leben zu Beginn des 16. Jahrhunderts. Der Weise von Rotterdam beschwor die Kirche: Reformiere dich, bevor es zu spät ist. Er plädierte ebenso für die neue Kultur des Humanismus: Alle Dinge haben mehrere Bedeutungen. Weder Vernunft noch Glaube schöpfen die Wirklichkeit völlig aus. Indem er die Torheit pries, argumentierte Erasmus, daß Glaube und Vernunft relative, nicht absolute Begriffe werden müßten. Sein Einfluß auf das Spanien Karls V. erhellt sich aus der Tatsache, daß der Sekretär des Königs, Alfonso de Valdés, ein selbsterklärter Anhänger des Gelehrten war. Doch nach dem Schisma der Kirche und Luthers Reformation wurde Erasmus nicht länger glorifiziert: Seine Bücher wurden geächtet und seine noblen Gesichtszüge, wie Holbein der Jüngere sie gemalt hatte, in einer grauenhaften Karikatur, entworfen von der Inquisition, entstellt und mit Giftzähnen versehen. Kein Wunder, daß Cervantes diesen wichtigsten intellektuellen Einfluß in keinem seiner Werke auch nur erwähnen konnte.

Im Jahre 1534 hatte der Humanist Juan Luis Vives an Erasmus geschrieben: »Die Zeiten, in denen wir leben, sind außerordentlich schwierig, und ich kann nicht wahrheitsgemäß sagen, was gefährlicher ist: zu reden oder zu schweigen.« Ein Jahrhundert später sollte der große Barockdichter und Satiriker Francisco de Quevedo schmerzlich ausrufen: »Ich werde nicht schweigen« und sich selbst und seiner Gesellschaft die Frage stellen:

¿No ha de haber un espíritu valiente?
¿Siempre se ha de sentir lo que se dice?
¿Nunca se ha de decir lo que se siente?

Wird es jemals einen mutigen Geist geben?
Müssen wir immer bedauern, was wir sagen?
Können wir niemals sagen, was wir bedauern?

Sie wußten, worüber sie redeten. Vives, der Erasmus-Schüler, der auch ein *Converso* war, wurde aus Spanien vertrieben, sein Besitz konfisziert und seine Familie vom Heiligen Offizium auf dem Scheiterhaufen verbrannt. Quevedo wurde wegen seiner respektlosen Schriften wiederholt eingekerkert. Der Index der von der spanischen Inquisition verbotenen Bücher (einschließlich der von Erasmus und Machiavelli) war strenger als der des Papstes. Philipp II. verbot den Spaniern, im Ausland zu studieren, mit Ausnahme von Rom. Diese intellektuelle Abkapselung wirkte sich auf die Einfuhr von Büchern und natürlich auch auf die Veröffentlichung von Büchern in Spanien selbst aus.

Cervantes, der weniger bedeutende Held von Lepanto, vermochte anfangs noch die orthodoxe Herrlichkeit des Reichs zu besingen, so als er Philipps berühmten Ausruf rechtfertigte, daß die Armada von »den Elementen« besiegt worden sei. »Unsere Schiffe«, schrieb Cervantes, »sind nicht durch gegnerische Waffen zurückgeschlagen worden, sondern durch den unschlagbaren Sturm, durch den Wind, die See und den Himmel.« Am Ende von Philipps Regierungszeit, als er seine exemplarische Novelle, *El celoso extremeño,* veröffentlichte, sah er sich gezwungen, seine Ansichten denen der Kirche unterzuordnen. Die Erzählung hatte ursprünglich im Bett geendet, mit zwei Liebenden in fleischlicher Vereinigung. Doch nachdem der Erzbischof von Sevilla, Kardinal Nino de Guevara, das Manuskript gelesen hatte, flatterten »die Engel der Gegenreformation«, wie Americo Castro sie nennt, über den unglücklichen Liebenden, und in der veröffentlichten Fassung schläft das Paar in vollkommener Keuschheit nebeneinander. Cervantes hatte sich den Vorschlägen Seiner Eminenz gebeugt.

Als Spanien von der Wirklichkeit eingeholt wurde und die Grenzen zu spüren bekam, die es in seiner imperialen Selbstüberschätzung immer vernachlässigt hatte, und als Cervantes die Pfeile der Zensur am eigenen Leib bemerkte, da begann er, eine spaßhafte, indirekte Sprache zu entwickeln, die die offizielle Gleichschaltung gegen den Strich bürstete. Er erfand ein seltsames Paar, einen minder angesehenen Hidalgo, der sich selbst für einen Ritter aus alten Tagen hielt, begleitet von einem *Pícaro*, seinem Knappen Sancho Pansa, um die Kluft zwischen den spanischen Extremen zu überbrücken. Die geniale Begegnung von Don Quijote in seiner verrosteten Rüstung mit dem vor Hunger rülpsenden Sancho Pansa ermöglicht ein Zusammenspiel zwischen dem Schelmenhaften und dem Mystischen, zwischen der Wirklichkeit des Überlebenskampfes und dem Traum von einem Weltreich, zwischen der Sprache des Epos und der Sprache des Volksmärchens. Das Ergebnis enthielt ohne Zweifel jene Doppeldeutigkeit, nach der auch Erasmus gesucht hatte – die vernünftige Torheit, eine relativierte Vernunft, ein Kunstwerk. Quijote spricht die Sprache absoluter Abstraktion, Sancho die Sprache konkreter Bezüge. Sie verstehen einander nicht mehr, und aus dieser Doppelsprachigkeit seiner Protagonisten wurde der moderne Roman geboren. Die Helden des Altertums – Achilles, Odysseus – und die Ritter der Tafelrunde – König Artus, Roland –, sie alle hatten die gleiche Ausdrucksweise. In einem Roman sprechen alle Charaktere anders. Aber das kann eine gefährliche Torheit sein.

Cervantes, das wollen wir nicht vergessen, lebte in der Zeit, in der Giordano Bruno von der Inquisition auf dem Scheiterhaufen verbrannt wurde. Das geschah im Rom des Jahres 1600, fünf Jahre vor der Veröffentlichung des *Don Quijote*. Und im Jahre 1616, dem Todesjahr von Cervantes, verdammte die katholische Kirche offiziell das kopernikanische System. 1633 wurde Galileo Galilei gezwungen, seinen Ideen vor dem Heiligen Offizium abzuschwören. Galilei starb 1642. Im selben Jahr noch wurde Isaac Newton geboren, und aus dem Europa der Hochrenaissance war ein Europa enttäuschter Hoffnungen und religiöser Streitigkeiten geworden.

Ist alles möglich? Oder ist alles zweifelhaft? 1605 wurden *Don Quijote*, *König Lear* und *Macbeth* veröffentlicht, alle im selben Jahr. Zwei verrückte alte Männer und ein junger Totschläger treten auf die Bühne der Welt, um uns an die Herrschaft und Knechtschaft zu erinnern, denen die Menschheit zum Opfer fällt.

Shakespeare besingt die »schöne neue Welt«. Cervantes lamentiert über das Dahinschwinden des »Goldenen Zeitalters ... in dem alle Dinge gemeinsames Eigentum waren, klare Quellen und dahinfließende Ströme den Menschen ihre süßen und durchsichtigen Wasser in herrlichem Überfluß darboten«. Wir leben, sagt Don Quijote, »in diesem – unserem – verabscheuungswürdigen Zeitalter«. Cervantes teilte die Welt mit Shakespeare. In der Tat starben beide im selben Jahr und am selben Tag, am 23. April 1616.

Der Mann von La Mancha

Und doch begründete Cervantes mit seinem Buch *Don Quijote de la Mancha* den modernen Roman in eben der Nation, die sich der Modernität widersetzte. Während das Spanien der Inquisition der Welt eine einzige, dogmatische und orthodoxe Anschauung aufzwang, stellte sich Cervantes im Kern eine Welt mit vielen verschiedenen Anschauungen vor, und er tat dies mit einer augenscheinlich unschuldigen Satire auf die Ritterromane. Und wenn Modernität auf vielen unterschiedlichen Betrachtungsweisen beruht, so beruhen jene wiederum auf dem Prinzip der Ungewißheit. Das Schönste daran ist natürlich, daß es sich bei Don Quijote um einen Mann von festem Glauben handelt, der nicht voller Zweifel und Ungewißheiten steckt. Und seine Festigkeit kommt vom Lesen. Sein Glaube steht in seinen Büchern, seinen »Worten, Worten, Worten«.

Als Don Quijote aus seinem Dorf in die Felder von La Mancha aufbricht, läßt er seine Bücher, seine Bibliothek und damit seine Zuflucht hinter sich zurück. Quijote ist ein Leser von Ritterromanen, und alles, was er liest, glaubt er auch. Deshalb ist alles, was er liest, wahr. Seine Narrheit entstammt den Büchern, seine *lectura* (Lektüre) ist seine *locura* (Narrheit). Die Windmühlen sind ihm Giganten, weil seine Bücher es so gesagt haben. Greift er die Mühlen an, wird in die Luft geworfen und landet mit dem Kopf zuerst wieder auf dem Boden, kann das nichts anderes als ein Werk von Giganten und Magiern sein – weil er es so gelesen hat und niemand ihn vom Gegenteil überzeugen kann. Er richtet sich auf und steigt erneut auf seine Mähre, um auch weiter gegen Bösewichter zu kämpfen und in Not geratene Waisen, Witwen und Jungfrauen zu retten. Das ist die Mission, die der Ehrenkodex seiner Bücher ihm abverlangt.

Aber als er sein Dorf und seine Bücher verläßt, um sich nach La Mancha aufzumachen, läßt er auch die geordnete Welt des Mittelalters hinter sich, die festgegründet ist wie eine Burg und in der alles seinen erkennbaren Platz hat, und betritt die schöne neue Welt der Renaissance, in der alles Umbruch ist, aufgewühlt von den Winden der Doppeldeutigkeit und des Wandels. Cervantes' Genie liegt darin, daß er zunächst über die Bücher, die Don Quijote in seinem Kopf mit sich herumträgt, die festgefügte Welt des Glaubens einführt und daran anschließend die Welt des Zweifels schildert, die Don Quijote zu durchleben hat: im Roman *Don Quijote de la Mancha*. Und wo ist die Heimat von Don Quijote? »In einem gewissen Ort, an dessen Namen ich mich nicht erinnern möchte.«

Indem er den Ort, an dem der Roman spielt, im Ungewissen läßt, erhebt Cervantes die Infragestellung zum Prinzip, um in einem kühnen Schritt gleich anschließend auch die Person des Verfassers in diese Ungewißheit mit einzubeziehen. Wer ist der Verfasser von *Don Quijote*, werden wir immer wieder gefragt. Ein gewisser Cervantes? Ein arabischer Autor, der von einem anderen Araber übersetzt worden ist? Oder sind es die verschiedenen Autoren der vielen gefälschten *Quijotes*, der anonymen Fassungen, gekürzten Ausgaben und Fortsetzungen? Ist der wahre Verfasser etwa der des Lesens unkundige Knappe Sancho Pansa, die einzige Gestalt, die bei allen Taten Don Quijotes dabei ist, außer als dieser aufbricht, um die illusionäre Insel Barataria zu regieren? Indem er solche Zweifel um die Autorenschaft sät, zieht Cervantes die *Autorität* selbst in Zweifel.

Auch die Namen im *Don Quijote* bleiben ungewiß. »Don Quijote« ist nur der *Nom de guerre*, den sich ein Landedelmann namens Alonso Quijano – oder ist es Quijada? – gibt. Aber er nennt sich auch »Ritter von der traurigen Gestalt«, während andere seinen Namen noch weiter deformieren oder karikieren, den jeweiligen Umständen entsprechend. Quijotes Einfallsreichtum bei der

Namensgebung ist so groß, daß er eine abgeklapperte Mähre in die edle Stute Rosinante verwandelt. Und wer ist Don Quijotes Lieblingsdame? Ein einfaches Bauernmädchen, das ständig herumkeift und nach Knoblauch riecht, oder die hochgeborene Prinzessin Dulcinea?

Schließlich ist auch die Gattung des Buches ungewiß. Don Quijote nimmt in seinen Roman alle Gattungen auf, die damals in Mode waren – Ritterepos und Schelmenstück, Spiel-im-Spiel, Schäferidylle und Liebesgeschichte –, und vermischt sie zu einer neuen Gattung, der Gattung aller Gattungen, dem Roman, der die neugewonnene Gabe besitzt, die ganze Welt zu fassen und ihre Vielseitigkeit zu verarbeiten. Gekrönt wird diese Vielseitigkeit der Standpunkte schließlich dadurch, daß im *Don Quijote*, zum erstenmal in der Literatur, die Figuren herausfinden, daß sie in einem Roman erscheinen, daß sie gelesen und beurteilt werden nach den breitgefächerten Kriterien eines radikal neuen und modernen Wesens: dem Leser von Büchern, die wiederum durch jene andere Neuheit, die Druckerpresse, verbreitet werden.

Glaube und Zweifel. Gewißheit und Ungewißheit. Das waren die Themen der modernen Welt, die Cervantes präsentierte, als er den modernen europäischen Roman erfand. Dostojewski nannte ihn »das traurigste Buch, das jemals geschrieben wurde«, denn es sei »die Geschichte einer Desillusionierung«. Dieses Sujet der hohen Erwartungen, die zu verlorenen Illusionen werden, sollte die Aura zahlloser moderner Erzählungen ausmachen.

Am Schluß kehrt Don Quijote in sein Dorf zurück und nimmt wieder Vernunft an. Doch für ihn stellt sie sich als Wahnsinn dar, und so stirbt er. Aber stirbt in Wirklichkeit nicht der alte Hidalgo Alonso Quijada – oder ist es Quijano? –, während Don Quijote für immer weiterlebt in seinem Buch, närrisch, heldenhaft, komisch und tapfer? Werden nicht zuguterletzt die Zweifel besiegt und die Desillusionierung bezwungen durch die Liebe? Die Wahrheit ist, daß Don Quijote sehr wohl weiß, wer Dulcinea ist: einfach das Bauernmädchen Aldonza. Er weiß das, wie er zugibt, doch weil er sie liebt, ist sie, sagt er, »die wohlgeborenste Prinzessin im Lande«. Und darum, fügt er noch hinzu, »genügt es mir, wenn ich glaube, daß die gute Frau Aldonza schön und ehrbar ist, denn die

Frage der Abstammung spielt nur eine kleine Rolle ... Ich male sie nur in meiner Phantasie, wie ich sie haben möchte ... Und laß jeden Mann sagen, was er will.«

Las Meninas

Auf die Forderung der Gegenreformation und Inquisition, die nach einer einzigen Weltsicht verlangten, hätte Cervantes geantwortet, daß man uns zusieht: Wir sind nicht allein. Wir sind umgeben von anderen. Wir lesen. Wir haben unser Abenteuer noch nicht beendet. Wir werden es nicht beenden, Sancho, solange es noch einen Leser gibt, der unser Buch öffnet und uns so unser Leben zurückgibt. Wir sind das Resultat der Sichtweisen vieler verschiedener Leser in Vergangenheit, Gegenwart und Zukunft – die aber immer gegenwärtig sind, wenn sie *Don Quijote* lesen oder das Bild *Las Meninas* sehen.

Trotz der unterschiedlichen Illustrationen zum *Quijote* – von Hogarth bis Daumier, von Doré bis Picasso, von George Cruikshank im 19. bis zu Antonio Saura im 20. Jahrhundert – hängt eine viel zwingendere bildliche Entsprechung zu Cervantes in einem ruhigen Saal im Prado in Madrid. Wenn wir den Raum betreten, überraschen wir den Maler Diego de Silva y Velázquez bei seiner Arbeit, dem Malen. Aber wer ist es, den Velázquez malt? Die Infantin, ihre Zofen, ihr Zwerg oder jener schwarzgekleidete Herr, der über die hellerleuchtete Türschwelle tritt? Oder sind es die zwei Gestalten, die man, vergraben in der tiefsten schattigen Nische des Künstlerateliers, schemenhaft in einem Spiegel erkennen kann: Vater und Mutter der Prinzessin, den König und die Königin von Spanien?

Wir mögen glauben, daß es auf jeden Fall Velázquez ist, den Pinsel in der einen, die Palette in der anderen Hand, der das Gemälde malt, das wir gerade ansehen – *Las Meninas* –, und dann erkennen wir, daß die Mehrzahl der Gestalten *uns* anblickt, mit Ausnahme des schläfrigen Hundes und einer übereifrigen Zofe, auf uns blickt, auf Sie und mich. Könnte es ein, daß *wir* die wahren Protagonisten von *Las Meninas* sind, des Bildes, das Velázquez gerade malt? Denn Velázquez und der ganze Hof laden uns ein, dem Gemälde näher zu treten, in das Bild hineinzugehen, und zur selben Zeit macht das Gemälde einen Schritt vorwärts und bewegt sich auf uns zu. Das ist die eigentliche Dynamik dieses großen Meisterwerks. Wir können uns frei in das Gemälde hinein- und wieder aus ihm hinausbewegen. Wir können das Gemälde und in weiterem Sinne die Welt auf unterschiedliche Weise, nicht nur auf eine einzige, dogmatische, orthodoxe Art sehen.

Und wir stellen fest, daß das Gemälde und der Maler uns beobachten. Velázquez' tatsächliches Gemälde, die Leinwand des Malers-im-Gemälde, kehrt uns den Rücken zu, ist unvollendet, während wir betrachten, was unserem Gefühl nach das vollendete Werk ist. Aber zwischen diesen beiden Ansichten öffnen sich zwei große und überraschende Räume. Der erste gehört zur dargestellten Szene selbst: Velázquez beim Malen, die Infantin und Zofen überrascht, ein Herr in Schwarz, der durch eine erleuchtete Tür tritt, der König und die Königin reflektiert im Spiegel. Hat sich diese Szene jemals ereignet? War sie inszeniert, oder hat Velázquez einfach einige oder alle Komponenten so erfunden? Und zweitens, wurde das Gemälde jemals vollendet? Velázquez war zu seiner Zeit kein populärer Maler, wie uns der Philosoph José Ortega y Gasset berichtet, und man kritisierte ihn dafür, daß er oft unfertige Bilder zeigte. Quevedo warf ihm sogar vor, daß er gern »entfernte Kleckse« male.

Liegt darin nicht eine weitere Öffnung der geschlossenen Gesellschaft, die dogmatisch auf einer einzig möglichen Weltsicht bestand? Wird damit nicht die Möglichkeit angedeutet, daß alles in der Welt – dieses Gemälde, aber auch die Geschichte und alles Erzählte – unvollendet ist? Und noch spezifischer, daß wir selbst unfertig sind, Männer und Frauen, die man nicht als »vollkommen« bezeichnen kann, eingeschränkt durch unsere Endlichkeit und Gewißheit, ob wir es nun vergessen haben oder uns noch daran erinnern, zu einer Vergangenheit beigetragen zu haben, die unsere Nachkommen am Leben erhalten müssen, wenn sie eine Zukunft haben wollen.

Cervantes lehrt uns, neu zu lesen. Velázquez lehrt uns, neu zu sehen. Gewiß tun das alle großen Schriftsteller und Künstler.

Aber diesen beiden ist es gelungen, aus einer geschlossenen Gesellschaft heraus, die Realität mit den Ausdrucksmitteln der Phantasie neu zu definieren. Was wir uns vorstellen, ist beides: sowohl möglich wie auch wirklich.

Don Juan und San Juan

Als Velázquez im Jahre 1623 von Philipp IV. zum Hofmaler ernannt wurde, traf er für sich eine klare Unterscheidung zwischen der Freiheit seiner Kunst, die er als eine Gabe der Natur betrachtete, und seinem Dienst für den König, der einfach nur Mittel zum Zweck war. Mit einer gewissen Schläue stellte er sich niemals als Maler, sondern stets als Bediensteter des Königs dar. Als ihm der Papst eine goldene Kette zur Belohnung für seine Kunst überbringen ließ, schickte Velázquez sie umgehend zurück: Er sei kein Maler, sondern Beamter des Hofes. Auf diese Weise befreite er sich von jeder Verpflichtung gegenüber dem König, außer daß er ihn und die Mitglieder seiner Familie malte, die alterten, zu Theaterrequisiten wurden und immer weniger dem Bild ähnelten, das Velázquez von ihnen malte.

Fern, sagt Ortega y Gasset. Velázquez war ein Künstler der Ferne – fern dem Hof, den eigenen Figuren und seiner Technik, die nur von weitem »realistisch« aussieht, da sie, aus der Nähe betrachtet, minutiös abstrakt ist, gewagt, seiner Zeit weit voraus. Diese Malerei existiert um ihrer selbst willen. Das Amt war dem König verpflichtet. Velázquez mußte diese Unterscheidung machen, wenn er gedeihen und überleben und außerdem auch seinen Sinn für Humor bewahren wollte.

Der König, so glaubte man vielerorts, war das Vorbild für *Don Juan*, den *Spötter von Sevilla*, wie er in dem erfolgreichen Schauspiel dargestellt wurde, das der Klosterbruder Gabriel Téllez 1634 unter dem *Nom de plume* Tirso de Molina veröffentlichte (obwohl das wahre Modell für Don Juan auch ein anderer Wüstling gewesen sein konnte, Don Miguel de Mañara etwa, der dafür bekannt war, daß er gern Klosterfrauen verführte). Philipp IV. wurde eher von Schauspielerinnen als von den Mägden des Herrn in Versuchung geführt. Er hatte dreißig uneheliche Kinder, von denen er nur eines offiziell anerkannte: Don Juan, den Sohn, den ihm die Schauspielerin María Calderón gebar. Wenn er eine Mätresse fallen ließ, schickte Philipp sie ins Kloster, um sicherzugehen, daß niemand nach ihm sie je wieder besitzen würde. Als sie eine Annäherung des Königs abwehrte, sagte ihm eine Hofdame einmal: »Sire, ich fühle mich nicht zum Klosterleben berufen.« Sein Ruhm als Frauenverführer war in der Tat enorm, nur vergleichbar seinen Anfällen frommer Reue und seiner Zuneigung zur Äbtissin von Ágreda, die seine zuverlässigste Freundin und Beraterin war.

Diesem Hof beständiger sexueller Intrigen, frommer Zerknirschung und familiärer Inzucht entstammten die Zwerge und Gaukler, die Velázquez malte, aber auch des Königs legitimer Sohn und Erbe Karl II., genannt der Verhexte. Der letzte Monarch der Habsburger in Spanien, wie er von Coello gemalt wurde, war ein Double der deformierten Clowns von Velázquez – impotent, ignorant, unglaubwürdig. Über ihnen allen schwebte diese Freiheitsgestalt, der Verführer, der zugleich auf perverse Weise Liberale, Don Juan, der aus den Mauern des Escorial, aus den Konventen und Klöstern ausbrach, immer auf der Flucht, immer auf der Suche nach dem flüchtigen Vergnügen, das er im schnellen Wechsel fand, alle Grenzen überschreitend. Don Juan hatte Hunderte Geliebte in Italien, in Frankreich, Deutschland und der Türkei, wie uns die Registerarie in Mozarts *Don Giovanni* mitteilt, aber in Spanien brachte er es auf eintausendunddrei. Er ist der Gründer des gemeinsamen europäischen Marktes der Erotik. Er ist der Machiavelli des Sex, der jeder Rache entkommt, vor allem aber Langeweile und Wiederholung überlistet. Sein Leben ist Bewegung, Wechsel, Zirkulation, er ist unersättlich, unbefriedigt, untröstlich. Nur die Musik, nicht die Malerei, nicht einmal die Poesie kann so tun, als ob sie mit ihm Schritt hielte. Don Juan ist ein Flüchtling, und seine Musik ist eine Fuge. Seine ständige Unruhe wird am besten von Mozart im berühmtesten *Don Giovanni* von allen wiedergegeben.

Der erste spanische Don Juan allerdings, Tirsos *El burladore de Sevilla* war ein unerfahrener junger Mann, mit einer kaum nennenswerten Liste von Geliebten, nur vier Frauen, um genau zu sein, und ohne Zugang zu den Lustgärten außerhalb von Sevilla, seinen Palästen und Nonnenklöstern. Dennoch, der maskuline Don Juan war tatsächlich ein Verführer, aber wie konnte er auch den Verführungskünsten des anderen Geschlechts entgehen, der weiblichen Spezies, wie sie ein anderer Spanier in der Regierungszeit Philipps IV. malte, Francisco Zurbarán? Seine Jungfrauen und Märtyrerinnen gehören zu den verführerischsten und beunruhigendsten Frauen, die jemals porträtiert wurden. Zurbaráns Akte sind bleich und zart. Aber sobald er seine Modelle anzukleiden beginnt, werden sie unwiderstehlich, Sünde und Lust umschlingen einander wie im Flamenco.

Wie ich erwähnt habe, Zurbarán knüpfte an die spanische Tradition jungfräulicher Märtyrerinnen an, frühe Christinnen, die Ehe und Verführung ablehnten und lieber in den Tod gingen, als sexuellen Avancen entgegenzukommen, vor allem wenn die Angebote von Nicht-Christen oder römischen Legionären stammten. Er malte sie als großartige Gestalten, von der Sexualität beunruhigt und mit dem leidenschaftlichen Drang nach Heiligkeit, die von abgewiesenen Liebhabern und unbefriedigten Vätern verfolgt wurden und sich lieber zerstückeln und verbrennen ließen oder sogar als Männer verkleideten, selbst wenn sie daraufhin beschuldigt wurden, das Kind einer Wirtstochter gezeugt zu haben, wie im Falle der heiligen Marina, oder – so schließt sich der Kreis – der Verführung von Nonnen angeklagt wurden, wie im Falle der heiligen Margareta.

Zurbarán kleidet sie alle, unter welchen Umständen auch immer, in Seide und Brokat, vielfarbige Schals und wallende Pelerinen; sie sind in Rosa und Blaßgrün gehüllt, in gewirktes Orange und zartes Gelb. Zurbarán stattete sie mit bäuerlichen Strohhüten, Pilgerstäben, goldenen Tiaras, falschen Reifröcken, Fruchtkörben und Blumengirlanden aus. Und er gab ihnen auch die Wahrzeichen ihres Martyriums mit. Die heilige Dorothea bekommt den Blumenkorb zurück, den sie aus dem Himmel an den römischen Prokurator geschickt hat, der sie köpfen ließ. Die heilige Apollonia führt ihre Zähne mit sich (soweit nicht von Philipp II. gesammelt), und die heilige Lucia trägt ihre Augen auf einem Teller.

Die Zweideutigkeit von Zurbaráns erotischer Heiligkeit brachte es mit sich, daß seine himmlischen Kurtisanen sich nicht nur als Symbole der Erlösung, sondern ebenso als Musterbeispiel der Verdammnis präsentieren. Gestalten, die mit den weiblichen Heiligen praktisch identisch sind, erscheinen als Hexen in Zurbaráns Gemälde von der Versuchung des heiligen Hieronymus. Der Heilige scheucht sie mit einer Armbewegung hinweg, aber sie, luxuriös gekleidet, spielen Harfe und Gitarre und singen, so kommt es uns vor, die Arie *Voi che sapete* aus Mozarts *Figaros Hochzeit*. Denn was wissen wir schon wirklich über die Liebe? fragt uns Zurbarán ebenso wie Mozart.

Das tat auch Spaniens größter mystischer Dichter San Juan de la Cruz, aber in einer Dimension, die entschieden komplexer war als das, was sich Don Juan, Zurbarán oder Mozart vorstellen konnten. San Juan de la Cruz, der zur Regierungszeit Philipps II. lebte, war ein Mönch, der die strengen Reformen der heiligen Teresa von Avila im Karmeliterorden durchzusetzen suchte, der im späten Mittelalter nachlässig geworden war. Für San Juan wurde das Gründungssymbol des Ordens, der Berg Karmel, zum Symbol der Auferstehung, der spirituellen Reise des Geistes zur äußersten Körperlosigkeit, die notwendig war, um Gott zu sehen, der selbst noch für das gläubigste aller menschlichen Augen abwesend und unsichtbar war.

Gott zu erreichen war das oberste Gebot der Seele. Und alle Schriften von San Juan de la Cruz sind durchdrungen von dieser Verpflichtung. Die bloße Annäherung wird als schwach und unwürdig zurückgewiesen. San Juan spricht von der vollkommenen Hingabe der Seele an Gott. Seine vier großen Werke *Aufstieg zum Berg Karmel, Die dunkle Nacht der Seele, Geistlicher Gesang* und schließlich *Flamme der Liebe* sind Stadien der Suche nach Gott, bei der die Seele alle irdischen Begierden von sich wirft, die Vereinigung mit Gott erreicht, sich ihm vermählt und so die sublimste Identifizierung mit ihm erringt.

Doch die Schwierigkeit auf San Juans mystischer Reise war, daß sie überall auf Hecken und Dornen stieß, und das dornigste Problem bestand darin, daß Gott für ihn *Nichts* war, das höchste Nichts, und ihn zu erreichen eine Reise zu diesem Nichts bedeutete, das nicht berührt oder erblickt oder auch nur in körperlichem, menschlichem Sinne verstanden werden konnte. Gott hatte kein Gefühl, er war weit entfernt, und es gab keine Beziehung zwischen ihm und dem Menschen. Diese grausam harte, abweisende Haltung würde selbst den Gläubigsten entmutigen, doch nicht San Juan, den größten aller spanischen Mystiker, der alles aufgab für eine jener transzendentalen Reisen, die dem spanischen Ethos so teuer sind. »Alles Sein der Kreaturen ist nichts im Vergleich zu Gottes unendlichem Sein«, schrieb er. »Alle Schönheit menschlicher Kreaturen ist nichts als höchste Häßlichkeit im Vergleich zu Gottes unendlicher Schönheit.«

Das alles glaubte er. Aber weit davon entfernt, auf die Vereinigung mit Gott zu verzichten, fand er, daß die Schwierigkeiten nur seinen Appetit anregten. Wenn die Entität des höchsten Wesens nur in Schweigen und Nacht existierte, würde er sich eben gleichfalls in Schweigen und Nacht stürzen. Dabei ergab sich natürlich das Problem, daß in diesem absoluten Schweigen, in dieser tiefsten aller Nächte vielleicht keine Kommunikation mehr möglich war – außer mit dem Tod. Gott ist unsichtbar, solange wir leben. Wir dürfen ihn sehen, wenn wir sterben. Darin liegt die Bedeutung von San Juans schönem, maßlosem, ungeduldigem Gedicht (vielleicht einem der zwei schönsten Gedichte im Spanischen) *Ich sterbe, weil ich nicht sterbe.*

Die Genialität des heiligen Juan lag darin, daß er sich weigerte, irgendwelchen weltlichen Empfindungen Aufmerksamkeit zu schenken, und auf diese Weise eingestand, daß ihm nur zwei Wege blieben, um Gott zu erreichen. Einer war der Tod, der andere die Poesie. Während er Fragen stellt nach der Unmöglichkeit einer Vereinigung mit Gott selbst auf dem Weg der Poesie, vereinigt er sich mit ihm durch die Poesie. Während er voller Zweifel sucht, erreicht er, was er begehrt: die Vereinigung mit Gott.

Das zweite der beiden schönsten Gedichte spanischer Sprache, *Die dunkle Nacht der Seele,* ist ohne Zweifel ein außerordentliches mystisches Werk, in dem die Seele weiblich ist und Gott männlich. Doch trotz der symbolischen Wortwahl San Juans entgeht man nicht der sinnlichen erotischen Unmittelbarkeit der Geschichte. Symbolisch, wenn wir so wollen, werden wir an der

Hand des Dichters zu einem sexuellen Abenteuer mitgenommen, das in tiefster Nacht beginnt. »Sie« verläßt unbemerkt ihr Haus. Sie steigt die Treppen hinab, verkleidet, zitternd vor Erwartung. Sie findet keinen Führer in der dunklen, geheimnisvollen, aber segensreichen Nacht außer dem Licht ihres Herzens. Und das führt sie zu »ihm«, den sie kennt, und er erwartet sie, so daß sie nur noch ausrufen kann: »O Nacht, die du die Geliebten vereinst, die Geliebte zum Geliebten wandelst.« Und damit endet es nicht, denn sie berichtet uns, daß er auf ihren »knospenden Brüsten« in Schlaf fiel, während sie ihn liebkoste. Dann kam ein Wind auf, verwehte ihr Haar, während er sie mit seiner »ruhigen Hand« am Hals verletzte und »alle meine Sinne betörte«. Am Ende sagt sie:

Ich blieb und vergaß mich,
Lehnte mein Gesicht an das meines Geliebten,
Während alle Dinge stillstanden.
Und ich verließ mich selbst,
Vergaß all mein Leid zwischen den
Weißen Lilien …

Vielleicht ist *Die dunkle Nacht* tatsächlich das größte mystische Gedicht, das je auf spanisch geschrieben wurde, weil es das erotischste ist.

Das Leben ein Traum

Wird die Kunst um so reicher, wenn sie gegen Strukturen, Dogmen und Verbote ankämpfen muß? Zahlreiche große Kunstwerke entstanden im Einklang mit den herrschenden Ansichten und Forderungen der Gesellschaft, vor allem in der klassischen Antike und im Mittelalter. Doch die moderne Welt wurde durch einen kritischen Impuls geboren und von ihm legitimiert. Die Orthodoxie der spanischen Gegenreformation war, wie wir gesehen haben, antimodern, doch wurde sie überlistet durch die Phantasie in den Werken von Cervantes, Velázquez, Don Juan und San Juan de la Cruz, die eine kritische Erfahrung von innen heraus ermöglichten.

Die Antwort der Gegenreformation in ihrem innersten Kern – dem religiösen Leben Spaniens – wird am besten durch Leben und Werk zweier Heiliger veranschaulicht. Die erste, die heilige Teresa von Avila (1515–1582), hatte einen starken, aktiven Willen, gleichzeitig aber einen zweifelnden Verstand. Als sie daranging, die strenge Ordnung ihres Karmeliterordens wiederherzustellen, zog sie die Kraft aus ihren heimatlichen kastilischen Wurzeln. Ihren Überlebenswillen verdankte sie ihren konvertierten jüdischen Vorfahren, ihren Kampfgeist der Tradition der Reconquista (alle ihre Brüder wurden Soldaten und gingen nach Amerika). Ihr Sinn für die Realität gründete in den Tiefen des häuslichen Lebens – der Sippe, der Familie und der Küche. Nur von ihr konnte der Satz kommen: »Du wirst Gott zwischen den Suppentöpfen finden.« Ihre Aggressivität erklärte sich aus der Lage Kastiliens als Grenzland, dem Pionierland Spaniens. Über dieses Land sagte sie, als sie ihre Heimatstadt verließ und vor ihren Mauern mit den Füßen aufstampfte: »Ich will nicht einmal den Staub von Avila mit mir nehmen.« Philipp II. nannte sie »eine irrende, vagabundierende Frau«, einen Schädling, eine Wichtigtuerin. Aber letzten Endes geschah es dank königlicher Protektion, daß sie zu Lebzeiten zweiunddreißig reformierte Konvente gründen konnte, erst nur für Frauen und nach ihrer Begegnung mit San Juan de la Cruz im Jahre 1567 dann auch für Männer.

San Juan aber war ein Dichter, auch wenn er von den Gegnern der religiösen Reform, der er sich nach seiner Begegnung mit der heiligen Teresa von Avila verschrieb, geschlagen und eingekerkert wurde. Santa Teresa fehlte seine Art literarischer Genius. Ihre Schriften werden verunstaltet durch ihren Drang, alles zu erklären, dafür aber durch eine Demut verschönt, die im Gegensatz zu ihrer kraftvollen öffentlichen Persönlichkeit steht. Ihre Bücher quellen über von Zweifeln, Bekundungen von Unwissenheit und Gedächtnislücken, doch leuchten sie mit einem wahren, inneren Licht. Denn was die heilige Teresa anstrebte, war die vollständige Auslöschung ihrer Biographie, so daß sie ein rein kontemplatives Wesen werden konnte. Es gibt, sagte sie, keinen anderen Weg, um Gnade zu erringen. Das Symbol ihres inneren Lebens ist in seiner Wesensart kastilisch – ein Kastell. Die hohe Festung der Reconquista und der Ritterromane war das Obdach für die christliche Seele. Im Inneren des vollkommenen Kastells konnte die Seele über Gott meditieren.

Die Reformen der heiligen Teresa wurden als kalt und abwegig gegeißelt, da sie Regeln der Kontemplation aufstellten, die von christlicher Barmherzigkeit weit entfernt schienen. Sie erwiderte darauf, sie und ihre Schwestern beteten für die, die es nicht täten, und daß ihre Strenge lediglich eine Sühne für die Sünden anderer sei. Aber wenn Santa Teresas reformierte Karmeliter den Gipfel der Selbstverleugnung erstrebten, so betonte ein anderer Orden, im Jahr 1540 von dem ehemaligen Soldaten Ignacio de Loyola gegründet, die weltlichen Verdienste seiner Mitglieder. Die Gesellschaft Jesu ließ schon bald die Klostermauern hinter sich, um weltliche Aufgaben zu übernehmen, vor allem im Bereich der Erziehung. Die Jesuiten wurden nicht nur die Lehrer, sondern auch die Beichtväter der katholischen Könige Europas. Keine Buße, kein Fasten oder eine uniforme Einkleidung gab es bei ihnen, keinen weiblichen Zweig, sondern eine hochgradig zentralisierte männliche Autorität, die eine außerordentliche Flexibilität im Umgang mit den Menschen bewies.

Der weitreichende Einfluß der Jesuiten in Spanien und im spanischen Amerika erregte Neid, zog Auseinandersetzungen nach sich und schließlich ihre Vertreibung unter der aufgeklärten Herrschaft der Bourbonen im 18. Jahrhundert. Doch im *Siglo de Oro* markierten die heilige Teresa und Loyola die religiösen Extreme der spanischen Gegenreformation und damit deren wichtigste kulturelle Leistungen. Beide standen für die religiöse Erneuerung. Sie lebten auf Erden, im strengen Kastell der Frau und in der grenzenlosen Welt aus Politik, Erziehung, Überzeugung und Intrige des Mannes. San Juan de la Cruz lebte im Himmel.

Der interessanteste oder zumindest verständlichste kulturelle Aspekt der Gegenreformation war die Bühne. Ihr Repräsentant war der Priester und Dramatiker Pedro Calderón de la Barca (1600–1681). Er ist der Autor des größten aller spanischen Schauspiele: *La vida es sueño (Das Leben ein Traum),* das die Geschichte des Prinzen Sigismund erzählt, der in einem Turm eingeschlossen ist. Er glaubt, das sei natürlich und normal. Seine Zelle ist für ihn

»Wiege und Grab«, und er erinnert sich an nichts außer seinem Gefängnis und sieht auch nichts anderes voraus. Von seinem Vater, dem König von Polen, wurde er als Neugeborener in den Turm gesteckt, weil seine Mutter, die Königin, vor seiner Geburt mehrfach geträumt hatte, sie würde ein Monstrum in menschlicher Gestalt gebären, das ihr die Eingeweide zerreißen und sie in Blut baden würde. So geschah es auch. Die Königin starb bei der Geburt, und der König war überzeugt, daß sein Sohn, wenn er je den Thron besteigen sollte, der grausamste, lasterhafteste Fürst werden würde, der Polen je regiert hätte. So verkündete er, der Junge sei mit seiner Mutter gestorben, und schickte ihn auf Lebenszeit in den Turm.

Doch wie es in seiner Macht liegt, beschließt der König am Ende, die Kette des Verhängnisses zu durchbrechen und der Freiheit eine Chance zu geben. Er holt den armen Sigismund aus dem Gefängnis, in das er seit seiner Geburt eingeschlossen ist, und stellt ihn stillschweigend auf die Probe. Sollte der Prinz mit Weisheit regieren, wäre das Verhängnis überwunden und das Volk glücklich. Wenn er im Gegenteil die bösen Vorzeichen erfüllen und sich als grausam und überheblich erweisen sollte, will ihn der König, sein Vater, zurück ins Gefängnis schicken.

So wird Sigismund aus dem Kerker erlöst und auf den Gipfel von Freiheit *und* Verhängnis erhoben. Und das Omen erfüllt sich durch Sigismunds Taten: Er ist grausam und mörderisch. Nachdem er zur Spitze aufgestiegen ist, stürzt er jetzt abermals in die Tiefe, wobei man ihn glauben läßt, daß alles, was er in seiner Rolle als Prinz gesehen, gefühlt und verstanden hat, nichts weiter als ein Traum gewesen sei. Er wird wieder in seine Zelle gesteckt, gekleidet wie ein Tier.

Calderóns Leben fiel mit dem *Siglo de Oro* zusammen, einem janusköpfigen Jahrhundert, das, den Blick rückwärts gewandt auf den Aufstieg Spaniens zum Weltreich und die außerordentlichen Heldentaten der Entdeckung und Eroberung der Neuen Welt, gleichzeitig seinen Niedergang voraussah. Calderón lebte in der Abenddämmerung des spanischen Imperiums, zur Zeit des lüsternen Königs Philipp IV. und seines schwachsinnigen Sohnes Karl des Verhexten, und auch er blickte in beide Richtungen. Er war ein großer Dramatiker, aber er war auch ein Spanier und Katholik, ein Soldat und Priester. Er war der größte Autor religiöser Dramen, der berühmten *Autos sacramentales*, in welchen er das Dogma der Anwesenheit Christi in der Eucharistie gegen die Ungläubigkeit der Lutheraner und Calvinisten verteidigte. Dennoch ist *Das Leben ein Traum* ein erstaunlich modernes Stück, Ursprung einer Fülle von Traumspielen, von Kleist bis zu Strindberg und Pirandello (und sogar bis zu einigen populären Ablegern bei Buster Keaton und Woody Allen). Trotz seiner radikalen Modernität muß es jedoch als katholisches Schauspiel der spanischen Gegenreformation verstanden werden. Was wir sehen, ist eine Handlung, die sich vom Naturzustand, in dem der Mensch ein Gefallener ist, hin zur Geschichte entwickelt, in der er die Wahl hat, also auch falsch wählen kann, und die dann weiterführt zu seinem zweiten Fall, der schließlich getilgt wird durch Leiden, Glauben und Tugend.

Sigismund sagt, seine einzige Sünde bestehe darin, geboren zu sein, und er vergleicht sich mit der Natur, die weniger beseelt sei als er und daher freier. Diesen Mangel an Freiheit empfindet er als eine radikale Einschränkung, so, als wäre er nicht vollständig geboren worden, was ihn mit dem Bedürfnis erfüllt, den Akt der Geburt in der Geschichte zu vollenden. Doch ist es ein größeres Verbrechen, überhaupt nicht geboren worden zu sein? Bei der Geburt hat er seine Mutter getötet. War Ödipus zu Taten verdammt, so ist Sigismund es zu Träumen. Das ist seine Wirklichkeit. Aber von welcher Art Wirklichkeit ist ein Traum? Ist er die Regel, so daß das Wachsein die Ausnahme ist? Seinen eigenen Bedingungen zufolge, der ihm innewohnenden Realität nach, ist der Traum zeitlos. Er kann ewig dauern, oder er hat erst vor fünf Sekunden begonnen. Und in einem Traum kann man nichts besitzen und nichts berühren.

Das Leben ein Traum wurde 1635 geschrieben, mitten im Disput zwischen den Jesuiten, die den freien Willen und die Vernunft des Menschen betonten, und den Dominikanern, die den Jesuiten ihren Liberalismus vorwarfen und statt dessen die Allmacht göttlicher Gerechtigkeit unterstrichen. Obwohl Calderón an dieser klassischen Debatte der Christenheit durchaus interessiert war, ging es ihm doch auch um künstlerische Ansprüche. Seine Zeit, das Europa der Nach-Renaissance, stellte die bedeutsame Frage nach der Wirklichkeit: Was ist sie, wo ist sie, und wie können wir sie definieren? Wie können wir es jemals wissen, woher kommen wir, und wohin gehen wir? Aber Calderón lebte auch in einer Zeit, die die Verteidigung des Dogmas verlangte. Er nutzte die Kunst, um einen riesigen Schatten über die Fragen und Möglichkeiten von Wahrheit und Wirklichkeit, Freiheit und Vorbestimmung zu werfen. Jede Art von Gewißheit machte er zu einem Problem. Er war Dramatiker und verstand, daß nur aus Zweifel und Konflikt jemals Harmonie entstehen kann. Und welchen größeren Konflikt gibt es als den zwischen Natur und Zivilisation, Traum und Realität?

»Der Schandfleck«

Don Quijote, sagt Ramiro de Maeztu, ist »das exemplarische Buch« über den Niedergang Spaniens. Der Hidalgo ist zu alt für seine Abenteuer. Die heroische Ära des Landes ist zu Ende. Cervantes erfand ein Gespenst, um Spanien zu sagen, daß die Zeit der großen Taten vorüber war. Du bist erschöpft. Geh nach Hause. Und wenn Gott es gut mit dir meint, stirb in Frieden. Der Traum vom *Utopia* in der Neuen Welt war gescheitert, die Illusion eines katholischen Weltreiches war zerronnen. Nach acht Jahrhunderten der Reconquista, der Entdeckung und Eroberung, nach El Cid und Isabella der Katholischen, nach Kolumbus und Cortés, nach Santa Teresa und Loyola, nach Lepanto und der Armada war das Fest zu Ende.

Man ist sicher versucht zu sagen, daß die Unglücksfälle der Geschichte durch die Triumphe der Kunst kompensiert wurden. Wir haben Philipp II., die Inquisition, die Armada, die Verfolgung der Juden, Mauren und *Conversos,* die Günstlinge Philipps III., die Ausschweifungen Philipps IV. und den Schwachsinn Karls des Verhexten auf der einen Seite und auf der anderen Seite Don Quijote, San Juan de la Cruz, Santa Teresa, *Las Meninas, Das Leben ein Traum,* Don Juan und El Greco. Aber zeigt uns nicht gerade diese Gegenüberstellung, daß die Geschichte Spaniens und die seiner amerikanischen Kolonien in Wahrheit in dem Dilemma besteht, daß es sich um zwei Nationen, zwei Kulturen, zwei Realitäten und zwei Träume handelt, die verzweifelt versuchen, einander zu sehen, zu treffen und zu verstehen?

Zwei entgegengesetzte Auffassungen, zwei Sphären der Wirklichkeit, freischwebend in dem Versuch, das Vakuum zu überspringen, um vom Ufer des Begehrens die Hand nach dem Objekt der Begierde auszustrecken: Das ist es, weshalb die beiden Gestalten in Cervantes' Roman, Don Quijote und Sancho Pansa, so überzeugend in ihrem Gegensatz, so universell in ihrer Anziehungskraft bleiben. In ihnen ist das Dilemma Spaniens erkennbar, für alle Menschen und zu jeder Zeit. Wir alle ringen mit dem Idealen und dem Wirklichen. Wir alle mühen uns ab zwischen dem, was wünschenswert, und dem, was möglich ist. Wir alle stehen abstrakten Forderungen gegenüber und versuchen sie zu umgehen. Gern würden wir in einer vernünftigen Welt leben, in der Gerechtigkeit herrscht. Wir alle sind manchmal Heldengestalten wie Don Quijote, aber meistens leben wir ein Schelmenleben wie Sancho Pansa. Wir alle würden gern wesentlicher sein, als wir es sind, aber man hat uns in irdische Fesseln geschlagen, wir müssen essen, verdauen, schlafen und uns fortbewegen. »Ich möchte alles Schweigen transzendieren«, verlangt San Juan. »Du wirst Gott zwischen den Suppentöpfen finden«, sagt die heilige Teresa.

Wir alle sind Männer und Frauen von La Mancha. Und *la mancha* bedeutet im Spanischen »der Schandfleck«. Sobald wir zugeben, daß keiner von uns rein ist, daß wir alle sowohl wirklich als auch erfunden, heroisch und närrisch sind, aus Sehnsucht und Phantasie wie auch aus Blut und Knochen gemacht, und daß jeder von uns teils christlich, teils jüdisch, teils maurisch, teils weiß, teils schwarz, teils indianisch ist, ohne eine unserer Facetten opfern zu müssen – erst dann verstehen wir wahrhaft die Größe und auch die Knechtschaft Spaniens, seines Weltreichs, seines *Siglo de Oro* und seinen unvermeidlichen Niedergang.

Diese Befindlichkeit unseres Daseins sollte von der spanischen Bevölkerung der Neuen Welt mit noch größerer Eindringlichkeit und Notwendigkeit vorgetragen werden. Wenn die spanische Kultur jenseits aller Begrenzungen des Imperiums durch Phantasie und Sehnsucht gerettet wurde, dann mußten die sich entwickelnden Gemeinschaften der Neuen Welt noch anspruchsvoller sein, denn sie – wir – waren gefangen zwischen der zerstörten indianischen Welt und einem neuen Universum, das gleichermaßen europäisch und amerikanisch war. *La mancha,* der Schandfleck, hat wahrhaft Bedeutung für Amerika.

9. Kapitel

DIE BAROCKE KULTUR DER NEUEN WELT

Im Anschluß an die Renaissance kam es zu einer überaus sinnenfreudigen Reaktion auf die große Kluft zwischen den Idealen und der Wirklichkeit. Die protestantische Reformation verbannte zwar die Bilder aus ihren Kirchen, weil sie in ihnen Beweise päpstlichen Götzendienstes sah. Doch dieser Puritanismus wurde kompensiert, ja überwunden durch die großartige Sinnlichkeit der herrlichen Musik Johann Sebastian Bachs. Und die rigide katholische Gegenreformation mußte der Sinnenfreude ebenfalls ein Zugeständnis machen, und zwar in der Kunst des Barock, dem raumgreifenden dynamischen Ausbruch aus einem religiösen und politischen System, das sich selbst als einheitlich, unverrückbar und ewig sehen wollte. Der europäische Barock wurde die Kunst einer Gesellschaft im Wandel, brodelnd hinter der rigiden Maske der Orthodoxie. Dies galt für das katholische Europa. Wie aber sah es aus, bei den im Entstehen begriffenen Gesellschaften der Neuen Welt, angesichts all der Hindernisse für einen Wandel, denen man dort gegenüberstand?

In der Renaissance bedeutete die Entdeckung Amerikas, wie wir gesehen haben, daß Europa nunmehr glaubte, sein *Utopia* gefunden zu haben. Wieder und wieder wähnten die Entdecker, wenn sie ihren Fuß in die Neue Welt setzten, daß sie das Paradies zurückgewonnen hätten. Und so übertrugen sie ihre gescheiterten Träume auf die neuen Länder, stürzten das Paradies in Verzweiflung. Die Neue Welt wurde zu einem Alptraum, je weiter sich die koloniale Macht ausbreitete und die eingeborenen Völker Amerikas zu Opfern des Kolonialismus wurden, ihres alten Glaubens und ihrer alten Länder beraubt und dazu gezwungen, eine neue Zivilisation und eine neue Religion anzunehmen. Und auch der

Traum der Renaissance von einem christlichen Utopia in der Neuen Welt wurde von den harten Realitäten des Kolonialismus zerstört: Plünderei, Versklavung, Völkermord. Inmitten von alldem entstand die Barockkunst der Neuen Welt und füllte wie in Europa rasch die Kluft zwischen Ideal und Wirklichkeit. Doch in Amerika gab der Barock den besiegten Völkern einen Platz, einen Ort, den ihnen nicht einmal Kolumbus oder Kopernikus hätten gewähren können, einen Ort, an dem sie ihren Glauben verbergen und bewahren konnten. Überdies gab er uns, der neuen Bevölkerung von Amerika, den Mestizen, einen Stil, in dem wir unseren Selbstzweifel und unsere Zwiespältigkeit ausdrücken konnten.

Wo war unser Platz in der Welt? Wem schuldeten wir Treue? Unseren europäischen Vätern? Unseren Müttern vom Stamme der Quechua, Maya, Azteken oder Chibcha? Zu wem sollten wir beten? Zu den alten Göttern oder den neuen? Welche Sprache würden wir sprechen, die Sprache der Besiegten oder die der Eroberer? Der Barock der Neuen Welt stellte sich all diesen Fragen. Nichts drückte unsere Ungewißheit besser aus als die Kunst des Paradoxen, die Kunst des Überflusses, die sich auf Bedürftigkeit und Not gründete, die Kunst der Verschwendung, die mit allem, was zur Hand war, rasch die leeren Räume unserer persönlichen und sozialen Geschichte nach der Eroberung füllte.

Es war eine Kunst, die praktisch in ihrem eigenen, wildwuchernden Wachstum ertrank, und es war auch die Kunst derjenigen, die nichts anderes hatten, der Bettler auf den Stufen der Kirche, der Bauern, die zur Kirche kamen, um ihr Geflügel segnen zu lassen oder um die Einkünfte eines ganzen Jahres harter Arbeit in die Feier ihrer Namensheiligen zu investieren. Der Barock war eine abwechslungsreiche Kunst, vergleichbar einem Spiegel, in dem wir unser sich ständig wandelndes Bild erblickten. Es war eine Kunst, die von dem einzigen, machtvollen Umstand beherrscht wurde, daß wir gefangen waren zwischen der zerstörten indianischen Welt und einem neuen Universum.

Im Indianerviertel der großen Bergwerkstadt Potosí will es das Gerücht, daß dort einmal ein indianischer Waisenjunge aus dem tropischen Tiefland des Chaco lebte. Der Legende nach kannte man ihn unter dem Namen José Kondori, und in Potosí lernte er, mit Holz umzugehen, Intarsienarbeiten zu fertigen und Möbel zu tischlern. Um 1728 konstruierte dieser Autodidakt und indianische Baumeister dann die großartigen Kirchen von Potosí, sicher das beste Beispiel für die Bedeutung des Barock in Lateinamerika. Zwischen den Engeln und Weinstöcken auf der Fassade von San Lorenzo erscheint eine indianische Prinzessin, und alle Symbole der besiegten Inkakultur werden zu neuem Leben erweckt. Der indianische Halbmond irritiert die traditionelle Heiterkeit des korinthischen Weinlaubs. Amerikanische Dschungelpflanzen und mediterraner Klee umschlingen sich. Die Sirenen des Odysseus spielen auf der peruanischen Gitarre. Und kraftvoll behaupten sich Flora und Fauna, die Musik und sogar die Sonne der alten indianischen Welt. Es soll keine europäische Kultur in der Neuen Welt geben, wenn nicht all unsere eingeborenen Symbole gleichberechtigt zugelassen werden.

Jenseits der imperialen Welt des Goldes und der Macht, der Kriege zwischen Religionen und Dynastien bildete sich in der Tat eine *brave new world* in Amerika, mit amerikanischen Händen und Stimmen. Eine neue Gesellschaft mit eigener Sprache, eigenen Sitten, eigenen Bedürfnissen entstand. In Amerika mußte Spanien seine kulturelle Mission erneuern, die immer darin bestanden hatte, daß es ein Zentrum der Integration und nicht der Ausgrenzung anderer Kulturen gewesen ist.

»Für alle kommenden Zeiten«

Doch schon bald stellte eine neue kulturelle Belastung diese Integrationsfähigkeit auf die Probe. Als Dienstboten in Begleitung ihrer spanischen Herren kamen die ersten Schwarzen in die westliche Hemisphäre. Nach längerem Aufenthalt in Spanien waren sie sowohl christianisiert als auch hispanisiert. Aber die Dezimierung der Indianer in der Karibik durch Schwerstarbeit und Krankheit verwandelte den Zustrom schwarzer Dienstboten, die in Spanien gelebt hatten, schnell in einen Nachschub von Sklaven aus Westafrika, genauer gesagt, sie kamen aus dem Gebiet zwischen Senegal und Angola.

Die spanische Krone steuerte den Sklavenhandel zu ihrem eigenen Vorteil. Im Jahre 1518 gab Karl V. einem seiner flandrischen Günstlinge eine Konzession zur Einfuhr von 4000 afrikanischen Sklaven in die spanischen Kolonien. Von da an wuchs die schwarze Bevölkerung im spanischen Amerika um 8000 Menschen jährlich bis auf 30000 im Jahr 1620. In den nächsten drei Jahrhunderten kamen insgesamt 3,5 Millionen afrikanische Sklaven über den Atlantik. Portugal brachte – gemessen an den Indianern, die dort lebten – das Mehrfache an Schwarzen nach Brasilien. Heute verfügt der amerikanische Kontinent über die größte schwarze Bevölkerung außerhalb Afrikas.

Wohin sie auch kamen, wurden die Sklaven in die Plantagenwirtschaft geschleust, das heißt in den intensiven und extensiven Anbau tropischer Rohstoffe. Diese strenge Gleichung – Sklaven plus Plantagenwirtschaft – wurde kompliziert durch große Machtverteilungskämpfe um die Kontrolle des Sklavenhandels und der Rohstoffquellen der Neuen Welt. Unter dem Druck der internationalen Politik und des Handels konnten die Schwarzen nicht einmal an das Gewissen ihrer christlichen Sklavenhalter appellieren. Aus Profitgier wurden sie von ihren afrikanischen Herren gejagt, dann von europäischen Händlern gekauft, die behaupteten, die Schwarzen damit von der Stammeswillkür zu befreien, während die christliche Kirche verkündete, sie vom Heidentum zu erlösen.

Dieser grandiosen Veranstaltung aus Heuchelei und Ungerechtigkeit gelang es gleichwohl nicht, den kreativen und rebellischen Geist der schwarzen Sklaven in Amerika zu brechen. Rebellen, Flüchtlinge und Saboteure scheiterten oft, wenn sie sich befreien wollten, aber manchmal hatten sie Erfolg und wurden Aufseher, Handwerker, Farmer und Fuhrleute. Ihre Arbeitskraft war groß, nicht nur auf den Feldern. Sie wurden Maurer und Juweliere, Maler und Zimmerleute, Schneider, Dachdecker, Köche und Bäcker. Es gibt in Leben und Arbeit der neuen Welt kaum einen Bereich, der nicht von schwarzer Kultur geprägt ist. In Brasilien, das seit 1538 Sklaven importierte, halfen die Schwarzen, das Landesinnere zu erforschen und zu erobern. Schwarze Regimenter unter schwarzen Anführern fochten gegen die Holländer und verteidigten Rio de Janeiro gegen die Franzosen. Für die Eroberung, Besiedlung und Entwicklung Brasiliens waren sie unentbehrlich. Aber sie rebellierten auch.

Einer der ersten Sklavenaufstände ereignete sich im frühen 17. Jahrhundert in Mexiko, wobei es dem schwarzen Rebellenführer Yanga gelang, einen großen Teil der Landgüter entlang der Golfküste zu besetzen und den Vizekönig zu Verhandlungen zu zwingen. Die Revolte wurde schließlich mit Waffengewalt niedergeschlagen, doch erlaubte man den besiegten Sklaven, die Gemeinde San Lorenzo de los Negros in Veracruz zu gründen. Während des 18. Jahrhunderts war Venezuela Schauplatz verschiedener Rebellionen. Sie erreichten ihren Höhepunkt mit der Coro-Rebellion im Jahre 1795, die mit der Unabhängigkeit von Haiti und der Gründung eines schwarzen Staates dort zusammenfiel und bei der venezolanischen Oberschicht während der späteren Unabhängigkeitskriege erhebliche Angst vor den *Pardos*, den Schwarzen, und ihren Nachkommen schürte. Während der Revolte von Manuel Espinosa in Caracas verlangten die Schwarzen nicht allein volle Rechte, sondern auch die Beschäftigung ihrer früheren weißen Herrinnen als Köchinnen und Wäscherinnen.

Oft aber verschwanden die früheren Sklaven einfach ins Landesinnere und gründeten dort Siedlungen, die als *Quilombos* bekannt waren. Eine solche Siedlung, Palmares in Alagoas in Brasilien, überdauerte bis weit ins 17. Jahrhundert. Mit 20000 Menschen wurde sie ein afrikanischer Staat mit einer eigenen, afrikanischen Tradition im Herzen Südamerikas. Aber wie es den eingeborenen Indianern geschehen war, so wurden auch die Schwarzen in der Begegnung mit den Europäern zu Angehörigen einer gemischten Kultur.

Mit geradezu proteischer Gewandtheit hatte ein Sklave seine Sprache der schnellen kulturellen Vermischung anzupassen, wenn er sich mit den Aufsehern oder den anderen Arbeitern verständigen wollte, die zwar ebenfalls Schwarze waren, aber oft aus anderen Ländern Afrikas stammten. Genauso war es mit der neuen Ehefrau. Und welche Sprache sollten die Kinder sprechen? Ganz offensichtlich vermittelten die iberischen Kolonien ihrer schwarzen Bevölkerung eine stärkere Identifizierung mit der Landessprache (Spanisch oder Portugiesisch), als es die französischen, englischen und holländischen Kolonien taten (Kreolisch oder Pidgin), Ausdruck einer größeren Toleranz und Flexibilität der spanischen und portugiesischen Kolonialbeamten. Religiöse Abweichungen waren verboten in den protestantischen Besitzungen der Karibik, in den katholischen wurden sie toleriert. Wenn es ein erkennbares Erbe gab, das die Schwarzen der Neuen Welt aus Afrika mitgenommen hatten, so war es die Religion, und vor allem in Kuba war vollkommen klar, welchen Ursprungs sie war: aus den Yoruba-Stämmen im heutigen Nigeria, vor allem aus der Stadt Oyo im Königreich Ulkami. Dieses Erbe wurde zur Lukumí-Kultur, die bis zum heutigen Tage in religiöser, ästhetischer und physischer Hinsicht eine Tradition in Kuba erkennen läßt.

Yoruba-christlicher Synkretismus wurde in Kuba so bedeutsam wie indianisch-christlicher Synkretismus in Mexiko und Peru. Aber in Kuba erhielt die synkretistische Religion ihren eigenen Namen: *Santería,* und zur Zeit der kubanischen Revolution wurde sie von drei Vierteln der Bevölkerung praktiziert. Genauso wie in Mexiko aus Tonantzin, der aztekischen Göttin, die braunhäutige Jungfrau von Guadalupe wurde, wandelte sich in Kuba die afrikanische Göttin des Meeres, Yemayá, zu Unserer Lieben Frau von Regla, der Schutzherrin der Seeleute und insbesondere des Hafens von Havanna, während Ogún, die afrikanische Gottheit der Schmiede, zum heiligen Petrus wurde, dem Ogún die eisernen Schlüssel zum Paradies gab. Eine besonders bemerkenswerte Einbürgerung war die von Xangó, dem Kriegsgott, der zur heiligen Barbara wurde, der christlichen Märtyrerin, die – so erzählt die Legende – in einem Turm eingeschlossen wurde, um sie von ihren Freiern zu trennen. Dort, wie im Schauspiel von Calderón, träumte Barbara. Sie wurde zur Christin. Die römischen Machthaber befahlen ihrem Vater, sie zu töten, was er auch tat, um gleich darauf von einem Blitz getroffen zu werden. Bestimmt so schön wie ein Gemälde von Zurbarán, bestimmt so träumerisch wie eine Gestalt von Calderón, verband sich die heilige Barbara in der afrokubanischen Religion mit Xangó, weil sie im christlichen Europa, in Zusammenhang gebracht mit dem Blitz, die Schutzheilige der Kanoniere und Bergarbeiter geworden war.

Rebellion und Sprache sind Teil eines Kontinuums an Einflüssen in der afro-amerikanischen Kultur, zu denen auch das hinreißende rhythmische Verhalten der Afrikaner gehört, Körperbewegung, Körperästhetik, die Grammatik von Musik und Tanz. Von Anfang an erlaubte die schwarze Musik ihren Zuhörern und Tänzern einen persönlichen, autonomen, freien und sogar rebellischen Rhythmus, anstatt sie oder ihn einem dominierenden, vorhersehbaren oder vorgeschriebenen Muster zu unterwerfen, wie es für die westliche Musik üblich war. Afro-amerikanische Musik verkündete und praktizierte die Formen moderner Musik, in der das alleinige Zentrum tonaler Beziehungen prompt in vielfache Zentren aufgebrochen wird, von denen jedes einzelne beim Hörer eigene Reaktionen hervorruft. Die Polyphonie der Musik wurde durch den schwarzen Erfindungsreichtum im Tanz noch weiter bereichert. Tanz als Aufführung und Tanz als Feier waren nicht mehr zu unterscheiden. In dieser Entgrenzung erreichte der Körper ein Gefühl für Präsenz, Schönheit und Bewegung, das den restriktiven Vorschriften der katholisch-kreolischen und Mestizen-Kultur fehlte.

Die freudige Feier des Körpers, die unablässige Sprachschöpfung, die Schönheit der Bewegung und der rebellische Geist, sie alle wirkten mit an der zentralen politischen Tatsache, daß die schwarze Kultur in Amerika heimisch wurde, für alle Zeiten, wie Frank Tannenbaum schrieb. Nichts ist für die Vereinigten Staaten und Lateinamerika möglicherweise kennzeichnender als die Phantasie, die Sprache und die Rhythmen unseres gemeinsamen schwarzen Erbes: der Süden und die Karibik, die kulturelle Gemeinschaft, die es fertigbrachte, sich vom Mississippi zum Orinoco und zum Amazonas auszudehnen, durch die »Inseln im Strom«.

Das Schicksal der schwarzen Kultur erlaubt uns auch, den Wert amerikanischer Gerechtigkeit zu ermessen. Die weiße Vorherrschaft hat die schwarze Kultur nicht ausgelöscht. Dennoch kann die Wirklichkeit der letzteren nicht im äußeren Anschein gefunden werden, sondern tief in den allumfassenden Eigenschaften, wie der schwarze Dichter von Martinique, Aimé Césaire, sie beschrieb, als er darauf hinwies, daß die schwarze Kultur von Menschen stammt, die »in Ekstase sich dem Wesen aller Dinge hingeben, besessen sind von der Bewegung aller Dinge und deren Herz klopft wie der Herzschlag der Welt«. Aber auch um diese Werte durch eine praktizierte Gerechtigkeit zu verteidigen, hat uns die schwarze Kultur in der Neuen Welt zu einigen gesetzlichen, parlamentarischen und politischen Ideen verholfen, die hervorragend sind.

Denn keine der Kulturen der Neuen Welt wurde inmitten so vieler Schmerzen und Leiden geboren, wie sie die schwarzen Männer, Frauen und Kinder durchlebten, die auf Sklavenschiffen in die Neue Welt kamen. Schon bevor sie an Bord gingen, versuchten viele, Selbstmord zu begehen. Einmal auf dem Schiff, wurden sie nackt ausgezogen, auf der Brust gebrandmarkt und paarweise zusammengekettet. Als »Meterware« verkauft, reisten sie dann mit soviel Platz wie in einem Grab, tief im Laderaum, eng zusammengepfercht, ohne sanitäre Einrichtungen. Oft kam es zu Erstickungs- und Wahnsinnsanfällen, zu Versuchen, einander zu erwürgen, um mehr Atemraum zu schaffen, und es gab Revolten, die im allgemeinen scheiterten. Prosper Mérimée, der Autor von *Carmen*, erzählt in seiner Novelle *Tamango* die wahre Geschichte eines erfolgreichen Aufstands auf einem Sklavenschiff. Die Rebellen konnten freilich das Schiff nicht steuern und kamen um, als es auflief.

Daß trotz dieser Qualen eine Kultur bewahrt und beim Kontakt mit den alten Kulturen der Neuen Welt neu geboren werden konnte, ist an sich schon ein Beweis für den Überlebenswillen dieser Menschen, der sich weder durch Leiden noch durch Verbitterung besiegen ließ. Und wie die Kultur der Indianer fand die schwarze Kultur der Neuen Welt ihren Ausdruck im Barock. So wie durch die Begegnung von Indianern und Europäern von Tonantzintla in Mexiko bis Potosí im peruanischen Bergland ein spanisch-amerikanischer Barock entstand, erwuchs aus der Fusion von Schwarzen und Portugiesen eines der größten Monumente der Neuen Welt: der afro-portugiesische Barock von Minas Gerais in Brasilien, der reichsten Goldregion der Welt im 18. Jahrhundert.

Der Mulatte Antônio Francisco Lisboa, bekannt geworden unter dem Namen Aleijadinho, schuf dort das, was manche für den Höhepunkt des lateinamerikanischen Barock halten. Der Sohn einer schwarzen Sklavin und eines weißen portugiesischen Architekten war von den Eltern und der Welt verstoßen worden: der junge Mann litt an Lepra, und anstatt die Nähe anderer Menschen zu suchen, widmete er sich einer barocken Gesellschaft aus Stein. Die zwölf Statuen der Propheten, die er auf der Treppe zur Kirche des guten Jesuskindes, *Bom Jesu,* in Congonhas do Campo meißelte, verschmähen die Symmetrie klassischer Skulpturen. Wie Berninis italienische Skulpturen (aber wie weit geographisch von ihnen entfernt!) sind es dreidimensionale, sich bewegende Statuen, die dem Betrachter entgegenstürzen. Es sind rebellische Statuen, sich windend in mystischer Qual und menschlichem Zorn.

Die runden, geschwungenen Formen des Barock, seine Weigerung, irgend jemandem oder irgend etwas einen privilegierten Standpunkt einzuräumen, sein Beharren auf ständigem Wandel, sein Konflikt zwischen der geordneten Welt der wenigen und der ungeordneten Welt der vielen wurden uns von diesem mulattischen Baumeister in der Kirche Nossa Senhora do Pilar in Ouro Preto (was wörtlich »schwarzes Gold« bedeutet) in Brasilien vorgeführt. Das Äußere der Kirche ist ein vollkommenes Rechteck, aber im Inneren ist alles gerundet, polygonal, eiförmig wie der Leitstern von Kolumbus. Denn die Welt ist rund und kann von vielen verschiedenen Standpunkten aus betrachtet werden. Aleijadinhos Visionen stimmten überein mit denen der Künstler Iberiens und der indo-amerikanischen Neuen Welt. In Congonhas do Campo und Ouro Preto vereinigen sich unsere Visionen, wir sehen mit beiden Augen, und unsere Körper sind wieder ganz. Paradoxerweise wird uns diese Erkenntnis ermöglicht durch die Vision eines Ausgestoßenen, eines jungen Leprakranken, von dem man erzählte, daß er nur bei Nacht arbeitete, wenn er nicht gesehen werden konnte. Aber ist nicht auch von Brasilien erzählt worden, daß das Land bei Nacht wächst, wenn die Brasilianer schlafen?

Nachts arbeitend, umgeben von Schlaf, ließ Aleijadinho womöglich die Träume seiner Mitmenschen Gestalt annehmen. Denn auf keine andere Weise kann er zu ihnen sprechen, allein durch das Schweigen des Steins. Als sie sich bildete, diese neue Kultur Amerikas, diese Indo-Afro-Iberische Kultur, verlangte sie nach einer Stimme und fand sie in der größten Dichterin des kolonialen Amerika.

»Meine Seele ist geteilt«

Niemand hätte voraussagen können, daß in der von Männern beherrschten Welt des kolonialen Mexiko eine Frau, eine Nonne, zu einer der großen barocken Dichterpersönlichkeiten des 17. Jahrhunderts werden würde – manche sagen sogar, aller Zeiten.

Geboren im Jahre 1651 als Juana de Asbaje in Zentral-Mexiko, war sie wahrscheinlich ein uneheliches Kind. Mit sieben Jahren bat sie ihre Mutter, sie als Jungen anzuziehen, damit sie an der Universität studieren könnte. Ihre außergewöhnliche Intelligenz führte sie schon als junges Mädchen an den vizeköniglichen Hof. Dort überraschte sie die Universitätsprofessoren durch ihre Kenntnis über alles unter der Sonne, ihr Wissen in Latein wie in Mathematik. Eine Intellektuelle, die mit absolut allem vertraut zu sein schien trotz (oder vielleicht auch wegen) der Ferne, der Isolierung, der Begrenzungen der politischen und religiösen Welt, in der sie lebte. Sie bekam Lob und Anerkennung, sah aber bald schon die Schwierigkeit, im kolonialen Mexiko Schriftstellerin zu werden. Nicht nur würde sie es mit männlicher Opposition und kirchlicher Bevormundung zu tun bekommen, ihre Zeit würde bemessen und ihre Sicherheit gefährdet sein. So wurde sie zur Ordensfrau, womöglich in der Hoffnung, im Herzen der Institution Schutz zu finden, die sie eines Tages angreifen könnte. In ihrer Zelle im Konvent von San Jerónimo sammelte sie über viertausend Bücher, Papiere, Federn, Tinte und Musikinstrumente. An diesem Ort konnte sie über alles schreiben und in Selbstgenügsamkeit und Disziplin ihre Vorstellungskraft und ihr Wissen unter Beweis stellen. Dort, in der Welt von Religion und Literatur, die sich für einen Augenblick vereinigt hatten, wurde sie bekannt als Sor Juana Inés de la Cruz – Schwester Juana.

Da in der kolonialen Gesellschaft niemand schweigsamer war

als die Frauen, konnte vielleicht nur eine Frau dieser Gesellschaft eine Stimme geben und dabei die Zerrissenheit ihres Herzens und ihres Verstandes offenbaren:

Verwirrt ist meine Seele,
in zwei geteilt:
Eine ist der Leidenschaft Sklavin,
die andere der Vernunft zu Diensten.

Leidenschaft? Vernunft? Sklaverei? Wo waren da Gewißheit, Glaube und die blinde Befolgung religiöser Gebote? Wer war überhaupt diese anmaßende, in Europa bewunderte Nonne, die (vielleicht sogar geschlechtlich) in Beziehung zur Frau des Vizekönigs stand, in ihrer Zelle hofhielt und zugab, »ich leide daran, daß ich liebe und geliebt werde«.

Schließlich gewährte ihre Klosterzelle doch nicht ausreichend Schutz vor der Autorität, die männlich war und strikt orthodox, personifiziert in dem Erzbischof von Mexiko, Aguiar y Seijas, ihrem Ankläger. Im Alter von vierzig Jahren wurde Juana ihrer Bibliothek beraubt, ihrer Musikinstrumente, ihrer Federn und ihrer Tinte. Sie wurde zum Schweigen gebracht und starb 1695 im Alter von vierundvierzig Jahren.

Doch besiegte sie jene, die sie verstummen ließen. Ihre Barockpoesie hat die Kraft, die Neue Welt in ihrem Überfluß für immer festzuhalten – ihre neuen Namen, ihre neue Geographie, ihre Flora und Fauna, von europäischen Augen nie zuvor erblickt. Sie selbst fragte sich, ob ihre Dichtung nicht lediglich ein Produkt des Landes war, »eine magische Infusion, von den Indianern meiner eigenen Heimat aus Kräutern gebraut«.

Was nicht in der Bibel erwähnt wird

Religiöser Synkretismus, der afroamerikanische Barock, die euroamerikanische Poesie von Sor Juana, alles das waren Manifestationen des »atlantischen Austausches«, wie die Historikerin Peggy Liss es genannt hat, eines Netzes aus Handel, Kultur und Politik, das Europa und Amerika nach dem Jahr 1492 miteinander verband. An der Basis, im Alltagsleben dieser »atlantischen Reiche« gab es einen Austausch von Neuheiten, Dingen, die Europäer oder Amerikaner niemals zuvor gesehen hatten. Nach 1492 wanderten Flora und Fauna in Hülle und Fülle von Kontinent zu Kontinent, gelegentlich mit demselben Gefühl der Fremdheit begrüßt, das man einst den heute so alltäglichen Dingen wie Tomaten und Schokolade entgegenbrachte.

In Europa befürchtete man zunächst, Tomaten seien giftig, doch stellte man natürlich schon wenig später fest, daß sie eine große Delikatesse waren. Das Wort »Tomate« stammt von dem aztekischen *xitomatl*, aber es waren die Italiener, die den schönsten Namen für sie fanden: *pomodoro*, der goldene Apfel, mit einem Hauch des Paradieses, halb Freude, halb Sünde, als ließe sich beides voneinander trennen.

Schokolade, *xocolatl*, ist ebenfalls ein aztekisches Wort für ein aztekisches Erzeugnis, das sowohl wertvoll als auch reichlich vorhanden war und im ganzen Aztekenreich als gängige Währung diente. Moctezuma trank Schokolade gern in Form von Kakao. Obwohl er in Europa zunächst vielen zu bitter schmeckte, waren die spanischen Damen bald schon verrückt nach Kakao, und schließlich führte Ludwig XVI. ihn auch am Hof von Versailles ein.

Während es in Mexiko reichlich Schokolade gab, war Zucker in Europa knapp und entsprechend hoch im Preis, wobei er sorgfältig abgewogen wurde. In den Tropen der Neuen Welt jedoch gedieh er vorzüglich, breitete sich auf früherem Brachland aus und bescherte seinem ersten Erzeuger Gonzalo de Víbora auf der Insel Hispaniola ein Vermögen. Als die indianischen Arbeiter in der Karibik nach und nach ausstarben, wurden schwarze Sklaven eingeführt, um an ihrer Stelle auf den Zuckerrohrplantagen zu arbeiten.

Natürlich war es Kolumbus gewesen, der die ersten Männer und Frauen gesehen hatte, die bei einem Dorfspaziergang Tabak rauchten, und zwar am Dienstag, den 6. November 1492, auf (wo sonst?) der Insel Kuba. Aber wie bei allen seltsamen Dingen, die aus der Neuen Welt kamen, brauchte die Alte Welt auch in diesem Fall Zeit, sich an eine derart exotische Neuheit zu gewöhnen. Es bedurfte der ganzen schneidigen Bravour Sir Walter Raleighs, um das Kraut in England gesellschaftsfähig zu machen, und sogar der damalige König James I. sagte. »*Tobacco maketh a kitchen out of a man's internal organs.*«

Amerika war auch entdeckt worden, weil die Europäer mehr Pfeffer auf ihren Tischen haben wollten, doch war Chili das einzige Gewürz, das in der Neuen Welt gefunden wurde, der feurige Pfeffer, der nach den Worten von Pater Joseph de Acosta die »hauptsächliche Sauce« zu allen Gerichten bildete. Der lebensfrohe, fettleibige Pater, der die großen Höhen der Anden hinauf- und hinunterschnaufte, warnte 1590 in seiner Naturgeschichte der Indias vor Chili, denn »man sagt, daß er einen verbrennt beim Eingang und beim Ausgang«. Und damit nicht genug, so ging seine Warnung weiter, würde Chili bei unmäßigem Genuß »Sinnlichkeit hervorrufen«. (Noch aufschlußreicher war Acostas Mitteilung über den Mann, der »zwei ganze Tage laufen kann, ohne zu essen«, wenn er das Coca-Blatt kaute, das überall in den Anden angebaut wurde.)

Im deutschen Offenburg steht ein Denkmal von Sir Francis Drake, der eine Kartoffel in der Hand hält. Daß er ebendiese Kartoffel im Jahre 1580 nach Europa gebracht hat, daran wird mit diesem Denkmal erinnert und dann noch hinzugefügt, daß Millionen von Bauern sein ewiges Andenken ehren. Doch als die ersten Kartoffeln nach Europa kamen, sah man in ihnen irgendein dreckiges Zeug, sie ähnelten, so sagte man, Hoden und Trüffeln – *Trüffeln*, Kar*toffeln* –, und eine russische Sekte stellte fest, die Kartoffel werde in der Bibel nicht erwähnt, und erklärte sie zu einer botanischen Monstrosität. Sie wußte eben noch nicht, daß aus fermentierten Kartoffeln einmal Wodka hergestellt werden würde.

Eine Pflanze fand Cortés, die überall in Amerika kräftig und reichlich gedieh, den Mais, das Brot der Neuen Welt, die Gabe Quetzalcoatls. Amerika schickte ihn im Austausch gegen Weizen nach Europa, doch lange Zeit benutzten die Europäer ihn nur, um ihre Schweine damit zu füttern, die sie ihrerseits in der Neuen Welt einführten, zusammen mit den Schlachthäusern.

Rindvieh und Pferde waren vielleicht die größten Neuheiten für die Indianer. Bernal Díaz konnte noch genau angeben, wie viele Pferde mit Cortés in Mexiko ankamen (alles in allem sechzehn), aber schon Jahre später durchstreiften den Konquistadoren entlaufene, verwilderte Pferde in stattlichen Herden die Weiten zwischen Colorado und Patagonien. Weizen und Rindvieh, südwärts wandernd wie einst die Völkerstämme, die aus Asien gekommen waren, bildeten die Grundlage für den großen agrarwirtschaftlichen Reichtum Uruguays, Brasiliens und Argentiniens. Wilde Rinder wurden von englischen, französischen und holländischen Seeräubern gefangen, die man *Bukaniere* nannte, weil sie das Fleisch trockneten und räucherten, ein Vorgang, der bei den karibischen Indianern *boucan* hieß.

Aber nicht alles war friedfertig. Doggen und Bluthunde traten ebenfalls in Erscheinung, aus Europa herübergebracht, um entlaufene Indianer und später schwarze Sklaven aufzuspüren. Auf Puerto Rico hielt Ponce de León seine Hunde für so wichtig, daß sie Mahlzeiten, Beute und Sold der spanischen Soldaten teilten. Aber die Hunde – wie die, denen sie nachschnüffelten – liefen fort und bildeten wilde, streunende Meuten.

Die europäischen Pflanzen in der Neuen Welt waren da ortsfester, und einige von ihnen wurden streng gehütet; unter anderen gehörten Oliven, Trauben, Orangen und Limonen zu den europäischen Neuheiten in Amerika. Trauben hielt man für so wertvoll, daß sie im kolonialen Chile mit Waffengewalt bewacht wurden – eine ausgezeichnete Vorsichtsmaßnahme, produziert Chile doch heute noch den besten Wein Lateinamerikas. Doch die Wälder aus wilden Orangenbäumchen vermehrten sich rasch in allen subtropischen Gebieten.

Schafe starben im tropischen Klima, aber im Hochland und den Pampas ließen sie sich wunderbar züchten, und der Esel – der *burro* – würde mit Sicherheit bleiben. Vielleicht blickte der kastilische Esel traurig auf die eingeborenen Tiere Amerikas – Tiere, die in der Arche Noah nicht vorkamen, wie Acosta weise schrieb, und noch nicht einmal bei den Griechen oder den Römern erwähnt wurden: die Vicuñas und Guanacos. Hochaufgerichtet erschienen sie auf den Gipfeln der Anden, während über ihnen Vögel rauschten, die europäische Augen ebenfalls nie zuvor gesehen hatten, wie den Kondor, schwerelos und stark, oder den Geier, mit seinen starken Flügeln und dem scharfen Blick, der Städte und Straßen reinigte und auf Kadaver aller Art niederstieß.

Die Papageien waren schwatzhaft, der aztekische *Quaxolotl* dagegen schmackhaft, ob die Franzosen den Truthahn nun *dindon* nannten, den indianischen Vogel, oder die Engländer, bezeichnenderweise desorientiert, einen *turkey*. Und der liebenswerte Quetzal, geschaffen, frei umherzufliegen, schmachtete in einem Käfig.

Ein Truthahn auf dem Tisch, ein Papagei im Patio vor sich hin plappernd, ein sterbender Quetzal im Käfig und ein Geier im Flug über den Dächern – und unter ihm die neuen Städte Amerikas.

Die barocke Stadt

Neue Städte, so frisch geprägt wie das Silber von Potosí, dehnten die spanische Herrschaft in das Hinterland aus, so daß sogar Landwirtschaft und Bergbau in Amerika als Basis eine urbane Enklave hatten, in der die spanische Macht solide verankert war. Doch zwischen den verschiedenen Städten kam es rasch zu erheblichen Zerwürfnissen und Spannungen. Die Hafenstädte (Havanna, San Juan de Puerto Rico, Cartagena de Indias, Maracaibo, Valparaíso) entwickelten schneller als alle anderen eine moderne, merkantile Zivilisation, waren offen für Einflüsse aus dem Ausland und voller geselligem Leben auf den Straßen. Sie unterschieden sich deutlich von den Berg- oder Hochlandstädten (Mexico City, Bogotá, La Paz, Quito und Guatemala City) und auch von den Küstenstädten, die zu Residenzen der Vizekönige aufgestiegen waren (Lima, Buenos Aires) und in denen die merkantilen Umtriebe durch höfischen Sinn gedämpft wurden.

Eine höfische Gesellschaft zu entwickeln war der unausgesprochene Traum vieler dieser Hauptstädte, was ihnen einen parasitären Glanz gab, der noch unterstrichen wurde durch die strenge Trennung von Besitzenden und Habenichtsen. Während sich in den großen europäischen Städten trotz aller Ungerechtigkeiten vor allem durch Handel und kaufmännische Aktivitäten eine mittlere Schicht etablieren konnte, beherrschte im spanischen Amerika der städtische Hidalgo die Szene, der außerhalb der Stadt Minen und Haciendas besaß. Daß man ihm gehorchte, ihn bediente, bewunderte und respektierte, darin lag des durchschnittlichen Hidalgos Lebenszweck, und so umgab er sich mit denen, die ihm diesen Tribut zu zollen hatten. Trotzdem war in der Neuen, der kolonialen Welt feudaler Gehorsam nur schwer zu bekommen. Sketche und Flugblätter beschrieben und verspotteten die höfischen Ambitionen der feineren Gesellschaft, die in einem Meer der Armut vor Anker lag. Privilegierte gab es wenige, Unterprivilegierte viele, und so bildete sich eine groteske Menge von Gaunern, Dieben, Prostituierten und Bettlern, ähnlich wie im spanischen Mutterland in den Barockstädten des *Goldenen Zeitalters.*

Es gab Spannungen zwischen Besitzenden und Habenichtsen, zwischen reichen und armen Hidalgos, Spannungen zwischen den Hildagos spanischer Herkunft und den verbitterten, ehrgeizigen, böswilligen und spöttischen Mestizen, die sich mit den rigiden Unterschieden zwischen Ober- und Unterklassen abquälten. Und die Indianer, Schwarzen und armen Mestizen vermehrten sich nicht nur, sondern bedrohten auch die oberen Schichten. Nach den indianischen Erhebungen der frühesten Jahre folgte ein großer Volksaufstand dem anderen. Im Jahre 1624 wurde in Mexico City der Palast des Vizekönigs von einem Haufen städtischer Arbeiter niedergebrannt, die angeführt wurden von rebellischen Mönchen, die gegen die »schlechte Regierung« protestierten. Im Jahre 1692 griffen Arbeiter in einem berühmten *Tumulto,* ausgelöst durch Nahrungsknappheit und steigende Preise, dann abermals den vizeköniglichen Palast und andere Regierungsgebäude an.

Die überschwenglichste Beschreibung vom Leben in einer der großen Barockmetropolen der Neuen Welt im 17. Jahrhundert gibt uns Bernardo de Balbuena, ein spanischer Dichter, der als Kind nach Amerika kam und 1604 über die Großartigkeit Mexico Citys schrieb. Balbuena berichtet über »tausend Geschenke und Vergnügungen«, nämlich Gespräche, Spiele, Empfänge, Jagd- und Gartenfeste, Picknicks und Abendbälle, Konzerte, Besuche, Pferderennen, Promenaden, »eine neue Komödie jeden Tag«, Mode, die Verfügbarkeit von Sänften und Kutschen, die Phantasien und Frisuren der Frauen, die Mühen und Sorgen ihrer Ehemänner, und ein jeder geschmückt mit Juwelen, Gold und Silber, Perlen, Seide, Brokat und Broschen, bedient von livrierten Lakaien. Was immer eine Laune begehren mag, sagte Balbuena, geht als Wunsch in Erfüllung.

Den schlichten Tatsachen wesentlich näher als diese extravaganten Prahlereien lesen sich die Chronisten der vizeköniglichen Hauptstadt Lima. Mateo Rosas de Oquendo macht sich lustig über die Oligarchie der Stadt, die sich umgibt mit »tausend Poeten von sparsamem Geist, Kurtisanen ohne Ehre und mehr trickreichen Falschspielern, als man zu zählen wagt«. Der Vizekönig, schreibt er, sei umgeben von »Landstreichern und Duellanten, Spielern und Verbrechern«, während die Polizisten die »am besten ausgebildeten Diebe« seien. Lima sei eine Stadt, so endet er, »von trüben Sonnen und dunklen Geburten«. Simón de Ayanque ging in seiner Beschreibung des kolonialen Lima noch weiter und riskierte damit auch mehr. Lima sei eine Stadt, und das solle man nicht vergesen, »von Indianern, Zambos und Mulattenfrauen, von Chinesen, Mestizen und Schwarzen. In allen Berufen«, schreibt Ayanque weiter, »wird man Chinesen, Mulatten und Schwarze sehen, aber sehr wenige Spanier.« Ebenso kommen »viele Indianer von der Sierra herunter, um keinen Tribut zahlen zu müssen, und geben vor, Edelleute zu sein«.

Die Angeberei, daß man etwas oder jemand anderes sei, scheint eines der Kennzeichen der barocken Stadtgesellschaften des 17. Jahrhunderts gewesen zu sein, zerrissen, wie sie waren, zwischen Reich und Arm, in ständigem Disput über kirchliche Gebote, leidenschaftliche Liebesaffären und nicht weniger leidenschaftliche Verleugnungen des Geschlechts und Körpers. Puritanismus und Zügellosigkeit existierten in kolonialen Zeiten nebeneinander. Roland Barthes hat geschrieben, daß Sadismus in unterentwickelten Gemeinschaften am weitesten verbreitet ist. Sexuelle Grausamkeit läßt sich in Gesellschaften mit strikten sozialen Unterschieden besonders leicht praktizieren, da man den Sexualpartner aus dem Heer der Dienstboten rekrutieren kann, das Objekt des Vergnügens leicht los wird und vor allem Straflosigkeit genießt, solange die Lustbarkeit an verborgenen Orten stattfindet. Auf die Städte des kolonialen spanischen Amerika trafen alle diese Attribute zu, erweitert um die Dimension (Straflosigkeit, Versteck) der religiösen Welt von Konvent und Kloster.

Der mexikanische Autor Fernando Benítez erzählt in seinem reizvollen Buch *Los demonios en el convento* viele der »die Einbildung aufstachelnden Geschichten«, die den lateinamerikanischen Gesellschaften zusammen mit ihren freizügigen Praktiken die entsprechende repressive Erotik gaben. Der Erzbischof von Mexico City, zur Zeit Sor Juanas, Aguiar y Seijas, verabscheute Frauen so sehr, daß er sie nicht in seiner Gegenwart duldete, und wenn er durch Zufall doch einer begegnete, bedeckte er sofort sein Gesicht mit den Händen. Sein Haß auf Wasser (eine andere spanisch-katholische Phobie) war genauso leidenschaftlich. Seinem Zorn kam zu Hilfe, daß er an Krücken ging, mit denen er auch schon mal zuschlagen konnte, wenn er wütend wurde – wie der Dichter Carlos de Sigüenza y Góngora, ein Freund und Beschützer Sor Juanas, herausfand, als der Erzbischof ihm während eines theologischen Disputs die Augengläser zerbrach und auf diese Weise das Gesicht zerschnitt. Darüber hinaus gelang es Aguiar, Hahnenkämpfe, Glücksspiel und Romane zu unterdrücken: und natürlich nach Möglichkeit die Frauen.

Unter der Herrschaft eines so kompromißlosen Prälaten kamen schnell auch geringere, aber um so missionswütigere Puritaner zum Zuge. Ein gewisser Pater Barcia faßte gegen Ende des 17. Jahrhunderts den Entschluß, alle Frauen von Mexiko City einzufangen und sie in den Konvent von Belém zu schicken, wo sie nie wieder herauskommen und von keinem Mann je wieder gesehen werden würden. Wie zu erwarten, gelang es Pater Barcia aber nur, eine gewisse Anzahl von Prostituierten, Schauspielerinnen und Zirkuskünstlerinnen zusammenzutreiben. Doch kaum daß er sie im Konvent gefangengesetzt hatte, versuchten ihre Liebhaber, sie zu befreien und Barcia zu ermorden. Sie belagerten den Konvent. Als die Frauen flohen, wobei sie dem guten Pater sagten, wenn dies der Himmel sei, dann zögen sie die Hölle vor, wurde er wahnsinnig und unternahm einen Selbstmordversuch, indem er Zäpfchen, die mit Weihwasser gefüllt waren, in seinen After einführte.

Es war ein Zeitalter, das von einem Dreiklang beherrscht wurde: Leugnung der Sexualität, das Ideal einer Hingabe an den bräutlichen Christus und an die unbefleckte Empfängnis. Es trieb mexikanische Nonnen dazu, sich die Augen zu verbinden, womit sie ihren Wunsch ausdrückten, stumm und blind zu sein, über den Steinfußboden ihrer Zellen zu lecken, bis sie ein Kreuz aus Speichel geformt hatten, sich von ihren Dienstmägden auspeitschen zu lassen und sich mit ihrem eigenen Menstruationsblut zu beschmieren. Mönche und auch Priester, sagt Benítez, hätten sich gern peitschen und treten lassen wie San Juan de la Cruz, denn darin sahen sie einen Ausgleich für die Leiden Christi auf dem Kalvarienberg.

Die letzte Utopie und der erste Rebell

Die letzten Vorposten Utopias in der Neuen Welt waren die Jesuitenmissionen in Paraguay. Die Jesuiten hatten die königliche Erlaubnis erhalten, die Guaraní-Indianer zu befreien, sie in den Grenzen einer christlichen Republik, die der Stadt Gottes auf Erden ähneln sollte, zu regieren und zu erziehen. Statt an Überarbeitung oder Blattern zu sterben, schafften die Guaraní von Paraguay den Gebrauch von Geld ab, führten statt dessen das Gemeinschaftseigentum ein und lebten in beschaulicher Zufriedenheit mit gleichmäßig verteiltem Wohlstand.

Aber ihre utopische Gemeinschaft überdauerte nur in der Isolation und weil der König von Spanien den Jesuiten das Recht gegeben hatte, sich selbst und ihre Indianer gegen spanische und portugiesische Kolonisten zu bewaffnen, die das Land liebend gern in Besitz genommen hätten. Die Frage ist berechtigt, ob ein bewaffnetes Utopia noch ein Utopia ist. Nachdem sie schließlich ihrer Waffen und des Schutzes durch die Jesuiten beraubt worden waren, die 1767 durch den Erneuerungsdrang der Bourbonen aus Spanien und seinen Herrschaftsgebieten vertrieben wurden, gingen auch die Guaraní in der Masse verzweifelter, versklavter Indianer unter.

Für einen dramatischen Augenblick allerdings fanden sie eine Stimme. Im Jahre 1771 nahm der Indianerhäuptling der Andenprovinz Tuita, José Gabriel Condorcanqui, den Namen des letzten Inkakaisers Tupac Amarú an. 1780 entfachte er eine Rebellion gegen die spanische Herrschaft. Gefolgt von einem Heer indianischer Maultierteiber, verbreitete Tupac Amarú die Revolution über ganz Peru. Es war eine Rebellion, in der Gewalt und Symbolismus sich gegenseitig durchdrangen. Dürsteten die Spanier tatsächlich nach Gold? Tupac Amarú setzte den spanischen Gouverneur gefangen und richtete ihn hin, indem er ihn geschmolzenes Gold trinken ließ. Waren die Indianer allein durch die spanische Kavallerie besiegt worden? Tupac Amarú wurde 1781 gefangengenommen. Ein anonymer Zeuge beschrieb seine Exekution wie folgt:

»Er wurde in die Mitte des Platzes gebracht, und der Henker schnitt seine Zunge heraus. Dann lösten sie seine Fesseln und legten ihn auf den Boden. Sie banden vier Seile an seine Hände und Füße und befestigen die Seile an den Leibern von vier Pferden, die dann ... in vier verschiedene Richtungen geführt wurden, ein Anblick, den es in dieser Stadt niemals zuvor gegeben hatte. Entweder weil die Pferde nicht sehr stark waren oder weil dieser Indianer wahrhaftig aus Eisen war, gelang es ihnen nicht, ihn auseinanderzureißen, auch wenn sie lange Zeit an ihm zogen, so daß er in der Luft hing und wie eine Spinne aussah. Schließlich hatte der Befehlshaber Mitleid und beschloß, die Leiden des armen Teufels zu beenden. Er befahl dem Henker, Tupac Amarú zu köpfen, was auch geschah. Dann legte man seinen Körper unter den Galgen und schnitt ihm Hände und Füße ab. ...

Eine große Zahl von Menschen hatte sich an dem Tag versammelt, doch niemand gab einen Schrei von sich oder sagte ein Wort. Etlichen fiel auf, darunter auch mir, daß in der ganzen Ansammlung kein einziger Indianer zu sehen war, zumindest nicht in seiner gewöhnlichen Kleidung. Wenn welche gekommen waren, versteckten sie sich unter Kapuzen und Ponchos. Manchmal geschehen die Dinge auf eine Weise, daß es scheint, der Teufel müsse seine Hand im Spiel haben, um diese Menschen in Mißbrauch, Überzeugungen und Aberglauben zu bestärken. Ich sage dies, weil jener Tag, obgleich das Wetter schön und trocken gewesen war, mit einem Wolkenhimmel anbrach, ohne einen Sonnenstrahl, und Regen drohte. Um zwölf Uhr mittags, als die Pferde an dem Indianer zogen, erhob sich ein starker Wind, gefolgt von einem plötzlichen Regenguß ... Deshalb sagen die Indianer jetzt, daß die

Himmel und die Elemente über den Tod des Inka weinen, den die grausamen, gottlosen Spanier auf so unmenschliche Weise getötet haben.« Die Chronik endet mit den Worten: »Und dies war das Ende von José Gabriel Tupac Amarú ...«

In unseren Tagen schrieb Pablo Neruda, daß sogar die Samenkörner in den Anden schweigend seinen Namen wiederholten: »Tupac«. Eine Folge endloser Revolten und endlosen Verrats und eine nie endende utopische Hoffnung regierten Spanien und seine Territorien in der Neuen Welt. Als die Bourbonen die Habsburger in Spanien ablösten, verkündeten sie vernehmlich, daß ein neues Zeitalter, das Zeitalter der Vernunft, anbrechen sollte. Und gleichzeitig sollte es das Zeitalter des Malers werden, der sich vorstellte, daß der Schlaf der Vernunft Ungeheuer gebären müßte.

10. Kapitel

DAS ZEITALTER GOYAS

Es war der 1. November 1700, Totensonntag, als Karl II., Spaniens letzter Monarch aus dem Hause Habsburg, kinderlos verstarb. Er war der letzte Abkömmling von Juana la Loca, Johannas der Wahnsinnigen, der Tochter von Königin Isabella. Einer seiner Biographen hat einmal gesagt, daß er schon hundert Jahre vor seinem Tode vergiftet worden sei.

Alle Keime des Wahnsinns und der Krankheit, gesät in der langen Herrschaft der Habsburger, krochen in diesen armen, schwachsinnigen Infanten, der wegen seines vorspringenden Kinns niemals den Mund schließen konnte und erst gehen lernte, als er schon sieben war. Sie nannten ihn *El Hechizado*, den Verhexten. Wie man sagte, war er nur aus Staatsräson am Leben erhalten worden, um der Welt vorzuspiegeln, daß das spanische Reich ein Oberhaupt hatte und somit die anderen europäischen Königreiche in Schach halten konnte. Als der Verhexte den Landsitz der Habsburger La Granja de San Ildefonso bei Segovia besuchte, vollzog sich so etwas wie ein Omen: Der Palast brannte nieder.

Von Karls Nachfolger auf dem spanischen Thron, Philipp V., der ein Enkel Ludwigs XIV. von Frankreich war, wurde er in französischem Stil als eine Art spanisches Versailles wiederaufgebaut. Philipps Krönung war das Ergebnis des spanischen Erbfolgekrieges, in dem Frankreich und England sich einmal mehr im Kampf gegenüberstanden, um zu entscheiden, wer in Spanien den Thron in Besitz nehmen und über seine ausgedehnten Überseegebiete herrschen sollte.

Die Gesichtszüge des letzten habsburgischen Königs in Spanien symbolisierten alles, was die fortschrittlichen Bourbonen zu reformieren und abzuschaffen suchten: Tradition im Dienst der Bigotterie, Intoleranz, Isolierung von den Strömungen der Modernität. Dennoch bildete das ganze 18. Jahrhundert in Spanien ein weiteres Kapitel im langen Kampf zwischen dem Überkommenen und dem Modernen, beispielhaft für die andauernde Konfrontation des Alten mit dem Neuen in der spanischen und der spanisch-amerikanischen Geschichte. John Elliot, der führende Historiker in der Geschichte des spanischen Weltreichs, drückt es kurz und bündig so aus: »In einer Zeit, in der sich das Antlitz Europas schneller veränderte als jemals zuvor, bewies das Land, das einstmals seine führende Macht gewesen war, daß ihm die wichtigste Voraussetzung zum Überleben fehlte – der Wille zum Wandel.«

Die Aufklärung kündigte ein neues Zeitalter für die Menschheit an, das die Vergangenheit als unvernünftig und barbarisch hinter sich ließ. Gefeiert wurde die Zukunft: Der Mensch ließe sich vervollkommnen, wenn er nur seine Vernunft den Aufgaben des Fortschritts widmete. Glück auf Erden war möglich dank Wissenschaft, Erziehung und wirtschaftlicher Entwicklung. Die Aufklärung führte Europa an die Schwelle zur industriellen Revolution. Würde Spanien an diesen bedeutsamen Ereignissen teilhaben oder einmal mehr im Abseits bleiben? Würde Spanien endlich aus der Nacht des Escorial hinaustreten ins Sonnenlicht der Aufklärung, ins *âge des lumières, el siglo de las luces*?

Zwei Männer standen im Mittelpunkt dieser kulturellen Arena. Der eine war Humanist, Philosoph und Staatsmann aristokratischer Herkunft, der andere Maler mit volkstümlichem Instinkt und von plebejischer Herkunft, aufgestiegen zu den höchsten Höhen künstlerischer Genialität. Der Name des Humanisten war Gaspar Melchor de Jovellanos, der des Malers Francisco José de Goya y Lucientes.

Eine »glückliche Revolution«

Im Jahre 1798 ließ sich Jovellanos von Goya malen. Das Ergebnis ist das strahlendste und zugleich traurigste Porträt eines gebildeten Mannes aus dem 18. Jahrhundert, eines Philosophen, der die

Ideale der Aufklärung in die Arme schließt – Vernunft, Klarheit und Toleranz –, ohne ihnen mit der gebotenen Skepsis zu begegnen. Es ist eines der großen biographischen Porträts, das in Blick, Haltung und der Aura des Porträtierten und seiner Umgebung das gesamte Leben dieses Mannes und seiner Zeit bündelt.

Geboren in der nördlichen Provinz Asturien als elfter Sohn in einem System, in dem das Erstgeburtsrecht galt, war Jovellanos von Kindesbeinen an für das Priesteramt bestimmt. Doch er ging, nachdem er vorsorglich bei den kanonischen Examen durchgefallen war, nach Madrid und kam gerade rechtzeitig, um die sich in Bewegung setzende Kutsche bourbonischen Reformdrangs zu erreichen und darüber hinaus die Aufmerksamkeit des allmächtigen Premierministers Karls III., des Grafen von Aranda, zu erregen. In vierzehn Jahren, zwischen dreiundzwanzig und siebenunddreißig, stieg Jovellanos vom Strafrichter in Sevilla zum Mitglied der Königlichen Akademie in Madrid auf. Beim Eintritt in die Welt von Recht und Gesetz war er nach seinem eigenen Urteil nur bewaffnet »mit der Logik eines Barbaren und unfruchtbarer, konfuser Metaphysik«, dem Ergebnis seiner kirchlichen Studien. Einer seiner Freunde aus jener Zeit jedoch beschrieb ihn als einen Mann, der »sein Haupt hocherhoben trug« und »sicher auftrat«, weil das so in seiner Natur lag – wenngleich (und da erhebt er Einspruch) »viele sein Verhalten für völlig affektiert hielten«.

Als Richter ging Jovellanos daran, die andalusischen Gefängnisse zu säubern und die weitverbreitete Anwendung der Folter zu beenden. Um seine Reformpolitik zu unterstreichen, warf er die traditionelle Perücke des Richters fort und erschien barhäuptig im Gericht. Aber während andere die Schlacht für den Fortschritt in rein formalen Fragen der äußeren Erscheinung ausfochten, war Jovellanos der Meinung, daß die Aufklärung weit über alle Äußerlichkeiten hinausgehen sollte.

Die Modernisierung wurde zeitweilig aufgehalten durch die Volksaufstände im Gefolge der Krawalle am Palmsonntag 1766 in Madrid, als eine zornige Menge die Residenz des Marquis de Squillace stürmte, eines Ministers am Hof Karls III. Der Marquis, ein Italiener von Geburt, galt als Mitverantwortlicher bei einer Verfügung, die das Tragen großer Hüte und weitwallender dunkler Umhänge verbot, weil es Straßenräubern nach Meinung der Behörden dadurch leichter möglich war, zuzuschlagen und unerkannt zu entkommen. Statt dessen wurden die Bürger von Madrid angehalten, den Dreispitz und einen kurzen Umhang zu tragen, um jederzeit erkennbar zu sein. Wenn sie dagegen verstießen, gingen besondere Polizeieinheiten daran, in aller Öffentlichkeit mit großen Scheren die Hutkrempen abzuschneiden, bis die neuen Kopfbedeckungen ordnungsgemäß auch auf den mürrischen Köpfen derer saßen, die für die Beibehaltung des Status quo waren. An jenem Sonntag übernahm die rebellische Bevölkerung die Macht auf den Straßen von Madrid, marschierte zum Königspalast und zwang den König und seine Familie zur Flucht aus der Stadt. Erst die Entlassung von Squillace besänftigte diesen traditionalistischen (und im Grunde fremdenfeindlichen) Haß.

Auch die internationale Entwicklung war für den reformfreudigen Bourbonenkönig wenig hilfreich. Im Siebenjährigen Krieg war Spanien von England besiegt worden. Gibraltar war bereits in englischen Händen, und jetzt waren auch Havanna und Manila vom perfiden Albion erobert worden und wurden nur im Austausch gegen Florida und alle von Spanien kolonisierten Gebiete östlich des Mississippi zurückgegeben.

Der energische Graf von Aranda wurde zum Premierminister ernannt, um diese Unglücksserie zu beenden und die Reformen voranzutreiben. Er fand einen »Ein-Mann-Brain-Trust«, seine persönliche Denkfabrik, in dem jungen Richter Jovellanos aus Asturien, dessen Reden, Schriften und Handlungen der »glücklichen Revolution« der Aufklärung intellektuelle Flügel und praktische Perspektiven verliehen. »Laßt das Licht in Spaniens Besitzungen«, rief Jovellanos. Was das Land brauche, seien eine »nützliche Wissenschaft, wirtschaftliche Prinzipien und allgemeine Hinwendung zur Aufklärung«. Erzieher und Schriftsteller wie Jovellanos und Staatsmänner wie Aranda führten Spanien zu Entwicklung, Pragmatismus, verbesserter Kommunikation und öffentlicher Erziehung. Unter Karl III. wurden ein Dutzend Gesellschaften zur Verbreitung der Geisteswissenschaften geboren und Hunderte von Verordnungen im Geiste der Aufklärung erlassen.

Unglücklicherweise kam es nach dem Tod von Karl III. zu einem

Rückschlag, als sein Sohn, gekrönt als Karl IV., umgehend soviel wie möglich vom Werk seines Vaters rückgängig machte. Reine Frivolität spielte dabei eine wichtige Rolle. Karl IV. war mehr am guten Leben interessiert als an guter Erziehung. Er hatte nur sehr wenig unter seiner gepuderten Perücke und ließ sich um so leichter von seiner sexuell gefräßigen Königin manipulieren, María Luisa von Parma, die unter dem käsigen Spitznamen »La Parmesana« bekannt war. Die Königin hatte eine skandalöse Affäre mit einem siebenundzwanzigjährigen Offizier namens Manuel de Godoy, der 1792 in den Rang eines Premierministers erhoben und 1795 nach seinen Niederlagen im Kampf gegen Frankreich vom König zum »Friedensprinzen« ernannt wurde. Diese Ereignisse offenbarten, daß der Versuch Karls III., einen aufgeklärten Absolutismus einzurichten, von den schlimmsten Lastern abgelöst worden war – von Korruption, Vettern- und Günstlingswirtschaft.

Jovellanos hatte entsprechend zu leiden. Er behielt seinen Kopf oben, begriff aber, daß sich das Klima geändert hatte. Als Karl IV. begann, die früheren Minister seines Vaters zu verfolgen, stand Jovellanos ihnen bei, auch wenn sie selbst nicht immer ihren Mann standen. In einem makabren Vorgriff auf die ideologischen Verfolgungen unserer Tage erkannten die Verfolgten oftmals, was ein früherer Premierminister in einem Brief an Jovellanos so ausdrückte. »Ich empfinde Furcht. Man wird mich beobachten. Ich werde auf die Liste der Geächteten kommen. Ich würde gern heroisch sein. Aber ich kann es nicht.« Die Botschaft war eindeutig: Laß die anderen die Helden spielen. McCarthyismus ist nichts Neues, mit oder ohne gepuderte Perücken.

In der Folgezeit verkörperte niemand besser als Jovellanos das Dilemma, seinen Idealen einerseits treu zu bleiben und dabei andererseits seine physische Unversehrtheit zu bewahren. Er kehrte heim nach Asturien und beschied sich moralisch und intellektuell damit, seinen Ideen auf dem eigenen Grund und Boden Wirklichkeit zu verleihen und sie dort zu verwurzeln. Der spanische Boden brachte reiche landwirtschaftliche Erträge und barg große Kohlevorkommen. Jovellanos stürzte sich auf die Aufgabe, in Spanien das Bewußtsein für seinen potentiellen Reichtum zu wecken. Die industrielle Revolution stand vor der Tür: Spanien durfte nicht noch einmal zurückbleiben. Jovellanos gründete in Asturien ein Institut für Mineralogie, förderte die Nutzung von Kohle zur Energiegewinnung und schuf neue Häfen und neue Straßen. Die Straßen führten hinein in ein Land, in dem es höchste Zeit für eine Reform der Landwirtschaft war. Jovellanos prangerte die Gewohnheit an, brachliegendes, unproduktives Land in den Händen einiger weniger, nicht ortsansässiger Grundbesitzer anzuhäufen, und er empörte sich über die unmenschlichen Lebensbedingungen auf dem Land, wo Schafe besser behandelt wurden als Menschen; ebenso kämpfte er für Schulen und Archive, Bewässerungsanlagen und mehr Straßen. Man nannte ihn den »Reisenden in Sachen Aufklärung«, der das harte, isolierte Land seiner Vorfahren umkrempelte.

Der Traum vom Fortschritt im spanischen Jahrhundert der Erleuchtung ging zu Ende, als die französischen Könige ihre Köpfe verloren und die spanischen Könige, entschlossen, die ihrigen zu behalten, die Umkehr zu einem ultrakonservativen Absolutismus vollzogen. Im Kielwasser der Französischen Revolution kam der Modernisierungsprozeß nahezu zum Stillstand. Waren nicht Erziehung, Wissenschaft und Reformen die Waffen der Revolution? Und hatte Gaspar Melchor de Jovellanos nicht aus vollem Hals verkündet, daß soziale Ungerechtigkeit »den Reichen erlaubte, ihren Wohlstand auf dem Elend der Armen zu errichten und das Glück des Staates auf die Unterdrückung von Angehörigen eben desselben Staates zu gründen«?

Im Jahre 1794 wurde Jovellanos fünfzig, was in damaliger Zeit als ein hohes Alter galt. Weit entfernt vom Hof, gab er sich damit zufrieden, ein diskretes Nachhutgefecht für seine Fortschrittsideale zu führen. Er fürchtete, wie viele seiner Freunde offen angeklagt, vielleicht sogar bestraft zu werden. Aber als ob seine vornehme Art die Verworfenheit seiner Gegner erst richtig angestachelt hätte, wurde ihm von Godoy und Karl IV. ein vergiftetes Geschenk gemacht, indem sie ihn 1797 zum Botschafter Spaniens in Rußland ernannten. Mit dem öffentlichen Amt kam persönlicher Schmerz. Sollte er annehmen und, wie er schrieb, »das Gute tun, das ich vermag, und das Böse vermeiden, so gut ich kann«?

Oder würde er sich für immer beschmutzen, wenn er mit dem korrupten, despotischen und frivolen Regime Karls IV. kollaborierte? Auf jeden Fall hegte er wenig Illusionen: »Glücklich werde ich mich schätzen, sollte ich unschuldig von diesem Ausflug zurückkehren! Glücklich, kann ich mir die Liebe und die gute Meinung der Öffentlichkeit erhalten, die ich in der Zurückgezogenheit des Privaten zu erwerben vermochte.«

Öffentliches Amt, persönlicher Schmerz. Seine Träume wurden »kurz und turbulent« – »sogar die Steine bringen mich zum Weinen«. Zum Beispiel speiste er einmal mit Godoy in Anwesenheit von Godoys Ehefrau und auch einer seiner Geliebten, der Sängerin Pepita Tudó. »Meine Seele konnte dieses Schauspiel nicht ertragen«, vertraute er seinem Tagebuch an. »Weder aß ich noch sprach ich; noch viel weniger konnte ich meinen Geist beruhigen. Ich flüchtete von dem Ort.«

Doch Godoy schien entschlossen, die intellektuelle Maus zu fangen, oder vielleicht machte es ihm auch nur Spaß, mit ihr zu spielen wie ein Kater. Als Jovellanos plötzlich die Stellung des Justizministers angeboten wurde, einer der fünf Kabinettsposten unter Karl IV., eröffnete man ihm die Aussicht auf eine enorme Macht. Acht Monate lang arbeitete er in gutem Glauben. Sein Widersacher war die Inquisition. Aber dann, kaum daß er eine Kostprobe der Macht genossen hatte, wurde er ebenso plötzlich wieder entlassen, wie er ernannt worden war, und mußte zusehen, wie man gegen seine Freunde intrigierte, sie verleumdete und einige von ihnen sogar ins Gefängnis warf. Die Kälte war mit Händen zu greifen: In der *Tertulia,* dem intellektuellen Zirkel von Jovellanos in Gijón, wurde es einsamer und einsamer. Würden seine eingeschüchterten Freunde eines Tages zurückkehren? »Vielleicht, mich kümmert es nicht«, schrieb er in sein Tagebuch. Und er wappnete sich für das, was unausweichlich kommen mußte. Er glaubte, daß sein Verhalten aufrichtig und rein gewesen war, und solange man ihm das zumindest zubilligte, würde er jeden Unglücksfall überstehen. Wenn nicht, würde er sich auf das Zeugnis seines eigenen Gewissens verlassen müssen – »und mein Gewissen beschuldigt mich nur der Schwächen, die Teil des menschlichen Wesens sind«.

Das also war Jovellanos, ein weiteres Beispiel für den spanischen Stoiker, so, wie er von Goya gemalt wurde, auf einem vergoldeten Sessel sitzend, ein Stück Papier in der Hand, die auf dem rechten Knie ruht; den Kopf stützt er auf die andere Hand, den Ellbogen auf einen Schreibtisch voller Papiere und Bücher, mit einer Gänsefeder und einer Statue Minervas, der Göttin der Weisheit, die wohlgerüstet über dem Weisen wacht. Aber die Vergoldung und die Göttin sind weniger eindrucksvoll als die bürgerliche Qualität des Porträts, das einen Mann ohne Perücke zeigt, in gewöhnlichen Kniehosen, einem gewöhnlichen Gehrock, einfachen Strümpfen und Schnallenschuhen. Wäre er Nordamerikaner, würde man ihn für einen Vetter von Benjamin Franklin halten. Aber tatsächlich ist er die aufgeklärte Version von El Grecos großartigem Porträt des Mannes mit der Hand an der Brust. Goyas Gemälde aus dem 18. Jahrhundert ist eine Version jenes zeitlosen stoischen Profils, das Spanien als Korrektiv des Pittoresken oder Grausamen, des Schelmenhaften oder Machtvollen darbietet; es offenbart den Ausgleich zwischen der Arroganz der wenigen und der Bescheidenheit der vielen. Es ist das Porträt eines Mannes, der beseelt ist von seinem inneren Wesen und seinen Werten, seiner Würde und seinen persönlichen Überzeugungen in einem öffentlichen Meer von Intrigen, Feindseligkeiten und Kompromissen.

Jovellanos, Senecas letzter intellektueller Abkömmling in Spanien, brauchte bald sein ganzes Geschick, um mit seinen Schwierigkeiten fertig zu werden. Im März 1801 wurde er in seinem heimatlichen Asturien verhaftet. Er war von einem Spitzel denunziert worden, weil er »verbotene Bücher las«. »Schickt ihn weit weg aus seiner Heimat«, insistierte der Spitzel. »Achtet darauf, daß er jeden Kontakt verliert.« An Jovellanos, so fuhr das Schreiben des Denunzianten fort, müßte ein Exempel statuiert werden für die »unzähligen Wüstlinge«, die seinen Ideen folgten.

Sein Haus wurde im Morgengrauen umstellt, Jovellanos aus dem Bett gezerrt, seine Papiere beschlagnahmt, und am nächsten Tag schickte man ihn mit vier bewaffneten Wachen ins Exil. Der Prozeß fand im geheimen statt, und nach zeitweiligem Arrest in einem Kartäuserkloster wurde der »Reisende in Sachen Aufklärung« auf der Burg von Bellver auf der Insel Mallorca gefangengehalten. Dort blieb er sieben Jahre lang.

Inzwischen führten Unfähigkeit und Korruption des unseligen Dreigestirns, bestehend aus Karl IV., der »Parmesana« und Premierminister Godoy dazu, daß das Volk den Kronprinzen Ferdinand unterstützte. Der Aufstand einer Volksmenge in Aranjuez im Jahre 1808 zwang Karl IV. zur Abdankung zugunsten seines Sohnes (Godoy wurde bei der Schlägerei beinahe getötet). Eine der ersten Verfügungen der neuen Regierung war, Jovellanos aus seiner Burg zu befreien.

Doch Napoleon handelte schneller, als ein Bourbone es jemals gewagt hatte. Bevor noch der neue König Ferdinand VII. seinen Fuß nach Madrid setzen konnte, entführte Bonaparte Vater und Sohn sowie Godoy und seine königliche Geliebte und erlegte dem Land eine liberale Verfassung auf, welche die Inquisition und die inländischen Zollgrenzen abschaffte, den Adel und die Kirche etlicher Privilegien beraubte und die Menschenrechte proklamierte. Dann inthronisierte er seinen Bruder Joseph als König von Spanien, und die Bonapartes luden Jovellanos ein, an »dem großen Werk« mitzuwirken, das Spanien endlich zu einer modernen Nation machen sollte.

Jovellanos blickte nach Madrid. Dort hatte sich das Volk gegen die französischen Besatzer erhoben. Als man ihnen die Freiheiten pries, die Frankreich ihnen anstelle der Despotie der spanischen Könige brachte, riefen die Spanier: »Lang mögen unsere Ketten leben«, und die französischen Kommandos mähten sie nieder. Goya malte diese unvergeßliche Szene: Es war die Nacht des 2. Mai 1808. Und Jovellanos faßte einen Entschluß: Er würde für Spanien kämpfen, für seine Unabhängigkeit, allerdings nicht für die stupiden, korrupten und käuflichen Bourbonen.

Als Spanien kämpfte und starb und wiederholt von der napoleonischen Kriegsmaschinerie niedergewalzt wurde, kehrte Jovellanos mit dem Gefühl, alles verloren zu haben, nach Asturien zurück. Die Bevölkerung spielte verrückt. Im Triumph wurde er von der Menge zu seinem Haus getragen, Freudenfeuer flammten zur Feier seiner Rückkehr auf, die Menschen erleuchteten ihm zu Ehren ihre Häuser, er wurde zum »Vater des Landes« proklamiert.

Doch fand er sein Haus geplündert, seine Bücher und seine Gemälde geraubt von den französischen Truppen unter Marschall Ney. Und wieder standen die Franzosen vor den Toren Asturiens. Jovellanos hatte kaum Zeit, sich einzuschiffen. Es war eine stürmische Nacht, und als die Navigation unmöglich wurde, landete er in einem Fischerdorf. Dort starb er an Lungenentzündung, im Delirium unaufhörlich die Worte wiederholend: »Eine kopflose Nation, eine kopflose Nation.«

Der Schlaf der Vernunft

Als ob er ein dramatisches Spannungsverhältnis zwischen den Kräften der Vernunft und den Warnungen künstlerischer Imagination herstellen wollte, trat Goya neben Jovellanos, seine Ergänzung und sein Widerpart, auf die Bühne der spanischen Aufklärung. Beide Männer kamen auf dem Höhepunkt des reformfreudigen Regimes Karls III. nach Madrid. Aber Jovellanos war ein aristokratischer Intellektueller aus dem ehrwürdigen Asturien, während Goya ein impulsiver Arbeitersohn aus dem rauhen und harten Aragón war. Ein Sohn von Handwerkern, und er sah auch wie ein solcher aus. Er kam aus der spanischen Wildnis, dem Dorf Fuendetodos, einem Ort, sagt man, »der einem die Haare zu Berge stehen läßt«. Die Leute dort waren durchweg hart und stur, manchmal sogar grob, aber sie waren auch insgeheim Träumer. (Aragón ist auch die Heimat des »Film-Goya« unserer Tage: Luis Buñuel.)

Goya war muskulös, dicht behaart, die Augen träumerisch, aber mit einem stählernen Glitzern. Seine Nase war gewöhnlich, nach oben gerichtet, der Mund geheimnisvoll, sinnlich, vorspringend, wie eine Niere mitten in seinem offenen Gesicht. Seine Hemden trug er weit geöffnet, und seine Stiefel waren mit Schlamm und Exkrementen bedeckt. Goya liebte die Menschen, war gesellig und ging gern zu Volksfesten. So verlor er auf einem Ohr das Gehör, als er in Aragón an einem anstrengenden Wettkampf im Wagenheben teilnahm. Seine Ausdauer bei harter Arbeit war enorm.

Als Goya 1786 zum Hofmaler ernannt wurde, geriet er in die korrupte und betrügerische Welt bourbonischer Dekadenz. Er sah sich umgeben von schönen Herzoginnen, brillanten Philosophen, dummen Prinzen, häßlichen und treulosen Königinnen, käuflichen Günstlingen, aber auch von schneidigen Stierkämpfern und Schauspielerinnen auf phantastischen Egotrips. Er traf auf Korruption und Täuschung, aber auch auf Eleganz, Sinnlichkeit und Lebensfreude. Das Jahrhundert der Aufklärung war in Spanien auch das Jahrhundert des Rampenlichts, der Stierkampfarenen und aristokratischer Bummeleien, und Goya war der Maler dieser Welt.

Gewiß, er willigte ein, wenn man ihn bat, alles in Glück und Licht zu tauchen. Seine Teppichkartons, Gobelinentwürfe im Prado, geben den strahlenden Himmel und die warmen Schatten eines festlichen kastilischen Sommers wieder. Diese außergewöhnliche Reihe von fröhlichen, sonnendurchtränkten, spielerischen Szenen erinnert in ihrer populären Handgreiflichkeit manchmal an Cervantes, aber letzten Endes spiegelt sie die Atmosphäre des bourbonischen Madrid, einer Stadt, die sich unter ihrer fortschrittlichen Regierung vergrößerte und verschönerte. Einige der nobelsten Bauwerke und Promenaden wurden unter Karl III. errichtet: der Prado, die Brunnen von Neptun, Apollo und Cibeles, die Puerta de Alcalá. Kein Wunder, daß Jovellanos der Ansicht war, es sei besser und weniger kostspielig, zwei neue Städte in Spanien zu gründen, als eine fremde zu erobern.

Goya wollte nichts ausschmücken, sondern seine Objekte *dar-* und *vor*stellen, auch wenn er die köstlichen vorimpressionistischen Ansichten festlicher Szenen unter freiem Himmel malte, wie die Feiern zu Ehren von San Isidro in Madrid oder die wunderbare junge Frau mit dem Sonnenschirm, der von ihrem Liebhaber der Hof gemacht wird. Er stellte der Aristokratie das Volk vor. Die Adlige in ihrer Kutsche kreuzte den Weg der Markthändler, Aristokraten promenierten in der Kleidung von *Toreros,* und Schauspielerinnen waren die gefeierten Stars von Madrid. In Goyas Werk wird der Stil des *Majismo* überliefert, der sowohl männlichen wie weiblichen Protzerei: Stil vor Gehalt, der Kult von Schönheit und Jugend, die Bewunderung von Pose, Haltung und theatralischem Auftreten, alles das entsprang volkstümlichen Kräften. Die Gesellschaft begab sich zum Bummeln. Und Goya setzte mit den beiden großen Porträts der Herzogin von Alba allem die Krone auf.

Auf dem einen dieser beiden Bilder, der *Maja vestida,* sieht man die große Dame gekleidet wie ein Mädchen aus dem Volk, auf dem anderen, der *Maja desnudas,* hat Goya sie ausgezogen und zeigt uns das Rosa ihrer Brustwarzen, die dunkle Verlockung ihres Geschlechts und die gewagte Glätte ihrer rasierten Achselhöhlen. Das war kein Modell, das als mythische Göttin posierte, diese Frau hatte einen Adelstitel und zeigte sich in volkstümlicher Verkleidung, selbst der Körper war eine Verkleidung ihrer Seele, ihrer Phantasie, ihrer Ängste und Sehnsüchte.

Mit tief eingeätzten Schatten und hart schneidendem Licht enthüllte Goya, der Sozialkritiker, die Heuchelei, die in der Vorführung nachempfundener proletarischer Vitalität lag. Seine *Caprichos* bilden eine unübertroffene Chronik menschlicher Eigenheiten: Scheinheiligkeit, Schwäche und Begierde. Die Schönheit der weiß-schwarz-grauen Technik erhebt diese Szenen moralischen Elends über jeden Verdacht platter Sittenstrenge. In den berühmtesten von ihnen lösen sich die Konturen schließlich auf in eine Kritik der Vernunft – eine Kritik des unkritischen Optimismus und grenzenlosen Vertrauens in den Fortschritt.

Es ist aufschlußreich, das würdige, nahezu republikanische Porträt von Gaspar Melchor de Jovellanos, wie er von Francisco de Goya gemalt worden ist, mit dem berühmtesten der *Caprichos* des Künstlers zu vergleichen: *Der Traum der Vernunft gebiert Ungeheuer.* Das Porträt, der Inbegriff eines Mannes von Vernunft, der an seinem Pult sitzt, mit einem Papier in der einen und den Kopf in die andere Hand gestützt, wird zum Capricho, zur Kaprice der schlafenden Vernunft, die Ungeheuer losläßt, Ungeheuer der Psyche und der Welt. Anordnung und Schauplatz der beiden Bilder sind dieselben, aber in dem Stich sieht es so aus, als sei Jovellanos in Schlaf gefallen, nur eine Minute nachdem Goya ihn im Zustand vollkommener Rationalität gemalt hat. Jetzt fliegen Fledermäuse über dem Haupt des Philosophen, und Eulen plündern seinen Traum vom aufgeklärten Fortschritt, die Vernunft fällt grausamen

Vampiren zum Opfer. Doch vielleicht verdient die Vernunft diesen Alptraum, wenn sie ihre eigenen Grenzen vergißt und zu unkritisch an sich selbst und ihr Geisteskind, den Fortschritt glaubt. Vielleicht ist es nur der Schlaf der Ungeheuer, der Vernunft hervorruft.

Durch diesen überraschend dramatischen Vergleich zwischen Wachheit und Traum, zwischen der Realität des Wachenden und den Phantasien des Schläfers wirft Goya ein gewaltiges Licht (zusammen mit einem gewaltigen Schatten; beides ist selten getrennt in seiner Kunst) auf sein gesamtes Werk. In diesen Porträts verbindet er die sonnige Freiheit der Teppichbilder mit der letzten, zutiefst bitteren »schwarzen Periode«, die er in den siebziger Jahren malte, als das Fest vorüber war – als der Hof Karls IV. das Licht der Aufklärung gedämpft hatte und die Armeen Napoleons in Spanien einmarschiert waren. »Dienstag, der 20.«, hatte Jovellanos in der letzten Eintragung seines Tagebuches geschrieben. »Wenig Schlaf. Wolken. Kalt.«

Goyas großer Entwurf trat Stück für Stück zutage und offenbarte sich als ebenso spanisch wie universell, ebenso vergangen wie gegenwärtig, leuchtend wie ein kastilischer Sommerhimmel und düster wie ein kalter winterlicher Sumpf. Während die Geschichte ihre Dämonen aufmarschieren ließ – Machthunger, Eitelkeit, Ruhm, Tapferkeit, Gemetzel – und das Reich der Natur mit Blut und Tod verheerte, schuf Goya als letzte Gestalt die des wahnsinnigen, seine Kinder verschlingenden Gottes Saturn. Aber zwischen den Dämonen der Geschichte und dem Reich der Natur gelang es Goya auf so schmerzliche wie majestätische Weise, die Rolle der Kunst zu beschwören.

Francisco de Goya y Lucientes starb 1828 in Bordeaux, zweiundachtzig Jahre alt, im Exil. Nachdem Napoleon Spanien verlassen und in die letzten Jahre seiner Niederlagen und Verbannungen gegangen war, gewann der ultrareaktionäre Ferdinand VII. den Thron zurück und benahm sich, als wäre nichts passiert. »Die Bourbonen«, so lautet ein berühmter Ausspruch Talleyrands, »vergessen nichts, aber sie lernen auch nichts.« Goya mußte Spanien verlassen und wurde nach seinem Tod in Frankreich begraben.

Erst im Jahre 1899 verlangte die spanische Regierung, daß die Überreste des großen Künstlers nach Madrid zurückgeführt würden. Als der spanische Konsul in Bordeaux den Leichnam exhumieren ließ, entdeckte man, daß der Körper keinen Kopf hatte. Umgehend schickte er ein Telegramm an das Ministerium in Madrid: »Skelett Goya ohne Kopf. Erbitte Anweisung.« Die Regierung telegrafierte zurück: »Schicken Sie Goya – mit oder ohne Kopf.«

»Lang mögen unsere Ketten leben«

Goya ließ man selbst einen Mord durchgehen – bildlich gesprochen: als er den Hof Karls IV. und die königliche Familie malte, ohne ihre idiotischen Gesichtszüge zu schönen. Und sein Porträt von Godoy, zurückgelehnt in einem Feldstuhl und umgeben von den Zeichen militärischer Würde, unterstreicht nur noch die Verdorbenheit dieses Charakters – seine aufgedonnerte Erscheinung, nichtssagend und ungepflegt, schwammig und vermutlich von Knoblauchschwaden umgeben.

Und auch einen wirklichen Mord ließ man Goya durchgehen: als er spanische Widerstandskämpfer malte, die von den französischen Truppen erschossen wurden – den Mord an einem Paradoxon. Denn waren diese französischen Revolutionäre nicht gekommen, um das spanische Volk von Gelichtern wie Karl IV. und Godoy zu befreien? Wenn auch, »lang mögen unsere Ketten leben«, so lautete die Antwort der Spanier.

Sie konnten nicht wissen, daß der gleiche Nationalismus, die gleiche Guerillataktik, der gleiche Ruf nach Unabhängigkeit schon bald auch dem spanischen König von den Aufständischen im spanischen Amerika entgegengebracht werden würde.

11. Kapitel

AUF DEM WEGE ZUR UNABHÄNGIGKEIT

Die Entfernungen in Amerika sind immer riesig gewesen. Sogar heute im Jetset-Zeitalter braucht man rund sechzehn Flugstunden, um von Mexiko City nach Buenos Aires zu gelangen. Im Jahre 1800 dauerte es mehrere Monate, bis man per Schiff von Acapulco die pazifische Küste Südamerikas hinab, rund um Kap Hoorn und dann wieder die atlantische Küste hinauf zum Rio de la Plata gesegelt war. Deshalb ist es um so überraschender, daß sich 1810, in einem einzigen Jahr, in rascher Folge und nahezu gleichzeitig, von Mexiko, dem Vizekönigreich Neu-Spaniens, bis nach Buenos Aires, dem Vizekönigreich am Silberfluß, Unabhängigkeitsbewegungen bildeten. Am 16. September erhob sich Pater Miguel Hidalgo y Costilla gegen das spanische Regime in Mexiko, und am 18. desselben Monats und selben Jahres nahm auch die Unabhängigkeitsbewegung im weit entfernten Santiago de Chile ihren Anfang.

Diese Simultaneität ist erstaunlich, und zwar nicht nur, weil jeder direkte Austausch fehlte und die Entfernungen riesig waren, was sich negativ auswirkte. Auf der positiven Seite aber zeigte die Gemeinsamkeit von Sprache und Zielsetzung der patriotischen Bewegungen überall von Mexiko bis Argentinien deutlich, daß sich ein starkes spirituelles und intellektuelles Band zwischen den spanischen Kolonien entwickelt hatte. Daß dieses Bewußtsein eines gemeinsamen Schicksals nach der Unabhängigkeit durch unterschiedliche nationale Interessen und regionale Spannungen zusammenbrechen sollte, ist eine andere Sache. Im Jahre 1810 war das Streben nach Unabhängigkeit ungebrochen.

Noch erstaunlicher ist, daß sich diese Bewegungen überhaupt entwickeln konnten, bedenkt man die Dauer der spanischen Herrschaft in Amerika, während der sich seit 1492 feste Sitten, Verbindungen und Gewohnheiten zwischen der Iberischen Halbinsel und der Neuen Welt herausgebildet hatten. Bei Anbruch des 19. Jahrhunderts lagen Unabhängigkeitsbestrebungen nicht gerade in der Luft. Am ersten Tag des Jahres 1801 wäre ein Mann eine höchst leichtfertige Wette eingegangen, hätte er vorausgesagt, daß Spanien 1821 mit Ausnahme zweier Inseln in der Karibik, Kuba und Puerto Rico, alle seine Besitzungen in der Neuen Welt verloren haben würde.

Doch so stark die existierenden Geistes- und Blutsbande auch sein mochten, letzten Endes waren sie schwächer als das neue Selbstbewußtsein und der nationale Wille zur Trennung der kolonialen von den spanischen Interessen. Woher kam dieses neue Bewußtsein? Wie hatte es sich herausgebildet? Und wer waren seine Protagonisten? Und die Frage, die hinter alldem steht, ist natürlich: Wer waren die Spanisch-Amerikaner?

1810 lebten 18 Millionen Menschen zwischen Kalifornien und Kap Hoorn unter spanischer Herrschaft. Acht Millionen unter ihnen galten noch als Indianer und damit als Ureinwohner der westlichen Hemisphäre. Eine Million waren Schwarze, die mit dem Sklavenhandel aus Afrika gekommen waren. Und nur vier Millionen waren Weiße, Spanier und Kreolen, also Abkömmlinge von Europäern, die in der Neuen Welt geboren worden waren. Die Kreolen (meist spanischer Abstammung, aber es gab hin und wieder auch einige französische, deutsche und irische Namen wie O'Higgins und O'Reilly) waren den spanischen Einwanderern zahlenmäßig im Verhältnis neun zu eins überlegen. Doch waren die weißen Spanisch-Amerikaner den Indianern, Schwarzen und Mischlingen gegenüber erheblich in der Minderheit.

Die Mestizen, die vierte und vielleicht die ursprünglichste und dynamischste der rassischen Gruppen, zählten 1810 rund fünf Millionen. Sie stellten eine Mischung aus allen übrigen Gruppen dar und wurden nach einer byzantinischen und mitunter beleidigenden Nomenklatur klassifiziert. Der *Mestizo* war ein Abkömmling von Weißen und Indianern. Der *Mulato* (auf erniedrigende Weise von *mulo*, Maulesel, abgeleitet) war ein Abkömmling von Schwarz und Weiß. Ein *Zambo* war der Sprößling von Indianern und Schwarzen, der *Cuarterón* oder »Viertelschwarze« Abkömmling von Mulatten und Weißen, der *Tercerón* oder »Achtelschwarze« von »Viertelschwarzen« und Weißen. *Tercerón* und *Mulato* ergaben den *Tentenelaire* – wörtlich »oben in der Luft« –, und die Verbindung von *Cuarterón* und Schwarz produzierte einen *Saltapatrás*, einen »Rückspringer« oder genetischen Rückfall.

Zwei wichtige Fakten sollte man vor allem im Gedächtnis behalten: daß die Zahl der Kreolen die der Spanier erheblich überstieg und daß die Kreolen ihrerseits der »farbigen« Mehrheit zahlenmäßig erheblich unterlegen waren. Diese beiden Tatsachen entschieden über die Natur der spanisch-amerikanischen Unabhängigkeit. Die Kreolen wußten sehr wohl, daß sie zwar grundsätzlich an der Spitze der Pyramide standen, den spanischen Einwanderern aber nachgeordnet waren, was Anerkenung, Privilegien, den Zugang zu Wohlstand, öffentlichen Ämtern und politischen Entscheidungen anging. Trotzdem ließ die Trägheit der habsburgischen Verwaltung in Spanien (und die gewaltigen Entfernungen) unter ihnen ein Gefühl von Selbständigkeit und Autonomie entstehen.

Und genau das änderte sich unter der reformfreudigen Herrschaft Karls III. Nachdem er die letzten Jahre der Habsburger bilanziert hatte, stellte der Bourbone fest, daß die Kolonien Spanien in einem weit geringeren Ausmaß finanzierten, als die britischen und französischen Kolonien dies taten, indem sie Mittel und Güter in ihre Heimatländer abführten. Und das, obwohl Spanisch-Amerika mehr Erze förderte, bessere landwirtschaftliche Erträge vorzuweisen hatte, mehr Vieh züchtete und seine Bevölkerung und seine Städte sich ständig vergrößerten. Warum also *bekam* Spanien nicht mehr? Oder, auf etwas andere Weise ausgedrückt, warum *behielten* die Kolonien so viel für sich?

Während die Krone zweifellos von dem Wunsch erfüllt war, sich selbst wie auch ihre amerikanischen Untertanen im Wohlstand leben zu sehen, war sie doch gleichzeitig auf eine Entwicklung gemeinschaftlicher wirtschaftlicher Interessen aus; die jedoch waren Teil einer neuen politischen Philosophie, die den Erfahrungen der letzten drei Jahrhunderte nicht entsprach, sondern bei der es sich, nicht zum ersten- oder letztenmal in der hispanischen Welt, um eine Revolution von oben handelte, von den Regierungen erzwungen und nicht aus dem Willen und den Bekundungen der Regierten erwachsen. Als solche mußte sie fehlschlagen, weil die Krone nicht zu verstehen vermochte, daß sie der Elite der Kolonien entgegenarbeitete. Indem sie die spanisch-amerikanische Welt in eine enge organische Einheit mit Spanien zwangen, gefährdeten die Reformen der Bourbonen die verschiedenen Eigeninteressen, die sich in den drei Jahrhunderten der Kolonialzeit entwickelt hatten, bedrohten den Geist der Autonomie und das Identitätsgefühl der Einheimischen, ganz zu schweigen davon, daß sie niemandem Rechenschaft abzulegen hatten.

Im Jahre 1801 mochte ein typischer Oberklassen-Kreole in Buenos Aires oder Mexico City sich sehr wohl fragen, ob er und seinesgleichen weiterhin einfach als eine *Klasse* angesehen werden sollten. Waren sie nicht dabei, eine *Nation* zu werden, eine *kreolische* Nation? Auf jeden Fall fühlte er sich irritiert, verblüfft, ja, er geriet außer sich, als die spanische Monarchie von ihrem überkommenen distanzierten Paternalismus zu einem aufgeregten Interventionismus überwechselte.

Die Vertreibung der Jesuiten

Das sensationelle Ereignis, das in ganz Spanisch-Amerika einen wachsenden Sinn für die eigene nationale Identität auslöste, war die denkwürdige Entscheidung von 1767, die Jesuiten aus Spanien und seinen Kolonien zu vertreiben. Nach Auffassung des bourbonischen Nationalstaates war die eigene Autorität nicht vereinbar mit der übermäßigen Macht anderer gesellschaftlicher Gruppen. Dazu gehörten die Kirche und privilegierte Klassen wie die alten Aristokratien Kastiliens und Andalusiens. Doch statt sie frontal anzugreifen, exemplifizierte die Krone ihre sich wandelnde Staatsauffassung, indem sie eine mächtige, aber nicht alle gesellschaftlichen Ebenen durchdringende Gruppierung aussonderte, die sowohl der Kirche wie der Aristokratie eng verbunden war. Die Wahl fiel auf die Jesuiten, um auf diese Weise ihren mächtigeren

Schutzherren ein Signal zu geben. Karl III. und seine Minister beschlossen, ihnen die Anstiftung zu den Unruhen vom Palmsonntag 1766 unterzuschieben. Sie glaubten, der Monarchie auf diese Weise eine größere Unabhängigkeit vom Papsttum zu verschaffen, als dessen Allianz sie die Gesellschaft Jesu ansahen. Gleichzeitig sollte damit die ältere, stark konservative spanische Aristokratie getroffen werden, die gegen die bourbonischen Reformen war. Das jesuitische Quasi-Monopol in der Erziehung sollte zugunsten eines liberaleren Programms zerstört werden.

Welche Gründe die Monarchie für die Vertreibung der Jesuiten auch haben mochte, in der Neuen Welt ging der Schuß eindeutig nach hinten los. Es kam zu einem Paradox: In Spanien entfesselten die bourbonischen Reformen eine Flut wissenschaftlicher Studien – und in der Neuen Welt waren es gerade die Jesuiten, die schon seit geraumer Zeit ebensolche Studien förderten. Weit davon entfernt, eingefleischte Scholastiker zu sein, hatten sie den Thomisten, die das politische Denken durch die Lehren des heiligen Thomas von Aquin beherrscht hatten, die akademische Macht entwunden und waren dazu übergegangen, den spanisch-amerikanischen Eliten große Portionen von Descartes und Leibniz zu servieren. Die Politik der Krone schlug fehl, weil die Berater des Königs nicht erkannten, daß ihre Bemühungen um eine Modernisierung der Erziehung von den Jesuiten offensichtlich vorweggenommen worden waren, und was noch entscheidender war, sie schlug fehl, weil die Modernisierung Spanisch-Amerikas gleichbedeutend damit war, der Neuen Welt eine eigene Identität zu geben – was die Jesuiten sehr wohl verstanden, die Krone aber nicht.

In der zweiten Hälfte des 18. Jahrhunderts hatte sich Spanisch-Amerika in das Abenteuer der Selbst-Entdeckung gestürzt und war den Reformen, die im fernen Madrid beschlossen wurden, damit weit voraus. Kein Wunder also, daß das Edikt über die Vertreibung der Jesuiten, die das erwachende Selbstbewußtsein beispielhaft verkörperten, in den Kolonien wie eine Bombe einschlug und sich dadurch ein Zusammenstoß mit der Monarchie ankündigte. Ganze Gemeinden überall im hispanischen Amerika lehnten sich gegen das Edikt auf, und der Vizekönig von Mexiko, der Marquis de Croix, der den Auftrag hatte, es in die Tat umzusetzen, gestand in einem Brief an seinen Bruder, daß die Jesuiten »die Herzen und Köpfe aller Einwohner in diesem riesigen Reich besitzen«. Allerdings konnte er das nur privat sagen. In der Öffentlichkeit zeigte er das harte, autoritäre Gesicht der spanischen Monarchie, verurteilte jeden *zum Tode*, der gegen das Edikt opponierte, und warnte *urbi et orbi* sogar, daß »die Untertanen des großen Königs, der den Thron von Spanien innehat, ein für allemal begreifen müssen, daß sie geboren wurden, um den Mund zu halten und zu gehorchen, und nicht, um die hohen Staatsaffären zu diskutieren oder ihre Meinung darüber zu äußern«.

Diese harte Position entsprang nicht der Laune eines exzentrischen Vizekönigs, der sich in den amerikanischen Kolonien aufspielen wollte. Sie wurde bestätigt durch die pragmatische Sanktion, mit der der König selbst, der aufgeklärte Karl III., in dieser Angelegenheit die Inquisition bedachte: »Es ist ausdrücklich jedermann verboten, diese Entscheidung als Vorwand zu nehmen, irgend etwas zu schreiben, Erklärungen abzugeben oder irgendeine Unruhe zu verursachen. Sie sollten lieber allen meinen Vasallen Schweigen in dieser Angelegenheit auferlegen und jene, die den Befehlen zuwiderhandeln, wegen Majestätsbeleidigung bestrafen lassen.«

Aus Portugal, Spanien und ihren Besitzungen vertrieben, strömten die Jesuiten in hellen Scharen vor die Tore Roms. Aber der Papst hatte Bedenken, die iberischen Monarchien zu beleidigen und schloß ebendiese Tore vor den guten Brüdern, die in einem Fall auf Wochen hinaus auf ihren Schiffen in der Bucht vor dem römischen Hafen Ostia warteten, elend und seekrank, bis der Papst nachgab. Wenn sich Spanien und Portugal der Talente der Jesuiten beraubten, warum sollte das Papsttum es ihnen gleichtun?

Aber entschiedener noch als der Papst war Spanisch-Amerika der eigentliche Sieger dieser tragikomischen Vorfälle, denn von ihrer Zuflucht in Rom aus begnügten die spanisch-amerikanischen Jesuiten sich nicht damit, gegen den König von Spanien zu intrigieren. Wichtiger war, daß sie sich mit dem Anliegen Amerikas identifizierten. Sie nahmen Rache an der Krone, indem sie die *nationale* Geschichte der Kolonien verfaßten. Der chilenische Jesuit Juan Ignacio Molina schrieb (von Rom aus und auf italienisch) seine Natur- und Zivilgeschichte Chiles, während der mexikanische Jesuit Francisco Javier Clavijero (ebenfalls von Rom aus und auf italienisch) seine Geschichte des alten Mexiko verfaßte.

Diese Bücher gaben den erwachenden spanisch-amerikanischen Nationen ein enormes Identitätsgefühl, sowohl der kreolischen als auch der weißen Elite und den aufsteigenden Mestizen, die Zugang zu höherer Bildung hatten und sich mehr und mehr in der Lage sahen, sich mit ihren Geburtsorten zu identifizieren. Sie taten das unter Zuhilfenahme amerikanischer Wirklichkeit, amerikanischer Geschichte und amerikanischer Geographie. Juan Pablo de Viscardo y Guzmán, ein aus Arequipa in Peru gebürtiger Jesuit, schrieb die folgenden außergewöhnlichen Worte aus seinem Exil in London, als die Neue Welt 1792 die Dreihundert-Jahr-Feier ihrer Entdeckung durch Kolumbus beging: »Die Neue Welt ist unser Vaterland. Ihre Geschichte ist unsere Geschichte ... In ihr müssen wir Partisanen werden, um unsere eigenen Rechte zu verteidigen ... Die Geschichte der vergangenen drei Jahrhunderte ... kann auf diese vier Worte beschränkt werden: Undankbarkeit, Ungerechtigkeit, Sklaverei und Verlassenheit.« Und in Mexiko begann der Herausgeber und Wissenschaftler Antonio de Alzate 1788 mit der Veröffentlichung einer *Gaceta*, in der er, wie er versprach, über die Männer schreiben würde, die Licht auf »unsere hispanoamerikanische Nation« geworfen hatten. Die mexikanische *Nation*, schrieb er, habe ihre eigene Kultur, ihre eigene Vergangenheit, ihre eigenen Traditionen, und die seien so indianisch wie europäisch.

Dieses Bewußtsein von Ort und Zeit erhielt gewaltigen Auftrieb durch die Anwesenheit des deutschen Wissenschaftlers Baron Alexander von Humboldt, der auf einer Erkundungsreise durch Spanisch-Amerika, die er 1799 antrat, den wachsenden Wohlstand der Kolonien registrierte, aber zugleich beklagte, daß Spanien mehr davon profitierte als die örtlichen Interessenten. Spanisch-Amerika, schrieb er, benötige weniger Steuern, mehr Handel, einen Mittelstand und eine bessere Regierung. Aber nichts davon war ohne größere Unabhängigkeit zu erreichen.

Die Klasse der Kreolen in Spanisch-Amerika sah sich einem

Rätsel gegenüber, das sich von dem Spaniens nicht wesentlich unterschied. Trotz größeren wirtschaftlichen Wohlstands und besserer Arbeitsmöglichkeiten nahmen die sozialen Unterschiede und Feindseligkeiten zwischen den verschiedenen Klassen zu. Wie Mancur Olson angemerkt hat, kann ein schnelles wirtschaftliches Wachstum auch zu steigender Unzufriedenheit führen, da der Kuchen größer wird, die verteilten Stücke aber nicht. Olson, ein untadeliger konservativer Wirtschaftswissenschaftler, schreibt Marx das Verdienst an der Erkenntnis zu, daß der Fortschritt eines Systems zu seiner Krise, das »Voranschreiten gesellschaftlicher Systeme, nicht weniger als ihr Versagen, zu ihrem Verschwinden führen kann«. Das traf sowohl auf Spanien wie auf seine schnell wachsenden amerikanischen Kolonien zu.

Eine kreolische Nation

Am ersten Morgen des 19. Jahrhunderts sah sich Spanien, das Mutterland, von zunehmender staatlicher Korruption geplagt und in kontinentale und transkontinentale Kriege verwickelt, die seine Geldmittel erschöpften und es zwangen, sich durch steigende Steuern mehr und mehr auf die Kolonien zu stützen. Größere Privilegien wurden den Kolonien nur stückweise zugebilligt, und das auch nur, wenn man glaubte, daß sie für Spanien profitabel seien. Die Entwicklung Spanisch-Amerikas wurde den Bedürfnissen Spaniens nachgeordnet, die Kolonien sollten nur in dem Maße modernisiert und liberalisiert werden, wie die jeweilige Reform Spanien bei seinen Finanzen und internationalen Verpflichtungen weiterhalf, indem sie das desorganisierte Habsburger System effizienter gestaltete.

Die harte, autoritäre und überflüssige Rhetorik, die gelegentlich den im allgemeinen fortschrittlichen Argumentationsduktus der spanischen Krone bestimmte, kann am besten an den Worten des Vizekönigs Revillagigedo verdeutlicht werden, der 1794 seinem Nachfolger in Mexiko riet: »Wir wollen nicht vergessen, daß dies eine Kolonie ist, die sich auf Spanien, ihr Mutterland, verlassen muß, und daß sie ihm einigen Nutzen eintragen muß wegen des Schutzes, den sie dafür erhält.« Revillagigedo gab zu, daß »großes Geschick erforderlich ist, um diese Abhängigkeit zu zementieren.« Aber »Abhängigkeit« mußte es sein, obgleich »das Interesse auf Gegenseitigkeit beruhen« sollte. Aber waren unsere Interessen wahrhaft reziprok?

Die Kreolen in Mexico City und Buenos Aires beklagten sich über steigende Steuern, ohne daß es im Ausgleich dafür größere Verbesserungen beim Mitspracherecht und beim Zugang zu öffentlichen Ämtern gegeben hätte. Während die Freihandelspolitik der Bourbonen den kreolischen Appetit auf direkte Handelsbeziehungen mit anderen Teilen der Welt stark anregte, öffnete sie die spanisch-amerikanischen Wirtschaftsräume gleichzeitig dem internationalen Wettbewerb. Wer würde noch Ponchos oder Sporen aus Argentinien kaufen, wenn sie billiger, besser und schneller durch Importe aus England zu bekommen waren? Aus dieser Tatsache erwuchs ein neues Problem, das in der Frage bestand, ob die Wirtschaft Spanisch-Amerikas ihre Inlandsproduktion dem ausländischen Wettbewerb opfern sollte oder ob es besser wäre, die regionale Produktion vor solchem Wettbewerb zu schützen.

Auf jeden Fall wurde den kreolischen Klassen jetzt bewußt, daß ihre Einheit und ihr Überleben auch von den nicht-kreolischen Mehrheiten bedroht wurden: den Indianern, Schwarzen und Mestizen – der gefürchteten *Pardocracia*, wie man sie in Venezuela nannte. Im 18. Jahrhundert war es immer wieder zu Volksaufständen gekommen. Einige wurden von Schwarzen angeführt, andere von Indianern. Aber sie blieben kurzlebig, bis es den Kreolen bei der großen indianischen Rebellion von Tupac Amarú kalt den Rücken hinunterlief. Erst recht versetzte sie die Revolte von Coro in Venezuela in Angst und Schrecken. 1795 erhoben sich mehrere tausend Schwarze und Mulatten und töteten die Eigentümer der Haciendas, auf denen sie arbeiteten. Dann riefen sie »die Republik und die Freiheit der Sklaven« aus und beriefen sich »auf das Gesetz der Franzosen«, also auf das Beispiel der Französischen Revolution. Der Aufstand wurde brutal niedergeschlagen, viele aber vermochten zu fliehen und errichteten autonome Gemeinden tief in den Dschungeln und auf Hochebenen, wo die kreolischen und vizeköniglichen Autoritäten ihnen nichts anhaben konnten.

Der spanischen Regierung wie der eigenen Bevölkerungsmehrheit zunehmend entfremdet, hatte der spanisch-amerikanische Kreole keine andere Wahl, als selbst die Initiative zu ergreifen, bevor die Monarchie oder das Volk ihn niederzwangen. Er mußte der Anführer seiner eigenen Revolution werden. Er mußte sie in seinem Interesse lenken, sich die Kontrolle nicht länger mit Spanien teilen, aber auch die Gefahr ausschließen, daß er sie mit Indianern, Schwarzen oder Mulatten zu teilen hatte. Diese kalte, nüchterne Berechnung sollte in den warmen Mantel des aufblühenden Nationalbewußtseins gehüllt werden, im Sinne einer alles umfassenden, aus Geschichte und Geographie hergeleiteten Einheit, unter Ausschluß des spanischen Imperialismus und jeder egalitären Politik.

Das setzte sich die kreolische Nation zum Ziel und hoffte dabei, daß die übergreifenden moralischen, politischen, legalen, nationalistischen und sogar sentimentalen Rechtfertigungen beides auffangen würden: den fortgesetzten Bedarf der spanischen Krone an ihren Kolonien und die zunehmend lautstarke Forderung der farbigen Mehrheit nach Freiheit und Gleichheit.

Nachrichten aus aller Welt

Festungsmauern umringten die spanisch-amerikanische Welt. Die *Morros* in Havanna und San Juan de Puerto Rico, die mächtigen Zinnen in Cartagena de Indias und die Festung von San Juan de Ulúa in Veracruz waren errichtet worden, um die Kolonien gegen Angriffe und Einflüsse von außen abzuschirmen. Aber jetzt zeigten die Mauern deutliche Risse. Neuigkeiten aus aller Welt begannen einzusickern. Die spanisch-amerikanischen Gesellschaften, die sich mehr und mehr ihrer besonderen Identität bewußt wurden und dabei zunehmend weniger willens waren, bloße Anhängsel im spanischen Gesellschaftsverbund zu sein, sahen ihre Hoffnungen durch drei internationale Ereignisse gestärkt, von denen Berichte wie Flutwellen über die Befestigungen schwappten. Das waren der nordamerikanische Unabhängigkeitskrieg, die Französische Revolution und Napoleons Invasion in Spanien.

Humboldts Reise hatte den großen Erwartungen der spanisch-amerikanischen Kreolen Flügel verliehen. Der deutsche Wissenschaftler hatte sie mit einem Erfolgsrezept versorgt (weniger Steuern, mehr Handel, bessere Verwaltung), das nicht von der Treueverpflichtung gegenüber Spanien und nicht einmal von einer Partnerschaft mit Spanien abhing. Tatsächlich hatte sich 1811, als Humboldt seinen berühmten politischen Essay über Neu-Spanien veröffentlichte, eine neue Nation in der westlichen Hemisphäre gebildet, und sie befolgte seine Rezepte auf den Buchstaben genau. Mit einer Revolte gegen die Steuern in Boston hatten zum Auftakt die Vereinigten Staaten von Amerika erfolgreich gegen Großbritannien rebelliert. Sie hatten sich selbst eine Verfassung gegeben, die auf persönlicher Freiheit und gerechter Verwaltung basierte. Ihre Mittelschicht repräsentierte die Tugenden Fleiß, Erziehung und Sparsamkeit (die der hispanischen Welt auf so schmerzliche Weise fehlten). Und wie um allem die Krone aufzusetzen, hatte Spanien im Rahmen seiner antibritischen Strategie der amerikanischen Revolution auch noch Beistand geleistet. Die spanisch-amerikanischen Häfen waren während der Revolution für die Rebellenschiffe geöffnet worden, und in der Zeit danach wurden die Vereinigen Staaten prompt zu Kubas größtem Handelspartner. Überall entlang der pazifischen und karibischen Küsten der spanischen Neuen Welt verkehrten ihre Schiffe.

Die Bewunderung für die amerikanische Revolution war gewaltig in den ersten Jahren der USA, die zugleich die letzten Jahre des spanischen Weltreichs auf dem amerikanischen Kontinent waren. Aber die wahre ideologische Inspiration kam von den französischen Philosophen der Aufklärung, deren große Ideen ein tiefgefühltes, wenn auch manchmal unbewußtes Bedürfnis der spanisch-amerikanischen Intelligenz stillten: Anwälte, Beamte, Gemeindepriester, Lehrer, Studenten und aufstrebende Wissenschaftler brauchten eine neue weltliche Alternative zu den luftdichten Erklärungen über das Universum, die bisher von der Scholastik angeboten worden waren. Thomas Paine und Thomas Jefferson statt Thomas von Aquin. Anstelle des heiligen Augustinus die bürgerlichen Heiligen Montesquieu, Voltaire und Rousseau – vor allem Jean-Jacques Rousseau, der Bürger aus Genf mit seinem durchdringenden Ruf: »Der Mensch ist frei geboren, liegt er auch überall in Ketten.« Rousseau hatte vielleicht den größten Einfluß, den jemals ein einzelner Schriftsteller auf Geschichte, Gefühlswelt und Literatur Spanisch-Amerikas ausgeübt hat. Er verkörperte die Denker der Aufklärung, die neue Prinzipien gesellschaftlicher und religiöser Ordnung vortrugen und sich damit gegen die Monarchie und die Kirche, gegen das göttliche Recht der Könige und für die Souveränität des Volkes aussprachen.

Das war eine berauschende Mischung und ließ die Köpfe von Dorfvikaren, Kleinstadtjuristen und aufstrebenden Hauptstadtautoren schwindelig werden, als sie eilig Französisch lernten, um diese großen Denker auszukosten, wie man einen alten Burgunder genießt. Man stelle sich einen jungen Seminaristen in der kolonialen Welt vor, der zum erstenmal Voltaire liest, oder einen jungen Anwalt, angefeuert von der klangvollen Prosa und den mitreißenden Sätzen Rousseaus (denn der war ein Schriftsteller, der seinen Lesern die Pflicht zur Tat auferlegte, zur Umwandlung von Worten in Wirklichkeit).

Souveränität des Volkes, Menschenrechte, nationale Unabhängigkeit – das waren die Ideen, die von den aufgeklärten Kreolen und den führenden Mestizen aufgenommen wurden, trotz Zeter und Mordio, das die Inquisition anstimmte über »die Flut aufrührerischer Literatur ... voll allgemeiner Prinzipien von Gleichheit und Freiheit für alle Menschen«, die »im Gegensatz zur Sicherheit des Staates« standen. Die verbotenen Bücher wurden auf originelle Weise ins Land geschmuggelt: Da Kirchen und Klöster von Zollinspektionen befreit waren, füllten aufgeklärte Geistliche in Europa Kistenladungen religiöser Objekte und manchmal auch die Objekte selbst – heilige Gefäße und Abendmahlskelche – mit verbotenen Büchern, Manuskripten und Flugblättern. Voltaire hätte seinen Schlachtruf »*Écrasez l'infâme!*«, »Vernichtet die Schändliche!«, womit er die Kirche meinte, sicherlich modifiziert, wenn er geahnt hätte, daß *Candide* im Inneren eines Ziboriums von Europa nach Amerika reisen würde.

Ihre Lektüre entflammte die jungen Intellektuellen der spanisch-amerikanischen Welt, die jenseits von guten oder schlechten Lektionen ihr eigenes Credo von der Französischen Revolution entwickelten. Mächtiger als eine sorgfältige Analyse der Ereignisse und Ideen war wie üblich die Ikonographie der Zeit, gespeist mit Bildern der Guillotine, mit Terror, Königsmord und Vertreibung und dem heroischen Nervenkitzel der Massenbegeisterung und republikanischen Kokarden. Daß die Französische Revolution in nur wenigen Monaten die größte Verbreitung politischer Rechte und den bedeutsamsten Eigentumswandel in der europäischen Geschichte verursacht hatte, fand weniger Beachtung. Zwischen 1789 und 1790 erhielten vier Millionen neue Wähler das Stimmrecht, und 100000 Richter sowie 12000 Stadtparlamente wurden gewählt. Das Feudalsystem wurde gestürzt und der erbliche Adel abgeschafft, ebenso die erbliche Schuldenlast, die von Generation zu Generation weitergegeben worden war. Die Standesgerichte für den Adel wurden ersetzt durch allgemeine Gerichte für alle. Die Kirche verlor ihre Besitztümer, und Frankreich wurde geeint, als die inneren Grenzen zusammenbrachen und die Verbrauchssteuern verschwanden.

Ein Ergebnis all dieser Faktoren war, daß eine Persönlichkeit wie Bonaparte aus dem Nirgendwo auftauchen konnte. Er war der Beweis dafür, daß es für jedermann Aufstiegsmöglichkeiten gab. Sein Erfolg war Teil der großen revolutionären Umwälzung. Er sah sich selbst immer als einen Vertreter von Liberalismus, Fortschritt und neuen Ideen trotz seiner politischen Despotie, die er mit dem Krieg und der Feindschaft des reaktionären Europa rechtfertigte. Aber auch während er Krieg führte, konnte er Gesetze entwerfen. Und was für Gesetze! Der französische *Code civil*, das moderne Steuersystem, das Strafgesetz, die Ehrenlegion, ein ausgeglichenes Budget (in Kriegszeiten), moderne Erziehungs- und Verwaltungssysteme. Gab es etwas, was ein Mann aus dem Bürgertum mit Willenskraft und Intelligenz nicht erreichen konnte? Auf Napoleon gingen die ersten Bürgersteige und die erste Feuerwehr von Paris zurück. Er führte sogar in Ägypten einen Postdienst ein! Die jungen spanisch-amerikanischen Kreolen sahen sich selbst in dieser Rolle und träumten, daß in der Tat alles möglich sei. Aufgeklärte Gesetze konnten auch das Gesicht des spanischen Amerika ändern.

Auch neue kommerzielle Verbindungen wurden durch die napoleonischen Kriege geschaffen. Als Spanien mehr und mehr in den Konflikt verwickelt wurde, verließ sich Spanisch-Amerika zunehmend auf den Handel mit neutralen Ländern, vor allem mit den Vereinigten Staaten, der in dieser Zeit rapide zunahm. Aber mit dem Wachstum des Handels wuchs auch der Wettbewerb, besonders mit Großbritannien, das die einheimische Industrie vor allem rund um den Rio de la Plata bedrohte. Tatsächlich hatte 1806 ein britisches Landungskorps versucht, in Buenos Aires eine kommerzielle Ausgangsposition in der Region zu gewinnen. Doch während die spanischen Streitkräfte und der Vizekönig, der Marquis von Sobremonte, vor dem Angriff flohen, schlugen die örtlichen Milizen, angeführt von Santiago Liniers, die Briten in die Flucht. Dieses Szenario wurde ein Jahr darauf noch einmal wiederholt, und ein Gemälde im Historischen Museum von Buenos Aires zeigt den gedemütigten britischen General Beresford, wie er sein Schwert dem argentinischen Kommandeur von Buenos Aires, Liniers, übergibt. Man kann sich das Gefühl des Stolzes vorstellen, das dadurch bei den örtlichen Milizen ausgelöst wurde, denn damit hatte Argentinien England besiegt, das seinerseits bisher immer Spanien besiegt hatte. Konnte Argentinien – die nationale Idee gewann außerordentlich an Kraft – jetzt auch Spanien besiegen?

Die Gelegenheit, diese außerordentliche Konstellation aus Gefühlen, Hoffnungen, Ideen und Ängsten auf ihre Stichhaltigkeit hin zu überprüfen, war gekommen, als Napoleon auf dem Gipfel seiner europäischen Siege und im Vertrauen darauf, daß seine östliche Front durch das Bündnis mit Rußland gesichert sei, zum Einmarsch in das bourbonische Spanien aufbrach.

Man könnte sich an dieser Stelle wohl fragen, ob die lastende Trägheit des spanischen Weltreichs, das in sein viertes Jahrhundert getreten war, die Unabhängigkeitsbestrebungen in der Neuen Welt verzögert haben würde, wenn sich die Situation im Mutterland nicht derartig dramatisch verändert hätte. Zum erstenmal seit der moslemischen Invasion von 711 wurde Spanien von einem fremden Land überfallen. Die Bourbonen, in der großartig idiotischen Gestalt von Ferdinand VII., verloren ihren Thron. An ihrer

Stelle herrschten nun die Bonapartes in der großartig betrunkenen Gestalt von Napoleons Bruder Joseph, den das spanische Volk wegen seiner Trunksucht alsbald Pepe Botella, Pepe die Flasche, nannte. Und obwohl das Volk den französischen Eindringlingen tapfer Widerstand leistete, blieb die Tatsache, daß Napoleon die königliche Familie in Bayonne gefangenhielt und daß Spanien nicht mehr länger von Spaniern regiert wurde.

Wie würden die Kolonien darauf reagieren?

Nach drei Jahrhunderten Kolonialherrschaft blendete plötzlich eine unvorhergesehene, strahlend neue Realität jeden einzelnen Bewohner von Spanisch-Amerika. Die Monarchie, die uns beherrscht hatte, fähig oder unfähig, paternalistisch oder tyrannisch, zurückhaltend oder aufdringlich, distanziert oder eifersüchtig, existierte nicht mehr.

Die Fragen waren unausweichlich. Wenn es in Spanien keinen König mehr gab, fiel dann die Souveränität nicht an uns zurück? Wenn von Spanien keine legitime königliche Herrschaft mehr ausging, waren wir dann nicht tatsächlich unabhängig? Oder war es vielmehr unsere Pflicht, die Kolonien für die Wiederherstellung der spanischen Monarchie sozusagen in Reserve zu halten, also im Namen der Krone zu handeln, gegen Napoleon? Die Auswirkungen der nordamerikanischen und französischen Beispiele kamen zu diesen drängenden Fragen noch hinzu. Konnten wir die Kolonialmacht hinauswerfen? Konnten wir die Monarchie durch eine Republik ersetzen? Konnten auch wir moderne, unabhängige Nationen werden, die mit jedermann Handel trieben, frei publizierten, lasen und sprachen, für immer befreit von der Wachsamkeit der Inquisition?

Nach den Ereignissen in Spanien belebten sich überall in Spanisch-Amerika die *Cabildos*, die Rathäuser, als die einzigen Orte, an denen die gebildeten gesellschaftlichen Kräfte auf gesetzlicher Grundlage darüber nachdenken konnten, was in Europa geschehen war und wie die Zukunft der Kolonien aussehen würde. Im *Cabildo* von Buenos Aires waren im Mai 1810 die Führer der örtlichen Milizen versammelt, voller Selbstvertrauen nach ihrem doppelten Sieg über die Briten, anwesend auch die Intellektuellen, die Leser Voltaires und Rousseaus, die hofften, ihre verschwommenen Ideen von Freiheit, Volksherrschaft und allgemeinem Glück zur Blüte zu bringen, wenn man ihnen auch nur den Teil einer Chance gab. Auf einem Gemälde, zum Andenken an diese Versammlung gemalt, sitzt bei ihnen, aber ein wenig abgesondert, ein ernsthafter junger Mann, der ins Leere starrt, als ob die breite Leinwand die ungeheure Kraft seines Blicks, die Intensität seines Geistes nicht fassen könnte. Es ist der junge Mariano Moreno, ein glühender Jakobiner, der nicht nur den liberalen Forderungen der Intelligenz Ausdruck verlieh, sondern auch denen der argentinischen Kaufmannsklasse nach Freihandel, Einfuhrbeschränkungen und einer unabhängigen Handelsmarine.

Moreno, von allen geliebt, starb im Alter von dreiunddreißig Jahren. Der Respekt vor ihm ging soweit, daß sich jedermann an den Wunsch seiner jungen Witwe hielt, sein Gesicht in allen Gemälden ohne die Pockennarben zu zeigen, die es zu Lebzeiten entstellt hatten.

Aktiv wurden auch die Mitglieder der niederen Geistlichkeit, die ihre eigenen Beschwerden über die spanische Herrschaft hatten. Der Reformeifer der Bourbonen hatte sie am härtesten getroffen, 1805 mit einem unüberlegten Gesetz, das sie ihrer fadenscheinigen Privilegien beraubt und alle kirchlichen Hypotheken auf landwirtschaftlichen Besitz für sich beansprucht hatte. Der Zweck dieses drastischen Vorgehens war, Geld für den Krieg zu bekommen und Napoleon von sich fernzuhalten, indem man ihn mit einem Zuschuß von fünf Millionen Goldpesos unterstützte. Im selben Jahr wurde allerdings die spanische Flotte bei Trafalgar vernichtet, und der größte Teil des Geldes, das durch das sogenannte Konsolidierungsgesetz abgeschöpft worden war, verblieb in den Taschen bourbonischer Höflinge. Inzwischen gaben die Geistlichen von Spanisch-Amerika aufwiegelnde Zeitschriften heraus, wie die *Aurora de Chile* von Pater Camilo Henriquez in Santiago, hielten konspirative Zusammenkünfte unter dem Vorwand literarischer Gesprächsrunden ab, wie es Pater Miguel Hidalgo in der mexikanischen Provinz tat, oder arbeiteten im *Cabildo* von Buenos Aires oder anderswo mit.

Geistliche, Kaufleute, Intellektuelle und Armeeoffiziere gaben sämtlich zu erkennen, daß sie angesichts der außerordentlichen

Ereignisse für ein einheitliches Vorgehen waren. Sie hatten zu wählen zwischen fortdauernder Loyalität gegenüber Spanien, provisorischer Unabhängigkeit, bis Bonaparte vertrieben und Ferdinand VII. wiedereingesetzt war, und regelrechter, radikaler Trennung vom Mutterland. Wie John Lynch es in seiner unübertroffenen Geschichte der spanisch-amerikanischen Revolution ausdrückt, mußten »sich die Amerikaner nun um ihr eigenes Schicksal kümmern«.

IV. Teil

DER PREIS DER FREIHEIT

12. Kapitel

SIMÓN BOLÍVAR UND JOSÉ DE SAN MARTÍN

Diese Ereignisse und die radikalen Fragen, die sie aufwarfen, verfehlten nicht ihre Wirkung auf einen jungen venezolanischen Aristokraten, der nervös und ungeduldig war, mit einem Geist so wach wie seine brennenden schwarzen Augen. Sein Name war Simón Bolívar, und als er voller Gier die verbotenen Philosophen las, fragte auch er sich: *Können wir nicht für uns selbst Handel treiben, für uns selbst denken und uns selbst regieren?*

Als Sproß einer immens reichen Familie von Großgrundbesitzern und Armeeoffizieren lernte Bolívar Leid und Einsamkeit schon in frühem Alter kennen. Sein Vater starb, als er drei, seine Mutter, als er neun war. Von da an war für ihn seine schwarze Kinderfrau Hipólita gleichzeitig Vater und Mutter. Bolívars eigene rassische Verwurzelung ist vielfach diskutiert worden. Die Bolívars waren im 16. Jahrhundert aus dem Baskenland nach Venezuela gekommen. Nach zwei Jahrhunderten, wie es bei dem französischen Schriftsteller Jean Descola heißt, »unter schläfrigen Indianern und mehr als einer schwarzen Venus« wurden spanische Familien unweigerlich zu Mestizen und sogar Mulatten. Die Porträts von Bolívar unterstreichen, idealisieren, löschen oder verbergen seine rassische Vielfalt. Die Beziehung zu Hipólita enthüllt da weitaus mehr. Wie der venezolanische Romanautor Arturo Uslar Pietri schrieb, sind wir Lateinamerikaner durch unsere schwarzen oder indianischen Kindermädchen nahezu alle trikulturell aufgewachsen. Selbst wenn wir rein weiß sind, haben wir doch schwarze und indianische Züge. Aber auch wer umgekehrt rein schwarz oder indianisch ist, nimmt teil an der europäischen Welt. Drei Kulturen anzugehören ist keine Frage der Rasse. Vielmehr überwindet die Kultur jeden Rassismus.

Im Alter von sechzehn ging Simón Bolívar 1799 auf Grand Tour durch Europa, wie sie für junge Männer seines Standes vorgeschrieben war. Es war, wie Descola schrieb, eine »Entdeckung der Alten Welt«. Klein und drahtig, war Bolívar ein außergewöhnlicher Walzertänzer, und er genoß die sonnige Welt von Goyas Spanien: die Promenaden Madrids, die Abende im Theater, die Gartenfeste im bourbonischen Sommerpalast La Granja de San Ildefonso. Außerdem verliebte er sich in eine junge Frau venezolanischer Herkunft, María Teresa Rodriguez, die fast zwei Jahre älter war als er. Acht Monate nach dem Beginn ihrer stürmischen Ehe endete diese in einer Tragödie: María Teresa fiel einem der namenlosen »bösartigen Fieber« jener Zeit zum Opfer. Liebe in den Zeiten der Cholera machte aus Bolívar mit neunzehn einen Witwer. Er hat niemals wieder geheiratet, es sei denn, wir betrachten Unabhängigkeit und Revolution als seine wahren Bräute.

Der junge Bolívar kam am Vorabend von Napoleons Selbstkrönung in Notre-Dame nach Paris. Er mag diesen Akt als Verrat an den egalitären und freiheitlichen Versprechungen der Französischen Revolution angesehen haben. Wichtiger jedoch ist, daß dieser seine republikanische Inbrunst bestärkte und ihn jede Versuchung, in der Neuen Welt die alte Monarchie durch eine neue zu ersetzen, von vornherein verwerfen ließ. In jedem Fall galten Bolívars Interessen nicht dem napoleonischen Europa, sondern der konkreten Situation in seinem heimatlichen Südamerika. Was immer die Widersprüche der Französischen Revolution, was immer der Ruhm und die Fehler von Bonaparte, dem Mann und dem Kaiser sein mochten, Bolívar setzte sich in dramatischer, enthusiastischer, rhetorischer Pose darüber hinweg. Auf dem Gipfel des Monte Sacro in Rom, in Gesellschaft seines Hauslehrers und Reisebegleiters, legte er ein feierliches Gelöbnis ab und vollzog damit seinen Eintritt in die Geschichte: »Ich schwöre bei meiner Ehre und dem Gott meiner Väter … daß meine Seele und mein Arm nicht ruhen werden, bis ich die Kette zerbrochen habe, die uns an die spanische Macht fesselt.«

Er hielt sein Wort. Während Schwankende zu einer provisorischen Unabhängigkeit rieten, solange Spanien in französischer

Hand war, ließ Bolívar jede Maske fallen und erklärte bei seiner Rückkehr nach Venezuela, daß Spanisch-Amerika vollkommen unabhängig von Spanien werden und seinen eigenen Charakter behaupten müsse: »Laßt uns ohne Furcht den Grundstein für die amerikanische Freiheit legen. Jedes Zögern bedeutet Untergang.«

Wer war dieser Mann, dieser Aristokrat, der für Gleichheit focht? Es war ein immens reicher Mann, der sein Leben der Revolution weihte. Ein humaner Visionär, der dennoch genauso unerbittlich Krieg führen konnte wie seine Feinde. Ein Krieger und Philosoph, der durch die Geschichte ging und dabei laut dachte. Ein ungeduldiger Romantiker, der soviel in so kurzer Zeit erreichen wollte – Demokratie, Gerechtigkeit, sogar die Einheit Lateinamerikas. Vor allem aber war Bolívar ein Mann der Tat, ein militärisches Genie, der auf einem Schlachtfeld so groß wie Napoleons Europa kämpfte, von der Karibik bis zum Pazifik und hinauf ins peruanische Hochland. Von keiner Niederlage ließ er sich entmutigen, auch nicht von einem zeitweiligen Exil in Jamaica, sondern focht »den Krieg bis zum Tode« gegen die bösartigen spanischen Befehlshaber, die ihre Gefangenen bei lebendigem Körper verfaulen ließen, in der heißen Sonne an Pfähle gebunden.

Bolívar beurteilte die Situation in Spanien zutreffender als die Zweifler. Die Abwesenheit des entführten Königs bedeutete nicht, daß Napoleon die spanischen Kolonien tatsächlich regierte, vielmehr blieben sie zumeist in den Händen einer gutausgerüsteten spanischen Armee: unter dem Befehl von Vizekönigen und Generalkapitänen, die nicht die Absicht hatten, ihre Posten zu verlassen oder ihr Treueverhältnis gegenüber einer fortdauernden und zu gegebener Zeit wiederhergestellten bourbonischen Monarchie aufzukündigen.

Darüber hinaus nahm die napoleonische Invasion Spanien nicht nur seinen Monarchen, gleichzeitig forderte sie auch die liberalen Kräfte auf der Iberischen Halbinsel zur Tat heraus. Während die Franzosen versuchten, die spanischen Guerillas zu überwältigen, organisierten sich die seit langem schlummernden Cortes, die Volksvertreter, um das Machtvakuum auszufüllen und der Monarchie ein *fait accompli* zu präsentieren: eine liberale Verfassung. Auf ihrer Versammlung in Cádiz entwarfen die verjüngten Cortes ein derartiges Dokument. Etliche Vertreter der spanisch-amerikanischen Kolonien waren dabei anwesend. Die kolonialen Autoritäten von Mexico City über Caracas bis Santiago waren zutiefst erschrocken. Ohne einen König, aber mit einer liberalen Verfassung im Mutterland Spanien und der Unabhängigkeit im eigenen Land verloren sie ihre Ämter.

Als sich Napoleon verhängnisvoll nach Osten wandte und zu seinem schicksalhaften Rußlandfeldzug aufbrach, leiteten die örtlichen spanischen Autoritäten in den Kolonien ihre eigenen Feldzüge ein, die – womöglich – weitaus brutaler waren, als es ein anwesendes Staatoberhaupt in Madrid je erlaubt hätte. Sie waren auf sich allein gestellt. Sie kämpften um ihr Überleben. Die Rückkehr des autoritären und reaktionären Ferdinand VII. auf den Thron im Jahre 1814 erhöhte ihren Einsatz noch. Der wiedereingesetzte König weigerte sich, die Verfassung von Cádiz anzuerkennen, und verwandelte Spanien in ein Bollwerk der neuen konservativen Ordnung in Europa, die schon bald als Heilige Allianz hervortreten und vom Wiener Kongreß abgesegnet werden sollte. Jetzt kämpften die spanischen Befehlshaber erst recht, um die Bewegungen der Aufständischen niederzuschlagen. Bolívar zahlte es ihnen mit gleicher Münze zurück. Seine Erklärung eines Kampfes bis zum Tod war kompromißlos: »Jeder Spanier, der nicht gegen die Tyrannei und für die gerechte Sache arbeitet … soll als Feind angesehen und als Landesverräter bestraft werden … Spanier … verlaßt euch darauf, auch wenn ihr einfach nur neutral seid, ihr werdet sterben, wenn ihr euch nicht aktiv für die Befreiung Amerikas einsetzt.«

Bolívar versprach den Sklaven die Freiheit, wenn sie in seine Armee eintraten. Aber obwohl die Spanier nicht mit einer vergleichbaren Freiheitserklärung warben, machten sie sich die rassischen Animositäten in Venezuela listig zunutze, indem sie ganze Regimenter aus Schwarzen und Mulatten aufstellten, die gegen weißes Eigentum und Leben vorgehen sollten. Die kreolischen Grundbesitzer, die eine »farbige« Revolution befürchteten, unterstützten Bolívar, doch sie verachteten die Schwarzen. Folgerichtig hatten die Schwarzen das Gefühl, daß sie von den Spaniern mißbraucht, von den Kreolen verschmäht und von Bolívar mit Emanzipationsversprechen aus Zuckerguß abgespeist wurden. Sie verweigerten sich allen.

Bolívars Armee wurde allerdings verstärkt durch *Caudillos*, örtliche Militärführer, die Regimenter von *Llaneros* aufstellten, Lanzenreitern aus den feuchtheißen Ebenen am Orinoco, die im Austausch gegen Land zum Kampf bereit waren. Der Wortführer der *Caudillos* war José Antonio Páez, ein Mann aus der Ebene, der Bolívars genaues Gegenstück war – ein Sancho Pansa für den Don Quijote in Bolívar. Untersetzt, grobschlächtig, praktisch ein Analphabet, aber eng verbunden mit Land und Leuten, garantierte er Bolívar einen ununterbrochenen Zustrom neuer Soldaten.

»Wenn die Natur unseren Plänen entgegentritt, werden wir sie bekämpfen und dafür sorgen, daß sie uns gehorcht«, erklärte Bolívar in einem anderen seiner berühmten Aufrufe. Im Einklang mit dem romantischen Widerhall seiner Worte führte er sein Heer »schlimmer Burschen», *muchachos malvados*, über die eisigen Gletscher der Anden und durch die Tropenwälder mit ihren tödlichen Spinnen. 1819 befreite er Kolumbien bei Boyacá und 1821 Venezuela bei Carabobo. Überall wurde er mit Ruhm überschüttet und als Befreier bejubelt, als *El Libertador*. Bolívar träumte nicht nur von der Unabhängigkeit des spanischen Amerika, sondern auch von dessen Einheit, wenn er sagte: »Wir sind ein Mikrokosmos der menschlichen Rasse. Wir sind eine andere Welt, eingeschlossen zwischen zwei Ozeanen. Wir sind weder Indianer noch Europäer, sondern Teil von allem.«

Bolívars Intelligenz äußerte sich nicht zuletzt in seinem selbstkritischen Humor. Neben seinen wohltönenden Erklärungen enthüllen Bemerkungen, die er an sich selbst richtete, nicht nur seinen Sinn für Proportionen, sondern auch seine tiefe Ahnung von Schicksal und tragischem Fehlschlag: »Ich bin der Welt drittgrößter Narr. Die beiden anderen waren Christus und Don Quijote.«

Nach dem *Cabildo*-Treffen vom 25. Mai 1810 festigte Argentinien seine Unabhängigkeit sehr schnell durch die Vertreibung des Vizekönigs und ein Bündnis zwischen den örtlichen Milizen und Intellektuellen, das die Revolution über die Pampas hinweg weit in den Norden hinauf bis nach Potosí in den peruanischen Bergen und die Dörfer des alten Inkareiches trug. Die argentinische Revolution war die radikalste in Spanisch-Amerika, und ausgehend von ihrer städtischen, europäisierten Basis in Buenos Aires, entfaltete sie die Ideen der Aufklärung auf dem indianischen Dach Südamerikas. Dabei schaffte sie die Tributzahlungen ab, verteilte Land und versprach die Schaffung von Bildung und Gleichheit.

Von den Indianern im Hochland, die nicht lesen und schreiben konnten und kein Spanisch sprachen, wurden nur wenige dieser Maßnahmen voll verstanden. Zudem konnten sie auch nicht wirklich Gestalt annehmen, solange Spanien und seine royalistische Armee fest verschanzt blieben in der mächtigsten Hochburg auf dem südamerikanischen Festland, dem Vizekönigreich Peru und seiner prächtigen Hauptstadt Lima. So entwickelte sich eine Pattsituation, in der die revolutionären Armeen aus Buenos Aires in Schach gehalten wurden von den royalistischen Armeen Perus. Zahlreiche Guerillabanden unter der Führung von fähigen und ehrgeizigen Hauptleuten kämpften unablässig zwischen den Fronten und lockten die Spanier auf Abwege, ohne daß sie den Argentiniern jedoch den Sieg zu bringen vermochten. Macht brachten sie allein den allgegenwärtigen Separatistenführern in ihren *Republiquetas*, den kleinen Republiken, wie man sie bald nannte. An ihrem Beispiel konnten die Staatsmänner der künftigen nationalstaatlichen Republiken Spanisch-Amerikas sehr gut die Gefahren von Uneinigkeit, Atomisierung und unablässigen Kleinkriegen zwischen den zentralen und lokalen politischen Kräften studieren.

Zu diesem Zeitpunkt erschien der zweite große Führer der südamerikanischen Freiheitskriege, um die festgefahrene Situation aufzubrechen. José de San Martín, ein neununddreißigjähriger Offizier der argentinischen Armee, begriff, daß die Revolution niemals gewonnen werden konnte, solange die Spanier in Peru verschanzt blieben. San Martín, der in Spanien mit der spanischen Armee gegen die Franzosen gekämpft hatte, beschloß daraufhin, einen Überraschungsangriff gegen die Royalisten auf ihrer südlichen, chilenischen Flanke zu führen. Chile war natürlich geschützt durch die Mauer der Anden. Nicht einmal Hannibal hätte diese furchterregende Grenze überschreiten können.

Ende 1816 hatte San Martín in der Stadt Mendoza in den argentinischen Ausläufern des Gebirges einen strategischen Stützpunkt aufgebaut. Abgeschnitten von den politischen Intrigen in Buenos Aires, konnte er sich auf seine unmittelbare Aufgabe konzentrieren. Er war in allen Dingen ebenso genau wie heroisch, requirierte Hemden und Ponchos von den Armen, Juwelen von den Reichen, Kornette von den alten Soldaten und Pferde von den Grundbesitzern. Er ließ seine eigenen Kanonen und Schießpulver herstellen, ebenso wie Uniformen für seine Truppen. Er schickte Spione nach Chile, um irreführende Gerüchte zu verbreiten, welche die Spanier glauben ließen, daß er sie durch die indianischen Gebiete südlich des Aconcagua angreifen würde. (Die Indianer selbst informierten die Spanier, wie San Martín es erwartet hatte.) Juan Martín de Puehyrredón, der neuernannte Präsident Argentiniens, schickte ihm 2000 Säbel und 200 Zelte. »Ich schicke dir die Welt, das Fleisch und den Teufel«, schrieb er an San Martín, »und mehr schicke ich nicht, weil verdammt nicht mehr da ist.«

San Martín brauchte auch nicht mehr. Er erklärte jeden Soldaten zu seinem eigenen Wachhabenden und ernannte die Jungfrau zum »General der Truppen«. Am 18. Januar 1817 begann er die Anden zu besteigen. Mit 5423 Mann, Maultieren, Pferden, 18 Geschützen und Vorräten, einschließlich einer Wagenladung Weizen, marschierte er los. Da er wußte, daß es ein langer, harter Weg werden würde, nahm er Maurer und einen Bäcker, Laternen, Wasserwagen und eine Kutsche voller Landkarten mit.

So stiegen sie auf, mehr als 4000 Meter hoch, am Aconcagua vorbei, dem höchsten Berg Südamerikas, und trotzten Stürmen, Eis und Vulkanstaub, fochten in den Schluchten mit den Royalisten und eroberten ihre Garnisonen, aber mußten auch mit der

Soroche, der schwindel- und brechreizerregenden Höhenkrankheit kämpfen.

Am 12. Februar schließlich erreichte San Martín noch bei Mondlicht die andere Seite der Anden. In der Morgendämmerung stieß er auf die spanischen Streitkräfte zur Entscheidungsschlacht von Chacabuco. Auf dem Schlachtfeld lagen anschließend hundert tote Royalisten, aber nur zwölf Aufständische. San Martín umarmte seinen Verbündeten, den chilenischen Befehlshaber Bernardo O'Higgins. Beide wußten sie, daß der Süden Amerikas jetzt vom Atlantik bis zum Pazifik frei war. Die Unabhängigkeit Chiles und Argentiniens war endlich besiegelt. Jetzt brauchten sie nur noch nach Norden zu segeln und die Spanier aus ihrer Festung in Peru zu vertreiben.

Große physische und moralische Leistungen lagen hinter ihnen. San Martíns Feldzug demonstrierte, daß wir Spanisch-Amerikaner in der Lage waren, uns selbst zu organisieren und mit Mut und Entschlossenheit auch unter widrigsten Umständen zum genau richtigen Zeitpunkt zu handeln. Die Überquerung der Anden bleibt ein Beispiel, eine Quelle der Freude und eine Garantie für die Zukunft von Spanisch-Amerika.

San Martín und Bolívar

Von Valparaíso aus segelte San Martín mit einer Armada unter dem Kommando des irischen Admirals Lord Thomas Cochrane und einer Schar englischer Kapitäne, die mit ihren weißen Jacken und roten Backenbärten angaben, zur Befreiung von Peru. Im Juli 1821 marschierte er in Lima ein und proklamierte die Unabhängigkeit des Landes. Aber in Peru mußte er auch erkennen, wie tief die kolonialen Strukturen überall verwurzelt waren. Er bekam einen Vorgeschmack auf all die Frustrationen, die auf die eben erst unabhängigen Republiken warteten. Als Protektor der neuen Nation schaffte San Martín die Tributzahlungen der Indianer und die Zwangsarbeit in den Minen ab, doch die peruanischen Oberklassen, die sehr wenig getan hatten, um die Unabhängigkeit zu gewinnen, wandten ein, daß Freiheit die Indianer zur Flucht von den

Gütern verleiten würde, was das Ende des nach wie vor bestehenden kolonialen Systems von Landbesitz bedeutet hätte. San Martíns Verfügungen blieben Papier, ähnlich wie vorher die *Leyes Nuevas* der Krone; praktisch änderte sich nichts. Tatsächlich schaffte Peru 1855 die Sklaverei ab, sieben Jahre vor Lincolns Erklärung zur Abschaffung der Sklaverei. Über die peruanische Oberschicht schrieb John Lynch in seinem klassischen Geschichtswerk, daß »sie eifersüchtig über ihre Privilegien wachten und sich der rechtlosen Massen unter ihnen bewußt waren ...«, doch interessierten sie sich »in erster Linie weder für das Überleben der spanischen Herrschaft noch für die Erlangung der Unabhängigkeit, sondern allein für das Ausmaß an Macht und Kontrolle, das sie unter dem jeweiligen Regime haben würden«.

Im Jahre 1822 trafen sich Bolívar und San Martín, die beiden großen Befreier, zum ersten und einzigen Mal im ecuadorianischen Hafen Guayaquil. Was ging zwischen ihnen vor? Historische Spekulationen über diese Frage hat es reichlich gegeben. Es scheint so, als sei der künftige Aufbau der soeben befreiten Staaten das zentrale Gesprächsthema gewesen. Die beiden Männer waren sich einig über die Grundlagen der Unabhängigkeit, nicht aber über ihre Gestalt. San Martín neigte zur Monarchie, dürfte aber Bolívar, der ein eingefleischter Republikaner war, kaum überzeugt haben. Fest steht, daß die Frage nach dem Aufbau der Republiken unentschieden blieb.

Natürlich ging es auch um eine Zusammenarbeit der beiden Führer. San Martín, der Ältere, bot sich als Bolívars Stellvertreter an, aber Bolívar wollte das nicht akzeptieren. San Martín befürchtete politischen Streit und wollte keine Rivalität mit Bolívar. »Ich habe meine Aufgabe erfüllt«, erklärte er dem venezolanischen Revolutionsführer. »Sie können den Ruhm haben, der jetzt folgt. Ich gehe nach Hause.«

San Martín war der Überzeugung, daß das Militär nicht regieren sollte. Er wünschte sich starke Institutionen, nicht starke Männer, und warnte Argentinien davor, sich einem »soldatischen Glücksritter« zu ergeben: »Ich will nicht zum Henker meiner eigenen Landsleute werden.« Er hatte seine Hände im Krieg nicht beschmutzt und würde sie auch in Friedenszeiten nicht beschmutzen. Das war eine zutiefst moralische Haltung. Doch die Frage bleibt, ob er damit recht hatte. Hätte er das Risiko, Argentinien zu regieren, nicht doch eingehen sollen? Gerade um der Gefahr entgegenzutreten, die er doch zu bannen versuchte – der Herrschaft des Militärs, die Argentiniens Geschichte werden sollte?

Niemand kann das wissen. San Martín hatte seinen Entschluß gefaßt. »Ich möchte mich zurückziehen und wie ein Mensch leben«, sagte er und lebte auf einer Hacienda bei Mendoza. Die Regierung in Buenos Aires, die ihn eben jener diktatorischen Ambitionen verdächtigte, die er so strikt ablehnte, jagte ihn, spionierte ihm nach und trieb ihn schließlich ins Exil nach Frankreich. San Martín starb mit zweiundsiebzig Jahren, ohne jemals in das Land zurückgekehrt zu sein, das er befreit hatte.

Bolívar blieb und rang gewaltig mit der Frage, wie wir uns als unabhängige Staaten regieren sollten. Auf der Suche nach Lösungen für dieses Problem zermarterte er seine Seele. Auf dem venezolanischen Kongreß in Angostura, der die Verfassung von 1819 entwarf, versuchte er, die Extreme zu vermeiden, die dann schließlich doch das Schicksal Spanisch-Amerikas im ganzen 19. Jahrhundert und bis ins 20. Jahrhundert hinein prägen sollten. Tyrannei oder Anarchie? Bolívar sah das Volk von Spanisch-Amerika in einem Zustand »permanenter Infantilität«, obwohl er seine patriarchalische (und vielleicht auch gönnerhafte) Haltung abmilderte, indem er zugab, daß ein Volk, dem jede Erfahrung in politischer Kultur so sehr fehlte, nicht schlagartig eine Demokratie entwickeln könne. Statt dessen schlug er in Angostura »eine sachkundige Despotie« vor, eine starke Exekutive, die fähig sein sollte, Gleichheit vor dem Gesetz zu erzwingen, wo rassische Ungleichheit vorherrschte.

Vielleicht fürchtete er auch die Macht der örtlichen politischen Häuptlinge, der *Caciques*, deren Ehrgeiz die im Entstehen begriffenen Republiken hätte zerstören und balkanisieren können. Mit Sicherheit erwog er keine alternativen Modelle der Selbstverwaltung, wie sie in vielen landwirtschaftlichen Gemeinden überlebt hatten. Doch gleichzeitig warb Bolívar für eine großartige Vision lateinamerikanischer Einheit, die offen war für die Verheißungen der Zukunft und für die sich wandelnden Realitäten der Weltpolitik. Die Konferenz von Panama im Jahre 1826 rief ganz Lateinamerika dazu auf, geeignete Maßnahmen zu Versöhnung und Einheit und gemeinsamer Beratung zu entwickeln. Bezeichnenderweise hatte Bolívar die Vereinigten Staaten nicht zur Konferenz eingeladen. Vielleicht war ihm der Brief von Thomas Jefferson an James Monroe bekannt, der 1823 eine schnelle Expansion der Vereinigten Staaten über ihre damaligen Grenzen hinaus prophezeite, bis sie »den ganzen nördlichen, wenn nicht auch den südlichen Kontinent« umfassen würden. Vielleicht wußte er auch von Jeffersons Brief an Lafayette aus dem Jahre 1817, in dem der Demokrat aus Virginia schrieb, daß er »unsere südlichen Brüder« für nicht auf die Unabhängigkeit vorbereitet hielt. »Ignoranz und Bigotterie«, schrieb er, seien »unfähig zur Selbstregierung«.

Bolívar parierte, indem er eine moralische Instanz vorschlug, die mit seinen Worten »den Charakter und den Sittenkodex regenerieren könnte, die Tyrannei und Krieg uns hinterlassen haben«. Seine Idee ging zurück ins »entfernteste Altertum«, in dem moralische Erleuchtung als »unser erstes Bedürfnis« galt. Tatsächlich bestand das erste und fortwährende Bedürfnis der Spanisch-Amerikaner in einer Gesellschaft unabhängiger Staatsbürger und einem autonomen Pluralismus sozialer, intellektueller, politischer und wirtschaftlicher Aktivitäten, der die Möglichkeit zur Entwicklung demokratischer Institutionen bot. Da beide »Bedürfnisse« nicht zu erfüllen waren, entwarf Bolívar eine »liberale Nation«, die vom Staat geschaffen werden und ihrerseits eine demokratische Bürgerschaft heranbilden – schaffen – sollte. Konnte das ohne Gewalt geschehen? Und wenn es nicht ohne Gewalt ging, mußte dann die Armee die Nation beherrschen? Konnte die Nation dann liberal und demokratisch sein?

Die Unabhängigkeitskriege hatten neue gesellschaftliche Kräfte entfesselt. Heterogen und halbgar, konnten sie mit Bolívars Befürchtungen nichts anfangen. Zu ihnen gehörten die indianischen, schwarzen und mulattischen Mehrheiten, die auf dem Verfassungskongreß von Angostura nicht einmal vertreten waren. Auch die kreolischen Landbesitzer gehörten dazu, die die Unabhängigkeit nicht unterstützt hatten, um durch sie ihr Eigentum zu verlieren oder ihre Macht an die dunkelhäutigen *Pardos* abzutreten. Und was entscheidend war, zu ihnen zählten auch die neuen militärischen *Caudillos* wie etwa Páez, die das Land besaßen, das Bolívar selbst ihnen als Bezahlung für ihre Dienste im Krieg gegeben hatte. Wenn Einigkeit und Gewalt erforderlich sein sollten, sie würden beides umgehend liefern.

All diese Gruppen kehrten Bolívar den Rücken und überließen ihn einer langen, einsamen Pilgerschaft zum Tode, die durch Diktatur und Mißerfolg führte. Aus Sorge, daß Anarchie, Parteienstreit und schließlich Desintegration die neuen Republiken befallen könnten, machte Bolívar sich 1828 im Namen der Einheit selbst zum Diktator von Groß-Kolumbien. Darauf sah der Befreier sich mit Haß konfrontiert und sogar mit dem Wunsch des Volkes nach seinem Tod. Ein Attentatsversuch im selben Jahr schlug nur fehl, weil seine langjährige Geliebte Manuelita Sáenz die Mörder so lange aufhielt, bis Bolívar entkommen war.

Das Gefühl seines Scheiterns wurde in ihm jetzt übermächtig. Nahezu zwanzig Jahre lang hatte er gekämpft, mit der einen Hand Verfassungen entworfen und mit der anderen den Säbel geschwungen. »Wir hatten nicht genug Zeit, um zu lernen«, entschuldigte er sich. »Wir waren zu sehr mit Lernen beschäftigt.« In seiner Erschöpfung fiel er der Verzweiflung anheim. »Venezuela ist das Opfer meiner eigenen Gesetze«, rief er aus, »Bolivien hat in fünf Tagen drei Präsidenten gehabt, zwei davon wurden ermordet«, klagte er 1829. Als Bolívar am 8. Mai 1830 Bogotá um Mitternacht verließ, kamen die Leute auf ihre Balkone und gossen den Inhalt ihrer Nachttöpfe über ihm aus. »Komm, laß uns gehen«, sagte er zu seinem Adjutanten. »Sie mögen uns hier nicht mehr.«

So war es in der Tat. Verleumdet, diktatorischer Ambitionen geziehen und im heimatlichen Venezuela gar geächtet, folgte Bolívar dem Lauf des Magdalenenstroms zum Meer und verlängerte seine Reise, wie er auch gern sein Leben verlängert hätte. In seiner bewegenden und phantasievollen Nacherzählung dieser letzten Reise veranschaulicht Gabriel García Márquez die tausend Erinnerungen, Begegnungen, Exkurse und Vorwände, die es dem Befreier erlaubten, sein Leben um einige wenige Tage weiterzuleben. Der bleibende Eindruck des Romans *Der General in seinem Labyrinth* ist der eines vibrierenden, schöpferischen Geistes, der einen sterbenden, seinem Willen nicht mehr gehorchenden Körper mit sich schleppt.

Auf seinem Totenbett in Santa Marta formulierte Bolívar seine eigene Grabinschrift: »Amerika ist unregierbar. Jene, die der Revolution dienen, pflügen die Meere.« Der junge Idealist, der brillante Truppenbefehlshaber, der desillusionierte Staatsmann starb im Alter von siebenundvierzig Jahren.

Der Morgen danach

Am Morgen nach der Unabhängigkeit erwachten wir mit der Erkenntnis, wie groß der Unterschied zwischen Idealen und Taten ist und wie oft Ideale durch den Mangel an Kommunikation, durch Isolation und fehlende Institutionen zerrieben werden, durch den Mangel an demokratischer Praxis und die tiefgreifende Diskrepanz zwischen Stadt und Land, zwischen örtlichen Initiativen und zentralisierter Regierung, zwischen Modernität und Traditionalismus, zwischen Liberalen und Konservativen. Ein volkstümliches Scherzwort im Bogotá jener Tage behauptete, der einzige Unterschied zwischen Liberalen und Konservativen bestehe darin, daß die Liberalen um sechs Uhr früh zur Messe gingen und die Konservativen erst um sieben. Den größten, grausamsten und bittersten Unterschied stellte freilich nach wie vor die soziale Ungleichheit dar.

Alles dies schuf ein Vakuum im Leben Spanisch-Amerikas. Nach fünfzehn Jahren ständigen Kampfes sahen wir die spanische Monarchie immer noch als die zentrale politische Institution an. Tatsächlich war sie zusammen mit der Kirche unsere älteste und mächtigste Einrichtung. Hätte sie durch rechtzeitiges Eingreifen die Revolutionen verhindern können? Das war das Programm unseres alten Freundes, des aufgeklärten Grafen Aranda, der Karl III. auf die Explosion aufmerksam machte, die sich in den spanisch-amerikanischen Kolonien zusammenbraute, und ihm gleichzeitig eine Lösung des Problems empfahl. Er schlug die Errichtung einer Staatengemeinschaft der spanischsprechenden Nationen Amerikas vor, die mit Spanien und untereinander auf ähnliche Weise verbunden sein sollten wie Großbritannien und seine früheren Kolonien im Commonwealth des nächsten Jahrhunderts.

Arandas Empfehlung wurde nicht befolgt, und die politische Blindheit Karls IV. und Ferdinands VII., die als Könige nachfolgten, ließ den Vorschlag einer Staatengemeinschaft außer acht. Vielleicht waren wir auch nicht darauf vorbereitet, die Last der Selbstbestimmung zu übernehmen. Sogar San Martín beklagte in einem Schreiben aus Lima die »gefährliche, revolutionäre Veranlagung« der »niederen Stände«, deren »Mangel an Bildung und allgemeinen Kenntnissen so stark fühlbar wird«. Bolívars erbitterter Gegner, General Francisco de Paula Santander, wendete diese Sorge frömmelnd in eine Heuchelei, die eines Uriah Heep würdig gewesen wäre. Als Präsident von Kolumbien sagte er: »Tausendmal segne ich die ... bäuerlichen und unwissenden Menschen, [die] mit großen Tugenden begabt [sind], vor allem mit einem Gehorsam, der des größten Lobpreises würdig ist.«

Das gehörte zu jener Rechtfertigung, die (hohl) durch die nächsten anderthalb Jahrhunderte tönen sollte. Wir waren nicht vorbereitet auf die Unabhängigkeit. Wir waren nicht vorbereitet auf die Demokratie. Wir waren nicht vorbereitet auf die Gleichheit. Aber ist eine Nation jemals darauf vorbereitet? War es Schwarzafrika, war es Indien? Und überhaupt: Waren es die Vereinigten Staaten?

Niemand lernt schwimmen, ohne ins Wasser zu springen, und was Spanisch-Amerika lernen mußte, konnte es nur durch die Unabhängigkeit lernen. Wir sahen, daß die Krone und die Kirche unsere ältesten Institutionen waren. Die eine hatten wir vertrieben, die andere würden wir auf ein wirkliches Maß zurechtstutzen müssen. Wir sahen, daß unsere jüngste und schwächste Wirklichkeit die bürgerliche Gesellschaft war, die sich aus den aufkeimenden Mittelklassen ebenso bildete wie aus den unterdrückten, wenn nicht niedergetretenen bäuerlichen Gemeinschaften. Unternehmerische Talente, intellektuelle Zirkel und politische Parteien warteten darauf, öffentlich in Erscheinung zu treten. Aber zwischen dem Verschwinden der Monarchie und der Schwäche der bürgerlichen Gesellschaft, zwischen der Fassade der legalen und dem Kern der wirklichen Nation klaffte ein Vakuum, das auf die Weise ausgefüllt werden sollte, die San Martín am meisten befürchtet hatte: durch den soldatischen Glücksritter, den starken Mann, den Tyrannen. Er beherrschte die Bühne Spanisch-Amerikas für lange, lange Zeit.

13. Kapitel

DIE ZEIT DER TYRANNEN

Zwischen 1810 und 1815 verbreitete die argentinische Revolution von Buenos Aires aus eine radikale Freiheitsbotschaft. Die Mai-Revolution von 1810 sah die Armee und die Intellektuellen in einem gemeinsamen Ziel vereint – einer Union aus Waffen und Wissen, wie Don Quijote gesagt haben würde. Diese Allianz fand sich unverzüglich in einem Dilemma, das typisch ist für revolutionäre Gesellschaften, nämlich daß sie demokratische Ziele mit undemokratischen Mitteln verfolgen, um die wirklichen oder eingebildeten Gefahren für die Revolution abzuwehren. Zu diesem Zweck wurde ein Komitee für öffentliche Sicherheit geschaffen, das Befugnis hatte, die Opposition auszukundschaften, Denunziationen von Konterrevolutionären zu registrieren und diese dann summarisch zu exekutieren, wie es 1812 dem royalistischen Kaufmann Martín Alzaga und seinen Mitverschwörern geschah. Aber diese Saat der Intoleranz erklärt das Auftreten tyrannischer Regime in Spanisch-Amerika noch nicht ausreichend.

Die Revolutionäre erglühten vor Leidenschaft für die Freiheit. Wieder liefert der Fall Argentinien das beste Beispiel. Der heißblütige und fanatische Jakobiner Juan José Castelli aus Buenos Aires verbreitete die Ideen der französischen Aufklärung im peruanischen Hochland und predigte den Indianern vom Stamme der Quechua und der Aymará das Evangelium Rousseaus und Voltaires. Gleichzeitig unterband er gewaltsam Tributzahlungen und verteilte Land, baute Schulen und förderte die Gleichheit. »Erhebet euch«, sagte er den indianischen Massen. »Das alles hier hat nun ein Ende. Jetzt sind wir gleich.«

Dreißig Jahre später, im Exil in Chile, beschwor ein vierunddreißigjähriger argentinischer Schriftsteller mit Namen Domingo

F. Sarmiento wehmütig diese revolutionären Zeiten. »Argentinien begann die Revolution mit beispielloser Kühnheit, trug den Aufruhr in alle Landesteile und glaubte sich selbst vom Himmel zu diesem Handeln ausersehen«, schrieb er. Und Argentinien sei belohnt worden, sei das Land gewesen, »das innerhalb von vierzehn Jahren England eine Lektion erteilte, über den halben Kontinent galoppierte, zehn Armeen ausrüstete, einhundert Schlachten schlug, überall gewann, sich in alle Ereignisse einmischte, alle Traditionen verletzte, alle Theorien ausprobierte, alles riskierte und immer als Gewinner dastand«. Sarmiento nahm an, alles, was diese kraftvolle, neue revolutionäre Republik zu tun hätte, wäre »zu leben, reich zu werden und sich zu zivilisieren«. Statt dessen aber saß er nach der Flucht vor der mörderischen Tyrannei Juan Manuel de Rosas' in Buenos Aires im Exil in Chile. Was war aus dem Versprechen von Größe und Freiheit geworden? »Mit den Revolutionen kamen die Armeen und die Ruhmsucht«, fuhr Sarmiento fort, »die Triumphe und die Niederlagen« – und, so gestand er ein, »die Revolten und die Staatsstreiche«.

Als junger Provinzler aus San Juan war Sarmiento ein brillanter Autodidakt gewesen, der Erwachsenen, die des Schreibens und Lesens unkundig waren, Unterricht gab und später selbst ein kraftvoller junger Polemiker und Schriftsteller wurde. Er konnte sich sehr wohl fragen, warum der Traum von der Unabhängigkeit so böse gescheitert war, von Mexiko bis Argentinien, als das Jahrhundert sich seiner Mitte näherte. Hatten die Liberalen nicht eine ideale demokratische Republik vorgeschlagen, staatsrechtlich und kulturell an europäischen und nordamerikanischen Vorbildern entwickelt? »Rousseaus Gesellschaftsvertrag fliegt von Hand zu Hand«, schrieb Sarmiento in seinem Hauptwerk *Zivilisation und Barbarei: Das Leben des Juan Facundo Quiroga.* »Robespierre und der Konvent der Französischen Revolution sind die Vorbilder … Buenos Aires hält sich für eine Verlängerung Europas.«

Unbewußt beantwortete er damit seine eigene Frage: Die Denker und liberalen Staatsmänner der Revolution, unter ihnen Simón Bolívar, hatten sich in der Tat eine ideale spanisch-amerikanische Demokratie vorgestellt und sie auch proklamiert. Aber diese Demokratie, in Gesetze gefaßt und von oben verkündet, ließ etliche Realitäten außer acht, die hätten verändert werden müssen, wenn die Demokratie mehr als eine erklärte Absicht sein sollte und die Freiheit mehr als eine Deklaration wie jene Castellis vor den Indianern.

Der Widerstand der überkommenen Traditionen, ob indianisch oder kolonial, gegen den plötzlichen Wandel, gleichgültig wie demokratisch sein Geist auch sein mochte, konnte überhaupt nicht unterschätzt werden. Wie zuvor die Krone schienen die neuen Republiken völlig abgehoben von den alltäglichen Sorgen der Arbeiter und Bauern und auch der Grundbesitzer und lokalen politischen Anführer, die ihre Macht und ihre Privilegien vergrößern, sie aber nicht ihren Arbeitern und Gefolgsleuten aushändigen wollten. Der leidenschaftliche Wunsch des unabhängigen Argentinien nach Solidarität mit anderen Revolutionen, den Sarmiento so gefühlvoll beschwor, schlug letzten Endes in sein Gegenteil um. Die argentinische Kampagne für eine radikale Revolution in Paraguay endete mit der Diktatur von José Gaspar Rodríguez de Francia, der seine Republik vom Rest der Welt abnabelte. Castellis jakobinische Kampagne in Peru verschreckte die lokalen Oligarchen so sehr, daß sie pro-spanisch wurden, die revolutionären Armeen bekämpften und schließlich ihre eigene Unabhängigkeit verkündeten, ohne den Arbeiterklassen irgendwelche Zugeständnisse zu machen.

Wie wir gesehen haben, erhielten die alten Oligarchen Zulauf und sogar Unterstützung von der neuen besitzenden Klasse der Armeeoffiziere, die für ihre Kriegsdienste mit Land bezahlt worden waren. Im Jahr 1817 hatte Bolívar eine Verfügung unterzeichnet, die öffentlichen Grund und Boden an republikanische Soldaten verteilte. Doch dann beschloß der Kongreß, daß die Soldaten mit Gutscheinen bezahlt werden sollten, die an einem nicht genau bestimmten Datum nach dem Krieg einzulösen waren. Nach Festsetzung des Stichtags wurden die Obligationen nicht von den analphabetischen Soldaten eingefordert, sondern von ihren mächtigen, siegreichen Offizieren. José Antonio Páez, der republikanische Caudillo aus der venezolanischen Ebene war ein gutes Beispiel dafür: Er schuf sich ein riesengroßes Landgut im Apure-Tal, und wenn er auch keine separatistische Republik gründete, so wurde er doch sein eigener Gesetzgeber, weit entfernt von der Regierung in Caracas.

So bestärkten die Unabhängigkeitskriege die konservativen Oberklassen in ihrer Entschlossenheit, an der Macht festzuhalten. Zugleich fachten sie den Ehrgeiz der Caudillos an und brachten sie auf Kollisionskurs mit den neu etablierten liberalnationalen Regierungen und ihren Chefs von Vicente Guerrero in Mexiko bis zu Bernardino Rivadavia in Argentinien. Diesen beiden Präsidenten folgten reaktionäre Militärdiktatoren nach, Santa Ana in Mexiko und Rosas in Argentinien. Die liberalen Zentralregierungen füllten ein politisches Vakuum, erwiesen sich gleichzeitig aber als unfähig, die Kriegsherren in den Provinzen zu entmachten, die sich auf bewaffnete Männer, Land, Vieh, Pferde und Bauern stützten, um ihren Willen durchzusetzen. Allein die Existenz dieser Kriegsherren war eine Herausforderung für die neugebildeten Regierungen. Der politische Idealismus und die Naivität der regierenden Liberalen waren in dieser Situation wenig hilfreich.

Die Liberalen wollten die Herrschaft des Gesetzes jeweils im ganzen Land durchsetzen. Das war auch die Politik Rivadavias, der in den zwanziger Jahren das Erziehungswesen ausbaute, die Macht der Kirche einschränkte und riesige staatliche Ländereien in der Hoffnung privatisierte, dadurch ein modernes System von Privateigentum zu etablieren. Die große Ironie dieses Plans lag darin, daß die Ländereien, wie zu erwarten, von einer kleinen Gruppe von Viehzüchtern aufgekauft wurden, die damit Verfügungsgewalt über ausgedehnte Besitztümer, sogenannte *Estancias*, errangen. Bis 1827, als Rivadavia zum Rücktritt gezwungen wurde, waren in Argentinien 21 Millionen Morgen staatlicher Ländereien auf nur 500 Einzelpersonen übertragen worden, womit das System der *Estancias* sich auf lange Zeit fest etablierte.

Rivadavia stürzte nicht wegen seiner naiven, wie ein Bumerang auf ihn zurückfallenden Eigentumsgesetze, sondern weil er keinen Zentimeter von seiner zentralistischen Politik abweichen wollte. Diese Politik begünstigte die Zentralgewalt von Buenos Aires gegenüber der Autonomie der Region, doch waren es die Regionen, in denen die tatsächliche Macht ausgeübt wurde, bis hin zum Widerstand gegen die nationale Regierung. Aus den Myriaden argentinischer Caudillos, die in den Provinzen ihr Zepter schwangen, ragt Juan Facundo Quiroga in La Rioja hervor. Quiroga, Gegenstand in Sarmientos berühmter, oben genannter Studie *Facundo (Zivilisation und Barbarei ...)* über die argentinische Politik, Geschichte und Bräuche des Landes, war in physischer Hinsicht das exakte Porträt eines Barbaren. Ein schwarzer Bart wucherte auf seinen Wangenknochen, und lange schwarze Locken ringelten sich über seinen Augenbrauen »wie die Schlangen auf dem Haupt der Medusa«. Laut Sarmiento war Facundo ein Mensch, der einen Mann tottrampeln konnte. Er spaltete den Kopf seines Sohnes mit einem Beil, als der Junge nicht aufhören wollte zu schreien, und setzte sogar die eigenen Eltern in Brand, als sie sich weigerten, ihm Geld zu leihen. Zwar ließ er überall schwarze Flaggen mit dem Motto *Religion oder Tod* wehen, doch betete er niemals, beichtete nicht und ging auch nicht zur Messe. Der gute Liberale Sarmiento wollte Quirogas Welt von Rechtlosigkeit und impulsiver Grausamkeit befreien, sie erziehen, zivilisieren und modernisieren, aber jede Bemühung um Zivilisation mußte erst einmal auf das Ende der Barbarenzeit warten.

Nachdem Rivadavia in seiner Ahnungslosigkeit einer begrenzten Gruppe von Grundbesitzern eine so große wirtschaftliche Macht übertragen hatte, standen für diese andere, konkretere Fragen auf der Tagesordnung: Wer zum Beispiel würde ihre Interessen am besten vertreten, die örtlichen Kriegsherren oder die nationale Regierung in Buenos Aires? Und noch eine andere Überlegung trat ins Blickfeld: Sollte das System der großen Ländereien im Inland von Argentinien überleben und sich sogar in die Pampas ausdehnen, würde erneut eine Forderung aktuell werden, die einst ein Hauptanliegen der Revolution gewesen war: der Freihandel. Die Grundbesitzer waren auf die Einfuhr von Industriegütern aus Europa und Nordamerika angewiesen und gleichzeitig auf die Möglichkeit, dafür mit Weizen, Wolle, Fellen und Rindfleisch aus eigener Produktion zu bezahlen.

Diese massiven Forderungen, bedrohlich in dem Vakuum kreisend, das die aus dem Feld geschlagene spanische Monarchie hinterlassen hatte, erklären den Aufstieg des allzu typischen lateinamerikanischen Tyrannen Juan Manuel de Rosas. Dieser machiavellistische Charakter, zugleich Löwe und Fuchs, erkannte schnell den verheerenden Dualismus Argentiniens, der es mit sich brachte, daß man die Zentralisten *Unitarios* nannte. Sie waren für die Vorherrschaft von Buenos Aires und der dazugehörigen Küstenregion. Die Macht der Hauptstadt gründete sich auf ihre Export-Import-Funktionen, auf die Estancias und die Bedeutung der *Saladeros*, der Pökelfleischfabriken, die so viele Stück Vieh verarbeiteten wie irgend möglich. Sie waren die Basis von Argentiniens sogenannter »Rinder-Zivilisation«. Auf der anderen Seite standen die *Federales*, die Autonomisten und Regionalisten, die für einen losen Verbund der Provinzen eintraten. Ihre Macht beruhte auf dem Bergbau und den nomadischen, besitzlosen Massen, die die Bevölkerung ausmachten. Ihre Welt war gezeichnet von der Spur des Ochsenkarrens. Es dauerte drei Monate, um von der nördlichen Grenze nach Buenos Aires zu reisen, und die solcherart isolierten Provinzen bildeten die Machtbasis der örtlichen Caudillos.

Rosas, ein außerordentlich reicher Estanciero aus der Provinz Buenos Aires, bediente sich eines Täuschungsmanövers, indem er sich als einer der zahllosen Caudillos ausgab, der für die Interessen seiner Provinz kämpfte, während er in Wirklichkeit die Zentralgewalt eroberte und konsolidierte. Mit der Behauptung, daß er für den Föderalismus sei, schwor er, die Unitaristen bis zum Tode zu bekämpfen. Mit seinen falschen Vorgaben brachte er es fertig, die lokalen Kriegsherren erst zu täuschen und dann zu besiegen. Nach dem Tod von Quiroga wurde er im Namen des Föderalismus, dem er Lippendienste geleistet hatte, der unumstrittene Herr Argentiniens.

Die Grundbesitzer und Rinderbarone hatten in Rosas ihren Mann gefunden. Durch Zwangsversteigerungen und Schenkungen sicherte er die fortdauernde Macht von Buenos Aires, die der Estancias und *Saladeros* ebenso, wie die Konzentration von Grund und Boden. Für die Einnahmen der Regierung und ihrer Anhänger sorgte die Aufsicht der Zollbehörde von Buenos Aires. Rosas' wohlhabende Verbündete vermehrten ihr Vermögen durch direkte Beschlagnahme des Eigentums ihrer politischen Feinde. Zudem waren die Grundbesitzer hocherfreut darüber, daß Rosas auf seinen Feldzügen gegen die Indianer ihr Weideland noch erweiterte.

Nur einem wendigen Politiker konnte ein solcher Balanceakt gelingen, und Rosas zeigte sich seiner Aufgabe vollauf gewachsen. Ausländische Beobachter erwähnten immer wieder sein blondes Haar, seine steinernen Augen und seine körperliche Gewandtheit. Wie die französische *Revue des Deux Mondes* 1835 feststellte, konnte keiner »besser ein Fohlen bändigen, ein wildes Pferd zureiten oder einen Puma jagen« als er. Tatsächlich versuchte Rosas seine populistische Demagogie nicht zu verschleiern. »Ich habe es immer für sehr wichtig erachtet, mir Einfluß über die Armen zu verschaffen, um sie kontrollieren und lenken zu können«, erklärte er. »Mit großen Kosten und viel Aufwand habe ich mich zu einem Gaucho gemacht, wie sie es sind, um zu sprechen wie sie, sie zu beschützen und ihr Advokat zu werden.«

In einer derartigen Erklärung steckt ein bemerkenswertes Maß an Zynismus, der den speichelleckerischen Schriften einiger seiner Anhänger völlig fehlte. »Seine Talente, seine ungeheuren Kenntnisse, seine politische Geschicklichkeit und Weisheit und sein Mut in militärischen Feldzügen«, schwärmte einer, der wirklich dick auftrug, machen aus ihm »einen vollendeten Staatsmann mit der Unerschrockenheit, Wendigkeit und Tapferkeit eines Kriegshelden«. Kurzum, Rosas war »das perfekte Exemplar eines Politikers, eines Helden, eines Kriegers und großen Staatsbürgers«.

Diese geschmacklose Huldigung, abgedruckt in *La Gaceta Mercantil,* einer von Rosas kontrollierten Zeitung, wurde in vielen ausländischen Würdigungen stark abgemildert. Ein französischer Reisender erkannte an, daß Rosas die Anarchie beseitigt hatte, »die das Land verschlang«, aber mit einem kritischen Nachsatz schränkte er diesen Triumph gleich wieder ein: »Unglücklicherweise verfiel er in das andere Extrem ... Er setzte sich selbst an die Stelle der bestehenden Institutionen und zwang die ganze Bevölkerung, sein Bildnis anzubeten, er ließ in den Kirchen Weihrauch vor seinem Porträt abbrennen und sich von Frauen in einer Kutsche ziehen.«

Indem er als Freund des Volkes posierte, während er tatsächlich allein die Interessen der Land besitzenden Minderheit vertrat, brachte Rosas, wie Sarmiento es pointiert formulierte, »die Gesetze der Rinderfarm in die Regierung der Republik« ein. Und er tat noch Schlimmeres als das: Der französische Diplomat Graf Alexandre Walewski (Sohn Napoleon Bonapartes mit der polnischen Aristokratin Marie Walewska) erkannte fachmännisch, daß Rosas nicht wußte, »wie er an der Macht bleiben konnte außer durch Gewalt. Rachsüchtig und herrisch« beging er zahllose Bluttaten, die ihn mit »einem Heiligenschein des Schreckens« umgaben. Er ertrug keine Opposition und errichtete, wie Walewski deutlich wahrnahm, »ein System legaler Unterdrückung, mit dem er seine Feinde verfolgte«.

Rosas organisierte die *Mazorca*, wahrscheinlich die erste lateinamerikanische Todesschwadron, um seine Feinde zum Schweigen zu bringen. Sarmiento erzählt, wie der örtliche Chef der *Mazorca*, ein gewisser Bárcena, in Córdoba auf einem Ball erschien und die abgeschlagenen Köpfe von drei jungen Männern auf die Tanzfläche rollen ließ, deren entsetzte Familien ebenfalls anwesend waren. Vielleicht ist es übertrieben, wenn Sarmiento schreibt, daß zwischen 1835 und 1840 »fast die ganze Stadt Buenos Aires durch [Rosas'] Gefängnisse ging«. Rosas »disziplinierte die Stadt« systematisch, ohne sich darum zu kümmern, ob die jeweils in Frage stehende Person nun ein Verbrechen begangen hatte oder nicht.

Anarchie oder Tyrannei – dieser deprimierende Pendelschlag unseres politischen Lebens war Rosas' Rechtfertigung, die Macht auf seine Weise zu gebrauchen. Er einigte das Land, das gab auch Sarmiento zu. Indem er den lokalen Kriegsherren die Macht entwand, verhinderte er die Zersplitterung der argentinischen Republik. Alsbald erkannte er, daß Buenos Aires – was immer in Argentinien sonst gelten mochte – die zentrale Rolle spielen mußte, da es die einzige Brücke zur Außenwelt war, das wirtschaftliche Zentrum für den Austausch der Erzeugnisse aus dem Inland. Meisterhaft spielte Rosas sein politisches Schauspiel. Dem Namen nach ein Föderalist, tatsächlich aber ein Zentralist, nutzte er den Konflikt zwischen beiden Seiten, um die Opposition zu dezimieren und die Macht auf sich selbst zu konzentrieren.

Rosas hielt sich runde zwanzig Jahre im höchsten Amt, von

1829 bis 1852. Immer noch wird seine Persönlichkeit unter Argentiniern hitzig diskutiert. War er es nicht, der die Einheit erreichte, das Ende der Anarchie, die energische Ausweitung des internationalen Handels, den Patriotismus, den Widerstand gegen ausländische Einmischungen und eine gleichermaßen kraftvolle Entwicklung der inneren Produktivkräfte? Aber waren Gesetzlosigkeit, Grausamkeit und Terror, maskiert als Ordnungskraft, als Preis der Freiheit angemessen?

Tyrannen: jungfräulich oder promiskuitiv

Auf dem anderen Ufer des Paraná, Argentinien gegenüber, in Paraguay, regierte von 1814 bis 1840 ein weiterer Caudillo als »ewiger Diktator«: Dr. José Gaspar Rodríguez de Francia schöpfte den Nationalismus voll und ganz aus. Sein Land war eingepfercht zwischen Brasilien und Argentinien, doch beschied er sich nicht damit, wie es das winzige Uruguay tat, zwischen den beiden südamerikanischen Giganten einen Pufferstaat zu regieren. Er ging davon aus, daß Paraguay die spanische Herrschaft nicht gegen eine brasilianische oder argentinische eintauschen wollte, und schloß das Land von allen auswärtigen Kontakten ab.

Isoliert im Herzen Südamerikas, war Paraguay ein koloniales Schutzgebiet der Jesuiten gewesen. Jetzt, da es sein eigenes nationales Leben begann, fand sich das Land, umgeben von machthungrigen Nachbarn, in einem Dilemma: Dr. Francia beschloß, aus der Not eine Tugend zu machen, und gab die Tatsache seiner Isolation als einen nationalen Vorzug Paraguays aus. Er nannte sich selbst *El Supremo* und verbot Handel, Reisen und sogar den Postdienst zwischen seinem Festungsstaat und der Außenwelt. Fremde, die sich zufällig nach Paraguay verirrten, blieben für immer dort, wie Figuren in einem Roman von Evelyn Waugh.

Dr. Francia verhüllte seinen eisernen Chauvinismus mit einem populistischen Mäntelchen. Seine nach innen gekehrte Republik war notwendigerweise autark und richtete ihre Wirtschaft am Eigenbedarf aus. Unter der Führerschaft des Tyrannen begünstigte sie eine demagogische Herrschaft des Pöbels und attackierte und schwächte die Kirche. Doch wie in Argentinien schützte und stärkte sie letzten Endes oligarchische Interessen, die traditionellen ebenso wie die neuen. Dr. Francias viel zu lange Herrschaft verdeutlicht ein Faktum unserer Geschichte, das oft vergessen wird: daß der Nationalismus in Lateinamerika seinen Ursprung in dem Anspruch nach Veränderung hat. Dabei liegt doch auf der Hand, daß jede populistische Despotie die Erstarrung verbirgt, die der Tyrann der Gesellschaft auferlegt, indem sie den Eindruck erweckt, es bewege sich etwas, aber in Wirklichkeit ändert sich nichts.

Die »absolute Diktatur« des jungfräulichen Dr. Francia endete 1840, als er vierundsiebzig Jahre alt war. Und er rettete sein Land keineswegs vor Unglück und fortwährendem Unfrieden. Jahre später mußte Paraguay buchstäblich bis zum letzten Mann gegen Argentinien und Brasilien kämpfen: In den Kriegen von 1865 bis 1870 wurde die große Mehrheit der männlichen Bevölkerung des Landes getötet. Zudem wurde Paraguay durch endlose territoriale Auseinandersetzungen mit Bolivien über die Dschungel des Chaco bedrängt, und bis in die Gegenwart hat es endlose Diktaturen zu erdulden gehabt.

General Antonio López de Santa Ana, der mexikanische Zeitgenosse von Rosas und Francia, hatte weniger Glück als seine Kollegen. Anders als Francia, der zum Sujet eines eindrucksvollen Romans von Augusto Roa Bastos wurde, widerfuhr ihm niemals literarische Gerechtigkeit. Tatsächlich scheint Santa Ana einer literarischen Wiedergeburt einfach deshalb entkommen zu sein, weil sein Leben weitaus phantastischer war, als irgendein Romanautor es sich hätte ausmalen können. In seiner Biographie übertrifft die Wirklichkeit jede Fiktion. Am besten wurde er in den Wandgemälden von Diego Rivera dargestellt, die tendenziell wie verherrlichende Comic strips aussehen. Aber das paßt haargenau zu Santa Ana, dem gleichsam einer komischen Oper entsprungenen lateinamerikanischen Diktator. Listenreich und verführerisch, brachte er es fertig, diese Eigenschaften mit schierer Tücke zu verbinden und zwischen 1833 und 1854 elfmal Präsident von Mexiko zu werden. Eine groteske Figur, ein Hahnenkämpfer und Frauenheld, war er auch nicht über die Versuchung erhaben, bei den gegen ihn gerichteten Staatsstreichen, die Inszenierung mit zu bestimmen.

Als er 1838 im Brötchenkrieg gegen Frankreich – so genannt, weil französische Kriegsschiffe Veracruz beschossen, um die Ansprüche eines französischen Bäckers zu unterstützen, dessen Laden während eines Aufruhrs geplündert worden war – ein Bein verlor, begrub Santa Ana dieses mit großem Pomp und dem Segen des Erzbischofs in der Kathedrale von Mexico City. Jedesmal wenn Santa Ana gestürzt wurde, wurde auch das Bein ausgegraben und von einem wütenden Mob durch die Straßen geschleift, nur um abermals beigesetzt zu werden, mit Pomp und Segnungen, wenn er die Macht wieder an sich gebracht hatte. War es immer dasselbe Bein oder schließlich nur eine nützliche Requisite?

Wenn Francia ein asketischer, jungfräulicher Tyrann war, so war Santa Ana ein promiskuitiver, komischer. Aber niemand konnte lachen, als er durch Unfähigkeit erst die Provinz Texas verlor und dann die gesamten nördlichen Territorien Mexikos – darunter Arizona, Neu Mexiko, Colorado, Nevada, Kalifornien und, in Teilen, Utah. Gewinner waren die Vereinigten Staaten, der expandierende junge Gigant, den ein imperialer Glaube an die eigene, vorbestimmte Rolle zum Pazifischen Ozean trieb. »Polks Krieg«, wie er von seinen Kritikern genannt wurde, hatte nur einen einzigen Abgeordneten im amerikanischen Kongreß zum Gegner, Abraham Lincoln. Henry David Thoreau, ähnlich wie Edmund Wilson im Vietnamkrieg, weigerte sich, Steuern zur Finanzierung des Krieges zu zahlen. Dennoch verlor Mexiko 1848 ein für allemal die Hälfte seines nationalen Territoriums. Die neue Grenze am Rio Grande wurde für viele Mexikaner zur offenen Wunde.

Santa Ana konnte sich nicht einmal damit trösten, daß man ihn wie Rosas für einen Patrioten hielt. Den einzigen »Erfolg«, den er für sich im Ausland verbuchen konnte, hatte er, als er nach dem Verlust von Texas auf eine Audienz bei Präsident Andrew Jackson im Weißen Haus wartete. Ein nordamerikanischer Unternehmer namens Adams kam herein und sah, daß Santa Ana vor sich hin kaute, ohne jemals etwas hinunterzuschlucken. Mr. Adams war fasziniert. Was kaute Seine Exzellenz? Santa Ana demonstrierte es prompt, indem er ein Stück Gummi aus seinem Mund herauszog. »Man nennt es *chicle*, ich produziere es auf meinen tropischen Haciendas«, sagte er vermutlich zu Mr. Adams, der daraufhin begann, dieses Produkt unter der Handelsmarke *Chiclets* serienmäßig zu fabrizieren.

Ein großmütigerer Ruhmestitel besagt, daß Santa Ana ein ehrlicher, wenn auch lächerlicher Mann gewesen sei. Als er nach längerem Exil mit über siebzig Jahren nach Mexiko zurückkehrte, erhielt er eine kleine Regierungspension, die seine Ehefrau an Bettler verteilte. Die Legende erzählt, daß die Bettler geduldig darauf warteten, von Santa Ana empfangen zu werden, der inzwischen eine mitleiderregende Figur abgab, einbeinig und selbst in Lumpen gekleidet. Doch wurde er von den Bettlern in seiner schimärischen Selbsteinschätzung bestätigt, die ihn als »Señor Presidente« anredeten.

Die liberale Strömung: Benito Juárez

Es war im Jahr 1854, als Santa Ana, der sich selbst »Seine Durchlauchtigste Hoheit« nannte, mit einem Hermelinmantel auftrat und ein gehöriges Stück des Staatshaushalts darauf verwandte, für seine Palastwachen in Paris gelbe Satinuniformen zu bestellen. In einer entrüsteten Aufwallung nationaler Würde wurde er unter Anführung der liberalen Partei gestürzt, aus deren Reihen mit Benito Juárez eine Gestalt erwuchs, die dem medaillengeschmückten Machtmenschen diametral entgegengesetzt war.

Juárez, ein asketischer Rechtsanwalt vom Indianerstamm der Zapoteken, war als Schafhirte aufgewachsen, ohne Lesen, Schreiben oder gar Spanisch zu lernen. Mit zwölf Jahren kam er dann zu seiner Schwester in das Haus eines Gemeindepfarrers in der Stadt Oaxaca. Dort endlich lernte er lesen und spanisch schreiben. Sein Geist war scharf und sein Ehrgeiz groß. Seinen Förderer, den franziskanischen Laienpriester Salanueva, nannte er immer »meinen Paten«. Aber er studierte nicht für das Priesteramt, wie Pater Salanueva es gehofft hatte. Im Jahre 1828, zweiundzwanzig Jahre alt, verließ Benito Juárez das Haus Salanuevas, um die juristische Laufbahn einzuschlagen, durch die er schließlich zu Mexikos großem Reformer und liberalem Präsidenten des 19. Jahrhunderts aufstieg.

Man kann nur versuchen, sich auszumalen, welche Gefühle in der Seele des jungen Mannes brodelten, als er Oaxaca hinter sich ließ. Sein fatalistisches indianisches Erbteil half ihm, etliche Niederlagen zu ertragen. Der Umgang mit dem armen katholischen Geistlichen hatte ihn geformt, doch im Juristenberuf erwarb er sich einen grimmigen Willen. Damit half er Mexiko, alle Hindernisse zu überwinden und eine moderne, unabhängige Nation zu werden.

Juárez' erste Amtshandlung, als er Justizminister wurde, war die Trennung von Kirche und Staat. Er konfiszierte den riesigen, unproduktiven Reichtum der Kirche und brachte ihn in Umlauf. Er nahm dem Militär und der Aristokratie ihre besonderen Gerichtshöfe. Er führte das Zivilrecht ein und unterwarf alle Bürger seinen Bestimmungen. Diese Reformgesetze, wie sie genannt wurden, konnten von der konservativen Partei nicht gutgeheißen werden. Juárez und die Liberalen hatten sich für eine klare Lösung entschieden: die Kirche und die Armee unter die Kontrolle des Nationalstaates zu stellen und dann jedermann, einschließlich des Staates, der Kontrolle durch das Gesetz zu unterwerfen.

Drei Jahre lang führten die Konservativen Krieg gegen Juárez und seine Reformen. Als sie 1860 schließlich auf dem Schlachtfeld geschlagen wurden, gingen sie ins Ausland und fanden Unterstützung am Hofe Napoleons III. von Frankreich, der gerade Indochina erobert hatte und nun davon träumte, den Einfluß des französischen Weltreichs auf Amerika auszudehnen. Es war ein Traum, der ihm von seiner Ehefrau eingegeben worden war, der aus Spanien gebürtigen Kaiserin Eugénie de Montijo, die sich unter Amerika ein lateinisches Reich vorstellte, das dem wachsenden Einfluß und der Macht der Vereinigten Staaten ebenbürtig sein sollte. Der Ausbruch des amerikanischen Bürgerkriegs gab Napoleon III. die Gelegenheit, der Größe seines Namensvetters und Onkels nachzueifern.

Mit seiner Unterstützung zogen die mexikanischen Konservativen zum Schloß Miramar an der Adria, wo Erzherzog Maximilian von Österreich seinen Bruder, den österreichischen Kaiser Franz Joseph, als Gouverneur von Triest vertrat. Dort boten sie ihm die Krone von Mexiko an. Maximilian, ein attraktiver, großer, blonder, bärtiger junger Mann war außerordentlich unentschlossen, aber seine ehrgeizige und politisch wache Frau Charlotte, Tochter des belgischen Königs Leopold, drängte ihn, das Angebot anzunehmen.

Maximilian und sein Bruder hatten unterschiedliche politische Ideale. In Wien regierte Franz Joseph nach der Niederschlagung des liberalen nationalistischen Aufstands von 1848 in der autoritären Weise, die den Habsburgern angeboren war. In Triest wie zuvor schon in der Lombardei sympathisierte Maximilian mit liberalen Reformen und einem *Aggiornamento* von Kirche und Reich. Die Konservativen allerdings, die er 1862 in Miramar empfing, kümmerten sich nicht um solche politischen Feinheiten. Sie behaupteten, daß Mexiko Maximilian brauche, um gegenüber barbarischen, anarchistischen Revolutionären die Ordnung wiederherzustellen. Das mexikanische Volk bitte ihn zu kommen. Die französische Armee habe Mexiko erobert und wolle es jetzt befrieden. In einem Referendum, das von den Franzosen manipuliert worden war, hatte sich das Volk für die Monarchie und Maximilian ausgesprochen. Maximilian und Charlotte hatten keine Aussicht, jemals in Wien zu regieren, aber in Mexiko würden sie eine Art aufgeklärter moderner Monarchie errichten können, die Franz Joseph beschämen mußte.

Rivalität unter Geschwistern war der Modus operandi, wie es die Korrespondenz enthüllt, die zwischen Triest, Wien, Brüssel und später auch Mexiko hin und her ging. Charlotte überzeugte Maximilian davon, daß sie, wenn sie sich die mexikanische Gelegenheit entgehen ließen, niemals eine Monarchie regieren würden, nur einer dienen könnten.

Wenn Charlotte durch ihren Ehrgeiz und das ehrliche Bedürfnis, sich Leopolds politischer Erziehung würdig zu erweisen, auch mit Blindheit geschlagen sein mochte, muß sie doch zusammengezuckt sein, als die *Novara* in Veracruz anlegte und sie den steilen, kurvenreichen Aufstieg von der Küste zur Hauptstadt sah, jenseits der Triumphbögen und Blumen, die ihnen von den Indianern entgegengehalten wurden. Cortés war derselben Route nach Mexico City zu Fuß gefolgt, fast dreihundertundfünfzig Jahre zuvor. Aber Maximilian und Charlotte waren nicht wie Cortés und auch nicht wie Maximilians Vorfahr Karl V., der seine Eroberungen aus der Ferne gemacht hatte. Auf ihrer Reise in einer schweren, vergoldeten Königskutsche ereilte sie ein Unglück nach dem anderen – Pannen, Erdrutsche, der Wagen überschlug sich sogar.

Das waren die komischen Aspekte dieser Geschichte. Nach der Ankunft in Mexico City bezog das kaiserliche Paar dann Santa Anas ehemalige Suite im Nationalpalast. Von den Wanzen verjagt, sahen sie sich gezwungen, auf Billardtischen zu schlafen. Schon bald aber zogen sie um in eine bequemere Unterkunft im Schloß von Chapultepec. Vielleicht wußten sie nicht, daß das Schloß noch kurz zuvor eine Militärschule gewesen war und daß sich sechs junge Kadetten lieber zu Tode gestürzt hatten, als sich den einmarschierenden Nordamerikanern zu ergeben.

Die Feindseligkeit gegenüber ausländischen Interventionen begann gerade und vereinte Mexikaner aller Richtungen, mit Ausnahme der hartgesottenen Konservativen, denen es darum ging, ihre konfiszierten Ländereien zurückzuerhalten; und selbstverständlich auch mit Ausnahme der Kirche. Es war daher keine Überraschung, daß von den Haciendas von Jalisco bis zu den Hallen von St. Peter ein Aufheulen ertönte, als Maximilian, um seinen Liberalismus unter Beweis zu stellen und den Staatsangelegenheiten seinen persönlichen Stempel aufzudrücken, den Entschluß faßte, die Reformgesetzgebung von Benito Juárez aufrechtzuerhalten. Hatte er nicht begriffen, daß er nach Mexiko geholt worden war, um Privilegien zu bewahren, und nicht, um sie abzuschaffen? Juárez lehnte Maximilians Einladung ab, Premierminister im kaiserlichen Regime zu werden. Wenn Maximilian eine Demokratie wolle, meinte Juárez, dann solle er sie den Untertanen seines Bruders Franz Joseph bringen. Mexiko werde auch weiter gegen die französische Besetzung kämpfen.

Heute kann man in Schloß Chapultepec neben Maximilians vergoldeter Kalesche den einfachen schwarzen Kutschwagen von Juárez sehen. In ihm reiste er durch die Wüsten im Norden Mexikos, mit den Rechtsarchiven des Landes im Schlepptau, und übte sich im Guerillakrieg gegen die Franzosen, getreu seinen Worten: »Auch wenn es nur noch einen Quadratmeter nationalen Bodens auf der Spitze irgendeines gottverlassenen Hügels gibt, werde ich von dort aus weiterkämpfen, um das Vaterland zurückzuerobern.« Juárez war die Inkarnation aus indianischem Fatalismus, römischem Rechtsempfinden und spanischem Stoizismus. Durch die Förderung starker Institutionen, nicht starker Männer, und einer zivilen Regierung, unter der sich niemand über die Vorschriften des Gesetzes hinwegsetzen konnte, versuchte er, die Träume von Bolívar und San Martín Wirklichkeit werden zu lassen. Man versuche einmal, sich die Empfindungen dieses Mannes vorzustellen, eines Indianers, erzogen im Geist der französischen Zivilisation, als er sehen mußte, daß eben jene Zivilisation sich nun gegen ihn wandte und Mexiko das Recht auf Unabhängigkeit verweigerte. Man stelle sich auch seinen Willen vor, mit seiner Kutsche als einzigem Amtszimmer, Mexiko bis zuletzt zu verteidigen, um dem Prinzip zum Durchbruch zu verhelfen, daß keine fremde Macht das Recht hatte, darüber zu entscheiden, wer eine lateinamerikanische Nation regieren sollte.

Der französische Kommandeur Achille Bazaine überzeugte den Kaiser davon, daß es ohne die Niederlage von Juárez und seiner zusammengewürfelten republikanischen Armee niemals Frieden geben könnte. Maximilian erließ ein Dekret, das jeden Mexikaner zum Tode verurteilte, bei dem Waffen gefunden wurden. Es wurde bekannt als das »Schwarze Dekret«. Als Maximilian es am 2. Oktober 1865 unterzeichnete, fällte er sein eigenes Todesurteil.

Als Vorsitzende eines Phantomhofs hatten Maximilian und Charlotte, jetzt unter ihrem hispanisierten Namen Carlota bekannt, nichts aufzubieten und mit Sicherheit schon gar nichts, womit sich Juárez hätte besiegen lassen. Maximilians Unabhängigkeits-Kapricen waren lachhaft. Er war *nicht* unabhängig, vielmehr war er eine Marionette Napoleons III. und stützte sich auf französische Bajonette. Als der französische Kaiser sich 1867 entschloß, ihn im Stich zu lassen, war sein Sturz unausweichlich. Andere, dringendere Fragen beschäftigten den Geist des »Kleinen« Napoleon, wie sein Gegner Victor Hugo ihn nannte.

Der amerikanische Bürgerkrieg war vorüber. Napoleon hatte den Süden unterstützt, und der Süden hatte Napoleon unterstützt, und Mexiko hätte ein neuer Stützpunkt für Sklaverei und feudale Plantagen werden können, aber Lincoln und der Norden hatten triumphiert, und an Frankreichs Ostgrenze war es Bismarck gelungen, Deutschland unter der militärischen Führung Preußens zu einen, was ihn ganz offenkundig bewog, Vorbereitungen für größere Eroberungen zu treffen. Die mexikanischen Guerilleros, *Campesinos* bei Tage und Soldaten bei Nacht, wendig und schnell, waren die Erben einer Tradition, die bis auf Viriatus beim Widerstand gegen Rom zurückging; sie ließen sich kaum von einem Fremden niederschlagen, und in Frankreich mehrten sich die Attacken in der Presse und auf öffentlichen Versammlungen, die gegen das Blutvergießen in Mexiko protestierten und um Tausende junger Franzosen trauerten, die in Särgen in ihre Heimat zurückkehrten. Nur ein glänzender Stern leuchtete hell in Napoleons Auge. Er hatte Südostasien erobert, vom Golf von Tonking bis zum Mekongdelta. (Hundert Jahre später sollte der Juárez von Indochina den gleichen Krieg führen. Sein Name würde Ho Chi Minh sein.)

Als die französischen Truppen aus Mexiko abzogen, hetzte Carlota zurück nach Paris und beschimpfte Napoleon in den Tuilerien, weil er sein Wort nicht gehalten habe. Es war zwecklos. Allein mit einem loyalen Stab mexikanischer Offiziere zu seiner Verteidigung, wurde Maximilian bei Querétaro eingeschlossen. Am 15. Mai 1867 übergab er sein Schwert den republikanischen Truppen. Juárez ließ sich nicht beeindrucken von den internationalen Aufrufen zu seiner Begnadigung. Tausende von Mexikanern, Opfer des Schwarzen Dekrets, standen jeder Gnade im Weg. Am 19. Juni wurde Maximilian auf dem Glockenhügel erschossen.

Inzwischen hatte Carlota ihre Kampagne in Europa fortgesetzt. Als sie Papst Pius IX. die Sache ihres Mannes vortrug, erkrankte sie ernsthaft und mußte die Nacht im Vatikan verbringen, die erste Frau, die das je offiziell getan hatte. Dann wurde die schreckliche Wahrheit bestätigt: Die junge Kaiserin hatte ihren Verstand verloren. Mit siebenundzwanzig Jahren wurde sie eine Einsiedlerin auf dem Schloß von Bouchot in ihrem Heimatland Belgien. Von dort schrieb sie Briefe an ihren geliebten Maximilian, ohne je herauszufinden, daß er gestorben war. Sie aß nur Nüsse und trank nichts als Quellwasser, weil sie überzeugt war, daß Napoleon sie vergiften wollte. Hin und wieder sah man sie bei ernsten und traurigen Anlässen, von Mal zu Mal stärker abgemagert und geistesabwesend. Als ihr Vetter Kaiser Wilhelm II. 1914 in Belgien einmarschierte, wurden Wachen vor dem Schloß aufgestellt, um »Ihre Majestät, die Kaiserin von Mexiko« zu beschützen.

1927 schließlich starb Carlota im Alter von siebenundachtzig Jahren. Eine Fotografie ihrer aufgebahrten Leiche zeigt sie mit weißer Haartracht, in ihren dunklen Händen hält sie einen Rosenkranz, und in ihrem Profil mischt sich die Gier eines Falken mit der Unschuld einer Nachtigall. Da ähnelte sie schon längst nicht mehr jenem glänzenden Hofporträt von Winterhalter, der sie in Taft und Schleier gekleidet dargestellt hatte, mit hinreißend klarer Haut und dunklem Haar, voll imperialem Hochmut, abgemildert nur durch einen Hauch von intelligentem Humor.

Maximilian ruht für immer in der Krypta der Habsburger im heimatlichen Wien. Das mexikanische Erschießungskommando hatte eines seiner Augen getroffen, und da der Einbalsamierer in ganz Querétaro und Umgebung kein falsches Auge finden konnte, entlieh er ein schwarzes von einer Madonna in einer Dorfkirche und setzte es in den Kopf des toten Kaisers. Aus den Tiefen der Kapuzinergruft betrachtet er den Tod mit einem blauen österreichischen und einem schwarzen Indianerauge.

Die Republiken wiederhergestellt, die Kultur im Wartestand

1867 kehrte Benito Juárez im Triumph nach Mexico City zurück und stellte die liberale Republik wieder her. Würden Gesetzesreformen, zivile Führung, demokratische Presse und freies Unternehmertum endlich das lastende Erbe indianischer Autokratie, spanischer Kolonialherrschaft und republikanischer Tyrannei bezwingen? Fast gleichzeitig mit dem Machtantritt von Juárez in Mexiko erlebte Argentinien nach dem Fall von Rosas im Jahre 1852 nacheinander zwei zivile Präsidenten, Bartolomé Mitre und Domingo F. Sarmiento. Sie steuerten ihr Land auf einen Kurs, der zur Ausschaltung der lokalen Caudillos und durch erweiterte Verkehrsverbindungen, Erziehungsinstitutionen und massive Einwanderung zur Besiedlung des Inlands führen sollte.

Mit Juárez und Sarmiento als Präsidenten der zwei größten spanisch-amerikanischen Nationen konnte es den Anschein haben, daß sich unsere Träume von demokratischer Stabilität und wirtschaftlichem Aufschwung erfüllen würden. Doch das hing von einem anderen, alles umfassenden, aber erst langsam hervortretenden Faktor ab: dem Bewußtsein der kulturellen Existenz, der langsamen Weiterentwicklung des Urgrundes aus Überzeugungen, Sitten, Träumen, Erinnerungen, Sprachen und Leidenschaften, der eine jede Gesellschaft ausmacht. Von Mexiko bis hinunter nach Argentinien hatten wir noch viel über uns selbst zu lernen, bevor Kultur und Politik in einer demokratischen Gemeinschaft wahrhaft zusammenfinden konnten.

14. Kapitel

DIE KULTUR DER UNABHÄNGIGKEIT

Kulturell kehrte das unabhängige spanische Amerika seinem indianischen und seinem schwarzen Erbe den Rücken, da es das eine wie das andere für barbarisch erachtete, und seine spanischen Wurzeln beurteilte es höchst zwiespältig. Viele Spanisch-Amerikaner gaben Spanien die Schuld an allen unseren Nöten. Hatte es seinen Kolonien nicht alles vorenthalten, was das moderne Europa ausmachte? Von religiöser Freiheit über wirtschaftlichen Reichtum bis zu politischer Demokratie? Hatte es uns nicht mit Dogmen und Konformismus belastet, mit Privilegien als Norm und Wohlfahrt als Ausnahme und mit einer militanten Kirche? Anders ausgedrückt: mit allem, was im modernen Europa längst für unerträglich gehalten wurde? Politisch standen wir ohne Demokratie da, der Bürger galt nichts und war ohne Rechte, und zwischen Gesetz und Wirklichkeit bestand eine Kluft wie zwischen Regierung und Regierten.

Kein Wunder, daß die Mehrheit der spanisch-amerikanischen Eliten auch Spanien den Rücken zukehrte und ihre Gründe dafür drastisch herausstellte. Sarmiento sprach für viele, als er mit großer Leidenschaft und ebenso großem Mangel an Augenmaß sagte, daß es in Spanien »keine Autoren gibt, keine Schriftsteller, keine Wissenschaftler, keine Staatsmänner, keine Historiker, ja überhaupt nichts von Wert«. Der chilenische Historiker José Vitorino Lastarria schrieb, zwischen Kolumbus und Bolívar habe es in Spanisch-Amerika nichts als einen »schwarzen Winter« gegeben. Und der argentinische Dichter und Romantiker Esteban Echeverría argumentierte: »Wir sind unabhängig, aber wir sind nicht frei, zwar unterdrücken uns die Waffen Spaniens nicht mehr, aber sein Erbe behindert uns allerorten.« Die gesellschaftliche Emanzipation von Spanisch-Amerika, fügte er hinzu, erfordere eine Zurückweisung aller spanischen Traditionen.

Eine derart massive Abkehr von unserer kulturellen Vergangenheit riß selbstverständlich ein neues Loch in unsere Geschichte, ähnlich wie es in politischer Hinsicht das Verschwinden der Monarchie getan hatte. Abermals mußte ein Vakuum gefüllt werden. Viele Spanisch-Amerikaner blickten nach Norden auf die Vereinigten Staaten von Amerika, die sich mit unmittelbarem Erfolg zusammengeschlossen hatten, während wir uns im Süden von einem sich hinziehenden Fehlschlag zum nächsten mühsam abzappelten. Am Beginn unserer langen, schmerzhaften, unentrinnbaren Beziehung mit den USA waren die Liberalen ihre großen Bewunderer. Sie applaudierten der Vitalität, den politischen Institutionen und dem Modernisierungsdrang der nordamerikanischen Demokratie.

Aber aus denselben Gründen lehnten die Konservativen die Vereinigten Staaten ab. Demokratie, Kapitalismus, Protestantismus, religiöse Toleranz und Informationsfreiheit waren ihrer Meinung nach die schlimmsten Sünden. Die Konservativen sahen in den Vereinigten Staaten eine radikale, gefährliche, revolutionäre Republik. Vor allem fürchteten sie das expansive Potential der jungen Nation. Im Kern war deren Philosophie bereits von Thomas Jefferson und John Quincy Adams formuliert worden. In einem Brief aus dem Jahre 1821 schrieb Adams an Henry Clay: »Es ist unausweichlich, daß der Rest des Kontinents unser sein wird.«

Der mexikanische Krieg von 1846 bis 1848 und der Verlust des halben Staatsgebiets von Mexiko an die Vereinigten Staaten überzeugte viele Liberale davon, daß die Konservativen mit ihrer Einschätzung der territorialen Ambitionen der USA recht hatten. Die kulturelle Frage allerdings ließ sich nicht so leicht lösen. Wem konnten wir uns auf der Suche nach Ideen und Modellen zuwenden, wenn nicht den USA? Das 19. Jahrhundert bescherte uns eine vorgefertigte Antwort: aus Frankreich, genauer aus Paris, das Baudelaire »die Hauptstadt des 19. Jahrhunderts« nannte. Pariser Einflüsse machten sich von Den Haag bis Algier geltend, von St. Petersburg bis Kairo. Und in Mexico City, Bogotá und Buenos

Aires erfüllten sie gleichzeitig ein tieferes Bedürfnis, füllten sie ein kulturelles Vakuum.

Die Verstoßung Spaniens ging einher mit einer Hinwendung zu Frankreich, der sich neu eröffnenden Quelle von Freiheit, Geschmack, Romantik und allen guten Dingen. In typischer Weise schrieb der chilenische Historiker Benjamín Vicuña Mackenna 1853 aus der französischen Hauptstadt: »Ich bin in Paris ... der Hauptstadt der Welt, dem Herzen der Menschheit ... dem Universum in Miniatur.« Und der brasilianische Aristokrat Eduardo Pardo wurde mit dem Seufzer zitiert: »Ohne Zweifel, die Welt *ist* Paris.« Im 16. Jahrhundert war Spanisch-Amerika das Utopia Europas gewesen. Jetzt gaben wir das Kompliment zurück und machten Europa zum Utopia Spanisch-Amerikas. Guatemala City nannte sich sogar »das Paris Mittelamerikas«. Unsere geheime Sehnsucht war natürlich, daß Paris sich eines Tages »das Guatemala Europas« nennen würde.

Wie der chilenische Schriftsteller Claudio Veliz in seinem Buch *Die zentralistische Tradition Lateinamerikas* ausführt, war das Traurige an dieser Bewunderung für Europa, daß sie sich nicht auf dessen Produktions-, sondern nur auf die Konsumgewohnheiten erstreckte. In ihrem Aufwand für Wohlstand, Stil, Kleidung und Architektur und ebenso in ihrem literarischen Geschmack und ihren sozialen, politischen und ökonomischen Ideen strebten die lateinamerikanischen Oberklassen nach europäischer Sensibilität, was sie jedoch zu ändern versäumten, waren die Produktionsmittel Spanisch-Amerikas.

Die Oper wurde zum Symbol einer eleganten, europäisierten lateinamerikanischen Modernität. Vom neoklassischen Teatro Juárez in der Bergbaustadt Guanajuato in Mexiko bis zum eleganten Teatro Colón in Buenos Aires gab es überall Vergoldetes, roten Samt, gemalte Prospekte, lange Pausen und aufregende Dekolletés. Es ist eine Tatsache, daß die Ankunft der ersten französischen Modeschöpferin, einer gewissen Madame Gautron, im Bogotá der vierziger Jahre lange als denkwürdiges Ereignis galt, als Bestätigung, daß die kolumbianische Metropole endlich eine moderne Stadt geworden war. Ein kolumbianischer Journalist fügte hinzu, daß sich die Geschmacksentwicklung Bogotás auf seinem Weg aus der hintersten Provinz zur kosmopolitischen Hauptstadt auch darin zeige, welche Getränke die höhere Gesellschaft konsumiere, vom Jahre 1810 (traditionelle hispano-amerikanische Schokolade) über die vierziger Jahre (französischen Kaffee) bis zu den Sechzigern (englischen Tee).

Und dennoch ging es lebhaft zu bei diesen »außer-logischen Nachahmungen«, wie sie der französische Soziologe Gabriel Tarde nannte. Sogar der Tod konnte im Lateinamerika des 19. Jahrhunderts eine Nachahmung Europas sein. Der Recoleta-Friedhof im Zentrum von Buenos Aires ist ein Potemkinsches Dorf des Lebens danach, ein Disneyland des Todes, auf dem alle guten argentinischen Oligarchen begraben sind und wo man, wie es scheint, tatsächlich glaubte, daß das letzte Hemd doch Taschen habe. Man fragt sich, wie viele Stück Vieh, Eimer voll Milch und Stapel von Häuten es gekostet haben mag, irgendeines dieser extravaganten Begräbnismonumente zu errichten, auf denen Engel über den bourgeoisen Büsten ehrenwerter Kaufleute flattern und Gabriels Trompete auf ewig vom Grabstein des verdienten Generals erschallt.

Der Recoleta-Friedhof bietet uns eine Vision des Paradieses als Fortsetzung opulenter Lebenshaltung, die sich auf Rinderzucht und Handel gründete. Aber daheim auf der Hacienda sorgte Lateinamerika inzwischen weiterhin für Zucker, Wolle, Häute, Gummi, Weizen und Baumwolle, um den Lebensstil des wirtschaftlichen Liberalismus zu unterhalten, wenn auch nicht den eines politischen Liberalismus. Lateinamerika (wobei ich Brasilien einschließe) profitierte von der internationalen Ausdehnung des Kapitalismus im 19. Jahrhundert, indem es die Welt mit Rohstoffen versorgte, ohne jedoch der eigenen Wirtschaft Kapital für Investitionen und Rücklagen zu verschaffen.

Der Akzent unseres Wirtschaftslebens lag auf dem Außenhandel, was sich auf einen von lateinamerikanischen Initiativen völlig unabhängigen Faktor zurückführen ließ: das beschleunigte Wirtschaftswachstum in Westeuropa und den Vereinigten Staaten. Der Handel bildete zwar die Grundlage unserer Entwicklung, doch lebte er von dem europäischen und nordamerikanischen Bevölkerungswachstum, von Industrialisierung, Handelsverkehr,

Erziehung, Stadtentwicklung, politischen Institutionen und so weiter. Lateinamerika blieb bei alledem an der Peripherie, obgleich es natürlich Nutzen aus der modernen Revolution von Kommunikation und Transport zog. Das Dampfschiff war in dieser Beziehung das wichtigste Verkehrsmittel. Im Jahre 1876 lief das erste Kühlschiff mit einer Ladung gefrorenen Rindfleischs aus dem Hafen von Buenos Aires nach Europa aus, und im selben Jahrzehnt kreuzten auch die ersten Exporte argentinischen Weizens den Ozean. In der ersten Phase unmittelbar nach der Unabhängigkeit hatte England den lateinamerikanischen Außenhandel bestimmt, in der späteren Phase des 19. Jahrhunderts wurden dann die Vereinigten Staaten zum wichtigsten Handelspartner. Allerdings benutzten sie die gleichen Instrumente wirtschaftlicher Macht, arbeiteten mit Sondervereinbarungen für ihre Handelsgesellschaften, mit Anleihen und Krediten, Kapitalanlagen und direkter Einflußnahme auf unsere Exportwirtschaft, steuerten praktisch die Produktion von Erzen, landwirtschaftlichen Produkten und Rohstoffen gemäß den Anforderungen der angloamerikanischen Expansion. Eine hochprivilegierte einheimische Minderheit diente als Vermittler für diese Exporte ebenso wie für die Einfuhr europäischer und nordamerikanischer Industriewaren, nach denen bei der städtischen Bevölkerung große Nachfrage bestand.

Als sie die modernen Handelsbeziehungen aufnahmen, verließen sich die lateinamerikanischen Kaufleute auf den Fortbestand der Farm- und Bergbaustrukturen aus der Kolonialzeit. Die großen Haciendas, die intensive Ausbeutung der Bodenschätze und das Geschäft mit den billigen Arbeitskräften florierten wie nie. War es das, was mit Unabhängigkeit gemeint war – Land- und Minenbesitzer, die üppig verdienten, während die Mehrheit im Elend blieb? Gegen Ende des 19. Jahrhunderts lag die Lebenserwartung in großen Teilen Lateinamerikas unter siebenundzwanzig Jahren, in einigen Regionen konnten nur zwei Prozent der Menschen lesen und schreiben, und mehr als die Hälfte der Bevölkerung lebte auf dem Lande, zumeist in bitterer Armut. »Die liberale Pause«, wie Claudio Veliz dieses Stadium unserer Entwicklung nennt, schrieb die Armut kolonialer Zeiten für die Mehrheit unserer Bürger fest.

Im 19. Jahrhundert wurden wir zu Waisen unseres eigenen »Peripherie-Kapitalismus«. Wie im Fieber tauschten wir Exportgüter gegen Importwaren, um die Konsumbedürfnisse der mittleren und oberen Schichten zu befriedigen, und verschoben abermals jede vernunftgeleitete Annäherung an ein Wohlergehen der Mehrheit. Die herrschenden Kapitalisten Europas und der Vereinigten Staaten strichen die Profite ein, vergrößerten ihre Rücklagen und erhöhten ihre Produktivität rapide. Ihr Fleisch und ihre Kartoffeln produzierten sie selbst. Wir lieferten das Dessert: Schokolade, Kaffee, Zucker, Obst und Tabak.

Eine neue Gesellschaft

Liberale Reformen, ausländische Interventionen, Bürgerkrieg, konservative Traditionen und der neue Außenhandel prallten aufeinander, schüttelten die kolonialen Gesellschaften, setzten neue Kräfte frei und ließen es sogar zu, daß sich neben der prosperierenden Oberklasse aus Landbesitzern, Kaufleuten und Politikern langsam eine moderne Mittelklasse herausbildete. Zu ihr gehörten Anwälte und Geschäftsleute, deren Dienste infolge der zunehmenden Wirtschaftsbeziehungen zwischen Spanisch-Amerika und der übrigen Welt, zwischen Stadt und Land und zwischen den Gesellschaftsklassen in den schnell wachsenden städtischen Ballungszentren gefragt waren.

Als im Jahre 1810 die Revolution begann, hatte Buenos Aires 44 800 Einwohner, 1870 dann schon 180 000, eine Zahl, die, hauptsächlich durch europäische Masseneinwanderung, bis zum Beginn des Ersten Weltkriegs 1914 auf 1 600 000 anstieg. Die chilenische Hafenstadt Valparaíso, Nabel des pazifischen und ebenso des atlantischen Handels rund um Kap Hoorn, verdoppelte in zwanzig Jahren nahezu ihre Einwohnerschaft von 52 000 im Jahre 1856 auf 100 000 im Jahre 1876. Mexico City hatte nach dem Fall Maximilians mit knapp 230 000 weniger Einwohner, als nach dem Fall von Moctezumas Reich dort gelebt hatten. Bis 1911 dann, dem Jahr des Sturzes von Porfirio Díaz, war die Bevölkerung wieder auf 350 000 angewachsen. In den sechzig Jahren nach 1870 multiplizierten Santiago und Caracas ihre Bevölkerungszahl mit fünf, Bogotá mit acht und Montevideo mit vier.

Journalisten, Intellektuelle, Lehrer, Beamte, Handelsleute und deren Familien brachten Leben, öffentliche Diskussionen und Wachstum in unsere Städte. Sie waren Stadtmenschen, die sich als Bollwerk gegen Diktatur und Anarchie verstanden. Stabilität war ihr höchster Wert. Sie hatte es so nicht gegeben, als sich die Befreier des frühen 19. Jahrhunderts an reine politische Abstraktionen geklammert hatten. Jetzt entwickelten sich zwei konkrete Faktoren für Politik und Wirtschaft: eine städtische Mittelklasse und ein Nationalstaat, die beide das ganze 19. Jahrhundert hindurch nach einer Identität suchten. Die Mittelklasse fand sie, indem sie Porträts von sich anfertigen ließ. Nicht länger mehr waren Könige und Aristokraten der einzige Gegenstand der Malerei, vielmehr kamen Porträts von Ärzten, Hausfrauen, Kindern und sogar Briefträgern in Mode. Die Gemälde von Juan Cordero in Mexiko und von Prilidiano Pueyrredón in Argentinien überliefern uns die Physiognomie der damaligen städtischen Mittelklasse, während Hermenegildo Bustos, ein Briefträger in seinem heimischen Guanajuato, sich um die einfacheren Einwohner der Provinzstädte kümmerte. Die spanisch-amerikanische Mittelklasse hatte endlich ein Gesicht. Und wenn diese Menschen sich auch bisweilen idealisierten, wer konnte ihnen ihr neu gefundenes Selbstbewußtsein, ihren Stolz, ihr Auftauchen aus der Anonymität schon übelnehmen? Konnte nicht allein ihre gesellschaftliche Stellung als Rechtfertigung für Revolution und Unabhängigkeit dienen?

Das beste Beispiel bürgerlichen Erfolgs in Lateinamerika konnte man in Chile finden, einem Land, dessen geographische Lage seine Einwohner stärker dazu zwang, sich auf sich selbst zu verlassen, als die Menschen in den großen Metropolen des spanischen Reiches. Der Goldrausch in Kalifornien und Australien eröffnete große Märkte für Chiles landwirtschaftliche Erzeugnisse im pazifischen Becken, während Europa chilenisches Kupfer aufkaufte. Die Herausforderung durch ein eigenes nationales Schicksal trieb Chile sogar in einen Krieg mit Peru und Bolivien um die Salpeterlager in der Atacama-Wüste. Bolivien verlor seinen Zugang zum Meer, Peru seinen Süden, und in Chile, das jetzt über seinen Freihafen Valparaíso den gesamten pazifischen Handel kontrollierte, sah man große Vermögen entstehen und mit ihnen politische Institutionen, die einzigartig auf dem südamerikanischen Kontinent waren.

Letztlich jedoch mußte ein großer Preis für diese Entwicklung entrichtet werden. Schon bald stützte sich die chilenische Wirtschaft fast nur noch auf zwei Produkte, Kupfer und Nitrate, und vom steigenden oder fallenden Weltpreis hing Chiles Glück ab. Das Land hing mehr von der Welt ab als die Welt von Chile, und als in Deutschland synthetisches Nitrat entwickelt und produziert wurde, stand Chile vor dem Ruin. 1918 war das Land bankrott und nahm die große Depression um ein Jahrzehnt vorweg.

Doch während der glücklichen Tage des 19. Jahrhunderts hielt die politische Entwicklung des Landes auf eine erstaunliche Weise Schritt mit seinem wirtschaftlichen Aufschwung. Unter der politischen Führung von Diego Portales in den dreißiger Jahren und der Präsidentschaft José Manuel Balmacedas in den Achtzigern entwickelte Chile die am weitesten politisch strukturierte Gesellschaft Lateinamerikas. Zwar blieben die bürgerlichen Freiheiten den oberen und mittleren Klassen vorbehalten und erstreckten sich nicht auch auf Bauern und Arbeiter, doch innerhalb dieser Grenzen errang die Nation ein politisches Gleichgewicht, das auf dem Prinzip einer stufenweise Auslese der Besten beruhte. Während Mexiko und Argentinien unter der Mißregentschaft ihrer Tyrannen Santa Ana und Rosas litten, konnten die Chilenen wählen zwischen der Macht des Kongresses und der Macht der Exekutive, zwischen weltlicher und kirchlicher Einflußsphäre, Industrialisierung und Landwirtschaft, Privatinitiative und dem öffentlichen Sektor. Tatsächlich wurde Chile in der Zeit von Rosas ein Zufluchtsort für argentinische Exilanten. Das Land öffnete seine Türen für die großen Lehrer Sarmiento und Andrés Bello und entwickelte das beste Erziehungssystem Lateinamerikas. Seine Denker waren Liberale und Antiklerikale wie José Victorino Lastarria und Francisco Bilbao. Seine Historiker Benjamin Vicuña Mackenna und Diego Barros Arana gehörten zu den Größten, die wir jemals hatten.

Das alles machte Chile zur ersten verhältnismäßig modernen Nation Lateinamerikas. Ein weiteres Zeichen dieser Modernität war das Enstehen einer Literatur der Unabhängigkeit – in Romanen und Gedichten, aber auch in Journalismus und Geschichte. Die großen kulturellen Debatten des 19. Jahrhunderts fanden in Chile statt, dem Land einer aufsteigenden Mittelklasse und eines wachsenden Lesepublikums; ein Land mit Institutionen, welche die Freiheiten der Elite begünstigten. Journalismus, endlich befreit von der Bespitzelung durch die Inquisition, war überall die größte Neuheit von allem. Im Abstand von vier Monaten wurden in Buenos Aires die beiden größten Zeitungen jener Zeit gegründet, 1869 *La Prensa* und 1870 *La Nación*.

Die Lateinamerikaner konnten – und taten es auch – die berühmten Worte des französischen Dichters und Staatsmanns Lamartine zitieren: »Die Presse ist in unseren Tagen das wichtigste Instrument der Zivilisation«, wenn auch die Definition des Zivilisationsbegriffs im Mittelpunkt der kulturellen Debatte des 19. Jahrhunderts stand. Wie sah er aus, dieser zivilisierte Zustand, nach dem wir strebten, nach dem wir uns sehnten, den wir mit modernem Leben und Wohlergehen gleichsetzten? Durch Ausgrenzung entschieden wir, daß wir weder indianisch noch schwarz oder spanisch waren. Statt dessen versuchten wir zu glauben, Europäer zu sein, vorzugsweise Franzosen.

Die Modernisierungsbemühungen der lateinamerikanischen Eliten scheiterten an sich selbst, weil sie die Komponenten unserer Kultur künstlich voneinander trennten und sie einer simplifizierten Wahl zwischen »Zivilisation und Barbarei« opferten, wie Sarmiento es ausdrückte. In *Facundo* erläutert er, daß »es ein Gesetz der menschlichen Natur ist, daß die Ideen ... des Fortschritts schließlich den Triumph muffiger Traditionen, die Gewohnheiten der Ignoranz oder abgestandener Ängste überwinden werden«.

Die wahre Barbarei dieser Ideologie lag darin, daß sie aus dem Begriff der Zivilisation alle landeseigenen Lebensmodelle ausschloß. Schwarzes, Indianisches, Kommunität und alle denkbaren Eigentumsverhältnisse außer den sakrosankten des Wirtschaftsliberalismus wurden abgelehnt – insbesondere die jahrhundertealte Tradition der gemeinsamen Nutzung von landwirtschaftlicher Erzeugung und Besitz, wie in den *Ejidos* in Mexiko und *Ayllus* in Peru. Diese Alternativkulturen setzten andere Wertmaßstäbe als jene der Städte. Tradition, ein gemeinsamer Erfahrungsschatz, die Fähigkeit zur Selbstverwaltung in Gemeinschaften, deren Mitglieder einander kannten, Verbundenheit mit der Natur und Mißtrauen gegenüber abstrakten Regeln, die von oben verordnet wurden, das alles wurde vom Fortschrittsdenken des 19. Jahrhunderts abgelehnt. Doch sollte diese krasse Mißachtung im 20. Jahrhundert auf Spanisch-Amerika zurückfallen, als der Bauernführer Emiliano Zapata das Beispiel einer alternativen Gesellschaft als eine Art mexikanischen Arkadiens auf dem Lande propagierte.

Von den liberalen Eliten des 19. Jahrhunderts wurde eine solche Alternativkultur freilich als Hindernis für den Fortschritt angesehen. Man bekannte sich zur sogenannten wissenschaftlichen Ideologie, einer Adaption der positivistischen Philosophie von Auguste Comte, die behauptete, daß sich die Geschichte der Menschheit in vorhersehbaren universellen Stadien vollzöge. Die lateinamerikanischen Nationen brauchten nur herauszufinden, in welchem Stadium sie sich befanden, um sich dann »wissenschaftlich« in den Verlauf des Fortschritts einzugliedern. Das Motto dieser Philosophie »Ordnung und Fortschritt« inspirierte sämtliche nach vorn gewandten Regierungen Spanisch-Amerikas. Es landete sogar mit Aplomb in der Mitte der brasilianischen Flagge.

Der Positivismus gestattete es den Hohenpriestern der Realpolitik, sich nicht nur eingehüllt in ihre Nationalflagge zu präsentieren, sondern auch mit einer Philosophie, die alle Nebel einer metaphysischen Vergangenheit auflöste. Wenn man die Entwicklung der Gesellschaft wissenschaftlich voraussagen konnte, war es leicht, den Wandel zu bewältigen und folgerichtig auch die Hindernisse für den Wandel, von denen das erste die indianische Bevölkerung war. In einem berüchtigten Buch, das ausgerechnet *Unser Amerika* hieß, rühmte der argentinische Schriftsteller Carlos Bunge Alkoholismus, Blattern und Tuberkulose, weil sie die Indianer und Afrikaner dezimierten.

Derartige Propagandafeldzüge gegen die Indianer bildeten das Gegenstück zu dem glühenden Wunsch, weiße europäische Einwanderer nach Lateinamerika kommen zu sehen. Die Propaganda verfestigte das Bild von den Indianern als Mördern und Dieben. »Regieren heißt bevölkern«, schrieb der argentinische Journalist und Erzieher Juan Bautista Alberdi. Doch offenkundig mußte man das Land dafür zuerst entvölkern. Im Jahre 1878 rückte in Argentinien eine Armee unter Befehl von General Julio Roca mit dem Auftrag aus, die Indianer in den südlichen Territorien des Landes auszurotten. Ihr Weideland wurde für die Zivilisation gebraucht, das heißt für europäische Einwanderer. General Roca war außerordentlich erfolgreich in seinem »Krieg der Wüste« und wurde gleich zweimal mit der Präsidentschaft Argentiniens belohnt.

In Chile wurden die grimmig unabhängigen Araukaner, die sich den spanischen Konquistadoren niemals ergeben hatten, schließlich durch die Lokomotive und das Gewehr unterworfen. Ein militärischer Feldzug sperrte sie 1880 in Reservationen. Der mexikanische Diktator Porfirio Díaz, der von sich selbst behauptete, er handle wissenschaftlich und vom Positivismus inspiriert, führte grausame Feldzüge gegen die indianische Bevölkerung in den nördlichen Staaten Sonora, Sinaloa und Chihuahua. Selbst von zapotekischer Abstammung, wollte Díaz diese Territorien dem Landadel von Mexiko zuführen, vor allem der Familie Limantour, und amerikanischen Unternehmen wie der Richardson Construction Company aus Los Angeles und der Wheeler Land Company aus Phoenix. Er provozierte die Rebellion im Tomochiken-Gebiet in Chihuahua. Im Krieg gegen die Yaqui- und Mayo-Völker ließ er die Häuptlinge der letzteren auf ein Kriegsschiff bringen, aneinander fesseln und in den Pazifischen Ozean werfen. Die Anführer der Yaqui-Rebellion wurden ermordet und die Hälfte der männlichen Bevölkerung des Stammes, 30000 Menschen, deportiert und auf einen qualvollen Marsch nach Yucatán geschickt. Von ihren Frauen getrennt, wurden sie gezwungen, chinesische Landarbeiterinnen zu heiraten und ihre Familien und ihr indianisches Erbe zu vergessen.

Woher kam diese Barbarei? Aus der Stadt, vom Land? Eines war gewiß, die Ideologie des Fortschritts setzte sich über alle Einwände hinweg. Die Indianer waren entbehrlich. Und offenkundig war die Eroberung noch nicht beendet. Jetzt waren wir, die unabhängigen Spanisch-Amerikaner, die Konquistadoren und handelten exakt wie die Nachkommen von Cortés und Pizarro. Nur die Uniformen waren andere geworden.

Und es gab im Hinterland noch ein weiteres Element des Rückfalls in die Barbarei. Die *Charros* in Mexiko, die *Guasos* in Chile und die *Gauchos* in Argentinien entwickelten eine Sprache und Bilderwelt, die eine ganz andere Kultur ausdrückten als jene der Städte. Sie gehörten dem Land an, waren Machos, Ausgestoßene, Banditen zu Pferde, unabhängige, einsame Männer in einer einsamen, natürlichen Umgebung, dabei aber keineswegs der Gewalttätigkeit abgeneigt. Ihre Lebensgeschichten erzählen von Landraub, Vergewaltigung, hier und da einer brennenden Hütte, dem *Pronunciamento* irgendeines lokalen Caudillos oder einer ausländischen Intervention, so daß der Charro oder Gaucho nahe daran war, Guerillakämpfer zu werden, den mitunter blinden Blick fest auf die »Tore des Abgrunds« zur Revolution gerichtet.

Traditionell erzählen diese Männer ihre Geschichten in Liedern, da sie über keine anderen Überlieferungsweisen verfügen. Das Lied des Charro wird *Corrido* genannt und leitet sich von der spanischen Romanze des Mittelalters und der Renaissance ab, einem achtsilbigen Bänkellied, das zu einer ständig sich wandelnden, reichen mündlichen Tradition gehört. Der Charro wie der Gaucho verkörpern den Hektor oder Achilles des ländlichen lateinamerikanischen Heldengedichts, das in Wort und Tat eine alternative Historie darstellt, weit entfernt von den konventionellen Formen des Fortschritts und der Zivilisation. Gaucho und Charro besingen ihr Geschick. Die *Payadores*, die Volkssänger der Pampas, erzählen ihre Märchen mit einer Überzeugungskraft, die aus dem Fehlen jeder anderen Kommunikationsmöglichkeit erwächst.

Eines ihrer Themen ist, daß der Gaucho schon im Mutterleib ein Lied anstimmt. Er wird singend geboren, und er stirbt singend. Und natürlich besingt er sein schweres Geschick. Nur ein Lied kann ihn trösten in all seinem Schmerz.

Das Lied der *Payadores* war die Zeitung der Pampas. Es war des Gauchos einziges Geschichtsbuch, und es war die Quelle des größten literarischen Werks im spanischen Amerika des 19. Jahrhunderts. Das Gedicht *Martín Fierro* wurde 1872 von José Hernández geschrieben, einem städtischen Schriftsteller, der einige Zeit in den Pampas verbrachte. Hernández wollte die ländliche Welt gegen die Ausbeuterei und Arroganz der Stadt verteidigen. Martín Fierro ist kein Saboteur des Fortschritts. Er ist das Opfer von »arroganten kleinen politischen Bossen, die seine Schwäche und seine Vereinzelung mißbrauchen«, wie Hernández bestätigt. (Selbst der Humanist Sarmiento drückte, als er 1868 Präsident von Argentinien wurde, seine Verachtung für den Gaucho aus: »Ich habe nicht die Absicht, mit Gaucho-Blut sparsam zu sein. Blut ist das einzig Menschliche an ihnen.«)

Im Gedicht erinnert sich Fierro an sein Leben als freier Mann, dann an seine Leiden in den Händen des Militärs und korrupter politischer Bosse. Gewaltsam zur Armee eingezogen, desertiert er, kommt ins Gefängnis und kehrt schließlich heim. Aber Ithaka liegt in Ruinen, Penelope ist vergewaltigt und entführt worden, und Odysseus hat kein Meer, um darauf umherzusegeln, sondern nur die unermeßliche, gesetzlose Pampa. »Ich schwor«, sagt Martín Fierro, »wilder zu sein als eine Bestie.« Und damit beginnt seine Verbrecherkarriere.

In der Tat kommt das Wort *Gaucho,* wie *Guaso,* sein chilenisches Pendant von jenseits der Anden, von dem araukanischen *Guacho,* das vaterlos bedeutet, verwaist, illegitim. Das Gefühl, eine Waise zu sein, sogar ein Bastard, Brandmal der Eroberung, Kind Spaniens und der indianischen Welt, tauchte nun als geheimes Kennzeichen dieser einsamen und gewalttätigen Gestalten in unseren Ebenen und Bergen wieder auf.

Als die Städte wuchsen, wurden sie zum Magnet für eine zunehmende Zahl von Menschen, die von den Estancias, den Pampas, den Haciendas und Ebenen, den Llanos, in sie hineinströmten. In Buenos Aires trat dieses Phänomen früher auf als anderswo, weil einfach keine andere lateinamerikanische Stadt zur Jahrhundertwende schneller wuchs und so massiv zum Einwanderungszentrum wurde. 1869 hatte Argentinien eine Bevölkerung von kaum zwei Millionen Menschen. Zwischen 1880 und 1905 aber kamen fast drei Millionen Einwanderer aus Europa. Im Jahre 1900 bestand ein volles Drittel der Einwohnerschaft von Buenos Aires aus Zuwanderern, die im Ausland geboren waren.

Am Ende des 19. Jahrhunderts trafen sich die beiden Wanderungsbewegungen, Gauchos und Europäer, in den *Orillas flacas*, den »flachen Rändern« von Buenos Aires. »Die Sterne«, sagt Martín Fierro, »sind meine einzige Landkarte in der Pampa.« Sie führen ihn in die Stadt, wo er von seinem Pferd steigt, nur um sich in einer Gasse zu verlaufen. Gesetzlos, landlos und einsam, strandeten die Gauchos auf dem Pflaster von Buenos Aires, und in den Bars und Bordellen der Stadt trafen sie die Einwanderer aus Europa, ebenfalls Verlassene. Buenos Aires war eine Stadt einsamer Männer, Männer ohne Frauen, die sich im Tango wiedererkannten, einer Musik von Einwanderern in einer Stadt des Übergangs und der Vereinzelung.

Der Tango erzählt eine Geschichte von Frustration, Nostalgie, Brüchigkeit und Unsicherheit. Jorge Luis Borges hat ihn »das große Gespräch von Buenos Aires« genannt. Aber darüber hinaus ist er ein machtvolles sexuelles Ereignis. Man braucht zwei für den Tango, einen Mann und eine Frau, die sich umfassen. Und sie erkennen dabei ihr eigenes und das gemeinsame Schicksal sowie die Unmöglichkeit, es zu beherrschen – ein Wissen, das in der Definition des Komponisten Santos Discépolos zum Ausdruck kommt, der den Tango »einen traurigen Gedanken, den man tanzen kann«, nannte.

Die Herkunft des Tango ist so geheimnisvoll wie seine tatsächliche Existenz. Doch ob er in seinen Ursprüngen nun afrikanisch oder mediterran ist, es gibt einen verbalen Zusammenhang zwischen seiner schwarzen Etymologie, *tang*, was berühren, nahekommen bedeutet, und seiner lateinischen Wurzel, dem Verbum *tangere*, berühren, näherkommen, spielen, das ein kastilisches Echo hat: *tañer*, spielen, besonders Gitarre spielen.

Wo auch immer er herkam, der Tango wurde eine Sensation, als er um die Jahrhundertwende das europäische Ausland erreichte und aus den Bordellen von Buenos Aires in die Pariser Salons übersprang. War er wieder nur eines unserer exportierten Desserts? Auf jeden Fall wurde er zum Erfolgsschlager Europas und der erste Tanz, bei dem Paare sich umfaßten. Papst Pius X. sprach den Bann über »diesen tierischen Tanz«. König Ludwig von Bayern untersagte ihn seinen Offizieren, und die Herzogin von Norfolk erklärte, der Tango sei unvereinbar mit dem englischen Charakter und den englischen Manieren. Dennoch strömten im Jahre 1914 englische Männer und Frauen jeden Abend zu den Tango-Soupers im Londoner Savoy.

Trotz seines internationalen Erfolgs blieb der Tango in seinem Ursprungsort Buenos Aires seiner primären Aufgabe verpflichtet, an Geheimnis und Trauer unserer Städte und die Schwierigkeit zu erinnern, in unseren urbanen Ballungszentren auf menschliche Weise zu überleben. In den Städten wie auch draußen auf dem Land erwuchs eine buntgemischte und alle rassischen Möglichkeiten miteinander verwirbelnde Kultur, die sich in Sprache, Musik, Gesten, in Träumen, Erinnerungen und Wünschen ausdrückte. Letztlich wählten die Spanisch-Amerikaner nicht einfach nur Modernität statt Tradition, sondern hielten beides in schöpferischer Spannung am Leben.

Was dazu führte, daß die Suche nach kultureller Identität sich nicht einfach in den Extremen erschöpfte: Kosmopolitismus versus Chauvinismus, Vermischung versus Isolation, Zivilisation versus Barbarei. Vielmehr wies sie voraus auf eine kluge, austarierte Balance zwischen dem, was wir von der Welt empfingen, und dem, was diese von uns annahm. Seit Beginn der Unabhängigkeit durchlief unsere Kulturdebatte all diese Extreme, doch trieb uns die Angst davor, wir selbst zu sein, immer wieder dazu, etwas anderes sein zu wollen, sei es nun französisch, nordamerikanisch oder englisch. Das zeigt deutlich unsere Schwierigkeit, unseren Platz in der Welt zu finden, die Welt anzuerkennen und von ihr anerkannt zu werden. Wir strampelten uns ab, mit unserer Gegenwart zurechtzukommen und dabei in einem größeren Zusammenhang zu leben, ohne der Gefahr zu unterliegen, Vergangenheit mit Rückständigkeit und Zukunft mit Fortschritt zu verwechseln.

Durch die Entwicklung einer Kultur, die alle Ebenen umfaßte, elitär und populär war, durchschnittlich und sogar vulgär, entdeckten wir schließlich, daß die Geschichte der Vergangenheit wie der Zukunft bedurfte und daß das nur über die Gegenwart möglich war. Mit Sicherheit begriffen das unsere besten Künstler. Zum Beispiel schuf Diego Rivera, der moderne mexikanische Maler, um 1940 ein Wandgemälde für das Prado-Hotel in Mexico City, gegenüber dem Alameda-Park. In ihm beschreibt er einen Traum, der von allen historischen Gestalten Mexikos von der Eroberung bis zur Revolution bevölkert wird. Er malt einen Traum, spiegelt aber zugleich die tiefschürfende Debatte rund um unsere Identität. Soll unsere Kultur eigenständig oder fremdbestimmt sein, indianisch, spanisch, nordamerikanisch oder französisch?

Die Frage ist falsch gestellt, antwortet der kubanische Patriot und Schriftsteller José Martí, der auf dem Wandgemälde seinen Hut ganz chevaleresk vor einigen vorbeigehenden Damen lüftet. Martí, in all seiner höflichen Bescheidenheit, fand den Schlüssel zu unserem alten Problem. Er warnte nicht nur vor der Gefahr, Fortschrittsmodelle um ihrer selbst willen zu importieren, sondern verknüpfte jedweden Fortschritt souverän mit den eigentlichen Bedürfnissen der Bevölkerung, mit den Ressourcen der realen Nation und der bestehenden sozialen Struktur ganz Spanisch-Amerikas. Konzentriert euch auf eure Ressourcen, forderte er, auf die Menschen, eure Bedürfnisse, eure Kultur und Traditionen, und aus alledem erarbeitet ein nationales Modell. »Die Regierung«, schrieb er in *seiner* Abhandlung *Unser Amerika,* »muß aus dem Land heraus geboren werden ... der Geist ... und die Form der Regierung müssen die dieses Landes sein. Die Regierung ist nichts weiter als eine Bilanz seiner natürlichen Kräfte.« Sobald wir das erkennen würden, könnten wir wirklich demokratisch werden. »Wenn die Republik nicht allen ihre Arme öffnet, dann stirbt die Republik.« Auf dem Boden unserer Selbsterkenntnis, so postulierte Martí, könnten wir sogar noch mehr internationale Unabhängigkeit erlangen. »Ein Volk, das untergehen will, verkauft an nur ein Land, wer leben will, verkauft an mehr als nur eines ... Der Handel muß ausbalanciert sein, soll die Freiheit gesichert werden.«

Martís Lösung ist bis heute die beste. Durch sie kann eine Nation interne Erwartungen erfüllen und zugleich voll an der multipolaren, interdependenten Welt teilhaben, die uns im 21. Jahrhundert erwartet. Aber sie ist auch die, die uns am meisten fordert. »Vergeßt keinen einzigen«, schrieb Martí, »vergeßt nichts.«

Diese alles einschließende Kultur sollte schon bald Gestalt annehmen bei Schriftstellern wie dem nicaraguanischen Dichter Rubén Darío, der unzweifelhaft sowohl spanisch-amerikanisch wie auch europäisch war, und in José Guadalupe Posada, einem außerordentlichen Zeichenkünstler im Mexiko der Jahrhundertwende. Sowohl Martí als auch Posada rangen wie die Dichterin Sor Juana und der Bildhauer Aleijadinho ihre Originalität dem großen Reichtum an Traditionen ab, mit dem Lateinamerika gesegnet ist. Für unsere größten Künstler war unsere multikulturelle Vielfalt alles andere als ein Hindernis, sondern vielmehr Quelle der Kreativität.

Ein Skelett auf einem Fahrrad

José Guadalupe Posada war ein Chronist. In sensationellen, das Auge fesselnden, ja grellen Strichen zeichnete er vom Fenster seiner Druckerei in Mexico City aus Flugblätter und Straßenzeitungen für Leute, die direkte, schauererregende Reportagen über alles, was vor sich ging, haben wollten: Wer hatte wen ermordet, wer hatte ein Baby mit zwei Köpfen geboren, wer hatte die Präsidentschaftswahlen gewonnen, und wann würde der nächste Komet über ihre Köpfe fliegen? In volkstümlichem Idiom gab Posada den städtischen Massen, den Sprachlosen und Ungebildeten und auch den analphabetischen Zuwanderern vom Land das weltliche

Gegenstück der Exvotos, der *Retablos* und anderer Formen volkstümlicher religiöser Bekundung, die man, gewöhnlich auf Holz oder Blech gemalt, noch heute in den mexikanischen Kirchen finden kann. Auf ihnen danken die Gläubigen der Jungfrau oder dem Schutzheiligen für erwiesene Gnade. Die Kunst Posadas nahm auch die modernen Graffiti vorweg, die man in den nordamerikanischen Städten von New York bis Los Angeles sieht. Wie sie gaben Posadas publikumswirksame Drucke den Armen eine Stimme.

Posada ist das seltene Beispiel eines Künstlers, der unverkennbar einer universellen Kulturform verbunden ist, der Kultur des Bedrohlichen, des Bizarren, des Extremen und Informellen. In diesem Sinne gehört er zur spanischen Familie von Goya und Buñuel, seine Kunst macht das Exzentrische allgemein. Bei Posada wird viel gemordet. Seine interessantesten Werke zeigen uns Frauen von hohem Stand, in lange schwarze Gewänder gekleidet, die aufeinander schießen. Er stellte Szenen von Selbstmord, Mord und Erdrosselung dar. Eine junge Dame stürzt sich vom höchsten Turm der Kathedrale von Mexico City. Ein Stierkämpfer wird aufgespießt. Ein Schneider wird zum Tode verurteilt, weil er seiner Frau die Kehle aufgeschlitzt hat. Und dann ist da auch Sex – flirtend, trinkend, tanzend. Einundvierzig Homosexuelle werden entdeckt, wie sie in Frauenkleidern auf einem Privatball herumtollen. Mißgeburten kommen zur Welt: ein Kind mit einem Gesicht auf seinem Hinterteil, ein Mann mit Beinen anstelle von Armen, ein Schwein mit einem Männergesicht.

Posada gab andere, groteske Arten des Unglücks als Träume und Alpträume wieder: die Unglücksfälle, die in der Seele des Menschen geschehen, nicht in der äußeren Welt der Ereignisse. Posadas Dämonen, seine fliegenden Schrecknisse, Teufel und Ungeheuer (Geiz, Luxus, Faulheit und Neid genannt), beißen uns und zerren an uns wie Goyas *Caprichos*. Schlangen erwürgen uns in tödlicher Umschlingung, und am Mittag erscheinen Geister und erschrecken die arme Doña Pachita, die Kerzenverkäuferin von nebenan.

Geister und Dämonen, Fledermäuse und Drachen, sie alle werden in einer außerordentlich theatralischen Zeichnung vereint.

Da wird der Eingang zu einer Jahrmarktsattraktion, zum Theater der Illusionen, als der weit geöffnete Mund eines Dämons mit Vampirzähnen dargestellt, wie er darauf wartet, den Zuschauer zu verschlingen, der zur letzten Vorstellung hineinkommt, dem »unentdeckten Land«, das vom »grausen Schergen Tod« (*Hamlet*, V. Akt, 2. Szene) bewacht wird. Der Tod erwartet uns hinter dem Festplatz, der Karneval, der die sozialen Kategorien und politischen Fiktionen umstürzt, das große egalitäre Schauspiel, das die Grenzen zwischen Bühne und Auditorium auflöst, zwischen Schauspieler und Zuschauer, dem Betrachter und dem, der betrachtet wird. Das »karnevaleske« Treffen, bei dem sich seit Urzeiten alle Autorität verflüchtigt, führte Posada zu einer Vision vom Tod, die phantastisch fröhlich und ironisch ist. (Seine *Calaveras* oder Totenschädel dienten als Illustrationen für die Feierlichkeiten zu Allerseelen und am Tag der Toten.)

Posadas Kunst des Makabren trieb gerade ihrem Höhepunkt entgegen, als das modernste aller Vehikel, das Fahrrad, auf dem phantasmagorischen Friedhof in Erscheinung trat. 1890 wurde es zur großen Mode in Mexico City, ein Ereignis, das neben anderen Beweisen des Fortschritts nicht ungewöhnlich war: das erste Elektrizitätswerk 1898, Señor Joaquin de la Cantollas Ballonflug über die Stadt 1902, Señor Braniffs erster Flug mit dem Aeroplan einige Jahre später. Aber diese »modernen« Ereignisse erlitten durch die Überreste der Vergangenheit, insbesondere durch das Banditentum, eine Beeinrächtigung. Posadas Stiche erinnern, bei allem Fortschritt, an die unnütze Last von Aberglauben, Unwissenheit und Straßenüberfall.

Mit einem kühnen Geniestreich hob Posada diese Widersprüche auf und verschmolz sie in der Gestalt des Todes, der auf einem Fahrrad fährt, womit er das Alte und das Neue in der Unausweichlichkeit des Todes vereinte. Das Fahrrad befördert auch Dandys und Schläger, Abgeordnete und Quacksalber, Gauner und Richter, fromme alte Damen und ausbeuterische Yankees. »Die Gringos sollen sich vor den agilen Radfahrern nur in acht nehmen«, besagt einer von Posadas Drucken. Bauer wie Stadtbewohner müssen zusammen mit dem Tod den Boulevard hinunterrollen – einem zu Scherzen aufgelegten Tod natürlich, der eine Zigarre pafft, mexikanische Tänze tanzt und, was am lustigsten ist, sich als eine Schönheit der leichtfertigen neunziger Jahre verkleidet, als eine Art makabre Mae West, in die Umhänge von Quetzalcoatl gehüllt, den kahlen Kopf bedeckt mit einem üppigen Pariser Hut: »Komm mal vorbei und besuch mich.«

Außergewöhnlich schon an sich, verdankt diese Vision der Tradition ebensoviel, wie sie ihr zurückgibt. Bei Posada, wie bei allen großen Künstlern, bedeutet die Schöpfung ein Innehalten, wodurch Tradition aufscheint. In einem genialen Akt erkennt sie an und transzendiert, verleugnet und bereichert. Hier finden wir die mittelalterlichen Refrains der *Danse macabre* wieder, die zu dem unsterblichen Bild von Holbein führten und dann von Posada wieder aufgenommen wurden. Hier sind Goyas *Caprichos* und Fürst Orsinis bedrückender Lustgarten in Bomarzo, wo die Grabmäler ihre Rachen aufsperren, um die Toten zu empfangen. Hier sind aber auch die Traditionen der aztekischen *Coatepantli*, der Schädelmauer, die kürzlich im Templo Mayor in Mexico City entdeckt wurde, und der Bonbons in Schädelform, die von den Kindern am mexikanischen Tag der Toten gegessen werden. Posadas Bilder sind auch die Vorläufer moderner Montagetechniken. Sergei Eisenstein bestätigte, wieviel er Posada in der Tag-der-Toten-Sequenz seines Films *Que Viva Mexico!* zu verdanken hatte.

Außergewöhnlich schon an sich, wird die Vision einzigartig, wenn all die Bilder, insbesondere die vom Tod, in eine Vision der Revolution münden, das heißt in eine Vision der Geschichte als Gewalttätigkeit und Tod – eines ausgelassenen, animierten, grimassierenden Todes. Die Kunst Posadas hält nicht nur der Gesellschaft einen Spiegel vor, in dem sie ihre Mißgestalt wahrnehmen kann, sie bietet uns auch eine beunruhigende Vision der Geschichte als Untergang. Posada hilft uns, unsere kulturelle Kontinuität kritisch zu betrachten. Wir haben den irrigen Glauben teuer bezahlt, daß Geschichte und Glück segensreich zusammenfinden. Doch jedes Glück ist relativ, Absolutes gibt es nicht. Geschichte ist nur historisch, wenn sie uns nicht mit Versprechungen von absolutem Erfolg und perfekter Erfüllung täuscht. Leben ist nur lebenswert, wenn es nicht vor tragischem Bewußtsein zurückschreckt, die Vorstellung des Todes nicht ausgenommen, wie

Posada ihn vorführt. In Posada lösen sich die kulturellen Widersprüche der Unabhängigkeit auf in der großartigen und gefahrvollen Begegnung von Risiko und Revolution, Leben und Tod.

Als das 20. Jahrhundert heraufdämmerte, erkannten wir, daß wir diesen Gefahren ins Auge sehen mußten, wollten wir jemals unser wahres Selbst erkennen, die Gesamtheit unserer Vergangenheit verstehen und uns eine Zukunft vorstellen, die nicht in Konflikt geriet mit dem, was einmal war. Doch um das zu erreichen, mußten wir uns gewaltsam durch einige historische Tatsachen kämpfen. Gewaltsam oder vernünftig, revolutionär oder friedlich mußte unsere Geschichte nun das hartnäckigste Problem anpacken, das uns seit indianischen und kolonialen Zeiten begleitete: den Besitz von Land und die Rechte der Mehrheit. Und nirgends gaben die Menschen und das Land ihre gewalttätige Brüderlichkeit so stark zu erkennen wie in der ersten großen sozialen Umwälzung des neuen Jahrhunderts, der mexikanischen Revolution.

15. Kapitel

LAND UND FREIHEIT

Die mexikanische Revolution bestand eigentlich aus zwei Revolutionen. An der Spitze der ersten standen die beiden populären Guerillaführer Pancho Villa im Norden und Emiliano Zapata im Süden, deren Ziel soziale Gerechtigkeit auf dem Boden lokaler Selbstverwaltung war. Die zweite wurde von Vertretern der Mittelklasse geführt, von Selbständigen, Intellektuellen, Viehzüchtern und Kaufleuten, denen ein modernes, demokratisches und fortschrittliches Mexiko vorschwebte, das von einer starken nationalen Regierung zentral verwaltet werden sollte.

Sowohl unter den Bauern wie in der Mittelklasse hatten die führenden Köpfe den Eindruck, daß ihre Hoffnungen durch die wieder und wieder verlängerte Herrschaft von Porfirio Díaz, der Mexiko von 1877 bis 1911 mit eiserner Hand regierte, immer wieder vertagt wurden. Díaz, selbst ein tapferer Guerillakämpfer unter Benito Juárez, errang die Präsidentschaft unter dem Banner der lateinamerikanischen Liberalen. »Ordnung und Fortschritt« – das schloß für ihn weder Demokratie noch soziale Gerechtigkeit ein. Es bedeutete vielmehr schnelle wirtschaftliche Entwicklung zugunsten einer Elite und die Billigung undemokratischer Methoden, um die gesteckten Ziele zu erreichen.

Zunächst hatte Díaz die Mittelklasse hofiert. Als er um in- und ausländische Investitionen bei der Ölforderung, beim Eisenbahnbau und der Landentwicklung warb, erschienen neue Gruppen von Geschäftsleuten, Verwaltungsbeamten und Viehzüchtern auf der Bildfläche. (Unter seinem Regime baute man die Gesamtstrecke mexikanischer Eisenbahnlinien bis 1900 von 11 500 auf 144 400 Kilometer aus.) Zugleich aber machte seine Politik Tausende von Bauern und Handwerkern zu Land- und Industriearbeitern, während das Hacienda-System, durch die liberalen Reformgesetze gestärkt, die traditionellen Landgemeinden um die letzten Überreste ihrer ererbten Besitztümer brachte.

Land, Wasser und Wälder wurden von den Haciendas absorbiert. Immer mehr Bauern verloren ihren Besitz und wurden zur beweglichen Habe der riesigen Güter. Eines davon, der Terrazas-Besitz in Chihuahua, war größer als Belgien und die Niederlande zusammengenommen, und man brauchte einen vollen Tag und eine Nacht, um mit dem Zug hinduchzureisen. Ausländische Besitztümer waren von vergleichbarer Größe. Um 1910 belief sich der amerikanische Besitz in Mexiko auf rund 400000 Quadratkilometer, was etwa 22 Prozent der Gesamtfläche des Landes entsprach. Dazu zählte ein Großteil der wertvollsten Gebiete für Bergbau, Land- und Forstwirtschaft. Allein das Land von William Randolph Hearst umfaßte über 30000 Quadratkilometer.

Zur unlösbaren Fessel des Campesino wurden die Schulden – Schulden, die von einer Generation an die nächste weitergegeben wurden. Um 1910 besaßen die Haciendas 98 Prozent des urbar gemachten Landes in Mexiko, und ein ebenso hoher Prozentsatz mexikanischer Bauern war landlos. Die ländlichen Massen machten 80 Prozent der Bevölkerung aus, aber nur 10 Prozent davon konnten lesen und schreiben. Aus Bauern und Handwerkern waren abhängige Lohnarbeiter geworden, und Díaz mußte umfangreiche Sicherheitskräfte aufstellen, die darüber wachten, daß die Arbeiter keine Gewerkschaften bildeten, daß Streiks gebrochen wurden und daß die Arbeitskraft billig blieb. Sonst würden weder seine einheimischen Anhänger noch die zunehmenden ausländischen Kapitalinteressenten von der rasch expandierenden mexikanischen Wirtschaft profitieren und demzufolge auch nicht mehr in sie investieren.

Unzufriedenheit und Rebellion waren zwangsläufige Folgen bei den Industrie- wie bei den Feldarbeitern. Porfirio Díaz hatte dafür eine brutale, schneidende Antwort parat: »Tötet sie, solange sie heiß sind.« Innerhalb von sechs Monaten erschütterten zwei Streiks in der Industrie seine Amtsführung. Im Juni 1906 forderten die Arbeiter der Kupfermine von Cananea nicht nur die mexikanische Diktatur heraus, sondern auch deren ausländische Alliierte. Díaz mußte die Arizona Rangers ins Land rufen, um die Revolte der Bergarbeiter zu unterdrücken und »amerikanisches Leben und Eigentum zu schützen«. Im Dezember revoltierte der Kreis Freier Arbeiter in der Textilspinnerei von Rio Blanco gegen die völlige Abhängigkeit vom betriebseigenen Kaufhaus, die unmenschlichen Wohnverhältnisse, die Einführung von Personalausweisen und Pässen und die Zensur allen Lesestoffs. Diesmal schickte Díaz die Bundesarmee. Die feuerte auf die Arbeiter, verlud ihre Leichen in Güterwagons, schaffte sie nach Veracruz und warf sie ins Meer.

Im Ergebnis hinterließ das Programm von Díaz in dem vorwiegend agrarischen Land eine sehr starke Klasse von Landbesitzern, eine schwache Bourgeoisie, eine zerstörte Bauernschaft und eine verkümmerte Arbeiterbewegung. Letztendlich führte die mangelnde Legitimation des Regimes zu einer tiefen Entfremdung zwischen Volk und Führung. Nach und nach kehrten sich selbst die Mittelklassen ab, die ursprünglich von Díaz begünstigt worden waren. Sie sahen sich plötzlich außen vor, da bedeutende Gewinne von ausländischen Firmen gemacht wurden, die großes Interesse an Exporten aus Mexiko hatten, aber nur wenig Interesse an einer Ausweitung des mexikanischen Binnenmarkts zeigten. Unterdrückung, mangelnde Chancen, nationalistische Ressentiments (die Arizona Rangers, der Hearst-Besitz), Anfälligkeit für ausländische Wirtschaftskrisen, Landforderungen und neue Machtansprüche vereinigten schließlich die Bauern, Arbeiter, die Mittelklasse und die Provinzelite zur Revolution. Wie so oft war die Gesellschaft aus dem Staat herausgewachsen, ohne daß der Staat es gemerkt hatte. Die grundlegende Frage Mexikos und ganz Lateinamerikas, die hinter alldem stand, lautete: Nach welchen Kriterien sollte man die Modernität einer traditionellen Agrargesellschaft bemessen? Würden sich Wirtschaftswachstum, politische Freiheit oder kulturelle Kontinuität durchsetzen?

In den Wochenschauen der ersten Jahre des 20. Jahrhunderts sehen Porfirio Díaz und sein Gefolge so aus, als wären sie eher im kaiserlichen Deutschland zu Hause als in der Neuen Welt. Das bejahrte Kabinett (die meisten Minister waren in ihren Siebzigern und Achtzigern) nannte sich *Científicos* – Jünger der Philosophie von Auguste Comte. Nach Comte vollzieht sich der Fortschritt in drei Stufen, der theologischen, der metaphysischen und der positivistischen. In diesem letzten Stadium streift der Mensch übernatürliche, ideelle Vorstellungen ab und stellt sich endlich der Realität. Aber die Realität, so wie sie die *Científicos* begriffen, war eine geteilte. Sie sahen nur eine Hälfte der Wirklichkeit, und die zog Nutzen aus Fortschritt und Modernisierung. Eine ganz andere Wirklichkeit stellte das Unrecht an der Mehrheit des Volkes dar.

Im September 1910 nahm Díaz die Huldigungen der Welt entgegen, als er den hundertsten Jahrestag der mexikanischen Unabhängigkeit feierte. Vor allem Europa ehrte den mächtigen Herscher, der Mexiko Frieden, Fortschritt und Stabilität gebracht hatte. Als Díaz seinem Bild in der Welt den letzten Schliff geben wollte, indem er einem amerikanischen Journalisten erklärte, daß »Mexiko jetzt endlich auf die Demokratie vorbereitet« sei, nahm ihn das Volk beim Wort.

1908 hatte ein obskurer Anwalt und Landbesitzer namens Francisco Madero, damals fünfunddreißig Jahre alt, ein kurzes Buch mit dem Titel *Die Präsidentschaftsnachfolge 1910* geschrieben. Darin erhob er schlicht und einfach die Forderung nach freien Wahlen und einem Ende der mehrfachen Wiederernennung von Díaz. In einer Nation, die zu 90 Prozent aus Analphabeten bestand, erwies sich dieses schmale Buch von einem kurzgewachsenen Mann als das Streichholz, das gefehlt hatte, um den trockenen, hochbetagten Wald des *Porfiriato*, der Diktatur von Díaz, in Brand zu setzen. Alle, die lesen konnten, lasen es, und alle, die es gelesen hatten, verbreiteten seinen Inhalt weiter.

Aus dem Süden kam ein junger Mann, der schon einmal eine Bauerndelegation aus seinem Heimatstaat Morelos angeführt hatte, die Präsident Díaz die Beschwernisse der Menschen erläutern wollte. Kaum daß er nach Morelos zurückgekehrt war, bestrafte man ihn durch Einberufung zur Bundesarmee. 1909 wählten die Dörfer, die immer noch um ihre Rechte kämpften, ebendiesen Mann, Emiliano Zapata, mittlerweile dreißig Jahre alt, zu ihrem Anführer. Er war ein geschickter Pferdetrainer und Maultiertreiber geworden. Sein ausdrucksvoller, direkter, dabei aber träumerischer Blick wirkte auf alle, mit denen er zusammentraf.

Aus dem Norden kam ein anderer Mann des Volkes, ein ehemaliger Peón von einer Hacienda, ein Rebell und gelegentlicher Viehdieb namens Doroteo Arango. Er nahm den *Nom de guerre* Pancho Villa an und stellte eine Armee von Cowboys, Feldarbeitern und Handwerkern auf, um die Diktatur zu bekämpfen. Und im Zentrum dieses großen Ringens stand der Apostel der Demokratie, der bescheidende Francisco Madero.

Díaz war natürlich nicht bereit, seine Autorität in Frage stellen zu lassen. Als Madero die Entscheidung des betagten Diktators kritisierte, noch einmal zur Präsidentenwahl anzutreten, wurde er ins Gefängnis geworfen – ein Vorgang, der ihn schlagartig zum Helden machte. Während Madero in Haft war, wählte Díaz sich selbst wieder. Madero entfloh und rief das Volk zum bewaffneten Aufstand auf: Alle legalen Mittel seien erschöpft. Die Guerillabanden von Villa im Norden und Zapata im Süden schwollen zu Armeen an, die den ältlichen Kommandeuren der Bundesarmee gemeinsam eine Niederlage beibrachten. Am 10. Mai 1911 ergab sich der Bundesoberbefehlshaber in Ciudad Juárez, an der Grenze gegenüber von El Paso in Texas. Damit kontrollierten die Revolutionäre den Nachschub an Waffen, Vorräten und Gerätschaften aus den Vereinigten Staaten. Porfirio Díaz erkannte, daß er das Spiel verloren hatte. »Madero hat einen Tiger von der Leine gelassen«, sagte er, als er ins Exil nach Paris abreiste, wo er sterben sollte. »Wir wollen sehen, ob er ihn unter Kontrolle halten kann.«

Madero wurde auf einer Welle allgemeiner Begeisterung ins Präsidentenamt getragen. Auf seiner Reise in die Hauptstadt begrüßten ihn überall jubelnde Massen, und dort angekommen, glaubten die Menschen, daß sie die Ankunft eines neuen Messias erlebten. Ein gewaltiges Erdbeben erschütterte die Stadt an jenem Tag und trug zu den Gefühlen der Vorahnung bei. In der Tat wollte Madero Mexiko etwas geben, das fast an ein Wunder grenzte, betrachtet man die Schwierigkeit der Aufgabe, die darin liegt, eine funktionierende Demokratie zu installieren. Er führte die Pressefreiheit ein, gab dem Kongreß das Recht, unabhängig zu arbeiten und Kritik an der Exekutive zu üben, und er erlaubte den Bürgern, sich in politischen Parteien zu organisieren. Doch ging er nicht auf die tieferen Ursachen der Unzufriedenheit ein.

Die alte Bürokratie blieb im Amt, die Haciendas wurden nicht angerührt, die Bauern erhielten ihr Land nicht zurück, und die Armee der Diktatur stand immer noch bereit, sie zu unterdrükken, wenn sie es trotzdem versuchten. Banden von Bauern drangen in ländliche Kleinstädte ein. Straßenkämpfe zwischen Gewerkschaften und Polizei entspannen sich. Zapata erklärte Madero zum Verräter und beschloß weiterzukämpfen. Als die Instabilität zunahm, wuchsen auch die Befürchtungen in den Vereinigten Staaten. Rivalisierende Generäle erhoben sich, um das Ancien régime wiederherzustellen. Die Geschäftswelt war voller Angst, und schließlich, im Februar 1913, wurden die Straßen von Mexico City für zehn Tage – »die zehn tragischen Tage« – zu einem Schlachtfeld. Der Tiger war außer Kontrolle geraten.

Bei seinen Reformen zu langsam, um die Freunde zufriedenzustellen, und zu milde mit seinen Feinden, wurde Madero schließlich Opfer einer Verschwörung der Armee, der Landbesitzer und des amerikanischen Botschafters Henry Lane Wilson. Auf dem Höhepunkt des Aufstands in Mexico City verriet ihn sein eigener Kommandeur, General Victoriano Huerta, unterstützt und begünstigt vom Botschafter Wilson, der sich selbst zum Richter aufschwang über die, wie er sie nannte, »unreifen Mexikaner«, die »gefühlsduselige lateinische Rasse«. Aber mehr noch als den kraftlosen Madero fürchtete die US-amerikanische Taft-Administration die volkstümlichen Führer Villa und Zapata, die unnachgiebig bei ihren Forderungen nach einer völligen Neuverteilung des Landes und nach direkter Selbstverwaltung der ländlichen Gemeinden blieben.

Der sanfte Madero wurde von Huerta kaltblütig ermordet. In den Worten eines nordamerikanischen Journalisten: »Er hatte einen tauben und blinden Wachposten an den Torweg seines Lebens gestellt, der rufen sollte: Ruhe allerorten.« Dieses brutale Ereignis einte das Land noch einmal: Huerta erwies sich als blutiger und unfähiger Tyrann, der übermäßg an seiner Brandyflasche hing. Er sah sich der Empörung der ganzen Nation ausgesetzt, als sich die Rebellenfraktionen unter Venustiano Carranza zusammenschlossen, der unter Díaz Senator gewesen und inzwischen Gouverneur der Provinz Coahuila im Norden geworden war. Carranza repräsentierte die ländlichen Mittel- und Oberklassen, die sich einen starken, nationalen, fortschrittlichen Staat wünschten, der die Erwartungen der Geschäftsleute, freien Berufe und kleinen Landbesitzer erfüllen sollte – all jener, die während der dreißigjährigen Herrschaft Don Porfirios von der Gunst Mexico Citys ausgeschlossen gewesen waren.

Drei militärische Kräfte verbündeten sich gegen Huerta. Im Süden kämpfte Zapata gegen Huertas Politik der verbrannten Erde und übte Vergeltung, indem er Haciendas niederbrannte. In den nördlichen Staaten formierte Pancho Villa eine mächtige Armee, La División del Norte, und umgab sich mit *Dorados*, »goldenen Jungen«. Er gewann eine Schlacht nach der anderen, beschlagnahmte Haciendas, vertrieb Landbesitzer und Geldverleiher und bedrohte Carranza, der zum »Ersten Befehlshaber der Revolution« proklamiert worden war. Nachdem Pancho Villa im Herzen der Bergbauregion von Zentral-Mexiko den Ort Zacatecas eingenommen hatte, verließ sich Carranza auf den Beistand des fähigsten Feldkommandeurs der Revolution, Alvaro Obregón, eines Farmers aus Sonora. Zu seinen Divisionen gehörten die tapferen Yaqui-Kämpfer, die nach Rache für die von Díaz befohlene Ausrottungspolitik dürsteten.

1914 war Huerta geschlagen, und die Revolutionsarmeen standen kurz vor dem Einmarsch in Mexico City. Doch als der Sieg errungen war, wandte sich die Revolution gegen sich selbst, denn im Grunde bestand die mexikanische Revolution ja aus zwei Revolutionen. Einmal war es die – von der Pop-Ikonographie verewigte – Bewegung von Villa und Zapata. Diese lokal gebundene Revolte verfolgte das Ziel, die dörflichen Rechte an Land, Wald und Gewässern wiederherzustellen. Sie war für eine dezentralisierte, selbstverwaltete, kommunitarische Demokratie, inspiriert von gemeinsamen Traditionen. Da sie auf älteste bäuerliche Werte zurückgriff, war sie in vieler Hinsicht eine konservative Revolution. Revolution Nummer zwei, weniger deutlich in den Ikonen der Erinnerung, war die Revolution unter Führung von Carranza, mit nationalen, zentralistischen und reformerischen Tendenzen, deren Macht schließlich von zwei kraftvollen Staatsmännern konsolidiert wurde, Obregón und seinem späteren Nachfolger Plutarco Elías Calles, der die mexikanische Politik von 1924 bis 1935 bestimmte.

Der Zusammenstoß zwischen diesen beiden Flügeln der Revolution verlief noch blutiger als der Aufstand gegen die alte Ordnung. Vielleicht sind alle Revolutionen im Kern ein episches Geschehen, in dem sich ein einiges Volk gegen eine absterbende Tyrannei erhebt. Aber sie entwickeln sich in dem Moment zu tragischen Ereignissen, wo Revolutionär sich gegen Revolutionär wendet, Bruder gegen Bruder.

Carranza wurde für kurze Zeit aus Mexico City vertrieben, Zapata und Villa marschierten gemeinsam in die Hauptstadt ein. Villa glühte vor Stolz, als er auf dem Präsidentenstuhl Platz nahm. Zapata, etwas düsterer, hielt sich an seinen großen Sombrero und blickte unbeeindruckt auf die Stadt unter ihm. Sie waren nicht hier zu Hause, an der Spitze, sondern fern in der Tiefe des Landes. »Die Stadt ist voller Bürgersteige«, sagte Zapata zu Villa, »und ich falle dauernd herunter.«

Sie zogen zurück aufs Land, verteilten den Boden, richteten Schulen ein, schlugen ein alternatives Entwicklungsmodell vor. Während eines unglaublichen Jahres (1914/1915) regierten Emiliano Zapata und die Leute von Morelos sich tatsächlich selbst, ohne Einmischung der Zentralgewalt, und schufen eine der vitalsten Gesellschaften, die man jemals in Lateinamerika gesehen hat. Das Land wurde zu Gemeinschafts- oder Einzeleigentum, entsprechend der Wahl des jeweiligen Dorfes. Die Landwirtschaft wurde wieder aufgenommen und sogar intensiviert. Zapata und seine Hauptleute waren natürlich selbst Dorfbewohner, Feldarbeiter und Pächter, ihre Autorität basierte auf den örtlichen Ratsversammlungen und fand Ausdruck in der Treue gegenüber den Gesetzestexten, die sie überzeugend verwirklichten. So erblühte eine Politik des Vertrauens. In seiner grundlegenden Geschichte der Zapatista-Bewegung bemerkt John Womack: »Bezeichnenderweise stellte Zapata niemals eine Staatspolizei auf. Die Aufgabe, dem Gesetz Geltung zu verschaffen, falls nötig, fiel in die Zuständigkeit der Dorfräte.« Militärchefs war es verboten, sich in dörfliche Angelegenheiten einzumischen, und wenn Zapata doch einmal Streitigkeiten schlichten mußte, beschränkte er sich stets darauf, die Entscheidungen durchzusetzen, welche die Dorfbewohner selbst getroffen hatten.

Die Campesinos von Morelos erfüllten sich den bescheidenen, tiefempfundenen Traum, für den sie so hart gekämpft hatten. Weit davon entfernt, in hoffnungsloser Resignation zu verharren, hatten sie gezeigt, daß auch eine ländliche Kultur ihr Schicksal in die eigene Hand nehmen konnte und fähig war, auf lokaler Ebene eine humane und funktionale wirtschaftliche Organisation aufzubauen. Sie hatten bewiesen, daß die Mexikaner sich demokratisch selbst regieren *konnten.* Aber gerade die zentralen Werte des neugeschaffenen Systems führten zu seinem Ruin, denn das Experiment von Morelos lief dem *Staats*entwurf völlig zuwider. Genaugenommen setzte die Vision eines mexikanischen Nationalstaats das Absterben provinzieller Eigenart voraus, zugunsten einer viel weitergespannten Aufgabe. Das kleine Morelos mußte dem großen Mexiko geopfert werden, der dynamischen, verantwortungsbewußten, skrupellosen Zentralmacht, die um Carranza und seine ehrgeizigen Hauptleute Obregón und Calles Gestalt annahm.

Eine nationale Revolution und eine lokale Revolution standen sich gegenüber. Letztere gründete sich auf allgemein akzeptierte Traditionen, erstere hatte einen nationalen Fortschrittsplan auszuarbeiten und durchzuführen. Der Zapatismo konnte Probleme lösen, wo sie entstanden: die örtlichen Gesetze waren klar, exakt und unangreifbar, die lokale Kultur homogen, die intimen Kenntnisse der Menschen untereinander begüngstigten die direkte Demokratie. Die nationale Revolution dagegen glaubte, daß sie ihre Energien bündeln müßte, um die heterogene Gesellschaft umzugestalten und eine moderne Infrastruktur in einem Land zu schaffen, dem es an Verkehrsverbindungen, Elektrizität und koordinierter Verwaltung mangelte. Die Revolution von Morelos brauchte keine internationale Verantwortung zu übernehmen, aber die nationale Revolution mußte dem ständigen Druck der nordamerikanischen Macht widerstehen und der ausdrücklichen Drohung einer nochmaligen Intervention.

Verwirrt durch die Revolution an ihrer südlichen Grenze, die sie weder kontrollieren noch verstehen konnte, besetzte die Regierung Woodrow Wilsons 1914 Veracruz und befahl General John (»Black Jack«) Pershing 1916, gegen Villa in Chihuahua vorzugehen, widerstand aber dem Druck – von der Revolution in Mitleidenschaft gezogener – nordamerikanischer Interessen, regelrecht einzumarschieren und das Land einzunehmen. Als der Erste Weltkrieg zu Ende ging, hatten die siegreichen Vereinigten Staaten von Amerika eine Million Mann unter Waffen. Diese Tatsache forderte eine Invasion in Mexiko und eine Regelung im Sinne amerikanischer Interessen geradezu heraus. Ein geteiltes Mexiko aber hätte wie in unseren Tagen der Libanon zu einer schwärenden Wunde werden könne. Darum mußten die Revolution befriedet, die örtlichen Führer ausgeschaltet und Kompromisse nach innen und außen geschlossen werden.

Aus dem Heldenlied war eine Tragödie geworden.

Der Tod Zapatas

Die letzte Schlacht zwischen den beiden rivalisierenden Revolutionen stand vor der Tür. 1915 hatte Carranzas militärischer Oberbefehlshaber Alvaro Obregón auf dem Schlachtfeld von Celaya Pancho Villa entscheidend geschlagen. Der Guerillero hatte sich immer auf die Fähigkeit seiner Kavallerie verlassen, mit allen Angriffen fertig zu werden. Obregón wußte das und stellte deshalb seine Artillerie am Ende des Schlachtfelds auf. Damit reizte er Villa, und als die Kavallerie über die Ebene stürmte, um die Geschütze zu erobern, kamen Yaqui-Truppen aus ihren Schützengräben und stießen ihre Bajonette in die Bäuche der anstürmenden Pferde. Die Schlacht endete in einem Regen aus Gedärm, Blut und Rauch. General Obregón verlor im Kampf seinen rechten Arm. Man erzählt sich, daß er in dem allgegenwärtigen Massaker seine verlorene Extremität nicht wiederfinden konnte, woraufhin er über dem Blutbad eine Goldmünze in die Luft warf und sein Arm prompt angeflogen kam, um danach zu schnappen. Zu seiner Ehre muß gesagt werden, daß General Obregón diese Geschichte selbst erzählte.

Außerdem sagte er: »Kein mexikanischer General kann einer Kanone widerstehen – mit fünfzigtausend Pesos geladen.« Carranza wußte das offenbar, als er den Plan faßte, seinen anderen ernstzunehmenden Konkurrenten, den unbezwingbaren Zapata in eine Falle zu locken. Zapata war der Letzte, von seinen Anhängern auserwählt, unter dem Banner *Tierra y Libertad,* Land und Freiheit, weiterzukämpfen. Der Ruf zu den Waffen, der sein Leben bestimmt hatte, sollte jetzt sein Schicksal entscheiden.

Am 10. April 1919 ritt Emiliano Zapata auf die Hacienda von San Juan Chinameca, um mit Oberst Jesus Guajardo zusammenzutreffen, der regierungsabtrünnig geworden war. Als er um zwei Uhr nachmittags die Schwelle überschritt, präsentierte Guajardos Wache das Gewehr. Dann ertönte ein Horn, und die Wache feuerte zwei Salven direkt auf Zapata. Im August des Jahres wäre der Guerillaführer vierzig Jahre alt geworden.

Der Oberst, so stellte sich heraus, war beileibe kein Deserteur, sondern Teil eines Regierungsplans zur Ermordung Zapatas. Der unbequeme, kompromißlose Zapata, der niemals seine Fahne eingeholt oder seine Wachen zurückberufen hatte, war von der strikten Erfüllung der Forderung nach Land und Freiheit nicht abgegangen. Statt dessen aber wurde Oberst Guajardo jetzt zum General befördert und erhielt eine Belohnung von 52000 Pesos – den »unwiderstehlichen Kanonenschuß«.

Zapata wurde auf einen Maulesel geladen, nach Cuautla gebracht und dort aufs Pflaster geworfen. Man leuchtete ihm ins Gesicht und photographierte ihn, um seinen Mythos zu zerstören. Zapata war tot. Aber die Menschen im Tal weigerten sich, das zu glauben. Zapata konnte einfach nicht sterben. Er war viel zu schlau, um in einen Hinterhalt zu geraten. Und hatte man nicht sein weißes Pferd gesehen, wie es auf dem Gipfel des Berges auf ihn wartete?

Jede einzelne Person in diesem Tal von Morelos, von den Veteranen der Revolution bis zu den Schulkindern, glaubt auch heute noch, daß Zapata lebt. Und vielleicht haben sie recht. Zapata wird so lange weiterleben, wie die Menschen glauben, daß sie ein Recht auf ihr Land haben, das Recht, sich selbst zu regieren, wie es ihren innersten Überzeugungen und kulturellen Werten entspricht.

Eine Kulturrevolution

1920 war auch Carranza tot, auf mysteriöse Weise ermordet, als er vor einer weiteren Meinungsdivergenz innerhalb der Revolution auf der Flucht war. Der neuerlich siegreiche General Obregón nutzte die revolutionäre Verfassung und versuchte, die Kräfte des Zapatismo durch eine Landreform zu versöhnen. Villa beschwichtigte er mit einer Ranch im nördlichen Mexiko (wo der Guerillaführer 1923 ermordet wurde). Außerdem widerstand er dem nordamerikanischen Druck, die Durchführung der verschärften Gesetze über Landbesitz und Ausbeutung der Bodenschätze zu verschieben. Vor allem aber erließ er einen umfassenden nationalen Bildungsplan unter einem energischen Staatssekretär für Erziehung, dem Schriftsteller José Vasconcelos.

Als man die ersten Lehrer aus Mexico City auf die alten Haciendas schickte, wurden viele von ihnen auf der Stelle getötet. Andere, denen Schlägertrupps auf den Haciendas Ohren oder Nasen abgeschnitten hatten, fanden in die Hauptstadt zurück. Doch einigen wenigen gelang es, ihre dörflichen Schulhäuser zu verteidigen und zum erstenmal Tausenden von jungen und alten Menschen das Alphabet beizubringen. Vasconcelos öffnete die öffentlichen Gebäude Mexikos für Wandmaler und begründete damit nicht nur in Mexiko, sondern in ganz Lateinamerika eine künstlerische Renaissance. Von der untersten Ebene, dem Lesen und Schreiben lernenden Bauernkind, bis zur obersten Ebene künstlerischer Leistung: Hatten wir jetzt endlich den Reichtum unserer Traditionen erfaßt, hatten wir die Ausgrenzung vieler ethnischer oder kultureller Komponenten überwunden?

Die geballten wirtschaftlichen und politischen Probleme Mexikos und Lateinamerikas haben die kulturelle Szene fast im ganzen

20. Jahrhundert überschattet. Aber letztlich war es doch die Kultur, die Politik und Wirtschaft bestimmte. Die alternative Geschichte Spanisch-Amerikas, die manchmal vergrabene Geschichte, explodierte in den Kämpfen der mexikanischen Revolution, brachte die Mauern zwischen den Mexikanern zum Einsturz und machte die Revolution vor allem zu einer kulturellen. Ein Land, in dem die natürlichen Grenzen von Bergen, Wüsten, Schluchten und schierer Großräumigkeit von jeher eine Volksgruppe von der anderen getrennt hatten, vereinigte sich jetzt, als die gewaltigen Kavalkaden von Villas Männern und Frauen aus dem Norden herabstürmten, um Zapatas Männer und Frauen aus dem Süden zu treffen. In ihrer revolutionären Umarmung lernten die Mexikaner endlich, wie andere Mexikaner redeten, sangen, aßen und tranken, träumten und liebten, weinten und kämpften. Und wenn dies in Mexiko geschah, warum konnte es nicht auch in Venezuela und Honduras, in Argentinien und Kolumbien geschehen – nicht notwendigerweise durch die Gewalt einer Revolution, aber vielleicht, indem man bewußt und zugleich leidenschaftlich an das vorrangige lateinamerikanische Bedürfnis heranging, kulturelle Erfahrung mit politischen und wirtschaftlichen Vorhaben zu verbinden und zu identifizieren?

In Mexiko sah sich eine spanisch-amerikanische Nation zum erstenmal so, wie sie wirklich war, ohne jede Beschönigung: manchmal brutal, dann aber auch wieder unerträglich sanftmütig. Uns verbanden ein tiefer Sinn für persönliche Würde und Todesverachtung, ein Umstand, der am deutlichsten bei der plötzlichen Offenbarung unserer Identität ins Auge fiel, zu der es 1914 beim Einmarsch Zapatas in Mexico City kam. Seine Truppen besetzten die Paläste der Aristokratie und sahen sich zum erstenmal im Spiegel anderer Menschen. Ihre Gesichter waren keine Masken mehr, sondern die Gesichter von Frauen, die ihre Dörfer verlassen hatten, um den Männern zu folgen; die erschreckenden, bedrohlichen Gesichter von Guerillakämpfern, die im eleganten Restaurant Sanborn's frühstückten; die Gesichter von Kindern, die zwischen zwei Schlachten geboren worden waren, weit weg von ihren Dörfern. Sie alle waren Bürger der Revolution und einer neuen Nation, die zu erkennen begann, daß sie alles umfaßte, was einmal gewesen war: Indianer, Spanier und Mestizen, Katholiken und Liberale, Traditionalisten und Reformer, Alt und Neu. Geduldig und rebellisch, aber letztendlich wahrhaft unvergänglich.

Diese Nation, die alle Facetten ihrer reichen Kultur aufdeckte und mit allen ererbten Widersprüchen kämpfte, signalisierte das Erscheinen einer neuen, wirklich modernen spanisch-amerikanischen Gesellschaft – modern dadurch, daß sie ein klares Bild von sich hatte und keinen Aspekt ihrer Kultur ausgrenzte. Diese kulturelle Wirklichkeit wurde allerdings oft verdunkelt durch dringliche und manchmal verwirrende Ansprüche der nationalen und internationalen Politik. Zum Maßstab für den Erfolg spanisch-amerikanischer Gesellschaften auf dem Weg in die Moderne wurde der Grad ihrer Annäherung im Konflikt zwischen politischer Zersplitterung und kultureller Geschlossenheit gemacht. Würden wir endlich unsere politischen Notwendigkeiten und unsere kulturellen Werte erkennen und vereinigen können?

Als die mexikanische Revolution für die Lateinamerikaner das 20. Jahrhundert einläutete, konnten wir die Antwort auf diese Frage noch nicht geben. Zunächst galt es noch zahlreiche Krisen zu durchleben. Bisweilen sollten Politik und Kultur beklagenswert auseinanderklaffen, und dann wieder schienen sie sich einander anzunähern. Die Verbindung unserer politischen Verhältnisse mit unserem kulturellen Leben war eine unerledigte Aufgabe, als wir in das Jahrhundert großer Hoffnungen und weltweiter Gewalt eintraten.

V. Teil

UNERLEDIGTE GESCHÄFTE

16. Kapitel

LATEINAMERIKA

Auf dem Fresko, das der mexikanische Künstler José Clemente Orozco im Pomona College im kalifornischen Claremont gemalt hat, sehen wir Prometheus, der den langen Weg aus der klassischen Antike auf sich genommen hat, um die tragische Vision des Menschseins zu symbolisieren. Weil er den Menschen das Feuer der Erkenntnis und der Freiheit gebracht hat, wird der Held von Gott verdammt und an einen Felsen gefesselt, wo ein Geier auf ewig an seiner Leber pickt.

Auf einem anderen großen Wandgemälde von Orozco, diesmal in der Baker Library im Dartmouth College in Hanover in New Hampshire, spiegelt der Mythos von Quetzalcoatl, der gefiederten Schlange, den mediterranten Mythos von Prometheus wider. In der Neuen Welt geht der Schöpfer der Menschheit, der Erfinder der Landwirtschaft und der Künste ins Exil, weil er menschlich wird – weil er entdeckt, daß er das Gesicht eines Menschen hat und in seinem Herzen die Schmerzen und Freuden des menschlichen Daseins empfindet.

In einem weiteren großartigen Kunstwerk, der Kuppel des Cabañas-Hospitals im mexikanischen Guadalajara, löst Orozco beide Figuren in einem einzigen, allgemeingültigen Bild auf: der Mensch im Feuer, auf ewig dazu verdammt, in den selbst entzündeten Flammen umzukommen und aus ihnen wiedergeboren zu werden. Bei Orozco verschmelzen die beiden Welten, die Alte und die Neue, die europäische und die amerikanische, in der Glut der Flammen, den Wogen des Meeres und der Klarheit der Gebirgsluft. Die Elemente werden menschlich. Dabei stehen sie in universeller Verbindung miteinander, begegnen und umfassen sich.

Orozcos Kunst macht deutlich, daß wenige Kulturen in der Welt eine derartige Kontinuität besitzen wie die von Indo-Afro-Ibero-Amerika. Und genau darin liegt der Grund, warum die Abwesenheit einer vergleichbaren Kontinuität in Politik und Wirtschaft uns so tief verletzt.

Natürlich erfordert kulturelle Kontinuität nicht zwingend ein politisches Äquivalent. Die Mythen von Prometheus und Quetzalcoatl, die Gemälde Orozcos und Goyas sind autonome ästhetische Objekte. Aber sie zeigen auch Lebensweisen auf – Denken, Kleiden, Essen und Lieben, Wohnen, Singen, Kämpfen und Träumen. Ein Kunstwerk symbolisiert und verwandelt unsere ganze Lebenswelt. Ein Gemälde, ein Gedicht oder ein Film zeigen, wie wir sind, was wir tun können und was wir noch tun müssen.

Kultur wird schließlich von denselben Menschen hervorgebracht, die Politik und Wirtschaft bestimmen: von den Bürgern, den Mitgliedern der Zivilgesellschaft. Können wir im kommenden Jahrhundert die drei Wurzeln unserer Existenz bündeln und auf dem Boden kultureller Einheit den Anstoß zu politischer und wirtschaftlicher Einheit geben?

Wir können diese Frage nur beantworten, wenn wir die konkreten Probleme betrachten, die auf uns einstürmen, während die Fünfhundert-Jahr-Feier vorübergeht und das neue Jahrhundert herannaht. Unsere Probleme warten auf Lösungen. Kulturelle Kontinuität ist sowohl Bedingung als auch Herausforderung jeder dauerhaften gesellschaftlichen Vereinbarung. Unsere Probleme scheinen unsere unerledigten Aufgaben zu sein. Aber ist andererseits nicht ein jeder von uns, sind die Männer und Frauen ganz Amerikas, nicht »unerledigte«, unvollkommene menschliche Wesen? Zum Glück ist unser letztes Wort noch nicht gesprochen.

Unerledigte Aufgaben

In Mexico City gibt es ein sehr großes Hotel, das niemals vollendet worden ist. Jahr für Jahr wird es höher, aber man kann geradewegs durch diesen steinernen Bienenkorb hindurchsehen.

Wann, wenn überhaupt, wird es seine potentiellen Gäste empfangen?

In dem Gebäude kann man vielleicht ein Symbol Lateinamerikas sehen, wie es wächst, aber unvollendet bleibt, voller Energie steckt, aber auch voll ungelöster Probleme. Auf den Zweiten Weltkrieg folgten drei Jahrzehnte wirtschaftlichen Wachstums, in denen die Produktion um 200 Prozent stieg. 1982 gingen sie zu Ende und wurden abgelöst von einem Jahrzehnt der Stagnation, in dem das Pro-Kopf-Einkommen Jahr für Jahr um weitere 20 Prozent zurückging. Das Realeinkommen fiel zurück auf das Niveau von 1960. Die sozialen Folgen der gegenwärtigen Krise lassen sich überall besichtigen: Nahrungsmittelknappheit, Niedergang im Wohnungsbau, in Erziehung, Gesundheit und anderen öffentlichen Dienstleistungen, wachsende Kriminalität, eine desillusionierte Mittelklasse und Millionen entwurzelter Menschen in den städtischen Slums. Gleichzeitig waren die Regierungen der Region seit 1982 gezwungen, das knappe zur Verfügung stehende Kapital zu exportieren, bis zu 45 Milliarden Dollar pro Jahr, allein um die Zinsen für die Auslandsschulden zu bezahlen, die sich auf über 450 Milliarden Dollar belaufen. 7 Prozent des lateinamerikanischen Bruttosozialprodukts werden jährlich ins Ausland transferiert. Und doch sind diese Probleme, was wir im Auge behalten müssen, das Ergebnis gewaltiger Veränderungen und eines enormen Wachstums.

Wir nähern uns der Schwelle des dritten Jahrtausends mit einer Bevölkerung, die sich in zwanzig Jahren verdoppelt hat, von 200 Millionen im Jahre 1970 auf 400 Millionen heute. Im Jahr 2000 werden wir doppelt soviel Einwohner wie die Vereinigten Staaten haben. Es ist eine junge Bevölkerung, die Hälfte davon ist nicht einmal fünfzehn Jahre alt. Sie hungern nach Arbeit, Erziehung und sozialer Fürsorge. Und zum erstenmal in unserer Geschichte ist die Mehrheit der Bevölkerung in eine urbane Gesellschaft hineingeboren worden. Dem Bruttosozialprodukt nach ist Brasilien zur achtgrößten Wirtschaftsmacht der Welt herangewachsen, Mexiko steht an dreizehnter Stelle. Die Hälfte aller jungen Leute in Lateinamerika wurde geboren, nachdem Fidel Castro 1959 in Kuba die Macht übernommen hatte. Und jedes Kind, das bis zum

Jahr 2000 zur Welt kommt, wird schon bei seiner Geburt irgendeiner ausländischen Bank 1000 Dollar schulden.

Während sie aufwachsen und sich umblicken, suchen unsere jungen Menschen nach Antworten auf diese Probleme und werfen ein kritisches Auge auf unsere jüngste Geschichte. Warum waren wir nicht in der Lage, unser Grundproblem zu lösen, das heißt, unsere Wirtschaftsentwicklung in einer politischen Demokratie mit sozialer Gerechtigkeit zu verbinden? Und warum konnten wir Politik und Wirtschaft nicht die Kontinuität geben, die in unserer Kultur besteht?

Die Antworten auf diese Fragen sind so verschieden wie die lateinamerikanischen Gesellschaften selbst. Wie wir gesehen haben, beteiligte Lateinamerika sich im 19. Jahrhundert als Lieferant von Rohstoffen und Importeur von Industriegütern und Kapital an der Weltwirtschaft. Auf diese Weise wurden große Vermögen geschaffen. Es bestand die Hoffnung, daß der an der Spitze der Pyramide angesammelte Reichtum früher oder später zu den weniger Glücklichen hinabtröpfeln würde.

Die Weltwirtschaftskrise von 1929 traf Lateinamerika noch härter als die Metropolen Europas und Nordamerikas und veranlaßte die verschiedenen Regierungen, neue Wirtschaftsmodelle zu erproben. Mexiko verstaatlichte seine Bodenschätze, verteilte das Land neu, investierte in die Volksbildung und verbesserte seine Infrastruktur. Chile stärkte den politischen Pluralismus, den Parlamentarismus und die Gewerkschaften. Dabei kamen ihm seine außergewöhnlichen Erfahrungen aus dem vergangenen Jahrhundert zugute, in dem es über eine einheimische Oligarchie und eine wohlhabende Mittelklasse verfügt hatte. Uruguay investierte seine Exportgewinne in den Aufbau eines Wohlfahrtsstaates – urbanisiert und abgesichert durch eine starke Verwaltung. Argentinien fuhr weiter den Reichtum seiner Ernten, seiner Rinder und seiner Exporte ein.

Der Zweite Weltkrieg riß uns aus der Krise, weil er die Preise von Kupfer, Zinn, Gummi, Fleisch, Wolle und Hanf so hoch trieb, daß Maya-Bauern auf ihren Knien in die Kirchen rutschten und dafür beteten, daß der Krieg nie enden möge. Lateinamerika war in der Lage, seine Einfuhren zu drosseln, eine landeseigene Industrie zu fördern, die für ihren Betrieb erforderliche Infrastruktur auszubauen und darüber hinaus geringe Verbesserungen im Erziehungswesen und der sozialen Fürsorge vorzunehmen. Das Wirtschaftswachstum ließ eine neue Mittelklasse entstehen, führte zu Investitionen und Stadterweiterungen. Doch die Gesellschaft und ihre politischen Institutionen befanden sich immer weniger in Übereinstimmung miteinander. Man versprach den Menchen mehr, als das Gemeinwesen materiell und politisch einzulösen vermochte. Tatsächlich steigerte die Gesellschaft ihre Ansprüche schneller, als sie politische und wirtschaftliche Möglichkeiten für deren Erfüllung schuf. Am Ende stand dann bisweilen ein autoritäres Regime, bisweilen eine Revolution und bisweilen auch eine demokratische Bewegung. Und ob nun durch Aufstand, Unterdrückung, Massenbewegungen, Opportunismus, Wahlen oder Revolution, bis 1960 hatten sich die früheren spanischen Kolonien so gewandelt, daß sie nicht wiederzuerkennen waren.

Grundsätzlich forderten eine wachsende Mittelklasse und eine kämpferische Arbeiterklasse eine Beschleunigung der Entwicklung hin zu mehr Wohlstand und größerer sozialer Gerechtigkeit. Einige Nationen hatten dabei mehr Glück als andere. Obwohl es unter einer langen Reihe von Militärdiktaturen zu leiden hatte, profitierte Venezuela beispielsweise von seinen immensen Vorkommen an Erdöl und Eisenerz. In den fünfziger Jahren stürzte es dann seinen letzten durch die Macht des Militärs Herrschenden und war seither in der Lage, Wirtschaftswachstum und Demokratie miteinander zu verbinden – das heißt, bis die Wirtschaftskrise der achtziger Jahren dieses ideale Paar wieder schied. Im Gegensatz dazu machte Costa Rica aus der Not eine Tugend, indem es seinen Mangel an kolonialem Reichtum in die unablässige Bemühung umsetzte, eine bescheidene Wirtschaft aufzubauen und sie weise und demokratisch zu verwalten.

Wenn es also keine sicheren und allgemeingültigen Formeln gibt, muß jedes Land sich in seine eigene historische Erfahrung vertiefen, um daraus seinen Weg zu entwickeln. An Argentinien und Mexiko, den beiden größten Ländern Spanisch-Amerikas, die aufgrund ihrer territorialen Ausdehnung, ihrer Bevölkerung und ihres Reichtums außerordentlich repräsentativ sind, lassen sich zwei gegensätzliche Modelle studieren. Deren Verschiedenheit könnte Licht auf unsere Gemeinsamkeiten vom Rio Grande bis Patagonien werfen.

Goliaths Kopf

Argentinien erschien zur Jahrhundertwende als der lichte Hoffnungsträger einer reichen, stabilen und auf liberale Prinzipien gestützten Nation. Nach dem Sturz von Rosas wurde es zum Modell schlechthin eines sich schnell modernisierenden Landes. Doch für jeden Vorteil, den es genoß, schien ein ebenso großer Nachteil den hellen Horizont zu verdunkeln.

Die »Grenzen des Fortschritts« waren durch die Eroberungskriege gegen die Indianer ausgeweitet worden, aber der Grundbesitz hatte sich parallel dazu mit erweitert. Caudillos alten Stils wie Facundo Quiroga waren ausgeschaltet, aber immer wieder erschienen neue, da das politische System der Patronage nicht reformiert worden war. Die Ein- und Ausfuhrquoten vervielfachten sich, doch blieb Argentinien ein Exporteur von Rohstoffen und ein Importeur von Fabrikwaren und Kapital, unfähig zur Entwicklung einer eigenen, die Grundbedürfnisse abdeckenden Industrie. Es stimmt, daß die Verkehrsverbindungen erweitert wurden, doch befanden sie sich meist in britischen Händen wie auch die Mehrzahl der kaufmännischen Unternehmungen, womit England eine quasi-koloniale Macht über den Rio de la Plata hatte. Argentinien öffnete seine Tore für Millionen europäischer Einwanderer in der Hoffnung, daß sie die Pampas besiedeln und urbar machen würden, aber in der Regel blieben die Einwanderer in den Städten. Als Gewerbetreibende und in anderen nützlichen Berufen, während die ländlichen Gebiete immer tiefer in anachronistischen, semifeudalen Verhältnissen versanken. Alle offenkundigen Modernisierungserfolge in Argentinien wurden durch die Schwäche der politischen Institutionen, den Mangel an kultureller Identität und die exzessive Abhängigkeit vom Ausland geschmälert. Innerhalb des Landes schufen die riesigen Entfernungen zwischen der umtriebigen Metropole Buenos Aires und den Pampas im Inneren eine tiefe moralische und politische Kluft, die Ezequiel Martinez Estrada mit der Bemerkung umschrieb, daß Buenos Aires das Haupt das Giganten Goliath sei, ein Kopf, der auf dem winzigen Körper Davids sitze: der argentinischen Nation.

Seltsam, daß dieses große Land mit seinem wunderbaren Reichtum, dem fruchtbarsten Farm- und Weideland Lateinamerikas und einer homogenen und alphabetisierten Bevölkerung nicht in der Lage war, sein Versprechen zu erfüllen. Der Grund dafür lag nicht allein, wie es bei anderen lateinamerikanischen Republiken der Fall war, in den vielen ungelösten Problemen der Vergangenheit. Hauptübel war, daß trotz dramatischer Veränderungen durch Einwanderung, Urbanisierung, Erziehung und wirtschaftliche Entwicklung die politischen Institutionen des Landes außerordentlich schwach und die kulturelle Identität unvollendet blieben. Dennoch hielt die moderne Fassade für lange Zeit. War Buenos Aires nicht in allen Einzelheiten gerade so modern und europäisch wie die kontinentalen Städte, denen es ähnelte – Paris, Madrid, Barcelona? Ein solcher Anspruch war tatsächlich selbstzertstörerisch, weil er eine künstliche Trennungslinie zwischen Stadt und Land zog und wenigstens die Hälfte der eigenen Kultur, wenn nicht mehr, einer unkritischen Identifikation mit »Zivilisation« und »Europa« opferte.

Im Jahre 1916 machte die argentinische Gesellschaft, angeführt von ihrer dynamischen Mittelklasse, ihren Anspruch auf die politische Macht geltend, indem sie einen fast apostolischen Führer, Hipólito Irigoyen, zum Präsidenten wählte. Doch der verehrte Irigoyen erfüllte nicht die Hoffnungen, die Argentinien in ihn setzte. Nicht nur, daß er sich als weniger tüchtig erwies, relativ betrachtet, als die agrarische und kommerzielle Oligarchie vor ihm, er verhielt sich auch repressiver. Als die Wirtschaftskrise Argentinien traf, verübte das Militär den ersten seiner Staatsstreiche in Folge gegen die vom Volk gewählte Regierung und setzte ihn ab.

Während des Zweiten Weltkriegs erwirtschaftete Argentinien einen riesigen Handelsüberschuß durch Exporte nach Europa. Das Goldene Zeitalter kam noch einmal zu Besuch. Es wollte fast scheinen, als könnte das Land dank Militärherrschaft und blühender Exporte auf Dauer wieder ein Paradies für Oligarchen werden, die, wie die emphatischen Grabdenkmäler auf dem Friedhof von Recoleta, den Vorsitz über eine vergleichsweise begüterte, zufriedene Masse von gutgenährten und schreibkundigen weißen Arbeitern führen würden. Aber dann, als wollte sie die fortschreitenden Veränderungen symbolisieren, machte eine Außenseiterin – an der Handels- und Landaristokratie vorbei – ihren Weg zur Regierungsspitze.

Ihr Name war Eva Perón, und heute ruht sie in Frieden auf La Recoleta, dem Friedhof der Oligarchen, die sie erniedrigten und die sie so tief verachtete. Ihre Reise zu diesem Grab war, um es milde auszudrücken, umständlich. Wie eine Heilige verehrt, als sie 1952 im Alter von dreiunddreißig Jahren an Krebs starb, war sie die mächtigste Frau Argentiniens und ganz Lateinamerikas gewesen. Nach ihrem Tod wurde sie einbalsamiert und mit großem Pomp im Hauptquartier des Gewerkschaftsverbandes beigesetzt, doch als ihr Witwer, Präsident Juan Domingo Perón, 1955 stürzte, wurde ihr Leichnam gestohlen, mutmaßlich von der Militärjunta, die den Mythos des Peronismo auslöschen wollte. Die Junta nahm elf Särge, füllte zehn davon mit Steinen, legte Eva Perón in den elften, schrieb auf alle Evitas Namen und schickte sie in die ganze Welt. Evas tatsächlicher Sarg gelangte auf einen Friedhof in Mailand. Dort wurde er geborgen, als ihr Ehemann 1974 die Macht wiedererlangte. Er überführte sie zur letzten Ruhe auf La Recoleta.

Eine ganz hübsche Karriere für ein Mädchen aus der Kleinstadt, das eine zweitklassige Schauspielerin war. Mit dem aufstrebenden Perón heiratete sie 1945 auch das argentinische Volk und trug ihren Teil zum Nimbus des Peronismo bei, einer populistischen Bewegung, die den Reichtum aus den Handelsüberschüssen des Zweiten Weltkriegs nahm und ihn großzügig, wenn auch mit wenig Rücksicht auf seine produktive Verwendung, unter das Volk brachte, unter anderem durch freigiebige Sozialgesetze. Doch tat der Peronismo nichts, um eine solide Infrastruktur aufzubauen, die politischen Institutionen zu stärken oder die Produktivität und den technologischen Fortschritt zu fördern. Das große Wohlstandspotential Argentiniens wurde auf demagogische und maßlose Weise verschwendet. Eine gewaltige Zahl bis dahin unsichtbarer Argentinier – die *Descamisados* oder Hemdlosen – trat in Erscheinung (viel zu offensichtlich nach dem Empfinden der vorherrschenden und herrschsüchtigen Handels- und Rinderaristokratie), aber ihr aufkeimender Sinn für Würde und Identität war kein Ersatz für den Mangel an Institutionen, in die sie ihre Energie hätten einbringen können.

Das war schon immer das Paradoxe an Argentinien: Eine reiche Nation mit einer großen Mittelklasse, zweifellos die bestgenährte, bestgekleidete, bestgebildete und homogenste Nation Lateinamerikas, war gleichwohl unfähig, politische Institutionen zu schaffen, die sie wirklich repräsentiert hätten. Ein schwacher Staat kann niemals den Ansprüchen aus Gewerkschaften, Mittelklasse, Rüstungsindustrie und ausländischen Schuldnern gerecht werden und wird letztlich vor einigen von ihnen kapitulieren müssen.

Perón kapitulierte vor dem Volk, vor den Massen, vor jenen, die sich vergessen, an den Rand gedrängt, nicht anerkannt und entmutigt fühlten, ausgeschlossen vom Spiel um Geld und politische Macht. Vom Volk rührten sein langandauernder Mythos und auch einige bleibende Beiträge zur Gesetzgebung: das Wahlrecht für Frauen; Scheidung; Sozialversicherung; bezahlter Urlaub; Schutzmaßnahmen und Gehälter für Landarbeiter, Handwerker und sogar für Haushaltshilfen; Gewerkschaften und ihre örtliche Organisation. Aber Peróns Führung war unprofessionell und bürokratisch, mit schwachen politischen Parteien und einem ebenso schwachen Kongreß. Eine starke Armee, aus deren Reihen Perón stammte, konnte im Bündnis mit konkurrierenden Gesellschaftsklassen die Regierungsgewalt übernehmen, war der starke Mann erst einmal von der Spitze verschwunden.

Der Kreislauf begann also von neuem, Unheil kündend, deprimierend. Die schwache Zivilregierung wurde durch einen Staatsstreich des Militärs gestürzt. Dem Chaos folgte die Tyrannei und der Tyrannei wiederum das Chaos. Der Friedhof von Recoleta ist das Symbol, wie es der Schriftsteller Tomas Eloy Martinez ausdrückt, eines nekrophilen Landes, und der berühmteste Leichnam ist womöglich Argentinien selbst.

Ganz anders verlief die Geschichte in jenem Land, das in vielerlei Hinsicht das extreme Gegenteil von Argentinien ist, in Mexiko, einem Mestizenland mit tiefreichenden spanischen und indianischen Wurzeln, keiner nennenswerten Einwanderung, geringen Exporterfolgen und vielen Problemen, die aus der überkommenen Schwäche einer analphabetischen, unterernährten und außerordentlich gebärfreudigen Bevölkerung herrührten. Heute hat Mexiko 80 Millionen Einwohner, verglichen mit 15 Millionen 1910. Argentinien hat 35 Millionen, nur 15 Millionen mehr als 1910. Und während Argentinien seit der Unabhängigkeit keine Revolution mehr erlebt hat, ereignete sich in Mexiko der erste und vielleicht folgenreichste aller lateinamerikanischen Aufstände des 20. Jahrhunderts.

Wie wir gesehen haben, versuchten die revolutionären Regime in Mexiko die Landbevölkerung dadurch zufriedenzustellen, daß sie die Haciendas aufteilten, die Bauern vom Tagelöhnerdienst befreiten, ihnen Land gaben und erlaubten, in die Städte abzuwandern und später, nachdem Präsident Lázaro Cárdenas 1938 die Ölförderung verstaatlicht hatte, auch in die neuen Industriezentren, die mit dem billigen Öl betrieben wurden. Diese Veränderungen stimulierten die aufkommende Arbeiterklasse, deren Organisationen unter den Schutz der Regierung gestellt wurden. Alle Schichten, vor allem aber die Mittelklasse, zogen Nutzen aus dem erweiterten Erziehungswesen, und die Unternehmerklasse stellte fest, daß sie zusätzlich zu billigem Öl, billigen Arbeitskräften und einem wachsenden (wenn auch abgekapselten) Binnenmarkt außerdem noch mit staatlichen Subventionen rechnen konnte. Die starke Förderung staatlicher Baumaßnahmen, die Präsident Calles eingeleitet hatte, erschloß das Land und versorgte es mit Straßen, Krankenhäusern, Telegrafenleitungen und Bewässerungsanlagen.

Allerdings mußte für diese Entwicklung ein politischer Preis bezahlt werden, und der war hoch. Mexikos Revolution schuf ein politisches System *sui generis*, dessen Hauptakteure der Präsident und die Partei der institutionalisierten Revolution (PRI) waren. Beide dienten dem Nationalstaat, der Mexiko vor innerer Anarchie und auswärtigem Druck bewahrte und dem Land eine stabile Entwicklung ermöglichte. Aber als Preis dafür wurde die Demokratie vertagt. Cárdenas setzte die Bedingungen für die mexikanische Präsidentschaft fest: Alle Macht liegt bei Cäsar, wenn auch nur während einer nicht wiederholbaren Amtsperiode von sechs Jahren. Cäsar konnte sich selbst nicht wiederwählen lassen, aber er hatte das Recht, seinen Nachfolger zu bestimmen und so das System *ad infinitum* aufrechtzuerhalten.

Während Argentinien eine starke Gesellschaft ohne starke politische Institutionen entwickelte, glich Mexiko die Schwäche der Gesellschaft durch eine starke Regierung aus, die von zwei mächtigen Institutionen beherrscht wurde, dem Präsidenten und der Partei. Da die Gesellschaft aber durch die Entwicklung von Wirtschaft und Bildungswesen erstarkte, führte das mexikanische System geradezu unausweichlich dahin, eines Tages in Frage gestellt zu werden. Solange das Wechselspiel wirtschaftlicher Entwicklung auf der Basis einer umfassenden politischen Unterstützung funktionierte, war Mexiko ein Modell für lateinamerikanische Stabilität. Aber als die Krise das Land in eine tiefe Rezession stürzte, verlangten die Kinder der Revolution die Wiederbelebung des Wirtschaftswachstums, doch diesmal auf der Grundlage demokratischer und sozialer Gerechtigkeit. Aufgewachsen mit den Idealen von Revolution, Freiheit und Demokratie, wünschten die mexikanischen Bürger jetzt, daß diese Ideale auf den Straßen, in den Fabriken und den Wahlkabinen auch verwirklicht wurden.

Die Geburt der Nation

Die künstlerische Antwort der mexikanischen Wandmaler kann als Illustration der geistigen und politischen Verfassung Spanisch-Amerikas in diesem Jahrhundert dienen. Das Werk Diego Riveras spiegelt die theokratisch-indianische und hispanische Sehnsucht nach Ordnung und Symmetrie wider. Auf seinem gigantischen Wandgemälde der mexikanischen Geschichte, das er im Treppenhaus des Nationalpalasts von Mexico City schuf, wird ein indianisches Tafelbild von einer Pyramide gekrönt, auf deren Spitze der

Kaiser sitzt mit der Sonne über seinem Haupt. Es folgt ein Tafelbild, das die katholische Kirche darstellt mit einem Kreuz auf ihrer Spitze. Die Reihe erreicht schließlich ihren Höhepunkt mit der kommunistischen »Kirche« mit Hammer und Sichel auf der Spitze – was natürlich bedeuten soll, daß die Dinge sich schon richtig entwickeln werden.

Ganz im Gegenteil, sagt José Clemente Orozco, der zu zwinkern und Fratzen zu schneiden scheint, während er vor unseren Augen eine Parade aus Schurken, Gaunern und korrupten Beamten mitsamt einer nur scheinbar blinden Justitia vorbeistolzieren läßt. Mit seinem Wandgemälde im Erziehungsministerium sagt der Künstler soviel wie: »Täuscht euch nicht selbst. Die Dinge werden schlimm enden, wenn wir nicht unsere Augen öffnen und kritisieren und warnen und die Dinge sehen, wie sie wirklich sind.«

Den Kontrapunkt zu Rivera und Orozco stellt David Alfaro Siqueiros dar, ein echter Schüler der italienischen Futuristen, der voller Glück die zutage getretene Kraft der spanisch-amerikanischen Geschichte feierte. Auf seinem Wandgemälde im Palacio de las Bellas Artes in Mexico City zerbricht die Freiheit ihre Ketten mit einem freudigen und zugleich schmerzvollen Gesichtsausdruck, der nicht von ungefähr an den erinnert, den man bei einer Geburt erleben kann. Ein Wandgemälde nach dem anderen vermittelt diese Botschaft und ihre Bedeutung laut und deutlich: die Geburt einer Nation.

Durch die Gründung lebensfähiger Nationalstaaten versuchte Lateinamerika seinen Defiziten hinsichtlich nationaler Geschlossenheit und Stabilität zu begegnen. Wie verschieden sie auch waren, so verfolgten Lázaro Cárdenas in Mexiko (1934–1940), Getúlio Vargas in Brasilien (1930–1945) und Juan Domingo Perón in Argentinien (1946–1955) dieses eine Ziel. Was Mexiko und Brasilien stärkte, bewirkte in Argentinien den Niedergang. Gleichwohl, in allen drei Nationen unterstützten Bildung, Demagogie und wirtschaftliche Entwicklung, so ungerecht letztere auch gehandhabt wurde, die Etablierung moderner bürgerlicher Gesellschaften – mit einem starken Staat in Mexiko, einem schwachen in Argentinien und einem metaphorischen in Brasilien, der sich auf geradezu surealistische Weise in ständiger Metamorphose befand. In anderen Ländern, den schwächsten Lateinamerikas, wuchs das Bedürfnis, wenigstens bescheidene Staatsstrukturen aufzubauen, und ein Quentchen an nationaler Unabhängigkeit dort zu erlangen, wo geopolitische Imperative das auszuschließen schienen.

Die Rede ist von den Ländern Mittelamerikas und der Karibik, deren Nemesis die Weltmacht wurde, die das vom endgültigen Sturz des spanischen Weltreiches 1898 hinterlassene Vakuum füllte: die Vereinigten Staaten von Amerika.

Dr. Jekyll und Mr. Hyde

Wir haben die Vereinigten Staaten stets als eine Demokratie nach innen und eine Weltmacht nach außen wahrgenommen: Dr. Jekyll und Mr. Hyde. Die Demokratie haben wir bewundert, dic Weltmacht beklagt. Und wir haben unter den Handlungen dieses Landes gelitten, das sich im Namen eines historischen Sendungsbewußtseins mit Rohrstock, Dollardiplomatie und kultureller Arroganz ständig in unser Leben eingemischt hat.

Sofort nach ihrer Formulierung im Jahre 1823 wurde die Monroe-Doktrin von Lateinamerika als politisch einseitig und heuchlerisch zurückgewiesen. Während sie eine europäische Präsenz in Angelegenheiten der Hemisphäre verbot, schloß sie eine Intervention der Vereinigten Staaten in unsere Angelegenheiten keineswegs aus. Als Präsident James Polk 1846 gegen Mexiko vorging und ihm die Hälfte seines Territoriums nahm, erkannten wir, daß es für uns keinen Schutz vor US-amerikanischer Aggression gab. Und 1914, während der Revolution, erlebte Mexiko eine weitere US-amerikanische Einmischung, als Woodrow Wilson erklärte: »Ich werde die Lateinamerikaner lehren, gute Männer ins Regierungsamt zu wählen.«

Aber nirgends wucherte die US-amerikanische Interventionspolitik stärker als in der Karibik. Puerto Rico, eben von spanischer Herrschaft befreit, wurde und bleibt eine *De-facto*-Kolonie der Vereinigten Staaten. Kuba erhielt pro forma die Unabhängigkeit, der aber sogleich das Platt Amendement aufgesattelt wurde, das den Vereinigten Staaten das Recht der Einmischung in die inneren

Angelegenheiten der Insel gab. Theodore Roosevelt nahm der Republik Kolumbien die Provinz Panama, machte sie zu einer souveränen Nation und schnitt sie dann mit dem Panamakanal und durch die von den Vereinigten Staaten kontrollierte Kanalzone in zwei Hälften. Roosevelt war ganz einfach irritiert von »jenen erbärmlichen kleinen Republiken, die mir soviel Ärger machen«.

Militärische Eingriffe und Besetzungen in Haiti, der Dominikanischen Republik und Honduras erfolgten allesamt im Namen von Stabilität, Demokratie, Gesetz und Ordnung und zum Schutz amerikanischen Lebens und Eigentums (vor allem des großen Agrarkonzerns jener Zeit, der United Fruit Company). Doch kein Land in der Region hatte so langanhaltende Demütigungen zu erleiden wie die mittelamerikanische Republik Nicaragua. Zuerst wurde sie 1855 von dem amerikanischen Freibeuter William Walker übernommen und danach von den Vereinigten Staaten ständig neu überfallen und besetzt – von 1909 bis 1934. In diesem Jahr wurde der Rebellenführer Sandino ermordet, und mit Unterstützung der US-Marine erstieg sein Mörder Anastasio Somoza den Präsidentensitz in Managua. Dort herrschten er und seine Familie bis zu ihrer Niederlage durch die sandinistische Revolution von 1979, und während dieser Zeit bekamen die Somozas von Washington, was sie nur wollten. Wie Franklin Roosevelt es ausdrückte: »*Somoza is a son of a bitch, but he is* our *son of a bitch.*« Mochte Somoza auch ein Hurensohn sein, so gehörte er doch den USA.

Aber Roosevelt steht auch für eine scharfe Kehrtwende der überkommenen US-amerikanischen Politik Lateinamerika gegenüber. Dreh- und Angelpunkt dieser Politik waren Ereignisse während der mexikanischen Revolution gewesen. »Mexiko sitzt auf der Anklagebank wegen seiner Verbrechen gegen die Menschlichkeit«, donnerte Frank B. Kellogg, amerikanischer Außenminister unter Präsident Coolidge, und auch Coolidge selbst, sonst ein eher schweigsamer Mensch, nannte Mexiko 1927 vor dem Kongreß »die Quelle der bolschewistischen Subversion in Mittelamerika«. Mit der Verstaatlichung der Ölquellen 1938 durch Präsident Cárdenas verfielen die mexikanisch-amerikanischen Beziehungen vollends. In Washington geriet Präsident Roosevelt unter Druck.

Er sollte die Beziehungen abbrechen, Sanktionen verhängen und sogar in Mexiko einmarschieren. Doch widerstand er allen diesen Forderungen und setzte sich statt dessen mit uns an den Verhandlungstisch.

Roosevelt leitete eine neue Ära in den Beziehungen ein. Seine »Politik der guten Nachbarschaft« führte zu Respekt vor der inneren Funktionsweise und den unterschiedlichen Problemlösungsstrategien in den lateinamerikanischen Ländern. Er unterstützte die Somozas in Nicaragua, Trujillo in der Dominikanischen Republik und Batista in Kuba, aber er widersetzte sich nicht den dynamischen Veränderungen der mexikanischen Revolution unter Cárdenas oder der Politik der Volksfront in Chile, die ein Bündnis aus Radikalen, Sozialisten und Kommunisten gewählt hatte, und nicht einmal dem korporativen Semifaschismus des Estado Novo von Getúlio Vargas in Brasilien. Und er erreichte, was er später dringend benötigen sollte: lateinamerikanische Unterstützung während des Zweiten Weltkriegs. Prodeutsche und projapanische Sympathien gab es reichlich in der Region, doch dank Präsident Roosevelt fand uns der Krieg auf der Seite der Alliierten.

Und wir erhielten, was wir wünschten: eine Reihe von Gesetzen und Verträgen, die Lateinamerika und die Vereinigten Staaten an die Prinzipien der Nichteinmischung und Selbstbestimmung banden und an die Regelung von Streitigkeiten auf dem Verhandlungsweg. Dennoch geriet unsere aus altem römischem Recht hergeleitete Tradition akut in Konflikt mit der pragmatischen, gewohnheitsrechtlichen anglo-amerikanischen Tradition, als Präsident Eisenhowers Außenminister John Foster Dulles entschied, daß die Vereinigten Staaten in Lateinamerika keine Freunde hätten, sondern nur Interessen.

Nachdem der heiße Krieg vorüber war, begann der kalte, und die Errungenschaften aus der Regierungszeit Roosevelts und Trumans wurden in aller Stille begraben. Vom Volk gewählte Regierungen in Guatemala und Chile wurden mit amerikanischer Hilfe gestürzt, weil diese Regierungen als mögliche sowjetische Brükkenköpfe in der westlichen Hemisphäre betrachtet werden konnten. Militärdiktaturen betraten die Szene, die im Namen des Antikommunismus folterten und mordeten. Der Staatsterrorismus der einander nachfolgenden Militärregierungen in Argentinien wird am besten durch den Namen beschrieben, den man ihren Opfern gab: *los desaparecidos*, die Verschwundenen. Was tatsächlich verschwand, war die Nation selbst. Tüchtig, solange es um die Ermordung ihrer Landsleute ging, erwiesen die argentinischen Generäle ihre totale Unfähigkeit, als es darum ging, die Briten auf den Malvinas zu schlagen, und verschwanden schließlich hinter den Kulissen – kaum anders als Argentinien selbst, als schwache Zivilregierungen zum wiederholten Mal die militärische Bedrohung abwehrten. In Chile wurde die sozialistische Regierung von Salvador Allende 1973 durch einen Militärputsch unter dem Kommando von General Augusto Pinochet gestürzt. In einer grausamen Kampagne wurden Parteigänger Allendes in einem Stadion zusammengetrieben und en masse umgebracht. Andere kamen in Konzentrationslager oder wurden ins Exil getrieben und manchmal im Ausland ermordet. Pinochet tat dies alles im Namen von Demokratie und Antikommunismus. Es ist ein Beweis für Chiles starke demokratische Tradition, daß es diese brutale Gewaltherrschaft überlebt und 1990 den Weg zurück zur Demokratie gefunden hat.

Diese südamerikanischen Militärdiktaturen wurden von den Vereinigten Staaten dennoch nie frontal angegriffen, aber in der Karibik stellte sich Washington aktiv dem Revolutionsregime Kubas entgegen. Fidel Castro versuchte, die Abhängigkeit seines Landes von Washington zu durchbrechen, nur setzte er eine neue an ihre Stelle, die Abhängigkeit von der anderen Supermacht, der Sowjetunion. Die amerikanischen Praktiken, vor allem der peinliche Invasionsversuch in der Schweinebucht 1961 und das andauernde Handelsembargo, mögen fehlgeschlagen sein, doch haben sie Castros Regime zweifellos in Bedrängnis gebracht. Gleichwohl reichen diese Praktiken nicht aus, um die drastische Unterdrükkung von Dissidenten und den Mangel an Meinungsfreiheit und wirtschaftlichem Erfolg in Kuba zu rechtfertigen. Ebensowenig läßt sich durch sie die Unfähigkeit der Kubaner erklären, die tatsächlichen Errungenschaften der Revolution – Alphabetisierung, Bildungsmöglichkeiten, die beste Gesundheitsfürsorge in der Dritten Welt, die außerordentliche technologische Entwicklung besonders in der Medizin – umzusetzen in funktionierende, objektiv demokratische Institutionen, jenseits jeder subjektiven Identifizierung mit einem einzigen charismatischen Caudillo und der verrückten Unterwürfigkeit vor ihm. Mangel an diplomatischer Phantasie und Großzügigkeit auf seiten der Vereinigten Staaten kann immer noch zu einer blutigen Konfrontation der beiden Länder führen. Der antike Schatten von Numantia hängt über Kuba: eine Belagerung, ein kollektiver Selbstmord. Lateinamerika muß beiden Seiten helfen, an den Verhandlungstisch zu kommen. Und die kubanische Jugend in- und außerhalb von Kuba muß die Fehden ihrer Väter hinter sich lassen und das in die Tat umsetzen, was José Martí beim Anbruch der kubanischen Unabhängigkeit forderte: »Wenn die Republik nicht allen ihre Arme öffnet und mit allen voranschreitet, dann wird die Republik sterben.«

In Nicaragua hat es eine neue, junge und bitterarme Revolution geschafft, trotz Schikanen, Blockaden und von den USA finanzierten Stellvertreterkriegen unabhängig zu bleiben. Bei einem der tiefsten Einbrüche in unseren Beziehungen scheute die Reagan-Administration weder Anstrengungen und Geld noch politischen Willen, ja nicht einmal die Gefahr ihrer internationalen Diskreditierung, um die Revolution in einem Land von der Größe des US-Staates Massachusetts zu unterdrücken (einem Land, das Walter Lippmann einmal als »so unabhängig wie Rhode Island« beschrieb). Washington widersetzte sich Resolutionen des Sicherheitsrates der Vereinten Nationen und ihres Internationalen Gerichtshofs und ließ sich auf peinliche und unüberlegte Betrügereien ein – die Iran-Contra-Affäre –, nur weil Nicaragua, praktisch eine Kolonie der USA seit 1909, sich zur Wehr gesetzt und einen unabhängigen Kurs eingeschlagen hatte. Amerikas Kreatur, die Contra-Armee, verwüstete Schulen und Ernten und verkrüppelte Kinder, aber sie hielt die Dynamik der nicaraguanischen Revolution nicht auf, die auf Volksbildung, den Aufbau von Strukturen und die Freisetzung gesellschaftlicher Kräfte abzielte, die sich in einem breiten Spektrum von der äußersten Linken bis zur äußersten Rechten in fünfzehn politischen Parteien organisierten und Nicaraguas freie Wahlen von 1989 gewannen. Schließlich entriß Mittelamerika Washington die diplomatische Initiative und behielt sie auch, zum Teil mitbedingt durch den Friedensprozeß, den der Präsident von Costa Rica eingeleitet hatte. 1987 wurde Oscar Arias dafür mit dem Friedensnobelpreis geehrt.

Nach dem kalten Krieg

Am Ende des kalten Krieges befand Lateinamerika sich wieder einmal in der Krise. Als wir erkennen mußten, daß sowohl der Kapitalismus als auch der Sozialismus in ihren lateinamerikanischen Versionen nicht vermocht hatten, die Mehrheit unserer Völker aus ihrem Elend zu führen, brachen uns unsere politischen und wirtschaftlichen Modelle über den Köpfen zusammen.

Aber waren es wirklich *unsere* Modelle? Hatten wir nicht seit der Unabhängigkeit fortwährend die prestigeträchtigsten ausländischen Modelle in Wirtschaft und Politik kopiert? Saßen wir nicht auf fatale Weise in der Falle zwischen den »Chicago Boys« und den »Marx Brothers«: zwischen brutalem, uneingeschränktem Kapitalismus und ineffizientem, zentralistischem, bürokratischem Sozialismus? Verfügten wir denn nicht über Tradition, Wissen, Organisation und intellektuelle Fähigkeiten, um uns unsere eigenen Entwicklungsmodelle zu schaffen, in Übereinstimmung mit dem, was wir einmal gewesen sind, was wir waren und was wir sein wollten?

Inmitten einer Krise, gekennzeichnet durch Schulden, Drogen, durch Entwicklungs- und Demokratieprobleme, erkannten wir, daß wir diese Fragen nur aus eigener Kraft beantworten konnten – das heißt auf der Grundlage unserer Kulturen. Wir erkannten, daß wir unter einer balkanisierten, gebrochenen Politik, nicht funktionierenden Wirtschaftssystemen und riesigen sozialen Ungerechtigkeiten litten, daß wir aber auch über eine bemerkenswerte kulturelle Kontinuität verfügten, die inmitten der allgemeinen Krise fest auf ihren eigenen Füßen stand.

Als der kalte Krieg endete, entwickelte Lateinamerika die Hoffnung, sich von dem Druck der Großmächte befreien zu können. Der Antikommunismus, der wichtigste Vorwand für US-amerikanische Interventionen, schien sich in Luft aufzulösen, als das sowjetische Weltreich auseinanderfiel. Doch zwangen uns die Ereignisse auch dazu, mehr denn je zu bedenken, daß wir Teil einer Welt ständiger Kommunikation und globaler Integration waren.

Wir mußten unsere Häuser in Ordnung bringen. Aber dazu mußten wir uns selbst verstehen lernen, unsere Kultur, unsere Vergangenheit und unsere Traditionen als Quelle der Regeneration begreifen lernen. Und das war nur möglich, wenn wir auch Verständnis für unsere Kulturen entwickelten, besonders für diejenigen, in denen wir uns widerspiegelten oder fortsetzten: in Spanien und in den hispanischen Kommunen der Vereinigten Staaten.

Als sich die tragische Geschichte des 20. Jahrhunderts entfaltete, blickte Spanisch-Amerika wieder einmal nach Spanien und sah dort die europäische Küste der Neuen Welt. Und im Mittelmeer – unserem Meer, dem Mare nostrum – einen unvollendeten Turm, der den in Mexico City widerspiegelt.

17. Kapitel

SPANIEN HEUTE

Sie beherrschen die Hafenstadt Barcelona und das Mittelmeer, die Türme von Antonio Gaudís Sühnetempel der Heiligen Familie, La Sagrada Familia, und deuten nicht nur zum Himmel, sondern auch zur Erde: eine spanische Spezialität. Extrem kunstvoll sind sie, aber zugleich ähneln sie Stalagmiten oder den Felsen und Schluchten einsamer Berge. Sie scheinen so massiv zu sein wie die gotischen Kathedralen von Burgos und Compostela, dabei sind es hohle Strukturen, so leicht wie Kerzen, die ihr Wachs verlieren.

Seit über einem Jahrhundert ist La Sagrada Familia – mal mehr, mal weniger – im Bau, und in dieser Zeit hat sie nie aufgehört, Anlaß für Kontroversen und heftige Emotionen zu sein. Gaudí, dessen verschlungenes, sinnliches und revolutionäres Markenzeichen überall in Barcelona zu sehen ist, das er zu seiner Stadt machte, wurde 1926 im Alter von 74 Jahren von einer Straßenbahn erfaßt und starb Tage später. Als sein Körper ins Leichenschauhaus gebracht wurde, erkannte ihn niemand, so diskret und bescheiden war er, eigentlich unvollendet. Wie die Erbauer von Compostela und der toltekischen Pyramiden war er ein anonymer Handwerker, der Träger einer unerfüllten Hoffnung, ein Beispiel für den Tod als Bruch von Versprechungen, ganz gleich, wann er zuschlägt.

So blieb La Sagrada Familia eine unvollendete Aussage, ein Projekt, eine Hoffnung, wie Spanien, wie Spanisch-Amerika. Aber es ist nicht der Tod, der unser Leben unvollendet läßt, sondern das Leben selbst. Hier in Barcelona, in diesem Hafen, einem Nabel kommerzieller Aktivitäten im Mittelmeer seit Tausenden von Jahren, aber ebenso einer Stadt mit tiefen regionalen Wurzeln, können wir die Schar der Hauptdarsteller vor unserem ausgegrabenen Spiegel Revue passieren lassen – iberische und keltische Jäger, phönizische und griechische Seefahrer und Kaufleute, römische Legionäre, eindringende Barbaren, moslemische Heere, El Cid und Kolumbus, Konquistadoren auf dem Weg in die Neue Welt, Habsburger Fürsten sowie Dichter und Maler des *Siglo de Oro* –, und wir können darüber nachdenken, daß Spanien ebenso wie Spanisch-Amerika im Ergebnis eine Begegnung unterschiedlicher Kulturen darstellt.

Wenn wir von der Sagrada Familia aufs Mittelmeer blicken, wenn wir auf ein neuerlich stolzes, fortschrittliches, demokratisches Spanien blicken, das seine Vergangenheit auf intelligente Weise bewältigt zu haben scheint, können wir dann von Fortschritt für *alle* spanischsprechenden Völker reden? Fortschritt, doch mit einem Sinn für die Geschichte, für unsere Wurzeln? Können wir zum *global village*, dem Weltdorf, gehören und zugleich auch weiterhin zu unserem lokalen Dorf? Gaudís unfertige Kirche legt uns die Fragen an uns selbst nahe, nicht nur, wer wir sind, sondern auch, wohin wir gehen. Was sind unsere unerledigten Aufgaben in Spanien und in der ganzen Spanisch sprechenden Welt?

Das alte spanische Weltreich, dessen Hinterlassenschaft überall in der Neuen Welt zu finden ist, hatte keine solchen Zweifel. Es erklärte sich selbst für »königlich, konkret, gegenwärtig und ewig«. Es überdauerte fast vier Jahrhunderte, von Kolumbus' Landung in Westindien 1492 bis zur endgültigen Niederlage 1898 durch das aufsteigende junge Weltreich, die Vereinigten Staaten von Amerika. Angestiftet von William Randolph Hearsts Sensationsblatt, dem *New York Journal*, zogen die Vereinigten Staaten mit patriotischem Kriegsgeschrei gegen Spanien zu Felde: »*Remember the* Maine! *To hell with Spain!*« (Denkt an die *Maine*! Zur Hölle mit Spanien!), und entrissen Spanien Kuba, Puerto Rico und die Philippinen. Es war tatsächlich, wie Theodore Roosevelt es ausdrückte, der an der Spitze seiner *Rough Riders* zu Felde zog, »*a splendid little war*« – ein großartiger kleiner Krieg.

Nichts war mehr übriggeblieben vom Weltreich Karls V. und Philipps II., in dem die Sonne niemals unterging. Die Sonne *war* untergegangen, und das traf Spanien wie ein Schock. Der Traum von Größe war vorbei. Spanien hatte sich selbst zum Narren gehalten.

Aber wenn das alles eine Illusion gewesen war, wie sah dann die Wirklichkeit des Landes aus? Konnte Spanien sich selbst in die Augen blicken und erkennen, was im Spiegel der Geschichte vergraben lag? Schwäche – eine politische Schwäche war es, die das Land die Gelegenheit verpassen ließ, die in der liberalen Verfassung von Cádiz aus dem Jahre 1812 Gestalt angenommen hatte. Dieses Dokument drückte die Hoffnungen einer Generation von modern denkenden hispanischen Bürgern in Spanien und Amerika aus. Aber man ließ diese Verfassung, wie so viele andere Gesetze in Spaniens Geschichte, verwelken, opferte sie der Realität althergebrachter, provinzieller, schmieriger Praktiken und Interessen, während die Monarchie, seit der Zeit der napoleonischen Besetzung in Mißkredit, nicht mehr die Kraft der autoritären Habsburger oder der paternalistischen Bourbonen aufbrachte. Dieser Mangel an Führung artete oft in Bruderzwist aus, was den Journalisten Mariano José de Larra im 19. Jahrhundert zu der Trauerrede veranlaßte: »Hier liegt die eine Hälfte Spaniens, getötet von der anderen.«

»Erbärmliches Spanien!« rief der Dichter Antonio Machado aus. »Gestern warst du eine imperiale Macht. Heute, in Lumpen gehüllt, verachtest du alles, was du nicht kennst.« Ein bitteres Epitaph, das aber keineswegs einzig war. Machados Stimme war nur eine im Chor einer Generation – der Generation von 1898, dem Jahr, in dem das Weltreich verlorenging –, die Spanien zurief: »Reformiere dich, erkenne dich, werde modern.«

Dann geschah etwas, das bei den Niederlagen in der Bucht von Manila und im Hafen von Santiago nicht vorhersehbar gewesen ist. Als Schriftsteller wie Ortega y Gasset, Miguel de Unamuno und Ramón del Valle-Inclán und ein ganzer Schwarm von Wissenschaftlern, Lehrern und Künstlern Spanien nach Europa und ins 20. Jahrhundert hineinzogen, stürzten sich Europa und das 20. Jahrhundert in eine Katastrophe, die weitaus schwerwiegender als der Verlust des spanischen Weltreichs war. Der Erste Weltkrieg von 1914 bis 1919 zerstörte Europas Illusionen von der Möglichkeit menschlicher Vollkommenheit, von unaufhaltsamem Fortschritt und dem Glauben an eine Stabilität, die auf Kolonialismus draußen in der Welt und Liberalismus zu Hause beruhte. Das Blutbad in den Schützengräben, der Verlust einer ganzen Generation junger Europäer – 21 Millionen Verwundete, 10 Millionen Gefallene, in der viermonatigen Schlacht an der Somme allein 420000 britische, 194000 französische und 440000 deutsche Opfer – ließen Spaniens isolierten Kummer recht kläglich erscheinen.

Obwohl Spanien eine Verstrickung in den Ersten Weltkrieg vermeiden konnte, war es machtlos, als es durch zwei Sachverhalte in Mitleidenschaft gezogen wurde. Einmal wurde es von den Widersprüchen und Gefahren eines korrupten, kriegsmüden, desillusionierten Europa überflutet. Zweitens mußte Spanien erkennen, daß die Welt draußen genauso tragisch deformiert war, wie es das von sich selbst glaubte – so deformiert wie eine sich auflösende Uhr in einer Landschaft von Salvador Dalí, so schockierend wie der aufgeschnittene Augapfel in der Szene von Luis Buñuels Film *Ein andalusischer Hund*. Sogar Federico García Lorca, der Dichter der schmelzenden Schönheit Andalusiens, sah die Welt als eine unfruchtbare, schlaflose Hölle: »Und auf der Welt schläft niemand. Niemand, niemand«, schrieb er in seinem *Dichter in New York*. Und als ob er Calderón de la Barca über die Jahrhunderte hinweg antworten wollte, fügte er noch hinzu: »Das Leben ist kein Traum. Habt acht! Habt acht!«

In Spanien mußte man genauso achtgeben. Lorcas Schauspiele und Gedichte sind schicksalstrunken. Der Schatten des Todes hängt über ihnen. »Todesschreie steigen auf nahe beim Guadalquivir« so hört sie der Dichter im *Tod des Antoñito el Camborio*, aber er spricht sich selbst in der dritten Person an und wendet sich an seine zukünftigen Mörder: »Ach, Federico García / Ruf die Guardia Civil!«

Wenngleich Spanien intellektuelle und sogar lyrische Antworten auf seine Probleme gab, so fehlten ihm doch die politischen Alternativen. Der König an der Spitze des Systems nötigte niemandem Respekt ab, und an der Basis regierten regionale politische Führer das ländliche Spanien inmitten eines unveränderten Analphabetismus, eines *Latifundismo* und bitterer bäuerlicher Armut. Konservative und Liberale wechselten einander ab, von Madrid aus zu regieren, während Spaniens spätes Kolonialabenteuer in Marokko der Niederlage noch ein Fiasko hinzufügte. Die *Dictablanda*, die sanfte Diktatur von Miguel Primo de Rivera in den zwanziger Jahren, schien so sanft wie die liebenswerte Musik der spanischen Operette, der Zarzuela, durch die Gran Vía von Madrid zu wehen. Als König Alfonso XIII. Primo de Rivera im Jahre 1930 entließ, bewies er damit nur seine eigene Inkompetenz und dankte 1931 ab. Der schwachen Monarchie folgte eine schwache Republik, die das Volk »die Kinderrepublik, das kleine Mädchen« nannte. Sie brachte Millionen von Dorfbewohnern die Alphabetisierung und Würde – Lorca selbst ging mit seiner Theatergruppe La Barraca auf Tournee über Land –, aber Buñuels grauenerregende filmische Ansicht der Schrecken des Landlebens in *Las Hurdes* (*Land ohne Brot*) als unwissend, inzestuös, brutal, wie es tatsächlich war, wurde von der republikanischen Regierung verboten.

Die Republik gab Spanien eine Reihe moderner Gesetze. Sie trennte Kirche und Staat, führte das Scheidungsrecht ein, säkularisierte das Erziehungswesen und gab den Arbeitern das Recht sich zu organisieren (gewaltige Streiks und Rebellionen waren die Folge, vor allem in Asturien). Die Republik wirkte elektrisierend auf die ganze Kultur, begünstigte zugleich aber antiklerikale Exzesse, wodurch sie traditionalistische Gruppen gegen die Regierung aufbrachte, die über keine starke Exekutive verfügte und unter Spaniens ungelösten Problemen und dem ständigen Parteienhader litt. Feudale Güter im Süden konkurrierten mit wohlhabenden Höfen im Norden, das schnell anwachsende, ländliche Proletariat im Süden lag im Konflikt mit der Industrialisierung und der finanzpolitischen Überlegenheit des Nordens. Die Industrie wurde erheblich subventioniert, war ineffizient und teuer, und während die eine Hälfte Spaniens die andere mit sich in die Tiefe riß, bereitete der überlegene Teil sich selbst die Niederlage. Ideologischer Parteienhader komplizierte die Dinge erheblich: aufgeklärte, pro-europäische Tendenzen stießen mit regionalen, isolationistischen Traditionen zusammen, säkularisierter Liberalismus prallte auf einen wiederbelebten, aggressiven Katholizismus. Nur eine Gesellschaft, die so autoritär gewesen war wie die spanische, konnte derart radikale Formen des Anarchismus hervorbringen. Die beiden totalitären Weltanschauungen, Faschismus und Kommunismus, schienen in den Kulissen zu warten, um ihre Macht gegen die Schwächen republikanischer Politik auszuspielen und gegen ihre intellektuell brillanten, anständigen und wohlmeinenden Staatsmänner, allen voran Präsident Manuel Azanã.

Aus Mangel an Rückgrat wurde dieses widersprüchliche, vielversprechende, überschäumende republikanische Spanien schließlich von innen durch eine Revolte der Streitkräfte unter Führung Francisco Francos und seiner Generäle gestürzt, die sich am 18. Juli 1936 erhoben. Unamuno hatte über Spaniens empfindliche parlamentarische Demokratie gesagt: »Laßt Spanien alle seine Widersprüche bejahen, laßt den Extremen freien Lauf. Der Mittelweg wird das Ergebnis sein.« Er war es nicht. Der brutale faschistische General Millán Astray drang in Unamunos Seminar an der Universität von Salamanca ein und schrie: »Tod der Intelligenz!« Unamuno antwortete würdevoll: »Sie mögen siegen, aber Sie werden nicht überzeugen.« Einige Monate später war Unamuno tot, das Herz gebrochen von der Katastrophe des Bürgerkriegs. Tot war auch García Lorca, eines der ersten Opfer der faschistischen Unterdrückung. Er wurde in seiner Heimatstadt Granada im Alter von achtunddreißig Jahren kaltblütig ermordet.

Schnell wurde aus dem Spanischen Bürgerkrieg ein internationaler Konflikt. Beide Seiten, Franco und die Republikaner, bekamen ausländische Hilfe. Die Republikaner erhielten von sowjetischer Seite Waffen und von Mexiko Unterstützung und Asyl, ihnen gehörte die Sympathie der internationalen Intelligenz. Etliche Schriftsteller – unter ihnen George Orwell, André Malraux und Ernest Hemingway – kamen sogar, um mitzukämpfen. Die Internationalen Brigaden, einschließlich der Lincoln-Brigade aus den Vereinigten Staaten, fochten tapfer und gaben einen der bewegendsten Beweise für internationale Solidarität im 20. Jahrhundert.

Diesen Männern war bewußt, daß in Spanien etwas Unheilvolles vor sich ging: Auf den Ebenen und Flüssen Kastiliens wurde ein neuer Weltkrieg vorbereitet. Nazi-Deutschland und das faschistische Italien unterstützten Francos Erhebung politisch und militärisch. Am 26. April 1937 hämmerten Hitlers Stukas fast drei Stunden lang auf die baskische Stadt Guernica ein. Es gab keine militärischen Objekte dort, vielmehr handelte es sich um die Generalprobe für die Einschüchterung der Zivilbevölkerung, eine Vorwegnahme des Londoner *Blitzangriffs* und der Zerstörung von Coventry. Von diesem Tage an sollten die Unschuldigen stets zu den ersten Opfern des Krieges gehören.

Doch auf den Tod von Guernica folgte die Wiedergeburt *Guernica,* in dem für das 20. Jahrhundert emblematischen Gemälde von Spaniens größtem modernen Künstler, Pablo Picasso. Er lädt uns ein, durch die zeitlosen spanischen Symbole der Arena auf Leiden und Tod zu blicken: den Stier und das Pferd, zermalmt und aller Glieder beraubt. Spaniens leidvolle Begabung, die Katastrophen der Geschichte in künstlerische Triumphe umzusetzen, offenbart sich deutlich in diesem Gemälde. Aber nun kann uns nichts mehr beschützen. Wir sind draußen vor der Höhle von Altamira. Wir sind draußen vor dem Gemach von *Las Meninas.* Wir sind auf einer Straße der Stadt, Bomben fallen vom Himmel, Verwüstung und Elend überall. Wieder einmal, wie schon zu Beginn, sind wir ohne Obdach. Die von den Menschen hinterlassenen Ruinen der Geschichte werden beleuchtet von einem einzelnen technischen Artefakt: einer Glühbirne. Eine Straßenlampe versucht, die Nacht zum Tag zu machen, während die Bomben Leben in Tod verwandeln. Können wir die Welt aus den Fragmenten der Kunst wiederaufbauen?

Im Stich gelassen von der kurzsichtigen Feigheit der europäischen Demokratien, vor allem von Frankreich und England, sah sich die Republik den faschistischen Armeen gegenüber, die Hitler und Mussolini auf ihrer Seite hatten. Aber in Wirklichkeit waren es die beiden verschiedenen Spanien, die sich da gegenüberstanden, augenscheinlich ohne jede Möglichkeit zur Versöhnung:

Dunkel und Licht, Schatten und Sonne, abermals wie in der Stierkampfarena. Ins Exil getrieben, schrieb der Dichter Antonio Machado jenseits der Pyrenäen mit einem Seufzer auf dem Sterbebett: »Oh, kleiner Spanier, der du zur Welt kommst! Möge Gott dich schützen – denn eines der beiden Spanien wird gewißlich dein Herz vereisen.«

Nach dem Triumph errichtete Franco sein eigenes grandioses Grabmal, das Monument der Gefallenen, nicht weit vom Escorial entfernt. Es dauerte mehr als sechzehn Jahre, die riesige, in den Felsen gesprengte Kaverne auszubauen. Die Arbeit wurde zum großen Teil von politischen Gefangenen ausgeführt. Es war die Art von faschistischem Alptraum, den Hitler auch für sich gebaut haben würde, hätte der den Zweiten Weltkrieg gewonnen.

Franco gewann den Zweiten Weltkrieg zwar nicht, aber er verlor ihn auch nicht. Er war wendig und schlau. Hitler hatte es nicht vermocht, ihn in den Konflikt hineinzuziehen, und als der Frieden kam, münzte Franco seine Neutralität während des Krieges zu einem strategischen Vorteil für die westliche Allianz um. Am Eingang zum Mittelmeer stellte er Luftwaffenstützpunkte für die Vereinigten Staaten zur Verfügung. Seine antikommunistische Glaubwürdigkeit war über jeden Zweifel erhaben. Auch wenn er zur Begrüßung Hitlers den Arm zum Nazi-Gruß erhoben hatte, verzichtete er darauf, als er Präsident Dwight D. Eisenhower in Madrid zur Besiegelung seines neuen Treueverhältnisses empfing.

Spaniens Fassade unter Franco war monumental und uniform wie das grimmige Denkmal der Gefallenen. Doch das Land war arm. Es brauchte Tourismus und Handel, Investitionen und Kredite. Und als verdienter Wachtposten des NATO-Bündnisses bekam es das auch alles. In diesen Jahren, den Franco-Jahren, entwickelte Spanien seine Wirtschaft, errang aber keine politische Freiheit. Das ist inzwischen nichts Neues mehr: von Korea bis Chile sind moderne Diktaturen dem Beispiel Francos gefolgt.

Wirklich bedeutend und sogar einzigartig ist die Tatsache, daß es Franco nie gelang, sich die spanische Kultur als Ganzes anzueignen. Hitler war es gelungen, die deutsche Kultur in seine Gewalt zu bringen: Wer nicht einverstanden war, wurde ins Exil getrieben oder ermordet, unorthodoxe Werke wurden in Nazi-Deutschland nicht mehr produziert. Die spanische Kultur dagegen bewies in den sechsunddreißig Jahren des Franco-Regimes ihre Widerstandsfähigkeit. Abermals schuf sie sich einen Spielraum gefährlicher Ketzerei, abermals förderte sie aus spanischen Schächten unorthodoxe Schätze. Sie florierte im Exil, gewiß, aber auch im Inland gab sie niemals auf. Dichtkunst, Romane, Untergrund-Journalismus, illegale politische Organisationen und Filme gediehen prächtig.

Und dann gab es die Rückkehr des verlorenen Sohnes: Luis Buñuels *Viridiana,* eine großartige Wiedergeburt der bitteren, hoffnungsvollen, kritischen und unorthodoxen kulturellen Traditionen des Landes. Es war die Tradition von Cervantes, die Tradition des Schelmenromans, von Don Juan und San Juan, Körper und Seele, und Buñuel umarmt mit seiner Filmkunst die Randständigen, die Ausgestoßenen, die Vergessenen: *Los Olvidados.* Die Stärke seiner Arbeit lag vor allem darin, daß er sich tief auf sein Thema einließ, ob er es nun liebte oder haßte.

Die Nation nutzte den frankistischen Winterschlaf zum Nachdenken über sich selbst. Sie reflektierte die Fehler der Vergangenheit, beklagte Autoritarismus und Unterdrückung in ihrer Geschichte, aber sie erinnerte sich auch daran, daß sie über eine eigenständige, demokratische Tradition verfügte. Von den Freiheiten der mittelalterlichen Stadtgemeinden über den Aufstand der kastilischen *Comunidades* und die liberale Verfassung von Cádiz bis zu dem fehlgeschlagenen Experiment als Republik hatte Spanien Erfahrungen, von denen es zehren konnte. Das war die demokratische Tradition, die es nach Francos Tod im Jahre 1975 konsolidieren wollte. Eine zentrale Frage wird stets aufs neue gestellt: Wie nur war es möglich, daß aus der Dekadenz der Franco-Diktatur diese junge und kraftvolle Demokratie entstand? Die

Antwort liegt in der mittelbaren Tradition seiner unterbrochenen demokratischen Strömungen und Trends und in der unmittelbaren Tradition seines kulturellen Überlebens während der Franco-Zeit und der aktuellen Behauptung des politischen Talents, das alle Beteiligten nach 1975 an den Tag legten.

1975 wurde es offenkundig, daß Spaniens wirtschaftliche Entwicklung und seine politische Stagnation nicht zusammenpaßten. Die Aufgabe der spanischen Demokratie lag darin, die Wirtschaftsentwicklung mit geeigneten politischen Maßnahmen auszubalancieren. In dieser Revolution spielte jeder seine Rolle auf verantwortungsvolle Weise. Der junge König Juan Carlos hielt die Fäden in der Hand. Er wies die Generalität in ihre Schranken und heilte die Wunden der Vergangenheit.

Ein neues Spanien, jung und demokratisch, hat sich Europa angeschlossen und seine Isolierung beendet, die mit der Gegenreformation begann und die Männer wie Jovellanos bereits im 18. Jahrhundert zu bekämpfen suchten. Gleichwohl ist Spanien noch immer nicht in Europa präsent – eine Folge der europäischen Unkenntnis des spanischen Kulturbeitrags zum Kontinent.

Die Pyrenäen sind überschritten. Spanien weist Europas höchste Wachstumsrate auf. Es bietet seinen Bürgern ein breites politisches Spektrum, das Ergebnis einer gereiften, selbstbewußten Überwindung jeglichen Verfolgungswahns. Eine Gefahr liegt allerdings darin, daß Spanien mit dem Eintritt in die Europäische Gemeinschaft zu wohlhabend, zu bequem, zu konsumwütig und nicht hinlänglich selbstkritisch werden könnte – und daß es sein zweites Gesicht, sein spanisch-amerikanisches Profil vergißt. Spanien gehört zu Europa, und das ist legitim. Aber es sollte nicht vergessen, daß es auch zu den Nationen von Spanisch-Amerika gehört, zu »den Jungen des spanischen Löwen«, wie der nicaraguanische Dichter Rubén Darío uns genannt hat.

Können wir ohne Spanien leben? Kann Spanien ohne uns sein?

18. Kapitel

DIE HISPANISCHEN USA

Die einzig sichtbare direkte Grenze zwischen den entwickelten Ländern und den Entwicklungsländern ist die 3600 Kilometer lange Grenzlinie zwischen Mexiko und den USA. Außerdem stoßen hier Angloamerika und Lateinamerika aneinander. Aber der sogenannte »Tortilla-Vorhang« ist eine unvollendete Grenze aus halbfertigen Barrieren, Gräben, Mauern und Stacheldrahtzäunen. Von den Nordamerikanern hastig errichtet, um die hispanischen Einwanderer fernzuhalten, ließ man sie dann verkommen.

Wo der Rio Grande flach und die Hügel einsam sind, ist die Grenze leicht zu überqueren. Schwer ist es jedoch, weiter nach Norden vorzudringen. Dazu muß man ein Niemandsland durchqueren, in dem der Einwanderer dem wachsamen Zugriff der US-Grenzpatrouillen zu trotzen hat. Doch die Wanderarbeiter haben einen starken Willen. Meistens kommen sie aus Mexiko, aber auch aus Mittelamerika, weiter südlich aus Kolumbien und aus der Karibik. Manchmal werden sie von politischen Schwierigkeiten nach Norden getrieben, hauptsächlich aber kommen sie aus wirtschaftlichen Gründen in die Vereinigten Staaten, besonders im Fall der Mexikaner.

Sie versammeln sich in kleinen Hotels südlich der Grenze und warten mit ihren Freunden und Familien auf den richtigen Augenblick zum Grenzdurchbruch. Tag und Nacht sind die US-Grenzpatrouillen unterwegs, um sie abzufangen. Dabei können sie sich auf alle technischen Hilfsmittel stützen, aber die Einwanderer verfügen über den Vorteil der großen Zahl. Dazu kommt der Druck, der von den Millionen hinter ihnen ausgeht. Sie sind in Not und Verzweiflung. Vielleicht sind es die tapfersten und entschlossensten Menschen Mexikos, denn man braucht Mut und

Willenskraft, um den zeitlosen Kreis der Armut zu durchbrechen und im Glücksspiel der Grenzüberquerung alles zu riskieren.

Ganze Gruppen treiben die Grenzpatrouillen mit den Suchscheinwerfern ihrer Helikopter zusammen. Viele werden festgenommen und über die Grenze zurückgeschickt. Aber etwa eine halbe Million schafft es jedes Jahr. Sie stoßen zu dem Heer von sechs Millionen visums- und ausweislosen Arbeitern, die schon da sind. Die perfekten Opfer. Sie befinden sich in einem fremden Land. Sie sprechen kein Englisch. Sie schlafen im Freien. Alles, was sie besitzen, tragen sie bei sich. Sie fürchten die Obrigkeit. Skrupellose Anwälte und Arbeitgeber haben Leben und Freiheit dieser Menschen in der Hand. Manchmal werden sie mißhandelt, sogar ermordet. Doch sie sind keine Kriminellen. Sie sind nur Arbeiter.

Man klagt sie an, amerikanische Arbeiter zu verdrängen, die Wirtschaft und sogar die Nation zu schädigen, die kulturelle Integrität der Vereinigten Staaten zu gefährden. Aber sie kommen auch weiterhin. Denn die Vereinigten Staaten brauchen bis zum Ende des Jahrhunderts fünf Millionen Arbeiter, Menschen, die Jobs übernehmen, die sonst niemand mehr machen will: die Knochenarbeit auf dem Lande natürlich, aber auch Dienstleistungen im Transportwesen, in Hotels, Restaurants, Krankenhäusern, die ohne die Hilfe der Einwanderer sämtlich schließen müßten. Ohne sie würde die Beschäftigungsstruktur der Vereinigten Staaten sich drastisch verändern, die Gehälter würden drastisch sinken, was wiederum Millionen von Arbeitern und ihre Familien in Mitleidenschaft ziehen würde.

Zum anderen kommen die Einwanderer auch, weil sich auf dem amerikanischen Arbeitsmarkt ein Mangel an jüngeren Arbeitskräften abzeichnet. Sie füllen Lücken, die aus den demographischen Verschiebungen in der amerikanischen Bevölkerung resultieren. Während die Wirtschaft sich nach Ende des kalten Krieges mehr und mehr zu einer Friedenswirtschaft entwickelt, sind in den Vereinigten Staaten nicht nur ungelernte Arbeiter knapp, sondern auch Facharbeiter in der Metallindustrie, dem Bauwesen und den Handwerksberufen. Auf diesen und anderen Feldern kann die Wirtschaft nur dank der Einwanderer wettbewerbsfähig bleiben. Sonst würden ganze Industriezweige nach Übersee gehen, und noch mehr Jobs wären verloren. Einwanderer halten die Preise niedrig und den Verbrauch hoch, und wenn sie auch einige einheimische Arbeiter verdrängen mögen, so spielt das keine Rolle im Vergleich zum Arbeitsplatzverlust durch technologischen Fortschritt und internationale Konkurrenz.

Jenseits aller Wirtschaftsfaktoren spiegelt die Einwanderung einen weitgespannten gesellschaftlichen und kulturellen Prozeß wider, der für die Kontinuität der spanisch-amerikanischen und der US-amerikanischen Kultur von größter Bedeutung ist. Von irgendwoher *würden* Arbeiter in die Vereinigten Staaten kommen, auch wenn es in Mexiko keine große Arbeitslosigkeit gäbe. Zufällig kommen sie in diesem Fall über die Landgrenze, nicht über das Meer wie ihre irischen, deutschen, italienischen und slawischen Vorgänger. Das zeitgenössische Gegenstück zu Ellis Island liegt mitten in einer Kaktuswüste. Das Zwischendeck ist ein Tunnel zwischen den beiden Kalifornien, dem mexikanischen Staat Baja California und dem nordamerikanischen Staat California.

Ein Kontinent von Einwanderern

Von der US-amerikanischen Grenze sagen manche, die sie überqueren, daß sie in Wirklichkeit keine Grenze sei, sondern eine Narbe. Wird sie heilen? Wird sie noch einmal bluten? Wenn ein hispanischer Arbeiter über diese Grenze geht, fragt er sich mitunter: Ist dies nicht immer unser Land gewesen? Kehre ich nicht einfach dahin zurück? Gehört es uns nicht in gewisser Weise? Er spürt es, kann seine Sprache verstehen, seine Lieder singen und zu seinen Heiligen beten. Wird es nicht für alle Zeit ein hispanisches Land sein?

Aber zunächst müssen wir uns daran erinnern, daß dies einst ein leerer Kontinent war. Wir alle sind hier einmal von irgendwo angekommen, angefangen mit den nomadischen Stämmen aus Asien, die zu den ersten Amerikanern wurden. Später kamen die Spanier auf der Suche nach den Sieben Goldenen Städten. Als sie keine fanden im heutigen Südwesten der USA, hinterließen sie ihre Sprache, ihre Religion und auch ihr Blut. Das spanische Weltreich dehnte sich weit nach Norden aus, bis nach Oregon, und bestückte die Küstenregion mit den sonoren Namen seiner Städte: Los Angeles, Sacramento, San Francisco, Santa Barbara, San Diego, San Luis Obispo, San Bernardino, Monterey, Santa Cruz. Als sie ihre Unabhängigkeit errang, erbte die mexikanische Republik diese weiten, unterbevölkerten Gebiete. Doch 1848 verlor Mexiko sie an die expandierende nordamerikanische Republik und an ihre Ideologie der historischen Sendung: die USA, von einem glitzernden Meer zum anderen.

So kam die hispanische Welt nicht in die Vereinigten Staaten, sondern die Vereinigten Staaten kamen in die hispanische Welt. Es ist womöglich ein Akt höherer Gerechtigkeit, daß die hispanische Welt jetzt über die Vereinigten Staaten zu einem Teil ihres überlieferten Erbes in der westlichen Hemisphäre zurückkehrt. Die Einwanderer kommen jedenfalls weiterhin, und nicht nur in den Südwesten, sondern auch die Ostküste entlang bis nach New York und Boston und westwärts nach Chicago und in den mittleren Westen. Dort stoßen sie auf die alteingesessenen Chicanos, Nordamerikaner mexikanischer Herkunft, die schon länger hier leben als die Gringos. Zusammen machen sie die 25 Millionen Hispano-Amerikaner aus – in großer Mehrheit mexikanischer Abstammung, aber viele kommen auch aus Puerto Rico, Kuba, Mittel- und Südamerika. Es ist die am schnellsten wachsende Minderheit in den USA.

Los Angeles ist jetzt die zweitgrößte spanischsprechende Stadt der Welt, nach Mexico City und noch vor Madrid und Barcelona. Man kann heute beispielsweise in Süd-Florida erfolgreich sein, selbst wenn man nur Spanisch spricht, da die Bevölkerung überwiegend kubanisch ist. San Antonio, von Mexikanern integriert, ist seit 150 Jahren eine zweisprachige Stadt. Fast die Hälfte der Bevölkerung der Vereinigten Staaten wird bis zur Mitte des kommenden Jahrhunderts Spanisch als Muttersprache haben.

Diese dritte hispanische Entwicklung, die der Vereinigten Staaten, ist nicht nur ein wirtschaftliches und politisches Ereignis, sondern vor allem ein kulturelles. In den USA ist eine ganze Zivilisation mit spanischem Pulsschlag entstanden. In diesem Land ist eine Literatur geboren worden, die besonderen Wert auf Autobiographisches legt – den persönlichen Lebensbericht, Erinnerungen an die Kindheit, das Familienalbum – als Antwort auf die Frage, was es bedeuten kann, ein Chicano zu sein, ein mexikanischer Amerikaner, ein Puertoricaner, der in Manhattan lebt, oder ein kubanischer Amerikaner der zweiten Generation im Exil in Miami. Man denke an die verschiedenen Werke von Rudolfo Anava (*Bless me, Ultima*), Ron Arias (*The Road to Tamazunchale*), Ernesto Galarza (*Barrio Boy*), Alejandro Morales (*The Brick People*), Arturo Islas (*The Rain God*), Tomas Rivera (*Y no se lo tragó la tierra*) und Rolando Hinojosa (*The Valley*) oder an die Schriftstellerinnen Sandra Cisneros (*Women Hollering Creek*), Dolores Prida (*Beautiful Señoritas & Other Plays*) und Judith Ortiz Cofer (*The Line of the Sun*) oder die Dichter Alurista und Alberto Rios. Oder man denke an die eindringlichen Schilderungen von Rosario Ferre und Luis Rafael Sanchez, die sich entschlossen haben, von der Insel Puerto Rico aus auf spanisch zu schreiben.

Auch eine eigene Kunst ist hier entstanden. Leidenschaftlich, ja grell schließt sie sich einer Tradition an, die von den Höhlen Altamiras bis zu den Graffiti in Ost-Los-Angeles reicht. Zu ihr gehören Bilder der Erinnerung und dynamische Gemälde von Zusammenstößen, wie die gemalten Autounfälle von Carlos Almaráz, der mit Frank Romero, Beto de la Rocha und Gilbert Luján die Gruppe *Los Four* bildete. Die Schönheit und die Leidenschaftlichkeit im Werk dieser Künstler tragen zum notwendigen Kontakt zwischen Kulturen bei, die der Selbstgefälligkeit widerstehen müssen, um für einander fruchtbar zu werden. Diese Künstler machen außerdem eine Identität geltend, die respektiert zu werden verdient. So sie nicht sichtbar ist, muß ihr Gestalt gegeben werden und ein musikalischer Rhythmus, wenn man sie nicht hören kann. Und wenn die andere Kultur, die angelsächsische Hauptströmung, die Vergangenheit der hispanischen Kultur leugnet, dann müssen Künstler lateinamerikanischer Herkunft notfalls eine Abstammung erfinden. Und sie müssen sich an jedes einzelne Glied erinnern, das sie miteinander verbindet.

Könnte man beispielsweise in Los Angeles ein Chicano-Künstler sein, ohne die Erinnerung an Martin Ramirez wachzuhalten?

Ramirez, geboren 1885, war ein aus Mexiko eingewanderter Bahnarbeiter, der seine Sprache verlor und deshalb dazu verdammt war, drei Jahrzehnte in einem kalifornischen Irrenhaus zu leben, bis er 1960 starb. Er war nicht irrsinnig, er war nur stumm. So wurde er ein Künstler, der dreißig Jahre lang seine Stummheit in Bilder umsetzte.

Kein Wunder, daß die hispanische Kultur der Vereinigten Staaten sich selbst so kraftvoll manifestieren muß wie in einem Gemälde von Luján, so dramatisch wie in einer Bühnenproduktion von Luis Valdes, mit einer Prosa so machtvoll wie der von Oscar Hijuelos in seinem Roman von den Mambo-Kings oder mit einem Rhythmus so lebensprall wie dem von Rubén Blades in seinen Salsa-Songs von städtischem Elend und Straßenwitz.

Diese gewaltige Flut aus Verneinung und Bejahung zwingt Neuankömmlinge wie einheimische Hispano-Amerikaner, sich zu fragen: Was bringen wir mit? Was würden wir gern behalten? Was wollen wir diesem Land anbieten? Die Antworten werden dadurch bestimmt, daß es sich bei diesen Menschen um eine breitgefächerte soziale Gruppe handelt, zu der Familien, Einzelpersonen, ganze Gemeinden gehören, die Werte, Erinnerungen und Traditionen weiterleiten. Am einen Ende des Spektrums gibt es 300000 hispanische Geschäftsleute, die in den USA prosperieren, und am anderen steht ein neunzehn Jahre alter Anglo-Amerikaner, der zwei Einwanderer erschießt, nur weil er »Mexikaner haßt«. Wenn einer stolz die Statistik herbetet, nach der Firmen, die sich in hispanischem Besitz befinden, im Jahr über 20 Milliarden Dollar Umsatz machen, kann man viel weniger stolz dagegenhalten, daß Anglos mit Farbpatronen, wie man sie in Kriegsspielen benutzt, auf Einwanderer schießen. Wenn man darauf hinweist, daß in Mexiko ganze Gemeinden von den *Remesas* leben, den Geldüberweisungen ihrer Wanderarbeiter, und daß diese *Remesas* insgesamt vier Milliarden Dollar im Jahr ausmachen und Mexikos zweitgrößte Devisenquelle (nach dem Erdöl) darstellen, dann muß man auch erwähnen, daß viele der Wanderarbeiter auf dunklen Straßen in der Nähe ihrer Lager von Autos überfahren werden. Und wenn man sich schließlich klarmacht, daß die Mehrheit der mexikanischen Wanderarbeiter nur auf Zeit im Lande bleibt, um dann wieder nach Mexiko zurückzukehren, muß man auch die bleibenden Unterschiede im Auge behalten, die dazu führen, daß Anglo-Amerika und Ibero-Amerika sich immer wieder anfeinden, beeinflussen und auch prügeln.

Begegnung mit dem anderen

Die beiden Kulturen koexistieren, nehmen Tuchfühlung auf, befragen einander. Wir haben zu viele gemeinsame Probleme, die Kooperation und Verständnis in einem neuen Weltzusammenhang erfordern, als daß wir weiter soviel streiten sollten wie bisher. Im Kampf gegen Drogenhandel, Verbrechen, Heimatlosigkeit und Umweltprobleme lernen wir uns näher kennen. Aber während die einst homogene Gesellschaft der Vereinigten Staaten sich der Einwanderung äußerst heterogener Gruppen gegenübersieht, sieht Lateinamerika sich dem Zusammenbruch der einst homogenen Sphären politischer, militärischer und religiöser Mächte gegenüber.

Bei diesem Aufbruch in alle Richtungen können wir uns gegenseitig etwas geben. Die Vereinigten Staaten tragen ihre Kultur, ihren Einfluß über Filme, Musik, Bücher, Ideen, Journalismus, Politik und Sprache in alle Länder Lateinamerikas. Das macht uns keine Sorgen, weil wir das Gefühl haben, daß unsere eigene Kultur stark genug ist und daß die Enchilada im Endeffekt neben dem Hamburger bestehen kann. Kulturen blühen nur im Kontakt miteinander, isoliert welken sie dahin.

Auch die Kultur Spanisch-Amerikas steuert ihre Gaben bei. Fragt man sie, sprechen sowohl Neueinwanderer als auch alteingesessene Hispano-Amerikaner von Religion – nicht nur vom Katholizismus, sondern mehr noch von einer Art tiefer Empfindung von Religiosität, von der Erkenntnis, daß die Welt heilig ist. Wahrscheinlich entspricht das der ältesten und tiefsten Gewißheit der *amerindischen* Welt. Es ist eine sinnliche, faßbare Religion, ein Ergebnis der Begegnung mediterraner Zivilisation mit der indianischen Welt Amerikas.

Und dann sind da die Fürsorge und der Respekt gegenüber Älteren, etwas, das *Respeto* genannt wird – Respekt vor Erfahrung und Kontinuität, weniger Sucht nach raschem Wandel und Neuerung. Dieser Respekt bezieht sich nicht nur auf das Alter als solches. In einer vornehmlich mündlich überlieferten Kultur sind die Alten diejenigen, die die Geschichten bewahren, den Schatz der Erinnerung hüten. Wenn in der hispanischen Welt ein alter Mensch stirbt, könnte man fast sagen, daß mit dieser Person eine ganze Bibliothek stirbt.

Und dann gibt es natürlich die Familie – die Verpflichtung, dafür zu kämpfen, daß die Familie zusammenhält, wobei sich die Armut nicht immer vermeiden läßt, wohl aber die *einsame* Armut. Die Familie wird als Herd betrachtet, der Wärme speichert. Sie ist fast eine politische Partei, sozialer Mikrokosmos und Sicherheitsnetz in schwierigen Zeiten. Und wann sind die Zeiten einmal nicht schwierig gewesen? Die Philosophie des Stoizismus sitzt tief in den Seelen der Hispanier.

Was können die Ibero-Amerikaner den USA sonst noch bieten? Was würden sie lieber für sich behalten? Offenkundig würden sie gern ihre Sprache behalten, die spanische Sprache. Einige empfehlen, sie zu vergessen, um sich durch den Gebrauch des dominierenden Englisch besser zu integrieren. Andere meinen, daß man das Spanische nur gebrauchen sollte, um Englisch zu lernen und zum *Mainstream* zu stoßen. Allerdings kommen die Menschen immer häufiger dahinter, daß es keinen Schaden macht, wenn man mehr als eine Sprache spricht. In Texas kann man auf Autoaufklebern lesen: *Einsprachigkeit ist eine heilbare Krankheit.* Könnte es sein, daß Einsprachigkeit eint und Zweisprachigkeit trennt? Oder ist Einsprachigkeit steril und Zweisprachigkeit fruchtbar? Das Gesetz im Staat Kalifornien, das bestimmt, daß Englisch die offizielle Sprache des Staates sei, beweist nur eines: nämlich, daß Englisch nicht mehr die offizielle Sprache Kaliforniens ist.

Vielsprachigkeit erscheint also als Vorbote einer multikulturellen Welt. Los Angeles ist dafür das wichtigste Beispiel. Wie ein modernes Byzanz wird die Stadt der Engel jeden Tag wohl oder übel überschwemmt mit Sprachen, Speisen und Sitten von Spanisch-Amerikanern und darüber hinaus von Vietnamesen, Koreanern, Chinesen und Japanern. Das ist der Preis – oder das Geschenk, je nachdem, wie man es betrachtet – für globale Interdependenz und Kommunikation.

So betrachtet, erscheint das Dilemma des Amerikaners mexikanischer, kubanischer oder puertoricanischer Herkunft plötzlich allgemeingültig: Soll er sich integrieren oder nicht? Soll er seine Eigenart erhalten und zur Vielfalt der nordamerikanischen Gesellschaft beitragen, oder soll er im Namen des letztlich gar nicht existierenden »Schmelztiegels« in der Anonymität verschwinden? Nun gut, in Wirklichkeit ließe sich die Frage vielleicht wieder einmal so formulieren: Sein oder Nichtsein? Dasein mit anderen oder allein? Isolierung bedeutet Tod. Begegnung bedeutet Geburt, sogar Wiedergeburt.

Kalifornien und vor allem Los Angeles, das Tor zu Asien ebenso wie zu Lateinamerika, stellen die allgemein gültige Frage des kommenden Jahrhunderts: Wie gehen wir mit dem anderen um? Nordafrikaner in Frankreich, Türken in Deutschland, Vietnamesen in der Tschechoslowakei, Pakistanis in Großbritannien, Schwarzafrikaner in Italien, Japaner, Koreaner, Chinesen und Lateinamerikaner in den Vereinigten Staaten. Sekundenschnelle Kommunikation und weltweite Interdependenz haben die einseitige Isolation verwandelt: in die universelle, unausweichliche, allumfassende Wirklichkeit des 21. Jahrhunderts,

Wer kann besser vorbereitet sein auf das zentrale Problem des Umgangs mit dem anderen als wir, die Spanier, die Spanisch-Amerikaner, die *Hispanics* in den USA? Wir sind indianisch, schwarz, europäisch, aber vor allem wir sind vermischt, Mestizen. Wir sind Iberer und Griechen, Römer und Juden, Araber, Goten und Zigeuner. Spanien und die Neue Welt sind Zentren, in denen sich multiple Kulturen treffen – Zentren der Vereinigung, nicht der Ausgrenzung. Wenn wir uns verschließen, betrügen wir uns selbst, wenn wir uns öffnen, finden wir uns selbst.

Wer sind diese hispanischen »wir selbst«? Die Gleichzeitigkeit von Kulturen wird vielleicht in keiner Geschichte besser wiedergegeben als in der Erzählung *Labyrinthe* des argentinischen Schriftstellers Jorge Luis Borges. In *Labyrinthe* findet der Erzähler einen perfekten Ort in Zeit und Raum, von dem er alle Weltgegenden im selben Augenblick wahrnehmen kann, ohne Verwirrung, aus jedem Blickwinkel, in vollkommen simultaner Existenz. In Spanisch-Amerika würden wir von einem solchen Ort aus vielerlei sehen: den indianischen Sinn für Religiosität, Gemeinschaft und Überlebenswillen, das mediterrane Erbe aus Recht und Philosophie und die christlichen, jüdischen und arabischen Einflüsse, die das multirassische Spanien ausmachen, und schließlich die Konfrontation Spaniens mit der Neuen Welt, die synkretistische, barocke Fortdauer der multikulturellen und multirassischen Erfahrung, die jetzt auch indianische, europäische und schwarzafrikanische Beiträge einschließt. Wir würden einen Kampf um Demokratie und Revolution sehen, der seinen Ursprung in den mittelalterlichen Stadtgemeinden und den Ideen der europäischen Aufklärung hat, aber jetzt in unsere ganz persönliche und gemeinschaftliche Erfahrung einmündet: in Zapatas Dörfern, auf Bolívars Ebenen und dem Hochland von Tupac Amarú.

Und wir würden sehen, wie die Vergangenheit in einer einzigen, bruchlosen Schöpfung gegenwärtig wird. Die indianische Welt zeigt sich in den Gemälden von Rufino Tamayo, der in einem indianischen Dorf in Oaxaca geboren wurde und dessen moderne Kunst in ihrer Farbigkeit und Festlichkeit, in dem kosmischen Bewußtsein und der Fähigkeit Tamayos, auf der Leinwand den Traum von einer Form wiederzuerschaffen, die Träume birgt, indianische Kontinuität weiterführt.

Francisco Toledo, ein jüngerer Maler, ebenfalls aus einem Indianerdorf in Oaxaca, verleiht der tiefverwurzelten Angst der Indianer und ihrer Liebe zur Natur unmittelbaren Ausdruck in einer sichtbaren Annäherung an unser städtisches Leben, während der Kubaner Wilfredo Lam in seinen Bildern afrikanische Traditionen lebendig werden läßt. Der mexikanische Maler Alberto Gironella umgibt seine Velázquez-Paraphrasen mit einem Rahmen aus Sardinenbüchsen, eine bissige Tradierung von spanischer Kunst und Kommerz. Kultur zeigt sich auch in der Art und Weise, wie wir über uns lachen, beispielsweise in den Gemälden des Kolumbinianers Fernando Botero. Kultur ist Erinnerung, so zum Beispiel, wenn der Venezolaner Jacobo Borges den unendlichen Tunnel der Erinnerung imaginiert. Und vor allem wird Kultur faßbar in den

Darstellungen unseres Körpers, der so häufig geopfert und verleugnet wurde, unseres gefesselten, träumenden, fleischlichen Körpers – so wie ihn die mexikanische Künstlerin Frida Kahlo gemalt hat. In der Kunst des Mexikaners José Luis Cuevas nehmen unsere Körper die verunstaltete und träumerische Gestalt von Kreaturen an. Im Spiegel der Phantasie scheint – wie bei Goya – die einzige Wahrheit auf. Cuevas Figuren sind Abkömmlinge unserer Alpträume, aber auch Brüder und Schwestern unserer Sehnsüchte.

Die Beziehung von Cuevas in Amerika zu Goya in Spanien ruft uns noch etwas anderes ins Gedächtnis: Wenn wir den anderen umarmen, begegnen wir nicht nur uns selbst, wir umarmen die an den Rand gedrängten Erscheinungen, die die moderne Welt in ihrem Optimismus und ihrer Fortschrittlichkeit bisher gemieden hat, und für dieses Vergessen hat sie ihren Preis zahlen müssen: Das Wertesystem der westlichen Gesellschaft ist in zwei Weltkriegen und durch die Erfahrungen des Totalitarismus brutal zu Bruch gegangen. Spanien und Spanisch-Amerika haben sich, was das betrifft, niemals etwas vorgemacht. Goyas »schwarze Gemälde« sind vielleicht die dauerhafteste Mahnung an den Preis, der zu entrichten ist, wenn wir den Sinn für die Tragik im Leben verlieren und ihn gegen die Illusion vom Fortschritt eintauschen. Goya fordert uns immer wieder auf, keine Illusionen zu hegen. Wir sind Gefangene der Gesellschaft. Armut macht niemanden liebenswürdiger, nur rücksichtsloser. Die Natur ist taub gegenüber unseren flehentlichen Bitten. Sie kann das unschuldige Opfer nicht retten. Die Geschichte verschlingt, wie Saturn, ihre eigenen Kinder.

Goya warnt uns vor Selbstzufriedenheit. Die Kunst von Spanien und Spanisch-Amerika erinnert uns ständig an die Grausamkeit, mit der wir unsere Mitmenschen behandeln können. Aber wie alle tragische Kunst fordert sie uns zuerst einmal dazu auf, die Konsequenzen unseres Handelns zu bedenken und uns Zeit zu lassen, damit wir unsere Erfahrungen in Wissen umsetzen können. Wenn wir nach bestem Wissen handeln, können wir hoffen, dieses Mal siegreich zu bleiben.

Wir werden in der Lage sein, den anderen in die Arme zu schließen und unsere menschlichen Möglichkeiten zu erweitern. Menschen und ihre Kultur gehen zugrunde in der Isolierung, aber sie werden geboren oder wiedergeboren im Kontakt mit anderen Männern und Frauen, mit Männern und Frauen einer anderen Kultur, eines anderen Glaubens, einer anderen Rasse. Wenn wir unsere Humanität nicht in anderen erkennen, werden wir sie auch nicht in uns selbst finden.

Oft haben wir vor dieser Herausforderung versagt. Doch endlich haben wir uns im wieder ausgegrabenen Spiegel der Identität gesehen, als ein Ganzes, aber nur in Begleitung – wir mit den anderen. Wir können die Stimme des Dichters Pablo Neruda hören, wie er diese Vision hinausschreit: »Hier bin ich, diese Geschichte zu singen.«

Der ausgegrabene Spiegel

Fünfhundert Jahre nach Kolumbus haben wir das Recht, Reichtum, Vielfalt und Beständigkeit unserer Kultur zu feiern. Vor und nach der Jubiläumsfeier werden viele Menschen sich in ganz Lateinamerika fragen: Warum sind unsere Künstler und Schriftsteller nur so phantasievoll gewesen und unsere Politiker nicht? Phantasie wird erforderlich sein für ein neues politisches Programm Lateinamerikas, das derzeit Gestalt annimmt und Probleme wie Drogen, Kriminalität, Kommunikation, Erziehung und Umwelt umfaßt – Probleme, die wir mit Europa und Nordamerika gemeinsam haben. Sie wird aber auch für ein sich abzeichnendes neues landwirtschaftliches Programm notwendig sein, das nicht mehr darauf abzielt, die Dörfer den Städten und Industrien zu opfern, sondern eine grundsätzliche Erneuerung der Demokratie von unten nach oben durch kooperative Systeme anstrebt. Diese Agenda stellt uns ein zweifaches Ziel vor Augen, das die ganze Gesellschaft leiten sollte. Laßt uns zuerst für Nahrung und Erziehung sorgen, danach könnten wir auf stimmiger Grundlage schließlich moderne technologische Staaten werden. Dies wird nicht geschehen, wenn die Mehrheit unserer Völker weiterhin von den Gesellschaftsprozessen ausgeschlossen bleibt, unterernährt und ungebildet.

Ich habe Grund zum Optimismus. Lateinamerika wandelt sich in Krisenzeiten und bewegt sich durch Evolution und Revolution, Wahlen und Massenbewegungen schöpferisch vorwärts, weil seine Menschen sich wandeln und vorwärtsbewegen. Fachleute, Intellektuelle, Technokraten, Studenten, Gewerkschaften, landwirtschaftliche Kooperativen, Wirtschaftsverbände, Frauenorganisationen, religiöse Gruppen und Nachbarschaftskomitees – das ganze Spektrum der Gesellschaft – werden schnell zu Protagonisten unseres Schicksals und überholen den Staat, die Armee und die Kirche, ja sogar die traditionellen politischen Parteien. Indem die zivile Gesellschaft, Trägerin kultureller Kontinuität, politisch und wirtschaftlich handelt, von der Peripherie ins Zentrum und von unten nach oben sich bewegt, werden die jahrhundertealten vertikalen, zentralistischen Systeme der hispanischen Welt in ihr Gegenteil verkehrt.

Es ist die Politik permanenter gesellschaftlicher Mobilisierung, wie der mexikanische Autor Carlos Monsivais das nennt. Bei Ereignissen wie dem Erdbeben von Mexico City im September 1985 hat diese Politik sich bereits auf dramatische Weise manifestiert, als die Gesellschaft schneller und wirkungsvoller handelte als die Regierung und dabei ihre eigenen Kräfte entdeckte. Im stillen greift diese Mobilisierung jeden Tag: wenn eine ländliche Genossenschaft bei Verhandlungen mit der Regierung oder mit wirtschaftlichen Konkurrenten das Druckmittel der Finanzierung einsetzt; oder wenn ein Berufsstand oder eine Arbeitergruppe ihre gemeinsamen sozialen und kulturellen Werte entdeckt und danach beginnt, geschlossen und demokratisch vorzugehen; oder wenn ein kleiner Blumenzüchter oder eine Näherin in einem Dorf einen Kredit erhält, erfolgreich ist und ihn pünktlich zurückzahlt. Und auch dann passiert etwas, wenn sich, wie jetzt überall auf dem Kontinent, indianische Initiativen bilden, Kreditvereine für Campesinos, kollektive Interessenverbände und Produktionsgenossenschaften.

Wir hoffen, daß die Initiativen sich ausbreiten, die aus Krisensituationen heraus an der Basis entstanden sind. Aber zugleich fürchten wir, daß wir nicht genügend Zeit haben – daß der Staatsapparat in Schulden, Inflation und falschen Hoffnungen ertrinkt, von der Armee oder Volksaufständen gestürzt wird und daß faschistische Organisationen oder brutale ideogolische Gruppen die Macht ergreifen.

Die bestehenden politischen Institutionen, die schwach entwikkelt, gleichwohl wirklich demokratisch sind, müssen sich dringend den sozialen Forderungen stellen und sich nicht allein an technokratischer Rationalität orientieren. Die demokratischen Staaten Lateinamerikas müssen das tun, was man bisher nur von Revolutionen erwartet hat: durch Demokratie und soziale Gerechtigkeit die wirtschaftliche Entwicklung vorantreiben. Daß uns das noch nicht gelungen ist, darin besteht das größte Versagen der vergangenen fünfhundert Jahre. Die Chance, es jetzt zu tun, ist unsere einzige Hoffnung.

REGISTER

Carlos Fuentes
Unheimliche Gesellschaft
Sechs phantastische Erzählungen
Aus dem Spanischen von Lisa Grüneisen
304 Seiten. Gebunden

»Carlos Fuentes ist der bekannteste Schriftsteller Mexikos und einer der Grand Old Men der lateinamerikanischen Literatur.«
Neue Zürcher Zeitung

Engel und Dämonen, Gespenster und Vampire treiben ihr Unwesen mit schönen Frauen und selbstbewussten Männern. Schmal ist der Grat, der Leben und Tod, Diesseits und Jenseits voneinander trennt. Das Unheimliche kommt mit leichtem Schritt, und das alltäglich Vertraute verliert den Boden unter den Füßen. Carlos Fuentes erzählt mit subtiler Grausamkeit und anspielungsreicher Ironie.

Sechs phantastische Erzählungen, sechs Variationen des Bösen. Die Mythen Mexikos bilden den Hintergrund dieser geheimnisvollen Geschichten, die auf einen ganz und gar unvorhersehbaren surrealen Showdown zulaufen.

S. Fischer

fi 1-020752 / 1

Carlos Fuentes

Die Jahre mit Laura Díaz

Roman

Aus dem mexikanischen Spanisch von Ulrich Kunzmann

Band 14811

Ein großes Frauenleben in Mexiko, das die Geschichte unseres Jahrhunderts erzählt. Als Laura den Revolutionär Juan Francisco heiratet, ahnt sie vielleicht noch nicht, daß der Sog der neuen und unsicheren Zeit – mit dem Kampf um Freiheit und Gleichheit im eigenen Land und den Kriegen auf der anderen Seite des Atlantiks – auch ihre Träume und Hoffnungen an sich reißen und verwandeln wird. Als ihr Urenkel sie auf einem Wandgemälde Diego Riveras entdeckt, hat Laura ein Leben gelebt, das wie ein Prisma die Facetten des 20. Jahrhunderts abbildet.

»Der Roman übt einen eigenartigen Sog aus.
Er nährt sich aus der schieren Opulenz des Stoffes, aus einer sensuellen Prosa voller Exotik und schließlich aus dem Brausen und Rauschen der verrinnenden Zeit.«
Georg Sütterlin

Fischer Taschenbuch Verlag

fi 14811 / 1

Carlos Fuentes

Die gläserne Grenze

Roman

Aus dem Spanischen von Ulrich Kunzmann

Band 14646

»Armes Mexiko, so fern von Gott und so nah bei den Vereinigten Staaten.«

Bewegend erzählt Carlos Fuentes von Menschen, die zu »Grenzgängern« werden zwischen Mexiko und den USA. Getrieben von ihrer Sehnsucht, ein kleines Stück Unabhängigkeit zu erringen, von ihren Träumen oder einfach nur von dem Wunsch, ihre materielle Existenz zu sichern, suchen sie alle nach Erfolg, Freiheit und Glück und zahlen oft einen hohen Preis: den der Vereinzelung und kulturellen Entwurzelung.

Carlos Fuentes

Diana oder Die einsame Jägerin

Roman

Aus dem mexikanischen Spanisch von Ulrich Kunzmann

Band 13714

Die Geschichte einer großen Leidenschaft, die Geschichte eines großen Versäumnisses. Geschrieben von dem fast siebzigjährigen Carlos Fuentes in memoriam an seine nur knapp zwei Monate währende amour fou mit der einunddreißigjährigen Schauspielerin Jean Seberg. Ihre Liebe begann an einem Silvesterabend. Auf einer Party begegnen sie sich, der Autor, 40 Jahre alt, schon damals berühmt über die Grenzen Mexikos hinaus, und Jean Seberg, die als Siebzehnjährige in der Rolle der Jungfrau von Orleans ein Star wurde. Das Idol einer Generation in Jean Luc Godards Film *Außer Atem*. In der Ödnis eines mexikanischen Bergstädtchens, wo die Schauspielerin einen Film dreht, flüchten sie sich in eine Liebe, die scheitern mußte. Zu unterschiedlich sind die Voraussetzungen: der Autor, ein Ruheloser und Don Juan, dessen wahre Geliebte die Literatur ist, und Diana, die ihre Jagd nach dem Leben rastlos fortsetzt. Carlos Fuentes erzählt, schonungslos gegen sich selbst, die Geschichte einer verfehlten Liebe.

Fischer Taschenbuch Verlag

fi 3004 / 2

Carlos Fuentes

Aura

Novelle

Aus dem mexikanischen Spanisch von Christa Wegen

Band 13988

›Aura‹ ist eine erotisch phantastische Novelle. Ebenso modern wie einer romantischen Erzähltradition verpflichtet, bannt ihr dunkler magischer Zauber, ihr vampirhafter Sog und Spuk den Leser von der ersten bis zur letzten Zeile. Ihr zentrales Thema ist die sexuelle Begierde. Diese treibt den jungen Historiker Felipe Montero in den Bannkreis zweier Frauen, die in Wirklichkeit ein- und dieselbe Person sind: die zwanzigjährige Aura und die uralte Senora Consuelo. In einem Patrizierhaus aus der Kolonialzeit Mexikos inszeniert Fuentes die Geschichte einer Leidenschaft, in der das weibliche Verlangen die Aporien des Daseins – Jugend und Alter, Tod und Leben – zu überwinden scheint.

Fischer Taschenbuch Verlag

fi 705 / 13

Ignacio Martínez de Pisón
Der Tod des Übersetzers
John Dos Passos und die Geschichte eines ungeklärten Mordes
| Hoffmann und Campe |